# 다윗 스케치

DAVID SKETCH

# 다윗 스케치

DAVID SKETCH

박영주 지음

[ 이매진텔링(Imagine-Telling)으로 그려낸 실감 나는 다윗 설교 ]

"다윗이 그의 모든 일을 지혜롭게 행하니라
여호와께서 그와 함께 계시니라"
삼상 18:14

바른북스

# 머리말

 '다윗처럼 살고 싶다' 어린 시절부터 다윗의 이야기에 심취하며 자란 저는 늘 그의 영광과 깊은 영성을 동경했습니다. 그러나 하나님께서는 제게 이렇게 말씀하셨습니다. "다윗처럼 살기를 원한다면, 다윗처럼 고난의 길을 걸어야 한다" 다윗이 '신실한 다윗'이 될 수 있었던 이유는 바로 그가 고난의 과정을 통과했기 때문입니다. 반대로, 사울이 사울로 전락한 이유는 그가 고난의 길을 외면하고 회피했기 때문입니다.

 다윗은 역사상 가장 존경받고 사랑받는 왕 중 한 사람입니다. 하지만 우리는 그의 화려한 영광의 이면에 숨겨진 고난의 깊이를 주목해야 합니다. 다윗이 하나님께 인정받고 백성들에게 사랑받을 수 있었던 이유는, 그가 수많은 고난의 시간을 견디며 신앙으로 그 길을 걸어갔기 때문입니다.

 다윗이 누린 영광이 지금 당신을 위해 예비되어 있다면, 당신은 과연 다윗처럼 고난을 견뎌낼 수 있겠습니까? 억울한 누명을 쓰고 끊임없는 죽음의 위협 속에서도, 사망의 음침한 골짜기를 믿음으로 걸어갈 수 있겠습니까?

 저 또한 한때 유라굴로와 같은 세상의 거센 풍파를 겪은 적이 있습니다. 억울한 누명과 모함, 사람들의 오해와 착각, 그리고 반복되는 실패와 좌절 속에서 흔들리는 제 신앙을 마주해야 했습니다. 그러나 그때 저는 비로소 다윗의 고통과 그의 믿음을 깊이 이해할 수 있었습니다.

춥고 어두운 동굴 속에서 다윗을 가장 괴롭게 했던 것은 무엇이었을까요? 그것은 추위나 굶주림이 아니었습니다. 끈질기게 그를 추격하던 사울도 아니었습니다. 다윗을 가장 힘들게 한 것은 바로 하나님의 외면이었습니다. 하나님께서는 외면과 단절을 통해 다윗의 마음을 깊이 괴롭게 하셨습니다. 다윗이 가장 고통스러웠던 이유는, 그토록 사랑하던 하나님과의 소통이 단절되었기 때문입니다.

다윗은 홀로 양을 돌볼 때에도 두려움이나 외로움을 느끼지 않았습니다. 하나님께 드리는 찬양이 그의 마음을 언제나 따뜻하게 채워주었기 때문입니다. 거대한 골리앗 앞에 섰을 때에도 다윗은 절망하거나 낙심하지 않았습니다. 하나님께서 그의 손을 붙들고 계셨다는 확신이 있었기 때문입니다. 그러나 하나님께서 그의 얼굴을 숨기셨을 때, 다윗은 진정한 두려움과 절망을 경험할 수밖에 없었습니다.

그럼에도 불구하고, 이러한 외면과 단절의 시간은 다윗에게 반드시 필요한 과정이었기에 하나님께서 허락하신 것이었습니다. 하나님께서 등을 돌리신 것처럼 보이고, 하나님께 완전히 버림받은 것 같으며, 심지어 하나님이 존재하지 않는 것처럼 느껴지는 바로 그 순간, 우리 안에서 겨자씨만 한 믿음이 싹트기 시작합니다.

> "왕이 이르되 너는 이 청년이 누구의 아들인가 물어보라 하였더니"
> 삼상 17:56

성경은 다윗의 생애를 십 대부터 칠십 대에 이르기까지 구체적으로 기록하고 있습니다. 이는 다윗이 청년 시절부터 고난의 길, 곧 십자가의 길을 걸었다는 것을 의미합니다. 그의 영성은 단 하루 만에 이루어진 것이 아니었기에, 그의 영광 또한 단 하루의 영화로 끝나지 않았습니다.

인고(忍苦)의 시간이 신앙의 깊이와 크기를 결정합니다. 다윗은 억울함, 원망, 배신, 모함, 분노 등 우리가 일상에서 마주하는 모든 부정적인 감정을 경험했습니다. 그러나 그는 그 감정들 속에 머무르지 않았습니다. 오히려 이를 극복하고 승리의 길로 나아가는 모범을 우리에게 보여줍니다.

'N포 세대'라는 말은 우리에게 깊은 안타까움을 안겨줍니다. 이 용어는 젊은 세대가 연애, 결혼, 출산 등 많은 것을 포기해야 하는 현실을 살아가고 있음을 상징합니다. 여기서 'N'은 포기한 것의 숫자를 의미하며, 그것이 몇 가지로 한정되지 않고 끝없이 많을 수 있음을 암시합니다.

처음에는 연애, 결혼, 출산을 포기한 '3포 세대'로 시작했지만, 이제는 내 집 마련, 안정된 직장, 친구와의 관계 등 삶의 다양한 요소를 포기하는 것으로 확장되었습니다. 심지어 꿈과 희망마저 내려놓는 이들이 늘어나며, 포기의 범위는 헤아릴 수 없을 정도로 확장되고 있습니다.

물론, 이 세대가 직면한 사회적 구조와 제도적 문제는 부정할 수 없는 현실입니다. 하지만 포기는 선택지가 될 수 없습니다. 세상이 우리를 넘어뜨리려 하고, 사회가 우리를 짓밟으려 해도, 우리는 다윗처럼 다시 일어서야 합니다.

다윗의 생애는 고난과 역경으로 가득했지만, 그는 결코 포기하지 않았습니다. 그는 하나님을 향한 믿음과 소망을 붙들며 끝까지 나아갔습니다. 이는 'N포 시대'를 살아가는 우리에게 중요한 교훈을 줍니다.

아무리 힘든 시대를 살아가고 있다 해도, 하나님을 신뢰하고 그분의 이름을 의지하며 나아간다면, 우리는 '포기의 세대'가 아닌 '믿음의 세대'로 거듭날 수 있을 것입니다.

"주여 나는 외롭고 괴로우니 내게 돌이키사 나에게 은혜를 베푸소서"
시 25:16

우리도 다윗처럼 이 세상에서 마치 고아가 된 듯한 외로움과 나그네로 떠도는 듯한 고독에 사무칠 때가 있습니다. 그러나 그 순간에도 하나님은 보이지 않는 곳에서 우리의 인생을 견고히 세우고 계십니다. 고난은 단지 고통으로 끝나는 것이 아니라, 우리의 믿음을 성숙하게 하고 영적인 깊이를 더해주는 과정임을 잊지 말아야 합니다.

세상이 주는 외로움과 어려움은 결코 우리의 마지막 장이 아닙니다. 하나님께서 함께하심을 믿는 순간, 우리의 외로움은 희망으로, 고독은 믿음의 발판으로 변화될 것입니다. 다윗이 그러했듯이, 우리도 고난 속에서 믿음으로 일어서며, 하나님께서 준비하신 승리의 길을 담대히 걸어갈 수 있습니다.

이 책에 담긴 진리와 다윗의 이야기가 당신 삶의 여정에서 인내와 소망의 등불이 되길 기원합니다. 고난의 시간 속에서도 하나님께서 여전히 일하고 계심을 깨닫고, 그분의 놀라운 계획 속에서 더욱 성숙해져 가는 자신을 발견하길 바랍니다.

광야를 지나며
박영주 목사

**목차**

머리말

**1장**
**다윗의 등장**

16    그는 양을 지키나이다
21    이가 그니 일어나 기름을 부으라
28    여호와의 영에게 크게 감동되니라

**2장**
**다윗의 승리**

32    화살같이 독한 말
36    하나님의 이름으로 네게 나아가노라
42    너와 함께 계시기를 원하노라
46    자기 손에는 칼이 없었더라
50    그를 자기 생명같이 사랑하니라
55    스스로 만족할 것이 아니니
59    내 손을 그에게 대지 않고

## 3장 다윗의 고난

- 66 네게 알려주리라
- 72 사울도 선지자 중에 있느냐
- 76 단창을 던져 죽이려 한지라
- 83 이 사람이 미치광이로다

## 4장 다윗의 광야

- 92 그와 함께한 자
- 97 나의 탓이로다
- 104 그일라를 구원하라
- 112 왕을 해하지 않겠나이다
- 120 나 곧 내게로 돌리시고
- 128 대단히 잘못되었도다

## 5장 다윗의 실수

- 138 후일에는 사울의 손에 붙잡히리니
- 149 신접한 여인을 찾으라
- 157 싸우지 못하게 하시나이까
- 165 반드시 따라잡고 도로 찾으리라

| 6장 | 174 | 그날에 함께 죽었더라 |
|---|---|---|
| **다윗의 회복** | 180 | 네 머리로 돌아갈지어다 |
| | 186 | 여호와께 복을 받을지어다 |
| | 192 | 우리 앞에서 겨루게 하자 |
| | 199 | 발디엘에게서 그를 빼앗아 오매 |
| | 207 | 아브넬이 온 것은 왕을 속임이라 |
| | 216 | 피흘린 죄를 너희에게 갚아서 |

| 7장 | 226 | 이스라엘 왕으로 삼으니라 |
|---|---|---|
| **다윗의 즉위** | 232 | 여호와께서 함께 계시니 |
| | 239 | 여호와께 여쭈어 이르되 |

| 8장 | 250 | 그곳을 베레스웃사라 부르니 |
|---|---|---|
| **다윗의 사랑** | 256 | 그의 온 집에 복을 주시니라 |
| | 264 | 힘을 다하여 춤을 추는데 |
| | 271 | 백향목 집을 건축하지 아니하였느냐 |

| 9장 | 282 | 어디로 가든지 |
|---|---|---|
| **다윗의 겸손** | 289 | 은총을 베풀리라 |
| | 297 | 공경함인 줄로 여기시나이까 |

| 10장 | 306 | 밧세바가 아니니이까 |
|---|---|---|
| **다윗의 죄악** | 315 | 우리아도 죽었나이다 |
| | 322 | 당신이 그 사람이라 |

| 11장 | 330 | 심히 간교한 자라 |
|---|---|---|
| **다윗의 절망** | 338 | 땅에서 일어나 |
| | 347 | 내 얼굴을 볼 수 없게 하라 |
| | 356 | 마음을 압살롬이 훔치니라 |

| 12장 | 368 | 사나 죽으나 종도 그곳에 있겠나이다 |
| --- | --- | --- |
| **다윗의 사람** | 376 | 그 전부를 차지하게 하옵소서 |
| | 385 | 그가 저주하게 버려두라 |
| | 391 | 좋은 계략을 물리치라 |
| | 400 | 시장하고 곤하고 목마르겠다 |

| 13장 | 408 | 압살롬이 상수리나무에 달렸더이다 |
| --- | --- | --- |
| **다윗의 절규** | 414 | 차라리 내가 너를 대신하여 죽었더면 |
| | 422 | 죽어야 마땅하지 아니하니이까 |
| | 426 | 내 형은 평안하냐 |

| 14장 | 436 | 내가 너희를 위하여 어떻게 하랴 |
| --- | --- | --- |
| **다윗의 회복** | 444 | 그의 부하들의 손에 다 넘어졌더라 |
| | 451 | 하나님을 높일지로다 |

| 15장 | 458 | 그의 말씀이 내 혀에 있도다 |
| --- | --- | --- |
| **다윗의 만년** | 463 | 내가 심히 미련하게 행하였나이다 |
| | 470 | 재앙이 그쳤더라 |
| | 476 | 다윗은 알지 못하시나이다 |

| 부록 | 이매진텔링과 설교 |
| --- | --- |

1장

# 다윗의 등장

DAVID SKETCH

## 그는 양을 지키나이다

"또 사무엘이 이새에게 이르되 네 아들들이 다 여기 있느냐 이새가 이르되 아직 막내가 남았는데 그는 양을 지키나이다 사무엘이 이새에게 이르되 사람을 보내어 그를 데려오라 그가 여기 오기까지는 우리가 식사 자리에 앉지 아니하겠노라" 삼상 16:11

영화나 소설의 주인공들은 보통 화려한 조명 속에서 세상의 이목을 집중시키며 등장합니다. 그러나 성경 속 인물들은 그와는 정반대로, 겉보기에 초라하고 보잘것없는 모습으로 독자의 눈앞에 나타납니다. 믿음의 조상이라 일컬어지는 아브라함조차도 메소포타미아의 갈대아 우르 출신으로, 그의 아버지 데라는 우상을 숭배하는 이방인이었습니다. 구약의 마지막 선지자이자 나실인이었던 세례 요한은 예언자로서 등장할 때 낙타털 옷을 걸친 채 빈 들에서 메시지를 전하기 시작했습니다. 로마 시민권자이자 엘리트 교육을 받은 사도 바울조차도, 그의 회심 순간에는 맹인의 모습으로 무력하게 등장했습니다. 하나님께서는 왜 성경의 인물의 등장을 이처럼 볼품없게 만드셨을까요?

하나님께서는 타락한 사울 왕을 대체할 새로운 왕으로 이스라엘의 지도자를 선택하셨습니다. 그 인물은 다름 아닌 다윗이었습니다. 그러나 다윗의 등장은 화려함이나 당당함과는 거리가 멀었고, 오히려 초라하고 보잘것없어 보이기까지 했습니다. 그의 아버지 이새조차도 그를 가족의 잔치 자리로 부르지 않았습니다. 이스라엘의 선지자 사무엘이 그들의 집을 찾아 잔치를 벌이고 있었지만, 다윗은 그 시간에 들판에서 양들을 돌보며 홀로 남겨져 있었습니다. 일반적으로 아버지라면 아들에게 귀한 음식을 먹이고 싶어 하고, 훌륭한 사람들에게 자식을 자랑스럽게 소개하고 싶은 마음이 있을 것입니다. 그러나 이새는 다윗에 대해 그런 관심이나 기대조차 가지고 있지 않았던 것처럼 보입니다.

　다윗은 홀로 외로운 들판에서 양을 돌보며 쓸쓸히 시간을 보내고 있었습니다. 그런데 어느 날 갑자기 누군가 다가와 그를 부르며 급히 재촉했습니다. 무슨 일인지 물어보자, 사무엘 선지자가 집에 와서 제사를 드리고 잔치가 벌어졌다는 사실을 전해 들었습니다. 더구나 그의 형들은 이미 사무엘 선지자와 함께 자리를 차지하고 있었다는 소식은 다윗에게 적지 않은 충격이었을 것입니다.

　다윗의 심정은 어땠을까요? '나는 이렇게 고생하며 들판에서 묵묵히 일하고 있는데, 어떻게 아버지는 나를 전혀 생각지도 않고 잔치를 열 수 있단 말인가?' 혹은, '아버지는 나를 잔치 자리에 부를 가치조차 없다고 생각하신 걸까?' 하는 섭섭함이 마음 깊은 곳에서 일었을 것입니다. 마음 한구석에 자리 잡은 그 상처는, 자신이 아버지에게서조차 아무런 관심과 사랑을 받지 못하고 있다는 현실을 자각하게 만들었습니다.

　　　"내 부모는 나를 버렸으나 여호와는 나를 영접하시리이다" 시 27:10

다윗은 7명의 형제와 2명의 누이, 그리고 부모가 있는 대가족의 막내였으나, 그의 가정에서 그는 마치 외톨이처럼 지냈습니다. 그는 가족의 중심에서 멀어져 있었고, 그 누구도 그를 중요한 자리에 초대하거나 귀하게 여기지 않았습니다. 이러한 가족의 냉담한 태도는 성경 곳곳에 드러나 있으며, 특히 아버지 이새의 태도에서 뚜렷하게 확인됩니다.

> "이새가 그의 아들 다윗에게 이르되 지금 네 형들을 위하여 이 볶은 곡식 한 에바와 이 떡 열 덩이를 가지고 진영으로 속히 가서 네 형들에게 주고 이 치즈 열 덩이를 가져다가 그들의 천부장에게 주고 네 형들의 안부를 살피고 증표를 가져오라" 삼상 17:17~18

이새는 전쟁터에 나가 있는 아들들의 안부를 확인하기 위해 다윗을 심부름꾼으로 보냈습니다. 그는 다윗에게 열 덩이의 치즈를 천부장에게 전달하여 형들이 군 생활을 조금이라도 수월하게 할 수 있도록 부탁하라고 당부했습니다. 그러나 이 심부름을 맡기면서도 이새는 다윗에게 "증표를 가져오라"고 명령합니다. 자식에게 심부름을 시키며, 그 임무를 확실히 수행했는지 증명할 증표까지 요구하는 아버지가 세상에 얼마나 있을까요? 이는 이새가 다윗을 신뢰하지 않았음을 드러내는 행동입니다. 그는 다윗을 자신의 명령을 성실히 수행할 믿음직한 아들이라기보다, 증명을 통해 확인받아야 할 미덥지 못한 존재로 여긴 것입니다. 그뿐만이 아닙니다. 이새의 맏아들 엘리압의 태도를 살펴봅시다.

> "큰형 엘리압이 다윗이 사람들에게 하는 말을 들은지라 그가 다윗에

게 노를 발하여 이르되 네가 어찌하여 이리로 내려왔느냐 들에 있는 양들을 누구에게 맡겼느냐 나는 네 교만과 네 마음의 완악함을 아노니 네가 전쟁을 구경하러 왔도다" 삼상 17:28

엘리압은 다윗이 전장에 나타나자마자, 그를 향해 거칠게 소리쳤습니다. "야! 네가 여기가 어디라고 찾아와! 들에 있는 양들은 어찌하고 여길 왔어? 이 건방지고 고집불통인 녀석아, 싸움 구경이나 하려고 온 것이냐?" 엘리압의 말에는 다윗에 대한 무시와 경멸이 고스란히 담겨 있었습니다. 그에게 다윗은 전장의 긴장감을 이해하지 못하고, 무모하게 구경이나 하려는 철없는 동생에 불과했던 것입니다.

그러나 다윗이 이 위험한 곳까지 찾아온 이유는 결코 가벼운 호기심 때문이 아니었습니다. 그는 단순히 아버지의 심부름을 수행하고 있을 뿐이었습니다. 다윗은 형들에게 음식을 전달하고, 천부장에게 형들을 잘 돌봐 달라고 부탁하라는 이새의 당부를 성실히 이행하려 했던 것입니다. 그는 자신을 위해 전장을 찾은 것이 아니라, 아버지의 뜻을 따르고 가족을 위하는 마음으로 이 자리에 온 것이었습니다.

그럼에도 불구하고 엘리압은 다윗의 진심과 상황을 이해하려 하지 않았습니다. 오히려 다윗의 동기를 왜곡하여 그를 하찮게 여기며 매몰차게 책망했습니다.

이처럼 다윗은 가족으로부터 충분한 인정과 사랑을 받지 못한 채 성장했습니다. 아버지 이새와 큰형 엘리압의 태도를 통해, 그가 가족 내에서 어떤 위치에 있었는지 짐작할 수 있습니다. 다윗이 제사 자리에서 제외된 것은 단순한 '우연'이나 '실수'가 아니었습니다. 이는 그가 가족에게서 늘 무시와 외면을 당해왔던 현실을 반영한 사건이었습니다. 이새는 모든 기대와 자부심을 맏아들 엘리압에게 쏟아부었고, 엘리압을 통해 가문의 명예와 자랑을 이어가고자 했습니다.

이새의 눈에는 다윗은 엘리압에 비해 하찮고 형편없는 아들로 비쳐졌을 것입니다. 다윗은 '필요하지 않은' 존재로 여겨졌고, 가문의 희망은 오직 엘리압에게 걸려 있었습니다. 이런 분위기 속에서 다윗은 당연히 중요한 자리에 초대받지 못하고, 인정받지 못하는 인물로 자리매김되어 있었습니다. 그러나 하나님은 엘리압이 아닌 다윗을 선택하셨습니다.

성경은 다윗의 등장을 화려하거나 영웅적인 모습으로 묘사하지 않습니다. 오히려 그의 시작은 연약하고 보잘것없는 모습으로 그려집니다. 사울 왕 역시 그랬습니다. 사무엘에게 기름 부음을 받을 때조차, 그는 짐보따리 사이에 숨어 있었습니다(삼상 10:22). 이처럼 이스라엘의 왕으로 세워진 두 인물의 서사는 전설적이거나 신화적으로 과장되지 않습니다. 성경은 그들의 부족한 모습, 인간적인 연약함을 여과 없이 드러냅니다.

명문대 출신이 아니어도, 부잣집 도련님이 아니어도, 하나님께서 기름을 부어 사용하시고자 하는 자라면 누구든 하나님의 은혜로 위대한 일에 쓰임을 받을 수 있습니다. 이러한 하나님의 선택은 우리에게도 큰 위로와 소망을 줍니다. 다윗처럼 연약하고 보잘것없는 자도 하나님의 부르심에 순종할 때 놀라운 일들을 이룰 수 있음을 보여줍니다.

이처럼 하나님께서는 인간의 외모나 세상적인 평가가 아닌, 마음의 중심을 보시고 그 사람의 가치를 결정하십니다. 다윗은 세상적으로 보잘것없고 무시당하는 위치에 있었지만, 하나님께서는 그를 왕으로 선택하셔서 이스라엘의 위대한 왕으로 세우셨습니다. 이는 하나님께서 우리 각 사람을 바라보시는 기준이 세상의 기준과 얼마나 다른지를 분명하게 보여줍니다. 그러므로 우리는 세상의 평가에 흔들리지 말고, 오직 하나님의 뜻을 따라 충실하게 살아가야 합니다.

## 이가 그니 일어나 기름을 부으라

> "사무엘이 여호와의 말씀대로 행하여 베들레헴에 이르매 성읍 장로들이 떨며 그를 영접하여 이르되 평강을 위하여 오시나이까" 삼상 16:4

사무엘이 베들레헴에 도착했을 때, 그 성읍의 장로들이 나와 그를 맞이했습니다. 그러나 그들의 반응은 기쁨이나 환영보다는 두려움이었습니다. 장로들은 떨며 사무엘에게 물었습니다. "평강을 위하여 오시나이까?" 하나님의 선지자가 방문했음에도 불구하고, 그들은 기뻐하기보다는 오히려 두려움에 사로잡혔습니다.

사무엘은 단순한 인물이 아니었습니다. 그는 하나님의 말씀을 직접 전하는 선지자로서, 백성에게 하나님의 뜻을 알리는 역할을 맡고 있었습니다. 이로 인해 그가 예고 없이 도착했을 때, 장로들은 그의 방문이 축복이나 은혜의 소식이 아니라 경고나 심판의 메시지를 전하려는 것이 아닌가 하고 불안에 떨었던 것입니다.

> "이르되 평강을 위함이니라 내가 여호와께 제사하러 왔으니 스스로 성결하게 하고 와서 나와 함께 제사하자 하고 이새와 그의 아들들을 성결하게 하고 제사에 청하니라" 삼상 16:5

사무엘은 장로들의 근심 어린 표정을 살피고, 그들을 안심시키며 "평안을 위해 왔다"고 차분하게 선언했습니다. 그는 이어서 하나님께 제사를 드릴 계획이니, 마을 주민 모두가 참여할 것을 요청했습니다. 특히, 이 자리에는 이새와 그의 아들들이 특별 초대를 받았습니다. 이 예상치 못한 초대는 이새와 그의 아들들에게 놀라움과 동시에 혼란을 불러일으켰을 것입니다. 그러나 그들은 예언자 사무엘이 특별히 자신들을 지목해 불렀다는 점에서 일종의 자부심과 은근한 우월감으로 사무엘 앞에 나아왔습니다. 그중에서도 맏아들 엘리압이 가장 먼저 사무엘의 앞에 섰습니다.

> "그들이 오매 사무엘이 엘리압을 보고 마음에 이르기를 여호와의 기름 부으실 자가 과연 주님 앞에 있도다 하였더니 여호와께서 사무엘에게 이르시되 그의 용모와 키를 보지 말라 내가 이미 그를 버렸노라 내가 보는 것은 사람과 같지 아니하니 사람은 외모를 보거니와 나 여호와는 중심을 보느니라 하시더라" 삼상 16:6~7

사무엘은 당당하게 걸어 나오는 엘리압을 보자마자 그 기골이 장대하고 풍채가 뛰어난 모습에 깊은 인상을 받았습니다. 그는 마음속으로, '여호와의 기름 부으실 자가 바로 이 앞에 서 있구나!'라고 생각하며 감탄했습니다. '역시 이 정도는 되어야 하나님께서 선택하실 만하지 않겠는가?' 사무엘은 엘리압의 당당한 자태에 잠시 압도된 듯했습니다. 주변의 마을 사람들 역시 숨죽이며 사무엘의 다음 행동을 주목했고, 기대감으로 가득 찬 눈빛으로 그와 엘리압을 바라보고 있었습니다. 이새 또한 자신의 자랑이자 장남인 엘리압이 사무엘 앞에 서 있는 모습을 보자, 가슴이 두근거리기 시작했습니다. 마치 대단한 일이 곧 일어날 것만 같은 분위기가 고조되던 순간, 하나님께서 사무엘에게 뜻밖의 말씀을 주셨습니다. "그의 외모와 키를 보지 말라!" 하나님께서는 엘리압을 선택하지 않으셨고, 사무엘은 하나님의 명령에 따라 그를 그냥 지나치게 하셨습니다.

우리는 종종 외형적인 것들에 지나치게 집착하는 경향이 있습니다. 값비싼 명품으로 자신을 치장하면, 마치 스스로도 명품이 된 것처럼 느끼고, 고급 외제차를 타면 자신의 사회적 가치가 더 높아질 것이라고 착각합니다. 넓고 비싼 집에 살면 그 자체로 존경을 받을 자격이 생긴다고 생각하기도 합니다. 그러나 이는 세속적이고 왜곡된 사고방식에서 비롯된, 본질을 놓친 착각입니다. 성경에서 "사람은 외모를 보거니와"라는 말처럼, 우리 또한 여전히 '겉치레'와 외양에 얽매여 살아가고 있습니다. 우리는 눈에 보이는 겉모습이 곧 그 사람의 전부라고 쉽게 단정짓는 오류를 범하고 있는 것입니다.

> "이는 세상에 있는 모든 것이 육신의 정욕과 안목의 정욕과 이생의 자랑이니 다 아버지께로부터 온 것이 아니요 세상으로부터 온 것이라 이 세상도, 그 정욕도 지나가되 오직 하나님의 뜻을 행하는 자는 영원히 거하느니라" 요일 2:16~17

우리는 세상으로부터 오는 육신의 정욕, 안목의 정욕, 이생의 자랑에 쉽게 빠져들며 살아가고 있지 않습니까? 그러나 하나님께서 우리에게 바라시는 것은, 이러한 겉모습이나 외적인 치장이 아니라, 진정한 내면의 완전함입니다. 하나님께서는 외모가 출중하고 당당한 엘리압을 버리셨고, 다윗을 택하셨습니다. 그 이유는 무엇일까요? 하나님께서는 이미 엘리압의 마음 깊은 곳을 꿰뚫어 보셨고, 그의 중심이 세속적인 가치에 치우쳐 있음을 알았기 때문입니다. 반면, 다윗의 마음 중심은 온전히 하나님께 향해 있었고, 그의 내면은 하나님 앞에서 완전함을 이루고 있었습니다.

> "또 그의 종 다윗을 택하시되 양의 우리에서 취하시며 젖 양을 지키는 중에서 그들을 이끌어 내사 그의 백성인 야곱, 그의 소유인 이스라엘을 기르게 하셨더니 이에 그가 그들을 자기 마음의 완전함으로 기르고 그의 손의 능숙함으로 그들을 지도하였도다" 시 78:70~72

하나님께서는 다윗을 어디서 선택하셨습니까? '양의 우리'에서 다윗을 부르셨습니다. 다윗이 젖 양을 지키며 들판에서 목동으로 일할 때, 하나님께서는 이미 그를 왕으로 예비하고 계셨습니다. 다윗의 '목자로서의 경험'은 훗날 왕이 되어 백성들을 돌보고 이끄는 데 매우 귀중한 자산이 되었습니다. 다윗이 목동이었던 것은 단순한 우연이 아니라, 하나님의 철저한 계획과 섭리였습니다. 다윗은 양들을 돌보는 과정에서 두 가지 중요한 것을 배울 수 있었습니다.

첫째는 마음의 '완전함'입니다. 다윗은 마음이 완전한 사람이었습니다. 그렇다면, 마음이 완전하다는 것은 무엇을 의미할까요? 그것은 그의 마음이 세상의 유혹과 헛된 욕망에 빼앗기지 않고, 오직 하나님께만 집중되었다는 뜻입니다. 다윗은 육신의 정욕, 안목의 정욕, 이생의 자랑에 흔들리지 않았으며, 세속적 가치를 좇지 않고 오직 하나님을 갈망했습니다. 그는 목동으로서 외로이 양들을 돌보는 고독한 시간을 보내며, 오직 하나님만을 바라볼 수 있었습니다.

다윗은 아버지와 형제들의 사랑을 받지 못했기에, 오직 하나님의 사랑을 갈망할 수밖에 없었습니다. 가족에게는 외면당했지만, 하나님께서는 다윗을 외면하지 않으셨습니다. 다윗은 그러한 하나님을 찬양하며 그분께 위로를 받았습니다. 이러한 상황 속에서 다윗은 하나님을 향한 완전한 마음을 가질 수 있었습니다.

다윗은 진심으로 하나님을 사랑했습니다. 그는 마음을 다하고, 뜻을 다하고, 힘을 다하여 하나님 여호와를 사랑했습니다. 하나님을 향한 다윗의 사랑은 그의 다양한 찬송 시에 잘 드러나 있지 않습니까? 다윗은 세상의 명예와 재물에 관심이 없었습니다. 만약 그가 명예와 재물에 집착했다면, 사울 왕을 죽이고 쉽게 왕이 될 기회를 그토록 단호하게 포기하지 않았을 것입니다.

다윗은 사울 왕을 해치지 않았습니다. 그 이유는 무엇일까요? 다윗은 돈과 권력을 사랑한 것이 아니라, 오직 하나님만을 사랑했기 때문입니다. 그는 항상 '어떻게 하면 하나님께서 기뻐하실까?'를 고민했습니다. '내가 사울을 용서하고 돌려보낸다면, 하나님께서 기뻐하시겠지?'라고 생각하며 행동한 것입니다. 마치 사랑하는 연인을 기쁘게 하려는 마음으로 세심하게 배려하듯, 다윗은 하나님을 기쁘시게 하기 위해 마음을 썼습니다. 사람의 중심을 보시는 하나님께서는 다윗의 마음 중심에 자리 잡은, 하나님을 향한 깊은 사랑을 보셨던 것입니다.

두 번째는 '손의 능숙함'입니다. 양을 치는 일은 누구나 꺼리는 고된 일이었습니다. 오늘날에도 양계장의 관리인은 고소득 직업으로 여겨지지만, 그럼에도 불구하고 지원자가 부족하여 인력을 충원하기 어렵습니다. 그 이유는 일이 너무 힘들고 고되기 때문입니다. 관리인은 24시간 동안 긴장 상태로 닭들을 돌봐야 하기에 제대로 쉴 틈이 없습니다. 더군다나 계분(鷄糞) 냄새가 심하고, 작업 환경도 매우 열악합니다. 현대처럼 축산 기술이 발달한 시대에도 가축을 돌보는 일이 힘든데, 다윗의 시대에는 그 고됨이 오죽했겠습니까? 그럼에도 불구하고 다윗은 성실하게, 그리고 최선을 다해 자신의 일을 감당했습니다. 그는 불평하거나 불만을 토로하지 않았습니다.

> "그 주인이 이르되 잘하였도다 착하고 충성된 종아 네가 적은 일에 충성하였으매 내가 많은 것을 네게 맡기리니 네 주인의 즐거움에 참여할지어다 하고" 마 25:21

하나님께서는 종종 우리에게 '적은 일'을 맡기십니다. 하지만 우리는 원망과 불평으로 반응하며, 맡겨진 일을 회피하려고만 합니다. 하나님께서는 다윗에게도 처음부터 큰 사명을 주신 것이 아니라, 작고 하찮은 일을 먼저 맡기셨습니다. 귀찮고 불편하며, 힘들고 더러운 일들을 그에게 맡기셨던 것입니다. 그러나 다윗은 꾀를 부리거나 핑계를 대며 변명하지 않았습니다. 그는 그 일들을 소홀히 여기지 않고, 손에 능숙함이 생길 때까지 최선을 다해 임했습니다.

지금 당신의 일이 하찮아 보이고, 미래에 비전이 없어 보이며, 남들보다 뒤처진다고 느낄지라도, 만약 그것이 하나님께서 우리에게 맡기신 일이라면 우리는 끝까지 최선을 다해야 합니다. 다윗은 자신에게 맡겨진 양들을 돌보는 일에 온 마음을 다해 임했습니다. 그는 양들을 맹수에게서 보호하기 위해, 물맷돌을 던지는 연습을 게을리하지 않았습니다. 이처럼 꾸준한 연습 덕분에 다윗은 골리앗의 이마에 물맷돌을 정확히 맞출 수 있었습니다. 그것은 결코 우연히 이루어진 일이 아니었습니다. 그의 승리는, 분명한 노력과 성실의 결실이었습니다.

하나님께서 나에게 적은 것을 맡기셨다면, 그 적은 일에도 충성을 다해야 합니다. 다윗이 양을 치는 일에 최선을 다했기에, 하나님께서는 그에게 자신의 백성을 돌보는 큰 사명을 맡기셨습니다. 양을 돌보는 일이 나중에 나라를 다스리는 국정(國政)의 준비가 될 줄을 누가 예상할 수 있었겠습니까?

다윗은 엘리압과 비교하면 형편없는 소년일 뿐이었습니다. 그의 용모도, 실력도, 경험도 엘리압에 비할 바가 아니었습니다. 그러나 하나님께서는 다윗을 택하셨습니다. 세상은 엘리압을 선택하지만, 하나님께서는 당신을 선택하십니다. 하나님은 당신을 통해서 일하기를 원하시며, 당신과 함께 새로운 일을 행하실 것입니다.

우리는 오늘 무엇을 위해 살아가고 있습니까? 세상 사람들처럼 눈에 보이는 성공과 외적인 화려함에 집착하고 있습니까? 아니면 하나님께서 보시는 중심, 우리의 진실한 마음에 집중하고 있습니까? 다윗은 하나님을 사랑하는 마음의 완전함과 적은 일에도 성실한 손의 능숙함으로, 결국 하나님의 위대한 일을 이루는 사람이 되었습니다. 하나님께서는 오늘도 여러분의 중심을 보시며, 새로운 다윗이 되기를 기대하고 계십니다.

지금 여러분의 삶이 작아 보이고, 외롭고 힘들지라도, 다윗처럼 하나님을 사랑하고 성실하게 임하십시오. 하나님께서는 여러분의 중심을 보시고, 반드시 그 충성에 응답하실 것입니다.

## 여호와의 영에게 크게 감동되니라

"사무엘이 기름 뿔병을 가져다가 그의 형제 중에서 그에게 부었더니 이 날 이후로 다윗이 여호와의 영에게 크게 감동되니라 사무엘이 떠나서 라마로 가니라 여호와의 영이 사울에게서 떠나고 여호와께서 부리시는 악령이 그를 번뇌하게 한지라" 삼상 16:13~14

사무엘은 다윗에게 기름을 부었습니다. 그러자 다윗은 여호와의 영에 크게 감동되었고, 성령의 충만함을 받게 되었습니다. 그러나 그와 대조적으로 사울은 악령의 영향을 받기 시작했습니다. 사실, 사울도 한때는 성령의 충만함을 경험했던 사람이었습니다(삼상 10:10). 그는 예언을 했고, 하나님의 능력으로 암몬 사람들을 물리치는 승리를 거두기도 했습니다. 그러나 그러한 사울이 결국 타락하고 말았으며, 그 결과 여호와의 영이 그를 떠나게 된 것입니다.

"이는 거역하는 것은 점치는 죄와 같고 완고한 것은 사신 우상에게 절하는 죄와 같음이라 왕이 여호와의 말씀을 버렸으므로 여호와께서도 왕을 버려 왕이 되지 못하게 하셨나이다 하니" 삼상 15:23

여호와의 영이 사울을 떠난 이유는 무엇일까요? 그것은 사울이 먼저 여호와의 말씀을 버렸기 때문입니다. 아무리 과거에 성령의 충만함을 경험했더라도, 하나님의 말씀을 버린 자는 결국 하나님께 버림받게 됩니다. 사울에게서 여호와의 영이 떠난 근본적인 이유는, 그가 하나님의 말씀에 불순종했기 때문입니다.

> "네가 만일 네 아버지 다윗이 행함 같이 내 길로 행하며 내 법도와 명령을 지키면 내가 또 네 날을 길게 하리라" 왕상 3:14

하나님께서 솔로몬에게 말씀하셨습니다. "네 아버지 다윗이 행한 같이 내 길로 행하며, 내 법도와 명령을 지키면"이라고 하셨습니다. 이 말씀에서 하나님께서는 다윗의 일생을 한마디로 요약하셨습니다. 그것이 무엇일까요? 바로 순종입니다. 다윗은 하나님의 말씀에 온전히 순종했기 때문에, 여호와의 영에 크게 감동될 수 있었습니다. 다윗의 성령 충만함은 그의 순종에서 비롯된 것이었습니다.

> "사울의 신하들이 그에게 이르되 보소서 하나님께서 부리시는 악령이 왕을 번뇌하게 하온즉" 삼상 16:15

성령에 감동된 자와 악령에 사로잡힌 자는 그 모습에서 분명한 차이를 보입니다. 악령에게 사로잡힌 사울은 어떤 증상을 보였습니까? 그는 심한 번뇌에 시달리기 시작했습니다. 그런데 그 번뇌의 원인은 무엇이었을까요? 사울의 번뇌는 외적의 침입 때문도, 경제적 문제나 가정의 문제 때문도 아니었습니다. 이유 없는 걱정과 근심, 막연한 불안은 악령이 주는 것입니다.

> "소년 중 한 사람이 대답하여 이르되 내가 베들레헴 사람 이새의 아들을 본즉 수금을 탈 줄 알고 용기와 무용과 구변이 있는 준수한 자라 여호와께서 그와 함께 계시더이다 하더라" 삼상 16:18

그러나 성령에 감동된 다윗은 찬양과 함께 활기를 띠고 있었습니다. 이것은 단순히 그의 음악적 재능을 의미하는 것이 아닙니다. 다윗 안에 계신 성령의 능력이 찬양의 능력으로 발휘되기 시작한 것입니다. 다윗이 찬양을 부를 때, 사울에게서 악령이 떠나가고, 사울의 번뇌와 불안이 사라지는 치유의 역사가 나타났습니다.

우리는 어떤 선택을 하겠습니까? 다윗처럼 하나님의 말씀에 순종하여 성령의 충만함을 받겠습니까? 아니면 사울처럼 하나님의 말씀을 무시하고 자신의 길을 고집하여 악령의 번뇌에 빠지겠습니까? 하나님께서는 여전히 우리의 중심을 보고 계십니다. 우리의 외적인 모습이 아니라, 순종하는 마음을 찾으십니다.

성령께서 함께하시면, 우리의 찬양은 단순한 노래가 아니라 치유와 회복의 능력이 될 것입니다. 우리가 하나님께 순종할 때, 하나님께서는 우리와 함께하시며, 우리의 삶을 통해 놀라운 일을 이루실 것입니다.

2장

# 다윗의 승리

DAVID SKETCH

# 화살같이 독한 말

"블레셋 사람들의 진영에서 싸움을 돋우는 자가 왔는데 그의 이름은 골리앗이요 가드 사람이라 그의 키는 여섯 규빗 한 뼘이요" 삼상 17:4

블레셋의 골리앗은 키가 여섯 규빗 한 뼘이라 기록되어 있습니다. 이는 약 3미터에 달하는 엄청난 거인이 나타난 것입니다. 현재 기네스북에 등재된 세계 최장신은 튀르키예의 술탄 쾨센(Sultan Kösen)으로, 그의 키는 224센티미터입니다. 골리앗은 이보다도 약 70센티미터 더 크니, 실로 엄청난 거인이었습니다. 게다가 그는 전신 무장을 하고 있었습니다.

골리앗은 청동 투구와 갑옷을 입고 있었으며, 청동 단창을 메고 있었습니다. 그 갑옷과 무기들의 무게만 해도 약 70킬로그램에 달했다고 합니다. 그는 선천적으로 강한 체력을 지닌 장사였고, 경험 많은 싸움꾼이었습니다. 도저히 약점이 보이지 않는, 완벽한 전사였던 것입니다. 그런데 지금 이 거대한 골리앗은 무엇을 하고 있습니까?

"그 블레셋 사람이 또 이르되 내가 오늘 이스라엘의 군대를 모욕하였으니 사람을 보내어 나와 더불어 싸우게 하라 한지라" 삼상 17:10

골리앗은 이스라엘 군대를 조롱하고 모욕했습니다. 그는 외쳤습니다. "너희 중에 한 사람을 내게 보내어 나와 싸워보자. 만약 내가 죽으면 우리가 너희의 종이 되겠고, 그가 죽으면 너희가 우리의 종이 되어야 한다" 골리앗은 자신감에 넘쳐, 이스라엘 군대를 끊임없이 위협하고 겁주며 그들의 사기를 꺾으려 했습니다.

> "사울과 온 이스라엘이 블레셋 사람의 이 말을 듣고 놀라 크게 두려워하니라" 삼상 17:11

이에 이스라엘 군대뿐만 아니라, 사울마저도 골리앗을 크게 두려워하기 시작했습니다. 모든 이스라엘 병사들이 골리앗의 위세에 눌려 움직이지 못하고 기가 꺾여 있었습니다. 마치 죽음의 그림자가 온 이스라엘을 짓누르고 있는 것만 같았습니다.

지속적인 모욕과 비난은 사람을 자괴감에 빠뜨리고, 스스로를 비관하게 만듭니다. 이스라엘 백성들 사이에는 열등감과 피해의식이 가득 차게 되었습니다. 이처럼, 마귀는 말로 사람을 죽이려 합니다. 끊임없이 독한 말을 듣게 되면, 우리의 영혼과 정신은 서서히 시들어 죽어버리고 맙니다.

> "그들이 칼 같이 자기 혀를 연마하며 화살 같이 독한 말로 겨누고 숨은 곳에서 온전한 자를 쏘며 갑자기 쏘고 두려워하지 아니하는도다" 시 64:3~4

어느 신문에 실린 칼럼입니다. 한 청년에 관한 이야기입니다. 이 청년의 어머니는 오래전부터 결벽증을 앓고 있었습니다. 그로 인해 청소에 집요하게 집착하였고, 특히 화장실 청소는 늘 아들의 몫이었습니다. 그러나 아무리 아들이 깨끗하게 청소를 해도, 어머니의 결벽증적 기준에는 늘 부족했습니다.

결국, 어머니는 아들에게 한 번도 "수고했다, 잘했다"는 칭찬을 해 준 적이 없었고, 항상 "이것이 잘못됐다, 저것이 틀렸다"며 지적하고 잔소리만 했습니다. "너는 왜 맨날 하는 일인데도 한 번도 제대로 못하냐? 도대체 이런 것도 못 해서 뭘 할 수 있겠니? 머리가 잘못된 거 아니냐?" 이런 말을 청년은 대학교에 갈 때까지 계속 들으며 자랐습니다. 그러나 어머니는 자신의 잔소리가 아들에게 심각한 영향을 끼칠 것이라고는 생각하지 않았습니다. 단지 입버릇처럼 한 말일 뿐이라며, 대수롭지 않게 여겼습니다.

그러나 그 아들은 늘 자책감과 열등감에 사로잡혀 살아야 했습니다. 그는 어떤 일이든 쉽게 포기했고, 일을 다음으로 미루기 일쑤였습니다. 그리고 실패하게 되면, 다시 한번 자책과 자괴감에 빠졌습니다. 어머니에게서 끊임없는 비난과 잔소리를 듣고 자란 아들은 자존감이 크게 낮아졌고, 결국 심각한 우울증에 빠졌습니다. 그 결과, 청년은 극단적인 선택을 하게 되고 말았습니다.

골리앗의 독한 말은 사울과 이스라엘 백성들의 의지를 꺾어버렸습니다. 그들은 심지어 하나님의 이름마저 모욕하는 골리앗을 보면서도, 두려움에 사로잡혀 손가락 하나 까딱할 수 없는 상태가 되었습니다. 그들은 완전히 자포자기하여, 패배주의에 갇히고 삶의 희망조차 잃어버렸습니다.

이 시대도 마찬가지입니다. 마귀는 오늘날에도 우리를 독한 말로 끊임없이 공격하고 있습니다. 시어머니의 잔소리, 남편의 폭언, 직장 내 따돌림과 괴롭힘 등은 우리의 영혼을 메마르게 하고, 우리를 절망과 좌절 속에 빠뜨립니다. 그렇다면 우리는 어떻게 해야 마귀의 독화살로부터 우리의 영혼을 지킬 수 있을까요?

> "다윗이 사울에게 말하되 그로 말미암아 사람이 낙담하지 말 것이라 주의 종이 가서 저 블레셋 사람과 싸우리이다 하니" 삼상 17:32

다윗 역시 전쟁터에서 골리앗의 모습을 보았고, 그의 모욕적인 말을 들었습니다. 그러나 다윗은 두려워하지 않았습니다. 그는 골리앗의 독한 말에 휘둘리지 않았습니다. 그 이유는 무엇일까요? 다윗은 하나님을 의지했기 때문입니다. 이전에 하나님을 의지하여 사자와 곰을 물리친 경험이 있었기에, 그는 골리앗 또한 두려워하지 않았습니다. 다윗의 용기는 자신의 힘에서 나온 것이 아니라, 전적으로 하나님을 신뢰하는 믿음에서 비롯된 것이었습니다.

> "내가 하나님을 의지하고 그 말씀을 찬송하올지라 내가 하나님을 의지하였은즉 두려워하지 아니하리니 혈육을 가진 사람이 내게 어찌 하리이까" 시 56:4

수많은 사람이 손가락질하고, 나의 흉을 보며 욕한다면 우리의 마음은 어떻겠습니까? 귀를 닫아도 그들의 비웃음이 들리고, 눈을 가려도 그들의 매서운 눈초리가 보이는 듯 느껴질 것입니다. 이처럼 비난과 비방을 듣게 되면 우리의 영혼은 움츠러들기 마련입니다. 이것이 바로 열등감입니다. 열등감은 우리의 마음을 부패시키는 곰팡이와 같습니다. 이러한 열등감을 방치한다면 결국 자포자기에 빠져, 삶의 원동력을 잃고 말 것입니다.

그러나 혈육을 가진 사람은 우리를 어찌할 수 없습니다. 우리의 능력이 되시고 힘이 되시는 하나님을 의지한다면, 우리는 어떠한 비난과 비방도 이겨낼 수 있습니다. 이제는 사람의 목소리에 귀를 기울이는 것이 아니라, 하나님의 목소리에 귀를 기울여야 할 때입니다.

이 세상은 골리앗처럼 우리에게 독한 말을 던지고, 우리의 마음을 위협하며, 자존감을 무너뜨리려 합니다. 사람들은 때로 비난과 조롱의 화살을 쏘아 우리의 영혼을 약하게 만들고, 좌절과 절망으로 빠뜨립니다. 사울과 이스라엘 백성들은 골리앗의 비난 앞에서 두려움에 떨며 자포자기했지만, 다윗은 달랐습니다. 다윗은 사람의 말에 흔들리지 않고, 하나님을 의지하며 담대하게 나아갔습니다.

혹시 여러분의 마음이 독한 말과 비난으로 인해 상처받고 있습니까? 마귀는 오늘도 우리의 마음을 독화살로 공격하며, 열등감과 절망 속으로 끌어내리려 합니다. 그러나 기억하십시오. 하나님께서 우리의 모든 상처를 치유하시고, 우리의 영혼에 새로운 용기와 소망을 주실 것입니다. 하나님을 의지하십시오. 그분의 말씀을 붙드십시오. 그러면 여러분은 어떠한 독한 말도 이겨낼 수 있을 것입니다.

## 하나님의 이름으로 네게 나아가노라

사무엘상에서는 대조적인 인물 묘사를 통해 순종에 대한 교훈을 강조하고 있습니다. 한나와 브닌나의 대조적인 모습이 있었고, 사무엘과 홉니 및 비느하스의 대조적인 모습이 있었습니다. 그리고 계속해서 다윗과 사울의 대조적인 모습이 반복되고 있습니다. 그렇다면, 다윗과 사울의 차이는 무엇일까요?

첫 번째, '상식의 차이'입니다. 사울은 상식적인 사람이었고, 다윗은 상식을 초월한 사람이었습니다. 이 상식의 차이는 전혀 다른 결과를 만들어 냈습니다.

> "사울이 다윗에게 이르되 네가 가서 저 블레셋 사람과 싸울 수 없으리니 너는 소년이요 그는 어려서부터 용사임이니라" 삼상 17:33

다윗이 골리앗과 싸우겠다고 나섰을 때, 사울은 비웃으며 이렇게 말했습니다. "얘야! 너는 양치기 소년이고, 저 사람은 어려서부터 용사였던 사람이야. 너는 아직도 꼬맹이인데, 저 골리앗 장군을 어떻게 이길 수 있겠느냐?" 사울의 말은 얼핏 들으면 지극히 당연한 말입니다. 누구의 눈으로 보더라도, 다윗이 골리앗을 이길 가능성은 없어 보였습니다. 이것은 상식적이고 이성적인 결론이었습니다. 그러나 다윗은 어떻게 했습니까? 그는 상식에 갇히지 않았습니다. 다윗은 상식을 뛰어넘는 결단을 보여주었습니다.

> "이는 내 생각이 너희의 생각과 다르며 내 길은 너희의 길과 다름이니라 여호와의 말씀이니라 이는 하늘이 땅보다 높음 같이 내 길은 너희의 길보다 높으며 내 생각은 너희의 생각보다 높음이니라" 사 55:8~9

우리는 상식에 갇혀, 하나님을 신뢰하지 못할 때가 있습니다. 우리는 자신의 작은 이성으로 전지전능하신 하나님을 제한하려 합니다.

그러나 하늘이 땅보다 높음같이, 하나님의 생각은 인간의 생각보다 훨씬 높습니다. 그럼에도 불구하고 우리는 얕은 생각에 사로잡혀, 하나님을 불신하고 원망하고 있습니다. 사울 역시 다윗이 골리앗을 이길 수 없을 것이라고 확신했습니다. 그러나 이것은 인간의 생각, 그저 상식에 불과한 판단이었습니다.

다윗과 사울의 두 번째 차이는 '동기의 차이'입니다. 골리앗이 나타나자, 모든 이스라엘 백성들은 전의를 상실했습니다. 아무도 골리앗과 맞서려 하지 않았습니다. 사울은 이번 전쟁에서 승리하기 위해서는 새로운 동기부여가 필요하다고 생각했습니다.

> "이스라엘 사람들이 이르되 너희가 이 올라 온 사람을 보았느냐 참으로 이스라엘을 모욕하러 왔도다 그를 죽이는 사람은 왕이 많은 재물로 부하게 하고 그의 딸을 그에게 주고 그 아버지의 집을 이스라엘 중에서 세금을 면제하게 하시리라" 삼상 17:25

사울은 골리앗을 죽이는 자에게 엄청난 보상을 약속했습니다. 그는 그 사람에게 많은 재물을 주고, 자신의 딸을 아내로 주어 왕의 사위가 되게 하며, 그 가족에게는 세금 면제라는 파격적인 혜택을 제시했습니다. 이 중 단 하나만 제공한다고 해도 어마어마한 혜택이지만, 그럼에도 불구하고 아무도 골리앗과 싸우려는 사람이 없었습니다.

아무리 대단한 보상을 약속해도, 골리앗과 싸우려는 사람은 아무도 없었습니다. 그만큼 골리앗은 보기만 해도 두려움에 사로잡히게 하는 상대였습니다. 사울의 동기부여는 어디에 초점을 맞추고 있습니까? 그것은 세속적인 동기, 즉 부와 명예에 집중되어 있었습니다. 사울은 결국 자신의 왕위를 지키기 위한 목적으로 골리앗과 싸우려 했던 것입니다.

그러나 다윗은 어떠했습니까? 다윗이 골리앗과 싸우려는 동기는 무엇이었을까요? 다윗은 자신의 부와 명예를 위해 골리앗과 싸운 것이 아니었습니다. 왕의 사위가 되기 위해 싸운 것도 아니었습니다. 다윗이 골리앗과 싸운 이유는 오직 하나님의 이름을 위해서였습니다.

> "오늘 여호와께서 너를 내 손에 넘기시리니 내가 너를 쳐서 네 목을 베고 블레셋 군대의 시체를 오늘 공중의 새와 땅의 들짐승에게 주어 온 땅으로 이스라엘에 하나님이 계신 줄 알게 하겠고" 삼상 17:46

다윗의 싸움의 동기가 무엇입니까? 그것은 바로 골리앗이 모욕했던 하나님의 이름을 온 땅에 널리 알리는 것이었습니다. 다윗은 사울이 제시한 혜택에는 관심을 두지 않았고, 오직 하나님만을 생각하며 싸움에 임했습니다. 사울이 자신의 왕좌를 지키기 위해 싸웠다면, 다윗은 하나님의 영광을 위해 싸웠습니다. 바로 이 차이로 인해 하나님께서는 다윗에게 승리를 허락하신 것입니다.

> "사울이 사는 날 동안에 블레셋 사람과 큰 싸움이 있었으므로 사울이 힘 센 사람이나 용감한 사람을 보면 그들을 불러모았더라" 삼상 14:52

다윗과 사울의 세 번째 차이는 '의지의 차이'입니다. 다윗은 하나님을 의지했지만, 사울은 사람을 의지했습니다. 사울은 이스라엘 사람들 중에서 키가 크고 힘이 센 자들을 모조리 징집하여, 블레셋과 싸우려고 했습니다. 그는 어떻게 해서든 사람의 힘으로 전쟁에서 승리하려 했던 것입니다. 사울에게는 하나님에 대한 신뢰가 없었습니다.

사울의 관심은 오직 '어떻게 하면 하나님 없이도 블레셋과 싸워 이길 수 있을까?', '어떻게 하면 싸움 잘하는 사람들을 많이 모을 수 있을까?'에 있었습니다. 그는 하나님을 의지하는 대신, 자신의 군대와 인간의 힘에 의지하고 있었습니다.

> "이에 사울이 자기 군복을 다윗에게 입히고 놋투구를 그의 머리에 씌우고 또 그에게 갑옷을 입히매" 삼상 17:38

다윗이 골리앗과 싸우러 나가겠다고 했을 때, 사울은 다윗에게 자신의 군복과 갑옷을 주었습니다. 사울이 이 순간 믿고 의지한 것은 무엇이었습니까? 바로 무기와 갑옷이었습니다. 그는 다윗에게 해줄 수 있는 것이 이 무기와 갑옷을 주는 것밖에 없다고 생각했던 것입니다.

그러나 다윗은 사울이 준 무기와 갑옷을 의지하지 않았습니다. 그는 그것들을 벗어놓고, 맨몸으로 골리앗 앞에 나아갔습니다. 다윗은 사람의 장비가 아닌, 오직 하나님만을 의지하며 골리앗과 싸웠습니다.

> "다윗이 블레셋 사람에게 이르되 너는 칼과 창과 단창으로 내게 나아오거니와 나는 만군의 여호와의 이름 곧 네가 모욕하는 이스라엘 군대의 하나님의 이름으로 네게 나아가노라" 삼상 17:45

미국 10미터 다이빙 국가대표 로라 윌킨슨(Laura Wilkinson)은 처음에는 주목받지 못하는 선수였습니다. 다이빙 종목에서 중국 선수들이 16년간 금메달을 휩쓸어 왔기 때문에, 세계 언론은 중국 선수들에게만 관심이 있었습니다. 실제로 시드니 올림픽에서도 중국 선수들이 예선전에서 상위권을 차지하며 강력한 우승 후보로 떠올랐습니다.

그런데 로라 윌킨슨은 올림픽이 열리기 몇 달 전, 발뼈가 부러지는 심각한 부상을 당했습니다. 그녀는 발 부상으로 인해 발을 쓰는 훈련을 하지 못했고, 대신 정신적 이미지 트레이닝을 통해 다이빙 기술을 연습했습니다. 부상 후 훈련이 제한적이었기에, 많은 사람들은 그녀에게 올림픽 출전을 포기하라고 권유했습니다. 하지만 로라는 포기하지 않고, 하나님을 의지하며 경기를 준비했습니다.

결승에 진출한 로라는 경기 초반에 중간 정도의 성적을 기록하며 순위에서 밀리는 듯 보였습니다. 그러나 마지막 세 번의 다이빙에서 놀라운 집중력과 기술을 발휘하며, 최고점을 기록하게 되었습니다. 결국 그녀는 중국 선수들을 제치고 역전 금메달을 차지했습니다.

경기 후 인터뷰에서 로라는 다음과 같이 말했습니다. "내게 능력 주시는 자 안에서 내가 모든 것을 할 수 있느니라"(빌 4:13) 그녀는 이 성경 구절을 마음에 새기며 경기했고, 자신의 능력만이 아닌 하나님의 도우심 덕분에 금메달을 따게 되었다고 고백했습니다.

다른 선수들은 자신의 실력과 코치, 국가의 지원을 의지했지만, 로라 윌킨슨은 오직 하나님을 의지하고 올림픽에 출전했습니다. 사울은 세상의 것들을 의지했지만, 다윗은 하나님의 이름을 의지하며 나아갔습니다. 이 차이는 분명히 다른 결과를 만들어 냈습니다.

하나님께서는 다윗과 사울의 대조적인 모습을 통해 우리에게 중요한 교훈을 주고 계십니다. 여러분은 다윗의 길을 걸어가시겠습니까, 아니면 사울의 길을 따르시겠습니까? 우리는 이미 다윗과 사울의 결말을 알고 있습니다. 그럼에도 불구하고, 여전히 사울의 길을 따라가고 있지 않습니까? 사람을 의지하고, 물질에 기대려 하지는 않습니까?

이제 사울처럼 인간의 생각이나 힘을 의지하지 말고, 다윗처럼 하나님만을 의지하며 살아가는 삶을 선택하십시오. 하나님께서는 여러분을 통해 영광을 받으시길 원하십니다. 그분의 이름으로 나아가십시오. 그분의 능력을 신뢰하십시오. 그러면 하나님께서 여러분의 삶 속에서 놀라운 일을 이루실 것입니다.

## 너와 함께 계시기를 원하노라

다윗이 골리앗과 싸우기 위해 가장 중요한 조건이 있었습니다. 그것은 바로 사울의 허락입니다. 만약 사울이 허락하지 않았다면, 다윗은 골리앗과의 싸움은커녕, 대화조차도 할 수 없었을 것입니다. 사울의 허락이 있었기에, 다윗은 골리앗과 싸울 수 있었습니다. 그렇다면, 왜 사울은 패배가 뻔해 보이는 다윗의 결투를 허락했을까요?

> "사울이 다윗에게 이르되 네가 가서 저 블레셋 사람과 싸울 수 없으리니 너는 소년이요 그는 어려서부터 용사임이니라" 삼상 17:33

누가 봐도 결과는 뻔합니다. 다윗은 소년이고, 골리앗은 천하의 대장군입니다. 만약 당신이 사울이라면, 다윗을 결투장으로 보내겠습니까? 이 결투는 단순한 동네 뒷골목 싸움이 아니라, 나라의 명운이 걸린 싸움입니다. 도대체 사울은 어떤 의도로 다윗의 결투를 허락한 것일까요?

> "또 다윗이 이르되 여호와께서 나를 사자의 발톱과 곰의 발톱에서 건져내셨은즉 나를 이 블레셋 사람의 손에서도 건져내시리이다 사울이 다윗에게 이르되 가라 여호와께서 너와 함께 계시기를 원하노라"
> 삼상 17:37

다윗은 사울 앞에서 간증했습니다. "하나님께서 저를 사자와 곰의 발톱에서 건져내신 것처럼, 이 블레셋 사람의 손에서도 건져내실 것입니다." 그러자 사울이 대답했습니다. "가라! 여호와께서 너와 함께 계시기를 원하노라." 이 말만 보면, 마치 사울이 다윗의 간증에 큰 은혜를 받고 결투를 허락한 것처럼 보입니다. 하지만 사울에게는 다른 속셈이 있었습니다.

> "이에 사울이 자기 군복을 다윗에게 입히고 놋 투구를 그의 머리에 씌우고 또 그에게 갑옷을 입히매" 삼상 17:38

사울은 맞지도 않는 자신의 군복을 다윗에게 입혔습니다. 그리고 그의 투구와 갑옷도 입혔습니다. 한눈에 봐도 치수가 맞지 않는다는 것은 명확했습니다. 투구를 쓰고, 갑옷을 입었다고 해도 다윗이 골리앗을 이길 가능성은 거의 없어 보였습니다. 그럼에도 불구하고, 사울은 귀한 왕의 갑옷을 다윗에게 입혔습니다. 그 이유는 무엇일까요? 이것은 사울의 비열한 계략과 음모였습니다.

> "사울과 온 이스라엘이 블레셋 사람의 이 말을 듣고 놀라 크게 두려워하니라" 삼상 17:11

이미 이스라엘 군대는 사기(士氣)가 완전히 꺾여 있었습니다. 골리앗의 거대한 체구, 사나운 눈빛, 사자 같은 포효에 눌려, 이스라엘은 이미 패배자가 된 듯했습니다. 전쟁에서 가장 중요한 것은 사기입니다. 사기가 꺾이면, 아무리 수적으로 우세해도 패배할 가능성이 큽니다. 그래서 전략의 신이라 불리는 제갈량도 여러 가지 계략으로 적군의 사기를 꺾으려 하지 않았습니까? 그러나 이미 사기가 꺾여버린 군대의 사기를 다시 높이는 것은 매우 어려운 일입니다.

사울은 이스라엘의 사기를 높이기 위해 여러 가지 방법을 모색했습니다. 많은 재물을 제시하고, 세금을 면제하며, 공주와의 혼인을 약속했지만, 이스라엘의 사기는 회복되지 않았습니다. 그런데 그때, 다윗이 나타난 것입니다. 아무도 나서지 않을 때, 다윗은 자신이 골리앗과 싸우겠다고 나섰습니다. 처음에는 그 말이 어처구니없는 소리처럼 들렸을 것입니다. 그러나 곰곰이 생각해 보니, 다윗을 이용하면 군대의 사기를 다시 올릴 수 있을 것 같았습니다.

즉, 사울은 어린 다윗을 희생시켜 군대의 사기를 올리려 했던 것입니다. 아무도 골리앗과 싸우려 하지 않은 그때, 어린 소년 다윗이 골리앗 앞에 서 있습니다. 그 모습을 본 이스라엘 군인들은 얼마나 수치감을 느꼈겠습니까? 만약 그 어린 소년이 골리앗에게 처참하게 죽게 된다면, 이스라엘 군인들은 견딜 수 없는 죄책감에 사로잡히게 될 것입니다. 그때 사울은 군인들 앞에 나서서 외칠 것입니다. "우리가 이 소년의 원수를 갚아야 한다! 이 어린 소년도 나라를 위해 목숨을 버렸는데, 어떻게 우리가 살려고만 하겠는가? 다윗의 죽음을 헛되이 하지 말자!"라며, 군대의 사기를 되살리려 했을 것입니다.

이와 같은 목적으로, 사울은 다윗에게 자신의 군복과 갑옷을 입혔던 것입니다. 왕의 갑옷을 입고 나서는 다윗을 본 군인들은 이렇게 생각했을 것입니다. '우리의 왕은 약속을 지키는 사람이구나! 저 목동에게 자신의 갑옷을 벗어줄 수 있는 왕이구나!' 사울이 다윗에게 맞지도 않는 갑옷을 준 이유는, 다윗을 위한 것이 아니라, 자신의 이미지를 위한 것이었습니다.

그러나 사울이 어떤 계획을 세우고 있든, 다윗을 희생시켜 전세를 역전하려는 비열한 계략을 꾸미고 있든, 다윗은 오직 하나님만 바라보며 결투장으로 나아갔습니다. 그러자 하나님께서는 사울의 계략을 뒤엎으시고, 오히려 그것이 다윗의 영광이 되도록 만드셨습니다. 사울은 인간적인 계략과 정치적인 계산으로 다윗을 이용하려 했지만, 다윗은 오직 하나님만 의지하며 골리앗 앞에 섰습니다. 그리고 그 믿음으로 인해 사울의 계획은 무너졌고, 다윗은 하나님의 능력을 증거하는 도구가 되었습니다.

## 자기 손에는 칼이 없었더라

"다윗이 칼을 군복 위에 차고는 익숙하지 못하므로 시험적으로 걸어 보다가 사울에게 말하되 익숙하지 못하니 이것을 입고 가지 못하겠 나이다 하고 곧 벗고 손에 막대기를 가지고 시내에서 매끄러운 돌 다 섯을 골라서 자기 목자의 제구 곧 주머니에 넣고 손에 물매를 가지고 블레셋 사람에게로 나아가니라" 삼상 17:39~40

익숙하다는 것은 곧 숙달되었다는 의미입니다. 다윗은 아무리 중요한 순간이라 하더라도, 자신에게 숙달되지 않은 것은 과감히 포기할 줄 알았습니다. 그는 아무리 값지고 귀한 것이라 해도, 자신에게 맞지 않는 것은 내려놓을 줄 알았습니다. 그래서 그는 자신에게 익숙한 막대기와 물맷돌을 들고, 골리앗에게로 나아갔습니다.

운전면허학원에서 처음 운전대를 잡은 사람에게 가속 구간의 시속 20킬로미터는 너무나 빠른 속도로 느껴집니다. 그러나 운전면허를 취득하고 3개월 정도 지나면, 고속도로에서 시속 120킬로미터 이상으로 달려도 무섭지 않습니다. 그만큼 운전이 숙달되었기 때문입니다.

우리는 익숙하지 않기 때문에 두려움을 느끼는 것입니다. 능숙하지 않아서 실패를 경험하게 되는 것이지요. 성도의 기도 생활도 이와 같습니다. 성도는 무엇보다 기도에 능숙하고 익숙해져야 합니다. 기도에 숙달된 성도는 세상의 시련과 풍파가 몰아쳐도 동요하지 않고, 담대함을 유지할 수 있습니다. 다윗의 손에는 비록 막대기와 물맷돌밖에 없었지만, 그는 그것에 숙달되어 있었기에 골리앗을 조금도 두려

위하지 않았습니다. 그러나 이 모습은 골리앗에게는 실로 터무니없는 일처럼 보였을 것입니다.

> "블레셋 사람이 다윗에게 이르되 네가 나를 개로 여기고 막대기를 가지고 내게 나아왔느냐 하고 그의 신들의 이름으로 다윗을 저주하고 그 블레셋 사람이 또 다윗에게 이르되 내게로 오라 내가 네 살을 공중의 새들과 들짐승들에게 주리라 하는지라" 삼상 17:43~44

지금은 전쟁 중입니다. 전쟁터 한가운데에 어린아이가 돌아다니는 것조차 어불성설인데, 이 아이가 막대기를 들고 골리앗과 싸우겠다고 나선 것입니다. 겉모습만 보면 이 소년은 전형적인 목동입니다. 또 목소리는 얼마나 맑고 곱던지, 차라리 노래를 부르게 하면 어울릴 법한 아이였습니다. 골리앗은 오랜 시간 동안 철저하게 이스라엘 군대의 사기를 꺾어놓았습니다. 그런데 다윗이 등장하면서 분위기가 완전히 반전되었습니다. 이스라엘 진영에서는 술렁거림과 웅성거림이 일어났습니다. 이에 골리앗은 다윗을 잔혹하게 처치하여, 다시는 이스라엘이 일어설 기세조차 못 가지도록 만들고자 했습니다.

> "다윗이 이같이 물매와 돌로 블레셋 사람을 이기고 그를 쳐죽였으나 자기 손에는 칼이 없었더라" 삼상 17:50

골리앗은 다윗을 죽여서 새와 들짐승의 먹잇감으로 주겠다며 으름장을 놓았습니다. 그러나 어떻게 되었습니까? 골리앗의 말이 끝나기도 전에, 다윗의 물맷돌이 그의 이마에 정확히 박혀 버렸습니다. 여기서 중요한 것은 무엇입니까? "자기 손에는 칼이 없었더라" 다윗의 손에는 칼이 없었습니다. 그는 칼도 없이, 갑옷도 없이 골리앗을 이겼습니다. 하지만 다윗의 손에는 세 가지 중요한 것이 있었습니다.

> "다윗이 사울에게 말하되 그로 말미암아 사람이 낙담하지 말 것이라 주의 종이 가서 저 블레셋 사람과 싸우리이다 하니" 삼상 17:32

첫째, 다윗의 손에는 '위로'가 있었습니다. 다윗은 먼저 사울을 찾아가 이렇게 말했습니다. "왕이시여, 낙담하지 마십시오. 좌절하거나 걱정하지 마십시오. 제가 저 블레셋 사람과 싸우겠습니다" 지금 이 상황에서 누가 누구를 위로하고 있는 것입니까? 비천한 목동이 이스라엘의 왕을 위로하고 있습니다. 어린 소년이 나이 많은 성인을 위로하고 있는 것입니다. 원래는 왕이 백성을 위로해야 마땅한데, 오히려 다윗이 사울을 위로하고 있습니다.

> "우리의 모든 환난 중에서 우리를 위로하사 우리로 하여금 하나님께 받는 위로로써 모든 환난 중에 있는 자들을 능히 위로하게 하시는 이시로다" 고후 1:4

하나님은 환난 중에 우리를 위로하십니다. 그리고 우리는 그 위로를 전해야 할 사명이 있습니다. 다윗은 춥고 어두운 양의 우리에서, 하나님의 위로를 깊이 경험했습니다. 그리하여 그는 그 위로를 왕과 백성들에게 전했던 것입니다. 지금 다윗의 손에는 칼은 없지만, 하나님의 위로가 들려 있습니다.

> "내가 따라가서 그것을 치고 그 입에서 새끼를 건져내었고 그것이 일

> 어나 나를 해하고자 하면 내가 그 수염을 잡고 그것을 쳐죽였나이다" 삼상 17:35

둘째, 다윗의 손에는 '간증'이 있었습니다. 다윗은 사울 앞에서 하나님의 은혜를 간증했습니다. 하나님께서 어떻게 자신을 도우셨는지, 어떻게 사자와 곰을 이길 수 있었는지, 다윗은 담대하게 하나님께서 행하신 일을 선포했습니다. 다윗은 간증의 사람이었습니다. 그는 매일 하나님의 보호하심과 인도하심을 생생하게 경험했습니다. "하나님께서 나와 함께하시는데, 누가 나를 두렵게 하겠는가?" 이처럼 하나님의 응답을 경험해 본 사람은 영적인 담력을 갖추게 됩니다. 그 담력이 쌓이며, 우리는 하나님의 거룩한 용사로 성장하는 것입니다. 다윗의 손에는 칼은 없었지만, 간증이 넘쳐흘렀습니다.

> "또 여호와의 구원하심이 칼과 창에 있지 아니함을 이 무리에게 알게 하리라 전쟁은 여호와께 속한 것인즉 그가 너희를 우리 손에 넘기시리라" 삼상 17:47

마지막으로, 다윗의 손에는 '믿음'이 있었습니다. 만약 사울의 칼이 너무 길어서 불편했다면, 다윗은 단검 하나쯤은 구할 수 있었을 것입니다. 그러나 그는 단검조차도 가져가지 않았습니다. 그 이유는 무엇입니까? 다윗은 하나님의 구원이 칼과 창에 있지 않다는 것을 분명히 보여주고자 했기 때문입니다. 그는 '여호와의 구원하심'에 대한 확고한 믿음을 지니고 있었습니다. 그래서 다윗은 의도적으로 칼을 내려놓고, 오직 하나님의 능력만을 의지했습니다.

다윗의 손에는 칼은 없었지만, 위로가 있었습니다. 간증이 있었습니다. 믿음이 있었습니다. 그렇다면 당신의 손에는 무엇이 있습니까? 지금 당신이 붙들고 있는 것은 무엇입니까?

다윗이 골리앗을 이길 수 있었던 것은 그의 손에 칼이 있었기 때문이 아닙니다. 그에게는 화려한 무기나 강한 갑옷이 없었지만, 그의 손에는 하나님께서 주신 더 귀한 것들이 있었습니다. 오늘날 우리의 삶 속에서도 거대한 골리앗 같은 문제들이 우리를 위협할 때가 있습니다. 그때 우리는 무엇을 붙잡아야 할까요? 세상의 방법과 무기입니까, 아니면 하나님께서 주시는 위로와 간증, 믿음입니까? 다윗은 모든 세속적인 무기를 내려놓고 오직 하나님만 의지하며 나아갔습니다. 그래서 그는 칼 없이도 승리할 수 있었습니다.

> "우리의 싸우는 무기는 육신에 속한 것이 아니요 오직 어떤 견고한 진도 무너뜨리는 하나님의 능력이라 모든 이론을 무너뜨리며" 고후 10:4

## 그를 자기 생명같이 사랑하니라

우리 삶 속에서 가장 큰 기쁨은 무엇입니까? 그 기쁨은 복권에 당첨되는 것도, 불치병이 치료되는 것도, 호화로운 저택으로 이사하는 것도 아닙니다. 이러한 기쁨은 일시적인 기쁨에 불과합니다. 우리에게 영원한 기쁨이 되는 것은 바로 예수님을 만나는 기쁨입니다. 우리는 예수님을 만날 때에야 비로소 참된 기쁨을 누릴 수 있습니다. 또한, 받은 은혜를 함께 나눌 수 있는 신앙의 동역자를 만났을 때에도 진정한 기쁨을 경험하게 됩니다.

다윗에게는 이러한 참된 기쁨을 주는 신앙의 동역자가 있었습니다. 그가 바로 요나단입니다. 요나단은 사울의 아들이자 왕위 계승권자였지만, 다윗과는 둘도 없는 친구가 되었습니다. 그들은 본래 정적(政敵)의 관계였지만, 신앙 안에서 진정한 우정을 나누었습니다. 그렇다면, 우리는 어떻게 다윗과 요나단처럼 신앙의 동역자가 될 수 있을까요?

> "요나단이 자기의 무기를 든 소년에게 이르되 우리가 이 할례 받지 않은 자들에게로 건너가자 여호와께서 우리를 위하여 일하실까 하노라 여호와의 구원은 사람이 많고 적음에 달리지 아니하였느니라"
> 삼상 14:6

요나단은 무기를 드는 부관과 함께 단둘이서 블레셋의 진영을 향해 돌진했습니다. 그때 요나단은 어떤 믿음의 고백을 했습니까? "여호와의 구원은 사람이 많고 적음에 달려 있지 않다" 요나단은 전쟁의 승패가 인간의 능력에 있는 것이 아니라, 하나님의 주권에 달려 있다는 것을 명확히 고백했습니다. 그의 고백을 들을 때, 우리는 자연스레 다윗의 고백을 떠올리게 됩니다. 다윗은 골리앗 앞에서 이렇게 말했습니다. "여호와의 구원은 칼과 창에 있지 않다" 다윗과 요나단은 비록 서로 만나지 않았던 시점에서도 동일한 믿음을 간직하고 있었습니다.

신앙의 동역자가 되기 위해 첫째로 필요한 것은 '동일한 믿음'입니다. 다윗과 요나단은 동일한 신앙을 공유하고 있었기 때문에, 만나자마자 영적인 끌림을 느낄 수 있었습니다. 그들은 믿음으로 하나 된 관계였기에, 이 세상 어떤 것도 이 둘을 갈라놓을 수 없었습니다.

> "다윗이 사울에게 말하기를 마치매 요나단의 마음이 다윗의 마음과
> 하나가 되어 요나단이 그를 자기 생명 같이 사랑하니라" 삼상 18:1

  신앙의 동역자가 되기 위해 둘째로 필요한 것은 '동일한 마음'을 갖는 것입니다. 다윗과 요나단은 한마음이 되어 서로 깊이 연결되었습니다. 아무리 믿음이 좋은 두 사람이 만나더라도, 서로의 마음이 맞지 않으면 그 관계는 지속될 수 없습니다. 신앙생활을 하다 보면, 믿음이 중요하지만, 그에 못지않게 마음의 상태도 중요하다는 것을 깨닫게 됩니다.

  기도를 열심히 하는 권사님이라 할지라도, 가는 곳마다 분쟁과 다툼을 일으키는 경우가 있습니다. 오랜 신앙생활을 통해 믿음은 성장했지만, 마음이 다듬어지지 않았기 때문입니다. 그 마음속에는 선한 것이 없고, 교만과 이기심, 질투만이 가득합니다. 아무리 새벽기도를 드리고, 작정기도와 금식기도에 열심을 낸다 해도, 그것만으로는 충분하지 않습니다. 금식기도보다 우선시되어야 할 것은 우리의 선한 마음과 올바른 행실임을 성경은 분명히 강조하고 있습니다(사 58:6).

> "형제들아 내가 우리 주 예수 그리스도의 이름으로 너희를 권하노니
> 모두가 같은 말을 하고 너희 가운데 분쟁이 없이 같은 마음과 같은
> 뜻으로 온전히 합하라" 고전 1:10

  우리는 같은 말을 하며, 같은 마음과 같은 뜻으로 온전히 하나가 되어야 합니다. 그렇다면, 다윗과 요나단은 어떻게 마음을 합할 수 있었을까요? 그것은 요나단이 자신의 마음을 낮추었기 때문입니다. 요나단과 다윗 사이에는 분명 신분의 차이가 있었습니다. 요나단은 왕자

였고, 다윗은 한낱 양치기 소년에 불과했습니다. 그러나 요나단은 그 차이를 뛰어넘어 자신의 자존심과 지위를 기꺼이 내려놓고, 다윗과 진심으로 한마음이 될 수 있었습니다.

> "아무 일에든지 다툼이나 허영으로 하지 말고 오직 겸손한 마음으로 각각 자기보다 남을 낫게 여기고" 빌 2:3

요나단은 겸손한 마음으로 자기보다 다윗을 더 높게 여겼습니다. 신앙의 동역자를 만나기 위해서는 나를 낮추고, 남을 나보다 낫게 생각해야 합니다. 감히 천민이 왕자 앞에서 고개를 들 수 있겠습니까? 아무리 다윗이 골리앗을 무찔렀다고 해도, 다윗과 요나단 사이의 신분의 차이는 쉽게 좁혀질 수 없는 것이었습니다. 그러나 요나단은 왕자의 권위에서 내려와, 다윗과 진심으로 손을 맞잡았습니다.

> "요나단이 자기가 입었던 겉옷을 벗어 다윗에게 주었고 자기의 군복과 칼과 활과 띠도 그리하였더라" 삼상 18:4

마지막으로, 신앙의 동역자가 되기 위해 필요한 것은 '동일한 나눔'입니다. 요나단은 자신이 입었던 겉옷을 벗어 다윗에게 주었습니다. 뿐만 아니라, 그는 자신의 군복과 칼, 활, 띠도 다윗에게 내주었습니다. 이것은 무엇을 의미할까요? 옷은 신분과 지위를 상징하고, 칼은 힘과 권력을 상징합니다. 요나단은 이러한 행위를 통해 다윗을 자신과 동등한 존재로 인정한 것입니다. 요나단은 한마음이 되기 위해 자신의 마음을 겸손히 낮췄으며, 자신의 것을 아낌없이 나누어 다윗에게 주었습니다.

> "그러므로 무엇이든지 남에게 대접을 받고자 하는 대로 너희도 남을 대접하라 이것이 율법이요 선지자니라" 마 7:12

세상의 친구 관계도 이와 다르지 않습니다. 받기만 해서는 절대로 관계를 지속할 수 없습니다. "50대가 넘어서 주변에 사람이 없는 이유는 지갑을 열지 않기 때문"이라는 말도 있지 않습니까? 신앙의 동역자 관계 역시 마찬가지입니다. 받기만 해서는 결코 건강한 동역자가 될 수 없습니다. 사랑을 주고받고, 기도를 나누며, 서로 도움을 주고받는 관계가 되어야 합니다.

> "다윗이 그에게 이르되 무서워하지 말라 내가 반드시 네 아버지 요나단으로 말미암아 네게 은총을 베풀리라 내가 네 할아버지 사울의 모든 밭을 다 네게 도로 주겠고 또 너는 항상 내 상에서 떡을 먹을지니라 하니" 삼하 9:7

후에 다윗이 왕이 되었을 때, 그는 요나단과의 약속을 잊지 않고, 요나단의 아들인 므비보셋을 불러들였습니다. 그리고 므비보셋에게 감당할 수 없는 은혜를 베풀었습니다. 어떻게 보면, 므비보셋은 다윗에게 부담스러운 존재이자, 반역의 씨앗일 수도 있었습니다. 므비보셋은 사울의 핏줄이었기에, 왕위 계승의 명분을 가지고 있었기 때문입니다. 그러나 다윗은 므비보셋에게 넘치는 은혜를 베풀었습니다. 그는 사울의 모든 밭과 재산을 돌려주었고, 므비보셋이 다윗의 식탁에 참여할 수 있는 특권을 허락했습니다.

그 이유는 무엇일까요? 다윗은 요나단에게서 동일한 사랑을 받았기 때문입니다. 그는 요나단에게서 받은 사랑과 은혜를 잊지 않았고,

자신이 받은 것 이상으로 요나단의 아들에게 베풀었습니다. 이처럼, 다윗과 요나단 사이에는 동일한 나눔과 헌신이 있었던 것입니다.

다윗과 요나단의 관계는 단순한 우정을 넘어, 하나님께서 허락하신 신앙의 동역자가 되어 서로를 진정으로 사랑하고 아끼는 관계였습니다. 마찬가지로 우리는 신앙의 동역자와 함께 서로의 필요를 채우고, 아낌없이 나누며 섬기는 관계가 되어야 합니다.

## 스스로 만족할 것이 아니니

> "다윗은 사울이 보내는 곳마다 가서 지혜롭게 행하매 사울이 그를 군대의 장으로 삼았더니 온 백성이 합당히 여겼고 사울의 신하들도 합당히 여겼더라" 삼상 18:5

다윗은 가는 곳마다 승전고를 울렸습니다. 그는 사울이 보내는 곳마다 지혜롭게 행했기에, 사울은 그를 군대의 장으로 삼았습니다. 그런데 놀라운 것은, 온 백성과 신하들 모두가 다윗의 승진을 합당하게 여겼다는 점입니다. 사실 너무나 빠른 승진은 시기와 질투의 대상이 되기 마련입니다. 특히 계급이 엄격하게 구분된 군대 내에서는 더욱 그렇습니다. 예를 들어, 백부장이었던 인물이 갑자기 자신보다 높은 직책을 맡게 된다면, 주변 사람들은 얼마나 시기와 질투에 사로잡히겠습니까? 그러나 다윗의 급격한 승진조차도 모든 신하들이 합당하게 여겼습니다.

이순신 장군도 통제사의 지위에 올랐을 때, 신하들의 시기와 모함으로 인해 좌천된 적이 있지 않습니까? 이처럼 빠른 승진은 반드시 좋은 일로만 작용하지 않습니다. 승진이 빠를수록 적이 많이 생기기 마련입니다. 그러나 다윗은 어떻게 했습니까? 적이 생긴 것이 아니라, 오히려 동지와 후원자들이 늘어났습니다. 그 이유는 무엇일까요? 다윗은 가는 곳마다 지혜롭게 행했기 때문입니다. 그렇다면, 지혜롭게 행한다는 것은 무엇을 의미할까요?

> "여호와를 경외하는 것이 지혜의 근본이요 거룩하신 자를 아는 것이 명철이니라" 잠 9:10

지혜의 근본은 여호와를 경외하는 것입니다. 명철은 거룩한 자를 아는 것이라 말씀합니다. 다윗은 지혜롭게 행했습니다. 이는 그가 오직 하나님만을 바라보고, 하나님만을 생각하며, 하나님을 경외하는 삶을 살았다는 뜻입니다. 다윗의 관심은 전쟁의 승리, 명예, 인기, 재물이 아니었습니다. 그의 마음은 오직 하나님께만 향해 있었습니다. 그렇기 때문에 다윗은 승진한 뒤에도 교만에 빠지지 않았으며, 권력욕과 명예욕에 사로잡히지 않았습니다. 이처럼 다윗에게는 지혜와 겸손이 있었기에, 모든 사람에게 사랑과 인정을 받을 수 있었습니다.

> "여인들이 뛰놀며 노래하여 이르되 사울이 죽인 자는 천천이요 다윗은 만만이로다 한지라 사울이 그 말에 불쾌하여 심히 노하여 이르되 다윗에게는 만만을 돌리고 내게는 천천만 돌리니 그가 더 얻을 것이 나라 말고 무엇이냐 하고" 삼상 18:7~8

백성들은 다윗을 진심으로 사랑했습니다. 그러나 그 사랑을 시기하고 질투하는 사람이 있었습니다. 바로 사울입니다. 사울은 다윗이 자신의 권위와 명예를 빼앗으려 한다고 여겼습니다. 그래서 그때부터 다윗을 주목하기 시작했습니다. 그러나 이것은 좋은 의미의 주목이 아닙니다. 사울은 분노와 악감정으로 다윗을 노려보기 시작한 것입니다. 지금 사울의 관심과 시선은 어디로 향하고 있습니까? 다윗을 향하고 있습니다. 다윗은 믿음으로 하나님을 바라보고 있지만, 사울은 시기심에 사로잡혀 다윗을 바라보고 있는 것입니다.

> "그들이 모였을 때에 빌라도가 물어 이르되 너희는 내가 누구를 너희에게 놓아 주기를 원하느냐 바라바냐 그리스도라 하는 예수냐 하니 이는 그가 그들의 시기로 예수를 넘겨 준 줄 앎이더라" 마 27:17~18

유대교 지도자들이 예수를 죽이려 한 이유는 무엇입니까? 바로 시기심 때문입니다. 결국 시기심은 상대방을 죽음으로 몰아가는 최악의 결과를 초래합니다. 그러나 다윗은 결코 시기심에 사로잡히지 않았습니다. 다윗에게는 사울을 죽일 수 있는 기회가 두 번이나 있었지만, 그는 사울을 해치지 않았습니다. 그 이유는, 다윗이 자신의 삶에 만족하고, 하나님께서 주신 분깃에 감사하며 살았기 때문입니다.

> "우리가 무슨 일이든지 우리에게서 난 것 같이 스스로 만족할 것이 아니니 우리의 만족은 오직 하나님으로부터 나느니라" 고후 3:5

시기심을 극복하는 길은 만족감을 가지는 것입니다. 그러나 그 참된 만족은 오직 하나님께로부터 얻어야 합니다. 세상은 결코 우리에게 진정한 만족을 줄 수 없습니다. 베냐민 지파에서 가장 낮은 자였던 사울은 왕이 되면서 모든 것을 가졌지만, 여전히 만족하지 못하고 다윗을 시기했습니다. 세상이 주는 왕위, 부, 명예는 결코 우리에게 진정한 만족을 주지 못합니다. 우리는 하나님께서 주시는 만족으로만 시기심을 극복할 수 있습니다.

> "나는 의로운 중에 주의 얼굴을 뵈오리니 깰 때에 주의 형상으로 만족하리이다" 시 17:15

다윗은 깊은 만족 속에서 살고 있었습니다. 그러나 그의 만족은 군대의 장이 되었기 때문이 아닙니다. 백성들에게 사랑을 받았기 때문도 아니며, 칭찬과 인정을 받았기 때문도 아닙니다. 다윗은 주의 형상으로 만족했습니다. 그는 세상의 것으로 만족을 누린 것이 아니라, 하나님의 형상 안에서 참된 만족을 찾았기 때문에, 세상의 것이 주어지지 않아도 흔들림 없는 만족을 누릴 수 있었습니다.

> "여호와가 너를 항상 인도하여 메마른 곳에서도 네 영혼을 만족하게 하며 네 뼈를 견고하게 하리니 너는 물 댄 동산 같겠고 물이 끊어지지 아니하는 샘 같을 것이라" 사 58:11

광야로 도망친 다윗은 모든 것을 포기해야 했습니다. 그러나 다윗이 메마른 광야에서도 만족할 수 있었던 이유는, 끊어지지 않는 하나님의 은혜가 그와 함께했기 때문입니다. 당신은 지금 무엇으로 만족하고 있습니까? 세상의 것은 결코 우리에게 참된 만족을 줄 수 없습니다. 우리의 만족은 오직 하나님으로부터 나오는 것입니다. 세상의 명예와 재물, 사람들의 칭찬과 인기가 주는 만족은 잠깐일 뿐, 우리 마음의 공허함을 채우지 못합니다. 그러나 하나님 안에서 참된 만족을 찾을 때, 우리는 더 이상 시기심이나 욕망에 흔들리지 않고, 하나님의 사랑 안에서 진정한 평안과 기쁨을 누리게 됩니다.

## 내 손을 그에게 대지 않고

"사울이 다윗에게 이르되 내 맏딸 메랍을 네게 아내로 주리니 오직 너는 나를 위하여 용기를 내어 여호와의 싸움을 싸우라 하니 이는 그가 생각하기를 내 손을 그에게 대지 않고 블레셋 사람들의 손을 그에게 대게 하리라 함이라" 삼상 18:17

사울은 약속대로 골리앗을 죽인 다윗에게 자신의 딸을 주기로 했습니다. 그러나 여기에도 사울의 계략과 음모가 숨어 있었습니다. "그가 생각하기를, 내 손을 그에게 대지 않고 블레셋 사람들의 손에 그를 넘기리라 함이라" 사울은 블레셋 사람들에 의해 다윗이 살해되도록 음모를 꾸미고 있었습니다. 그럴 수밖에 없었던 이유는, 다윗이 나라의 영웅이자, 모든 백성에게 큰 사랑을 받고 있었기 때문입니다. 아무리 왕이라 할지라도, 명분 없이 다윗을 죽이는 것은 불가능했습니다. 그래서 사울은 블레셋 사람들을 이용해 다윗을 제거하려 했던 것입니다. 그런데 갑자기 사울의 마음이 바뀌었습니다. 그는 다윗에게 큰딸 메랍을 주려고 했지만, 정치적 이유로 메랍을 아드리엘에게 시집보냈습니다.

> "사울의 딸 메랍을 다윗에게 줄 시기에 므홀랏 사람 아드리엘에게 아내로 주었더라" 삼상 18:19

막상 다윗과 메랍의 결혼식 날이 다가오자, 사울의 마음에 아까운 생각이 들었습니다. 아무리 다윗이 골리앗을 죽였다고 해도, 본래 다윗은 한낱 양치기 소년에 불과했습니다. 그래서 사울은 다윗과의 약속을 깨버리고, 자신에게 더 유리한 결혼 상대인 아드리엘에게 메랍을 주었습니다. 이 일은 다윗에게 큰 상처가 되었습니다. 다윗은 처음부터 왕의 딸을 요구한 적도 없었고, 오히려 왕이 직접 약속했던 일이었습니다. 그런데 사울은 일방적으로 약속을 번복하고, 자신의 약혼녀를 다른 남자에게 시집보냈던 것입니다.

하지만 이 일은 사울에게도 난처한 문제가 되었습니다. 왕이 스스로 왕명을 번복한 셈이 되었으니, 백성들 앞에서 변명할 필요가 생긴 것입니다. 사울은 백성들이 납득할 수 있는 보상을 다윗에게 제공해야 할 상황에 놓였습니다. 그런데 마침, 사울은 자신의 둘째 딸 미갈이 다윗을 사랑하고 있다는 소문을 듣게 되었습니다.

> "스스로 이르되 내가 딸을 그에게 주어서 그에게 올무가 되게 하고 블레셋 사람들의 손으로 그를 치게 하리라 하고 이에 사울이 다윗에게 이르되 네가 오늘 다시 내 사위가 되리라 하니라" 삼상 18:21

그러자 사울은 안도의 한숨을 내쉬며 생각했습니다. '이제 백성들 앞에서도 떳떳할 수 있고, 다윗을 죽일 방도도 생겼구나!' 사울은 미갈을 어떻게 여겼습니까? 그는 미갈을 다윗을 죽일 올무로 간주했습니다. 시기심에 사로잡힌 사울은 자신의 귀한 딸조차도 단지 다윗을 제거하기 위한 도구로만 생각하고 있었습니다. 사울은 자신의 목적을 이루기 위해, 딸까지도 희생시킬 수 있는 이기적이고 냉혹한 사람이었습니다.

사울은 신하들을 시켜 은밀히 다윗에게 자신의 마음을 전하게 했습니다. 신하들은 다윗에게 찾아와 말했습니다. "왕께서 당신에게 둘째 딸을 주고 싶어 하십니다. 왕이 당신을 매우 좋아하시니, 이제 왕의 사위가 되십시오" 그러나 이미 한 번 배신을 당한 다윗은, 신하들의 말을 쉽게 믿을 수 없었습니다. 그래서 다윗은 이렇게 대답했습니다. "저같이 비천하고 가난한 자가 어떻게 왕의 사위가 될 수 있겠습니까?"

이스라엘에서는 결혼할 때 신부의 부모에게 결혼지참금을 드리는 풍습이 있었습니다. 왕의 사위가 되려면 엄청난 재물이 필요했을 것입니다. 그러나 다윗은 가진 것이 없었습니다. 그는 메랍과의 결혼이 성사되지 않은 이유가 자신의 낮은 신분과 가난 때문이라고 생각했습니다.

> "사울이 이르되 너희는 다윗에게 이같이 말하기를 왕이 아무 것도 원하지 아니하고 다만 왕의 원수의 보복으로 블레셋 사람들의 포피 백 개를 원하신다 하라 하였으니 이는 사울의 생각에 다윗을 블레셋 사람들의 손에 죽게 하리라 함이라" 삼상 18:25

그러자 왕의 신하들이 말했습니다. "왕께서 원하시는 결혼지참금은 별것이 아닙니다. 단지 저 원수들의 포피 100개만 가져오시면 됩니다" 이 말의 진정한 뜻은 무엇입니까? 블레셋 사람 100명을 죽여 오라는 것입니다. 즉, 사울은 다윗을 죽이기 위해 교묘한 감언이설(甘言利說)을 사용한 것입니다.

감언이설이란 무엇입니까? 귀가 솔깃하도록 남의 비위를 맞추거나, 이로운 조건을 제시하여 속이는 말을 의미합니다. 겉으로는 매우 달콤한 말이지만, 그 속에는 지독한 독이 가득 차 있습니다. 사울은 다윗에게 이렇게 말하는 것입니다. "너 돈이 없지? 가난하지? 신분도 낮지? 그래도 괜찮아. 블레셋 사람 100명만 죽이고 오면 돼!" 사울의 말은 마치 너무나 달콤하게 들리지만, 그 이면에는 다윗을 죽이려는 계략과 음모가 숨어 있었습니다. 이처럼, 마귀도 감언이설로 우리를 속여 파멸로 이끌려고 합니다.

> "악인들이 나를 해하려고 올무를 놓았사오나 나는 주의 법도들에서 떠나지 아니하였나이다" 시 119:110

사울은 다윗을 죽이기 위해 수많은 올무를 놓았습니다. 그러나 다윗은 모든 올무를 피하고, 사울의 계략을 모두 무너뜨렸습니다. 그 이유는 무엇일까요? 다윗은 끝까지 주의 법도를 지켰기 때문입니다. 또한, 그는 여호와를 의지하였기에, 사울의 올무에 걸리지 않았습니다.

> "사람을 두려워하면 올무에 걸리게 되거니와 여호와를 의지하는 자는 안전하리라" 잠 29:25

다윗은 블레셋 100명이라는 올무를 어떻게 이겨낼 수 있었을까요?

만약 다윗이 사람의 지혜와 능력으로 싸웠다면, 필연적으로 패배할 수밖에 없었을 것입니다. 그러나 다윗은 여호와를 의지하고, 하나님의 말씀을 굳게 붙들며 싸웠기 때문에, 큰 승리를 거둘 수 있었습니다.

> "다윗이 일어나서 그의 부하들과 함께 가서 블레셋 사람 이백 명을 죽이고 그들의 포피를 가져다가 수대로 왕께 드려 왕의 사위가 되고자 하니 사울이 그의 딸 미갈을 다윗에게 아내로 주었더라 여호와께서 다윗과 함께 계심을 사울이 보고 알았고 사울의 딸 미갈도 그를 사랑하므로 사울이 다윗을 더욱더욱 두려워하여 평생에 다윗의 대적이 되니라" 삼상 18:27~29

다윗은 블레셋 사람 100명이 아니라, 오히려 200명을 죽이고 사울에게 돌아왔습니다. 그러자 사울은 더욱, 더욱 다윗을 두려워하게 되었습니다. 그 이유는 무엇일까요? 사울은 여호와 하나님께서 다윗과 함께 계심을 보았기 때문입니다. 여호와께서 다윗과 함께하시니, 어떠한 올무와 함정도 소용이 없었습니다. 이처럼, 마귀의 감언이설을 이기는 방법은 오직 하나님을 의지하며, 하나님의 말씀을 굳게 붙드는 것뿐입니다.

사울은 다윗을 죽이기 위해 올무를 놓았지만, 그 올무는 오히려 다윗의 영광이 되었습니다. 다윗이 블레셋 사람 200명을 죽이고 승전의 함성을 울리며 돌아왔을 때, 그 함정(陷穽)은 오히려 함성(喊聲)으로 변했습니다. 사울이 놓은 올무는 오히려 다윗의 승리와 영광의 기회가 되었습니다. 마찬가지로, 우리가 하나님의 도우심을 믿고 의지할 때, 세상의 유혹과 함정은 우리를 넘어뜨리는 것이 아니라, 오히려 우리의 믿음을 더욱 견고하게 세워주는 도구가 됩니다.

3장

# 다윗의 고난

DAVID SKETCH

# 네게 알려주리라

> "블레셋 사람들의 방백들이 싸우러 나오면 그들이 나올 때마다 다윗이 사울의 모든 신하보다 더 지혜롭게 행하매 이에 그의 이름이 심히 귀하게 되니라" 삼상 18:30

하나님께서 함께하시는 다윗은 블레셋과 싸울 때마다 큰 승리를 거두었습니다. 사울에게는 수많은 신하들이 있었지만, 다윗의 지혜를 능가할 자는 없었습니다. 그러자 이제는 사울이 노골적으로 다윗을 죽이려 하였습니다. 더 이상 다른 사람들의 눈치를 보지 않고, 직설적으로 다윗을 제거하겠다는 의도를 드러낸 것입니다.

> "사울이 그의 아들 요나단과 그의 모든 신하에게 다윗을 죽이라 말하였더니 사울의 아들 요나단이 다윗을 심히 좋아하므로" 삼상 19:1

이처럼 시기심은 이성적인 판단을 마비시킵니다. 지금까지 사울은 다윗을 미워하면서도, 그를 죽이려는 마음을 겉으로 드러내지 않았습니다. 그 이유는, 모든 백성과 신하들이 다윗을 사랑하고 있었기 때문입니다. 그러나 사울은 시기심에 더욱 깊이 사로잡히자, 이제는 이

성적인 판단을 잃고, 나라의 영웅인 다윗을 공공연히 죽이라고 명령하였습니다. 이에 크게 당황한 요나단은 다윗을 찾아가 말했습니다.

> "그가 다윗에게 말하여 이르되 내 아버지 사울이 너를 죽이기를 꾀하시느니라 그러므로 이제 청하노니 아침에 조심하여 은밀한 곳에 숨어 있으라 내가 나가서 네가 있는 들에서 내 아버지 곁에 서서 네 일을 내 아버지와 말하다가 무엇을 보면 네게 알려 주리라 하고" 삼상 19:2~3

요나단은 왕명을 어기면서까지 다윗을 도왔습니다. 왕의 아들이라 할지라도, 왕명을 거역하면 목숨을 잃을 수 있는 중대한 위험이 따릅니다. 요나단은 지금 자신의 목숨을 걸고 다윗을 지켜주고 있는 것입니다. 그러나 그것만으로 끝나지 않았습니다. 요나단은 다윗을 숨겨주는 것뿐만 아니라, 다윗을 위해 직접 사울 앞에서 변호하기까지 했습니다.

> "그가 자기 생명을 아끼지 아니하고 블레셋 사람을 죽였고 여호와께서는 온 이스라엘을 위하여 큰 구원을 이루셨으므로 왕이 이를 보고 기뻐하셨거늘 어찌 까닭 없이 다윗을 죽여 무죄한 피를 흘려 범죄하려 하시나이까" 삼상 19:5

요나단은 사울에게 직접 찾아가 다윗을 변호했습니다. "왕이시여! 다윗은 아무 죄가 없습니다. 그는 목숨을 걸고 블레셋과 싸워, 큰 승리를 이루었습니다. 왕께서도 그때 이를 보시고 기뻐하지 않으셨습니까? 그런데 왜 이제 와서 다윗을 죽여 무죄한 피를 흘리며 범죄하시려 하십니까?" 요나단의 변호는 논리적이고 합당했습니다. 사울은 지금 아무 죄 없는 다윗을 죽이려 했던 것입니다. 그러므로 요나단의 간청에 의해, 사울은 자신의 뜻을 꺾을 수밖에 없었습니다.

> "사울이 요나단의 말을 듣고 맹세하되 여호와께서 살아 계심을 두고 맹세하거니와 그가 죽임을 당하지 아니하리라" 삼상 19:6

사울은 요나단의 말을 듣고, 여호와 앞에서 맹세했습니다. 다윗을 죽이지 않겠다고 엄숙히 서약한 것입니다. 그러나 이 맹세는 너무나 쉽게 파기되고 말았습니다. 사울을 사로잡고 있는 악령은 거짓의 아비이기 때문입니다. 그 결과, 사울은 아무렇지도 않게 거짓말을 하고, 맹세를 어겼습니다. 그는 여호와 앞에서 맹세했음에도 불구하고, 손바닥 뒤집듯이 약속을 뒤엎어 버린 것입니다.

> "요나단이 다윗을 불러 그 모든 일을 그에게 알리고 요나단이 그를 사울에게로 인도하니 그가 사울 앞에 전과 같이 있었더라" 삼상 19:7

사울의 맹세를 진심으로 믿은 요나단은 다윗을 다시 불러 왕궁으로 인도했습니다. 잠시 동안 평화가 찾아온 듯 보였습니다. 그러나 그 평화는 오래가지 못했습니다. 다윗이 블레셋과의 전투에서 또다시 승리하자, 사울은 다시 시기심에 사로잡혀, 단창을 던져 다윗을 죽이려 했습니다.

> "사울이 단창으로 다윗을 벽에 박으려 하였으나 그는 사울의 앞을 피하고 사울의 창은 벽에 박힌지라 다윗이 그 밤에 도피하매" 삼상 19:10

사울은 자신의 사위이자, 나라의 영웅인 다윗을 직접 자신의 손으로 죽이려 했습니다. 전쟁에서 승리하고 돌아온 장군을 왕이 직접 죽이려 한 것입니다. 사울은 단창이 벽에 깊이 박힐 정도로, 다윗을 향해 힘껏 던졌습니다. 이는 단순한 위협이 아니라, 다윗을 죽일 의도로 던진 것이었습니다. 결국, 다윗은 왕궁을 빠져나와 도망칠 수밖에 없었습니다.

다윗은 집으로 도망쳤습니다. 너무나 큰 충격을 받은 다윗은 아무것도 할 수 없을 정도로, 집에서 두려움에 떨고 있었습니다. 장인어른이자 왕이 자신을 죽이려 한다는 사실이 도무지 믿기지 않았습니다. 그렇게 다윗이 충격에 빠져 넋을 잃고 있을 때, 사울은 군인들을 보내어 아침에 다윗을 죽이라고 명령했습니다. 그런데 그 소식을 다윗의 아내, 미갈이 듣게 되었습니다.

> "사울이 전령들을 다윗의 집에 보내어 그를 지키다가 아침에 그를 죽이게 하려 한지라 다윗의 아내 미갈이 다윗에게 말하여 이르되 당신이 이 밤에 당신의 생명을 구하지 아니하면 내일에는 죽임을 당하리라 하고 미갈이 다윗을 창에서 달아 내리매 그가 피하여 도망하니라" 삼상 19:11~12

미갈은 위기의 순간에 다윗을 도와주었습니다. 미갈이 누구입니까? 바로 사울의 딸입니다. 지금 사울의 자녀들이 다윗을 돕고, 지켜주며, 구해주고 있습니다. 사울은 다윗을 죽이기 위해 혈안이 되어 있지만, 요나단과 미갈은 다윗을 지키고 있는 것입니다. 이처럼 하나님께서는 때때로 우리가 이해할 수 없는 방법으로 우리를 도우십니다. 우리가 생각지도 못한 피할 길을 열어주시고, 예상치 못한 구원의 손길을 보내주십니다.

> "사람이 감당할 시험 밖에는 너희가 당한 것이 없나니 오직 하나님은 미쁘사 너희가 감당하지 못할 시험 당함을 허락하지 아니하시고 시험 당할 즈음에 또한 피할 길을 내사 너희로 능히 감당하게 하시느니라" 고전 10:13

다윗은 지금 살해의 위협 속에 있습니다. 그러나 그때마다 하나님의 도우심을 경험했습니다. 죽을 수밖에 없는 위기의 순간마다, 다윗은 요나단과 미갈이라는 피할 길을 만나게 되었습니다. 우리의 인생도 마찬가지입니다. 지금 죽을 것만 같은 문제가 있습니까? 삶에 괴로움과 고난이 있습니까? 도저히 감당할 수 없을 것 같은 시험이 있습니까? 그러나 바로 그 순간, 우리는 하나님의 피할 길을 발견할 수 있습니다. 하나님께서는 우리가 상상도 못 한 길을 예비하시고, 구원의 출구를 마련해 주십니다.

> "혹 내가 하늘을 닫고 비를 내리지 아니하거나 혹 메뚜기들에게 토산을 먹게 하거나 혹 전염병이 내 백성 가운데에 유행하게 할 때에 내 이름으로 일컫는 내 백성이 그들의 악한 길에서 떠나 스스로 낮추고 기도하여 내 얼굴을 찾으면 내가 하늘에서 듣고 그들의 죄를 사하고 그들의 땅을 고칠지라" 대하 7:13~14

가뭄, 해충, 전염병과 같은 재난과 문제가 닥칠 때도 피할 길은 있습니다. 그 길은 어디입니까? 바로 하나님께서 거룩하게 택하신 성전입니다. 하나님의 이름과 눈과 마음이 머무는 성전, 그곳에 우리의 피할 길이 있습니다.

> "이는 내가 이미 이 성전을 택하고 거룩하게 하여 내 이름을 여기에 영원히 있게 하였음이라 내 눈과 내 마음이 항상 여기에 있으리라"
> 대하 7:16

우리의 문제에 대한 참된 피할 길은 바로 교회입니다. 왜 다른 곳에서 해답을 찾으려 하십니까? 성도의 피할 길은 세상에 있지 않습니다. 하나님께서 택하신 교회 안에 우리의 피난처가 있습니다. 이곳에는 응답이 있으며, 해답이 있고, 능력이 임재합니다. 우리가 상상조차 할 수 없었던 놀라운 방법이 교회 안에 마련되어 있습니다.

우리의 삶에도 다윗이 겪었던 위기와 시험이 찾아올 때가 있습니다. 사울의 단창처럼 예상치 못한 위협이 닥치면, 우리는 절망하고 두려워할 수 있습니다. 그러나 다윗에게 요나단과 미갈이 있었던 것처럼, 하나님께서는 우리에게도 예상치 못한 도움의 손길을 보내어 주십니다. 우리는 세상 속에서 해답을 찾으려 하지만, 참된 피할 길은 하나님 안에 있으며, 하나님께서 택하신 교회 안에서 발견할 수 있습니다.

# 사울도 선지자 중에 있느냐

"다윗이 도피하여 라마로 가서 사무엘에게로 나아가서 사울이 자기에게 행한 일을 다 전하였고 다윗과 사무엘이 나욧으로 가서 살았더라" 삼상 19:18

다윗은 요나단과 미갈의 도움으로 사울에게서 간신히 도망칠 수 있었습니다. 그는 곧바로 라마나욧으로 피신했습니다. 라마나욧은 사무엘이 거주하는 곳이자, 당시 신학교가 있던 지역입니다. 다윗은 사울을 피해서 어디로 도망쳤습니까? 다윗은 하나님께로 도망쳤습니다. 그는 은혜의 자리로 달려갔고, 피난처이자 피할 바위이신 하나님을 찾으며, 사무엘에게로 나아갔습니다.

"사울이 다윗을 잡으러 전령들을 보냈더니 그들이 선지자 무리가 예언하는 것과 사무엘이 그들의 수령으로 선 것을 볼 때에 하나님의 영이 사울의 전령들에게 임하매 그들도 예언을 한지라" 삼상 19:20

다윗이 라마나욧에 있다는 소식을 들은 사울은, 그를 잡기 위해 군대를 파견했습니다. 그러나 사울의 군대가 라마나욧에 도착했을 때, 그들은 사무엘을 중심으로 선지자들이 예언하고 있는 광경을 보았습니다. 이곳은 이제 하나님의 임재가 가득한 예배의 자리가 된 것입니다.

그 순간, 사울의 군대는 마음이 뜨거워지기 시작했습니다. 그들은 원래 다윗을 죽이려는 마음으로 왔지만, 은혜의 자리에서 하나님의 임재를 경험하게 되었습니다. 살기와 혈기로 가득했던 그들의 마음은 곧 감사와 은혜로 변화되었습니다. 이제 사울의 병사들은 다윗을 체포하는 것이 아니라, 하나님의 은혜를 받는 일에 몰두하기 시작한 것입니다.

> "어떤 사람이 그것을 사울에게 알리매 사울이 다른 전령들을 보냈더니 그들도 예언을 했으므로 사울이 세 번째 다시 전령들을 보냈더니 그들도 예언을 한지라" 삼상 19:21

어떤 사람이 사울에게 찾아와 보고했습니다. "지금 군인들이 하나님의 은혜에 빠져서, 다윗은 뒷전이고 예배만 드리고 있습니다." 그러자 사울은 다른 부대를 다시 보냈습니다. 그러나 그들도 은혜의 자리에 도착하자, 하나님의 은혜를 받고 예언하기 시작했습니다. 어쩔 수 없이 사울은 세 번째 부대를 파견했습니다.

이번에는 사울이 병사들에게 경고와 위협도 했을 것입니다. 앞선 부대들처럼 쓸데없는 짓을 하면 처벌하겠다고 엄포를 놓았을 것입니다. 그러나 그들마저도 예언하기 시작했습니다. 이것이 무엇을 의미합니까? 하나님의 은혜는 인간이 막을 수 없다는 것입니다. 사울이 몇백 명을 보내더라도, 은혜의 자리는 방해받지 않습니다.

결국 사울은 직접 라마나욧으로 군대를 이끌고 나갔습니다. 본인이 직접 나서지 않으면 이 문제를 해결할 수 없을 것이라고 판단한 것입니다. 사울이 얼마나 답답하고 초조했으면, 직접 군대를 이끌고 나갔겠습니까?

> "사울이 라마 나욧으로 가니라 하나님의 영이 그에게도 임하시니 그

> 가 라마 나욧에 이르기까지 걸어가며 예언을 하였으며 그가 또 그의 옷을 벗고 사무엘 앞에서 예언을 하며 하루 밤낮을 벗은 몸으로 누웠더라 그러므로 속담에 이르기를 사울도 선지자 중에 있느냐 하니라" 삼상 19:23~24

사울은 하루 종일 벗은 몸으로 누워 있었다고 기록되어 있습니다. 이것은 무엇을 의미합니까? 하나님의 은혜를 거부할 수 없었다는 것입니다. 사울은 왕의 체면도, 격식도, 심지어 왕복마저도 벗어버린 것입니다. 이처럼, 성령의 임재는 인간의 의지나 각오로 거부할 수 없는 절대적인 권위입니다. 성령의 불이 하늘에서 임하면, 사울처럼 교만한 자도, 애굽의 '바로 왕'처럼 완고한 자도 그 권능 앞에 굴복할 수밖에 없습니다. 이러한 역사는 엘리야 시대에도 동일하게 나타났습니다.

> "이에 오십부장과 그의 군사 오십 명을 엘리야에게로 보내매 그가 엘리야에게로 올라가 본즉 산 꼭대기에 앉아 있는지라 그가 엘리야에게 이르되 하나님의 사람이여 왕의 말씀이 내려오라 하셨나이다 엘리야가 오십부장에게 대답하여 이르되 내가 만일 하나님의 사람이면 불이 하늘에서 내려와 너와 너의 오십 명을 사를지로다 하매 불이 곧 하늘에서 내려와 그와 그의 군사 오십 명을 살랐더라" 왕하 1:9~10

북이스라엘의 아하시야 왕은 엘리야를 잡아 오라며 50명의 군사를 보냈습니다. 군사들은 엘리야를 찾아와 외쳤습니다. "하나님의 사람이여! 왕께서 말씀하시니, 이제 산에서 내려오십시오." 그러자 하늘에서 불이 내려와, 그들을 모두 불태워 버렸습니다. 이 소식을 들은 아하시야 왕은 또다시 50명의 군사를 보냈습니다. 그러나 그들 역시 하늘에서 떨어진 불에 타 죽어버리고 말았습니다.

특수훈련을 받은 정예 군인들이 전신 갑주를 입고 왔음에도, 그들은 하늘에서 떨어지는 불을 막을 수 없었습니다. 아무리 대단한 지식인이라 해도, 막대한 부자라 해도, 혹은 완고하고 고집불통인 사람이라 할지라도, 성령의 불이 임하면 자신의 교만의 왕좌에서 떨어질 수밖에 없습니다. 그렇기에 우리는 불신자들을 억지로라도 임재의 자리로 인도해야 합니다. 성령의 임재 앞에서 모든 교만과 완고함이 굴복할 수밖에 없기 때문입니다.

> "주인이 종에게 이르되 길과 산울타리 가로 나가서 사람을 강권하여 데려다가 내 집을 채우라" 눅 14:23

우리가 해야 할 일은 강권하여 하나님의 집을 채우는 것입니다. 그 이후의 일은 하나님께서 행하십니다. 하나님의 임재의 자리로 나아오기만 하면, 사울이라 할지라도 성령의 충만함을 받고 예언하게 되는 것입니다.

우리는 흔히 이런 생각을 합니다. '과연 이 사람이 회개할 수 있을까?', '이런 사람도 예수를 믿을 수 있을까?', '이 사람은 절대로 변화되지 않을 거야!' 우리의 편견과 기준에 따라 전도대상자를 제한하고 판단하려 합니다. '이 사람은 이것 때문에 안 돼!', '저 사람은 저것 때문에 안 돼!'라며, 시도조차 하지 않고 포기할 때가 많습니다. 그러나 구원은 우리의 일이 아니라, 하나님의 일입니다. 우리의 사명은 강권하여 사람들을 하나님의 집으로 인도하는 것까지입니다. 그 이후의 구원과 회개의 역사는 하나님께서 이루십니다.

그러므로 우리는 선입견을 버리고, '누구든지 주의 이름을 부르는 자는 구원을 받으리라'(롬 10:13)는 믿음으로 복음을 담대히 전해야 합니다. 우리가 보기에는 절대 변화되지 않을 것 같은 사람이나 회개할 가능성이 없어 보이는 사람도, 하나님의 임재 앞에서는 무너질 수밖에 없습니다. 사울조차 성령의 충만함을 받고 예언하게 되었고, 그의 교만도 하나님의 임재 앞에서 굴복했습니다. 하나님의 능력은 우리의 생각과 한계를 넘어섭니다. 우리가 할 일은 사람들을 하나님의 임재의 자리로 인도하는 것뿐이며, 그 이후의 변화와 회개는 하나님께서 이루시는 것입니다.

## 단창을 던져 죽이려 한지라

> "왕은 평시와 같이 벽 곁 자기 자리에 앉아 있고 요나단은 서 있고 아브넬은 사울 곁에 앉아 있고 다윗의 자리는 비었더라" 삼상 20:25

라마나욧에서 사울은 강력한 하나님의 임재와 성령의 역사를 경험하게 되었습니다. 비록 성경에 명확히 기록되어 있지는 않지만, 성령의 불을 받은 사울은 결국 다윗을 다시 데리고 왕궁으로 돌아왔을 것입니다. 위 구절을 보면, 왕의 식탁에 다윗의 자리가 마련되어 있었다는 것을 알 수 있습니다. 이는 다윗이 여전히 왕궁에서 중요한 위치를 차지하고 있었다는 사실을 암시합니다.

그러나 사울이 받은 성령의 불은 오래 지속되지 못했습니다. 아무리 큰 은혜를 경험했다 할지라도, 깨어 근신하지 않으면 우는 사자와 같은 마귀에게 모두 빼앗길 수밖에 없습니다(벧전 5:8). 진정한 성령 충만함은 단순한 체험을 넘어서, 인격과 성품의 변화와 함께 이루어져야 합니다. 사울은 성령의 불을 받고 예언까지 하였지만, 성령 충만의 완전한 상태에 이르지는 못했습니다.

아무리 놀라운 기적과 능력을 경험했다 할지라도, 인격과 성품이 하나님의 말씀으로 변화되지 않는다면, 사람은 또다시 죄악의 수렁으로 빠질 수밖에 없습니다. 사울은 결국 다시 다윗을 죽이고자 하는 마음에 사로잡히고 말았습니다. 사울의 안색이 점점 변해가는 것을, 다윗은 느끼지 않을 수 없었습니다.

> "다윗이 라마 나욧에서 도망하여 요나단에게 이르되 내가 무엇을 하였으며 내 죄악이 무엇이며 네 아버지 앞에서 내 죄가 무엇이기에 그가 내 생명을 찾느냐 요나단이 그에게 이르되 결단코 아니라 네가 죽지 아니하리라 내 아버지께서 크고 작은 일을 내게 알리지 아니하고는 행하지 아니하나니 내 아버지께서 어찌하여 이 일은 내게 숨기리요 그렇지 아니하니라" 삼상 20:1~2

다윗은 요나단을 만나 하소연했습니다. "사울 왕께서 저를 죽이려 하십니다. 제가 무슨 잘못을 했는지, 무슨 죄를 지었는지 모르겠습니다." 그러자 요나단이 대답했습니다. "아니야! 자네는 절대 죽지 않을 걸세. 우리 아버지는 중요한 일이든 사소한 일이든 늘 나에게 먼저 얘기하시네. 만약 정말 자네를 죽이려 했다면, 분명 나에게도 말씀하셨을 거야." 요나단은 지금 자신의 아버지를 전적으로 신뢰하고 있습니다. 아무래도 가족이기 때문에, 객관적으로 상황을 바라보지 못했던 것입니다.

요나단은 다윗을 안심시키며 위로했습니다. 하지만 다윗은 여전히 불안해하고 두려워했습니다. 그러자 요나단은 다윗에게, "어떻게 하면 아버지에 대한 오해를 풀 수 있을지, 방법을 말해보게"라고 제안했습니다. 그러자 다윗은 요나단에게 말했습니다. "내일은 초하루입니다." 초하루란 매월 1일, 첫날을 의미합니다. 이스라엘 사람들은 초하루를 특별한 날로 여겼기에, 이날이 되면 모두 함께 모여 제사를 드리고 식사를 나누었습니다. 그런데 다윗은 초하루의 왕의 식사에 참석하지 않겠다는 것이었습니다.

다윗은 요나단에게 말했습니다. "만약 왕께서 저를 찾으신다면, 집안에 급한 일이 생겨서 고향으로 돌아갔다고 말씀해 주십시오" 만약 사울이 그 말을 듣고도 화를 내지 않는다면, 다행히 위험이 없겠지만, 만약 크게 분노하고 격노하신다면, 저를 죽이려는 의도가 분명한 것입니다. 요나단은 다윗의 계획대로 사울에게 그렇게 전했습니다. 그러자 사울은 어떻게 반응했습니까?

> "사울이 요나단에게 화를 내며 그에게 이르되 패역무도한 계집의 소생아 네가 이새의 아들을 택한 것이 네 수치와 네 어미의 벌거벗은 수치 됨을 내가 어찌 알지 못하랴" 삼상 20:30

사울은 요나단에게 격분하며 욕설을 퍼붓기 시작했습니다. "너는 반역자다! 이 패역무도한 계집의 소생아!" 여기서 '계집'은 요나단의 어머니이자, 사울 자신의 아내를 가리키는 말입니다. 지금 사울은 자신의 아내까지 싸잡아 욕하고 있는 것입니다. 그는 이어서, "이것은 너에게도 수치이지만, 너를 낳아준 어미에게도 망신이다! 너는 패륜

아다!"라고 소리쳤습니다. 사울은 지금 자신의 아들에게 인격 모독과 모멸감, 심한 모욕과 수치를 주고 있습니다. 그런데 여기서 끝이 아닙니다.

> "요나단이 그의 아버지 사울에게 대답하여 이르되 그가 죽을 일이 무엇이니이까 무엇을 행하였나이까 사울이 요나단에게 단창을 던져 죽이려 한지라 요나단이 그의 아버지가 다윗을 죽이기로 결심한 줄 알고" 삼상 20:32~33

요나단이 끝까지 다윗을 변호하려 하자, 사울은 격분하여 요나단을 죽이기 위해 단창을 던졌습니다. 이는 단순히 겁을 주려는 행동이 아니라, 실제로 "죽이려 한지라"는 기록처럼 죽일 작정으로 던진 것이었습니다.

지금까지 사울이 다윗을 죽이려 했던 이유는 무엇이었을까요? 그것은 다름 아닌 요나단 때문이었습니다. 사울은 사랑하는 아들에게 자신의 왕위를 물려주고자 하는 집착 때문에 다윗을 제거하려 했던 것입니다. 이스라엘 백성들이 "사울은 천천이요, 다윗은 만만이라"고 외친 소리를 들은 이후, 사울은 불안과 두려움에 사로잡혔습니다. 그는 이 소문이 점점 퍼지면서, 자신의 아들에게 왕위를 물려줄 수 없게 될 것이라는 공포를 느꼈던 것입니다.

> "이새의 아들이 땅에 사는 동안은 너와 네 나라가 든든히 서지 못하리라 그런즉 이제 사람을 보내어 그를 내게로 끌어 오라 그는 죽어야 할 자이니라 한지라" 삼상 20:31

사울이 다윗을 죽이려 한 이유는, 바로 "너와 네 나라" 때문이었습니다. 그는 자신의 왕위를 요나단에게 물려주기 위해, 다윗을 제거하려 했던 것입니다. 그러나 지금 사울은 자신의 손으로 요나단을 죽이려 하고 있습니다. 왜 이런 일이 벌어졌을까요? 목적이 변질되었기 때문입니다.

사울은 처음의 목적을 잃고, 변질된 목표에 사로잡혔습니다. 그는 요나단을 위해 다윗을 죽이려 했지만, 이제는 단순히 다윗을 죽여야 한다는 집착에 빠져버려, 사랑하는 아들을 제대로 보지 못하는 상태가 된 것입니다. 이처럼 우리의 삶의 목표와 목적도 변질될 수 있습니다.

많은 사람들이 열심히 일해서 돈을 벌려고 합니다. 그 이유는 무엇일까요? 사랑하는 사람들과 행복하고 풍족하게 살기 위해서입니다. 그러나 시간이 지나면서 이 목적은 점차 변질되기 시작합니다. 처음에는 사랑하는 사람들을 위해 돈을 벌었지만, 나중에는 돈 자체를 위해 일하게 됩니다. 결국 돈을 버는 일에만 매달리다 보면 가정을 소홀히 하게 되고, 자녀들과의 관계도 점점 멀어지게 됩니다. 그렇게 되면 손에는 돈이 남아 있을지라도, 정작 그 돈으로 함께 행복을 나눌 가족과의 소중한 시간은 잃게 되는 것입니다.

전교생 300명 중에 전교 15등을 하는 학생이 있었습니다. 전교 15등이라면 잘하는 것이 아닙니까? 하지만 그의 어머니는 "왜 전교 5등 안에 들지 못했냐"며 꾸중하고, 끊임없이 잔소리를 했습니다. 그 학생은 시험이 끝난 지 1주일도 안 돼서, 또다시 밤을 새우며 시험 준비를 해야 했습니다. 그 결과, 다음 시험에서 전교 1등을 했습니다. 그러나 그 학생은 자신의 책상 위에 성적표와 함께 쪽지를 남기고, 스스로 목숨을 끊었습니다. 쪽지에는 단 네 글자만 적혀 있었습니다. "이제 됐어?"

우리는 종종 첫 마음과 처음의 목적을 잃어버리고, 변질된 목표를 붙잡고 살아갑니다. 많은 목사님들이 하나님의 나라를 위해, 잃어버린 영혼을 구원하기 위해 전도를 외치십니다. 그러나 그 순수한 목적이 어느 순간 변질되기 시작합니다. 영혼 구원을 위한 열정이 아니라, 단순히 자리를 채우기 위한 열심으로 변해버리는 것입니다.

어느 교회에서는 매년 한 번 전도대회를 열고, 전도 왕에게 주는 상으로 경형차를 내걸었습니다. 대회 기간 동안 교회 입구에는 분홍색 리본이 달린 경차가 세워져 있었습니다. 그러자 교인들은 그 차를 받기 위해 열심히 전도를 시작했지만, 그 과정에서 서로 경쟁하며 다투는 일까지 벌어졌습니다. 과연 이런 전도를 하나님께서 기뻐하실까요?

이것은 잃어버린 영혼에 대한 긍휼의 마음으로 시작된 전도가 아니라, 경차를 얻겠다는 세속적 욕심에서 비롯된 전도입니다. 하나님의 마음은 이런 모습과는 분명히 다른 곳에 있을 것입니다.

어떤 교회에서는 담임목사가 부교역자들에게 이렇게 지시한다고 합니다. "모든 설교와 심방에서 반드시 담임목사를 높이도록 하라. 거짓이라도 좋으니, 담임목사를 위대한 인물로 보이게 해야 한다" 이는 명백히 더 많은 사람들이 담임목사를 추앙하게 만들고, 교회에 새신자를 더 많이 유입시키려는 의도일 것입니다. 그러나 이러한 행위는 주님의 몸 된 교회를 세우는 것이 아니라, 결국 자신의 개인적 제국을 건설하려는 시도에 지나지 않습니다.

이처럼 우리의 목적은 쉽게 변질될 수 있습니다. 처음의 순수한 열정과 의도도 시간이 지나며 왜곡될 수 있습니다. 변질된 목적의 가장 심각한 문제는, 결국 왜곡된 수단과 방법을 사용하게 된다는 점입니다. 사울이 자신의 왕위를 보존하기 위해 다윗을 제거하려 했던 것처럼, 이는 타락한 목적에서 비롯된 부정한 방법에 불과한 것입니다.

"사무엘이 사울에게 이르되 왕이 망령되이 행하였도다 왕이 왕의 하나님 여호와께서 왕에게 내리신 명령을 지키지 아니하였도다 그리하였더라면 여호와께서 이스라엘 위에 왕의 나라를 영원히 세우셨을 것이거늘 지금은 왕의 나라가 길지 못할 것이라 여호와께서 왕에게 명령하신 바를 왕이 지키지 아니하였으므로 여호와께서 그의 마음에 맞는 사람을 구하여 여호와께서 그를 그의 백성의 지도자로 삼으셨느니라 하고" 삼상 13:13~14

사울이 자신의 왕위를 빼앗기게 된 원인은 다윗 때문이 아니라, 그 자신이 하나님께 순종하지 않았기 때문입니다. 그렇다면 왕위를 지키는 가장 좋은 방법은 무엇이었을까요? 바로 다시 하나님께 순종하는 것입니다. 만약 사울이 지금이라도 회개하고, 온전히 하나님의 말씀에 순종했더라면, 그는 자신의 왕위를 지킬 수 있었을 것입니다. 그러나 사울은 끝까지 회개의 길을 거부하고, 순종하지 않았습니다.

"심히 노하여 식탁에서 떠나고 그 달의 둘째 날에는 먹지 아니하였으니 이는 그의 아버지가 다윗을 욕되게 하였으므로 다윗을 위하여 슬퍼함이었더라" 삼상 20:34

요나단은 지금까지 자신의 아버지를 신뢰하고 깊이 존경했습니다. 누구보다 사울을 믿고 따랐던 그는, 아버지를 향한 충성과 사랑이 확고했습니다. 그러나 이번 사건으로 인해, 요나단과 사울 사이의 신뢰 관계는 완전히 무너지고 말았습니다. 요나단의 마음은 그의 아버지에게서 완전히 떠나버렸고, 그 충격으로 인해 식음을 전폐하기까지 했습니다. 이처럼 사울은 변질된 목적에 사로잡혀 가장 소중한 것을 잃어버리고 말았습니다. 그는 자신이 깨닫지도 못한 사이에 그릇된 목적이 결국 비참한 결과를 불러온 것입니다.

 결과보다 중요한 것은 목적입니다. 목적이 변질되면, 그 결과 역시 변질될 수밖에 없습니다. 그렇다면, 당신의 신앙의 목적과 삶의 목표는 무엇입니까? 당신의 생명의 중심에는 무엇이 있습니까? 오늘 당신은 무엇을 위해 땀을 흘렸습니까? 지금 당신은 어디를 바라보고 있습니까? 우리의 목적을 다시 점검하고, 처음의 순수한 마음으로 돌아갑시다. 하나님께 순종하고, 그분의 말씀에 귀 기울이며, 그분의 뜻을 따라 살아갈 때, 우리의 삶은 올바른 방향으로 나아가게 될 것입니다. 결과보다 중요한 것은 목적입니다. 우리가 하나님의 뜻을 중심에 두고 살아갈 때, 그 결과는 하나님께서 책임져 주실 것입니다.

## 이 사람이 미치광이로다

 요나단은 결국 자신의 아버지 사울이 다윗을 진심으로 죽이려 한다는 사실을 깨닫게 되었습니다. 그는 더 이상 다윗이 왕궁에 머무르는 것이 위험하다고 판단하고, 즉시 도망쳐야 한다고 다윗에게 전했습니다. 요나단은 다윗을 안전한 곳으로 피신시키기 위해 마지막까지 도와주었고, 두 사람은 헤어지기 전에 서로 뜨거운 작별 인사를 나누었습니다. 요나단과 다윗은 눈물을 흘리며 껴안고, 서로를 축복하며 작별했습니다. 이들의 우정은 단순한 친구 관계를 넘어, 생명을 건 진정한 사랑과 신뢰의 관계였습니다.

> "아이가 가매 다윗이 곧 바위 남쪽에서 일어나서 땅에 엎드려 세 번 절한 후에 서로 입 맞추고 같이 울되 다윗이 더욱 심하더니" 삼상 20:41

그 순간부터 다윗은 깊은 두려움에 사로잡히게 되었습니다. 지금까지 요나단이 그의 방패이자 변호자로서 함께했기에 버틸 수 있었지만, 이제는 요나단의 도움조차 기대할 수 없음을 깨닫고 절망에 빠진 것입니다. 이러한 두려움 속에서 다윗은 세 가지 중대한 실수를 저지릅니다.

> "다윗이 놉에 가서 제사장 아히멜렉에게 이르니 아히멜렉이 떨며 다윗을 영접하여 그에게 이르되 어찌하여 네가 홀로 있고 함께 하는 자가 아무도 없느냐 하니 다윗이 제사장 아히멜렉에게 이르되 왕이 내게 일을 명령하고 이르시기를 내가 너를 보내는 것과 네게 명령한 일은 아무것도 사람에게 알리지 말라 하시기로 내가 나의 소년들을 이러이러한 곳으로 오라고 말하였나이다" 삼상 21:1~2

그 첫 번째는, 두려움에 휩싸여 거짓말을 하게 된 것입니다. 다윗은 3일간 아무것도 먹지 못한 채 놉으로 급히 도망쳤습니다. 그곳에서 그는 제사장 아히멜렉과 마주하게 됩니다. 그러나 다윗의 모습은 누가 보아도 수상쩍어 보였습니다. 나이가 어리더라도 그는 한 나라의 장군인데, 수행원 없이 홀로 먼 길을 온 것은 납득하기 어려웠기 때문입니다. 이에 아히멜렉은 의아한 표정으로 다윗에게 물었습니다. "어찌 혼자 오셨습니까? 부하들은 어디에 있습니까?"

그러자 다윗은 자연스럽게 거짓말을 했습니다. "사울 왕께서 저에게 극비 임무를 맡기셨기에 부하들은 다른 곳에 대기시키고 저 혼자 온 것입니다" 이 거짓말은 전혀 주저함이 없었지만, 결국 참혹한 결과를 낳게 됩니다. 아히멜렉을 포함한 제사장 85명과 그들의 가족들이 몰살당하는 비극으로 이어진 것입니다(삼상 22:18).

두려움에 사로잡힌 다윗은 망설임 없이 자신의 안전을 위해 거짓말을 내뱉었습니다. 이 거짓말이 초래할 결과를 고려하지 않고, 무책임하게 자신의 배고픔만을 생각한 이기적인 행위였습니다. 다윗의 처지를 불쌍히 여긴 아히멜렉 제사장은 진설병을 내어주었습니다. 진설병은 성소의 떡상에 놓인 것으로, 오직 제사장들만이 먹을 수 있는 신성한 떡이었습니다. 그럼에도 불구하고 아히멜렉은 다윗을 긍휼히 여겨 원칙을 넘어서 이 떡을 건넸습니다. 예수님께서는 이러한 아히멜렉의 자비로운 행위를 오히려 칭찬하셨습니다.

> "예수께서 이르시되 다윗이 자기와 그 함께 한 자들이 시장할 때에 한 일을 읽지 못하였느냐 그가 하나님의 전에 들어가서 제사장 외에는 자기나 그 함께 한 자들이 먹어서는 안 되는 진설병을 먹지 아니하였느냐 나는 자비를 원하고 제사를 원하지 아니하노라 하신 뜻을 너희가 알았더라면 무죄한 자를 정죄하지 아니하였으리라" 마 12:3, 4, 7

예수님께서는 아히멜렉의 긍휼한 마음을 칭찬하셨습니다. 율법보다 더 중요한 것은 바로 사랑의 마음입니다. 사랑이 결여된 율법은 본질적으로 불완전한 것입니다. 예수님은 아히멜렉이 율법을 어겼다는 사실보다, 그 행동에 담긴 사랑과 자비를 더 높이 평가하신 것입니다.

반면, 다윗의 마음에는 이기심과 불신앙만이 가득했습니다. 두려움에 사로잡힌 그는 자신만의 안위를 위해 이기적인 거짓말을 하며 자신의 배고픔을 채웠습니다. 이처럼 우리도 두려움에 휩싸이면 쉽게 이기심과 불신앙에 빠지게 됩니다. 당장의 문제를 해결하기 위해서라면 거리낌 없이 거짓말을 하기도 합니다. 다윗은 자신의 행동에 대해 어떠한 죄책감이나 반성도 보이지 않았습니다.

> "너희는 너희 아비 마귀에게서 났으니 너희 아비의 욕심대로 너희도 행하고자 하느니라 그는 처음부터 살인한 자요 진리가 그 속에 없으므로 진리에 서지 못하고 거짓을 말할 때마다 제 것으로 말하나니 이는 그가 거짓말쟁이요 거짓의 아비가 되었음이라" 요 8:44

우리는 흔히 '이 정도 거짓말쯤이야 괜찮다'고 생각합니다. 많은 사람이 하는 일이기에 전혀 불편함이나 죄책감 없이 거짓말을 내뱉고, 이를 자신의 습관처럼 받아들입니다. 그러나 이것은 거짓의 자녀가 되었다는 위험한 신호입니다. 성경은 마귀를 "거짓의 아비"라 칭하고 있습니다. 우리가 이기적인 거짓말을 할 때, 본질적으로 그의 영향을 받는 것이며, 결국 이 작은 거짓말들이 모여 심각한 죄악의 결과를 초래하게 됩니다.

> "다윗이 아히멜렉에게 이르되 여기 당신의 수중에 창이나 칼이 없나이까 왕의 일이 급하므로 내가 내 칼과 무기를 가지지 못하였나이다 하니 제사장이 이르되 네가 엘라 골짜기에서 죽인 블레셋 사람 골리앗의 칼이 보자기에 싸여 에봇 뒤에 있으니 네가 그것을 가지려거든 가지라 여기는 그것밖에 다른 것이 없느니라 하는지라 다윗이 이르되 그같은 것이 또 없나니 내게 주소서 하더라" 삼상 21:8~9

두 번째로, 두려움에 빠진 다윗은 하나님이 아닌 자기 자신을 의지하기 시작했습니다. 다윗은 아히멜렉에게 무기를 달라고 요청했고, 이에 아히멜렉은 골리앗의 칼을 내어주었습니다. 이때 다윗은 무엇이라 고백합니까? "그 같은 것이 또 없나니!" 다윗은 이 칼을 받으며 크게 만족해하고 있습니다. "이만한 것이 없다. 다른 건 필요 없다. 이것만 있으면 충분하다" 다윗은 이제 이 칼이 자신을 보호해 줄 것이라 믿고 있는 것입니다.

> "다윗이 블레셋 사람에게 이르되 너는 칼과 창과 단창으로 내게 나아오거니와 나는 만군의 여호와의 이름 곧 네가 모욕하는 이스라엘 군대의 하나님의 이름으로 네게 나아가노라" 삼상 17:45

다윗은 누구입니까? 칼과 창이 아닌 하나님의 이름으로 싸웠던 용사입니다. 그러나 지금의 다윗은 하나님을 찾지 않고, 대신 칼을 찾고 있습니다. 그는 하나님을 의지하는 대신, 자신이 쓰러뜨린 골리앗의 칼을 의지하며 만족해하고 있습니다.

이처럼 두려움에 빠지면, 우리는 하나님을 잊고 자신의 방법을 의지하게 됩니다. 다윗은 사울에 대한 두려움 때문에 하나님 대신 눈에 보이는 골리앗의 칼에 의지했습니다. 이해하기 어렵고, 불편하며, 때로는 비상식적으로 보이는 하나님의 말씀보다, 눈에 보이고, 손에 잡히며 강력하게 느껴지는 골리앗의 칼을 선택한 것입니다. 이것이 바로 두려움이 가진 위험성입니다. 두려움에 사로잡힌 사람은 하나님을 망각하고, 눈에 보이는 것에 의지하려는 조바심이 생겨나게 됩니다.

> "그 날에 다윗이 사울을 두려워하여 일어나 도망하여 가드 왕 아기스

에게로 가니" 삼상 21:10

　세 번째로, 두려움에 사로잡힌 다윗은 결국 세상으로 도망쳤습니다. 골리앗의 칼을 가지고 있었지만, 그것이 그의 두려움을 잠재우지는 못했습니다. 그래서 다윗은 어떻게 행동했습니까? 바로 원수의 땅, 블레셋으로 피신한 것입니다. 이는 마치 교회를 떠나 세상으로 도망치는 우리의 모습을 떠올리게 합니다.
　이스라엘 안에서는 더 이상 피할 곳이 없다고 판단한 다윗은 블레셋으로 정치적 망명을 시도했습니다. 그러나 그곳에서 그는 더 큰 문제에 직면하게 됩니다. 블레셋의 신하들은 다윗의 망명 신청을 보고, 오히려 그를 죽일 기회라고 판단했습니다. 세상으로 피하면 안전할 것이라 생각했지만, 오히려 더 큰 위기를 맞이하게 된 것입니다. 그때 다윗은 어떻게 합니까?

　　　"다윗이 이 말을 그의 마음에 두고 가드 왕 아기스를 심히 두려워하여 그들 앞에서 그의 행동을 변하여 미친 체하고 대문짝에 그적거리며 침을 수염에 흘리매" 삼상 21:12~13

　다윗은 블레셋의 가드 왕 아기스를 심히 두려워하여 그 앞에서 미친 척을 하게 됩니다. 한 나라의 장군이자, 왕의 사위였던 그가, 백성들에게 존경받던 영웅이 침을 질질 흘리며 미치광이처럼 행동해야 했습니다. 두려움이란 결국 무엇입니까? 우리를 이토록 비참하고, 모욕적이며, 절망적인 상태로 몰아넣는 것입니다. 그렇기에 우리는 마음속 깊이 자리 잡은 두려움을 반드시 제거해야 합니다.
　두려움에 사로잡힌 다윗은 거짓말을 했고, 자신을 의지했으며, 결국 세상으로 도망쳤습니다. 그의 행동 속에서는 믿음의 흔적을 찾아볼 수 없습니다. 오히려 그는 점점 더 두려움의 늪에 빠져드는 모습만이 드러날 뿐입니다.

> "내가 두려워하는 날에는 내가 주를 의지하리이다 내가 하나님을 의지하고 그 말씀을 찬송하올지라 내가 하나님을 의지하였은즉 두려워하지 아니하리니 혈육을 가진 사람이 내게 어찌하리이까 내가 하나님을 의지하였은즉 두려워하지 아니하리니 사람이 내게 어찌하리이까" 시 56:3, 4, 11

그렇다면, 우리는 어떻게 내 안에 자리 잡은 두려움을 제거할 수 있을까요? 위 말씀은 다윗이 미친 척한 이후, 인생의 밑바닥에서 지은 시입니다. 다윗은 절망과 수치 속에서, 삶의 가장 낮은 자리에서 비로소 옛 신앙을 되찾을 수 있었습니다. 최악의 순간에 이르렀을 때, 그는 드디어 하나님을 온전히 바라보기 시작했습니다.

다윗이 오롯이 하나님께 시선을 돌렸을 때, 그의 마음에서 모든 두려움이 사라졌습니다. "혈육을 가진 사람이 내게 어찌하리이까?"라는 다윗의 고백에서 볼 수 있듯이, 사울이든 아기스든 그 누구도 다윗을 해칠 수 없다는 확신이 그의 안에 자리 잡았습니다. 이는 하나님에 대한 전적인 신뢰에서 비롯된 담대한 믿음이었습니다.

> "아기스가 그의 신하에게 이르되 너희도 보거니와 이 사람이 미치광이로다 어찌하여 그를 내게로 데려왔느냐" 삼상 21:14

지금 당신을 두렵게 만드는 문제가 무엇입니까? 그 문제의 해답은 오직 하나님께 있습니다. 내 방식이나 세상의 방법으로는 결코 해결할 수 없습니다. 다윗의 두려움이 그를 이끈 끝은 '미치광이'의 모습이었습니다. 그러나 다윗이 다시 하나님을 바라보자, 하나님께서는 그의 모든 문제를 해결해 주셨습니다.

우리가 지금 마주하고 있는 두려움과 문제는 무엇입니까? 경제적인 어려움입니까? 건강의 문제, 관계에서의 갈등, 혹은 미래에 대한 불안감입니까? 그러나 이런 문제들은 우리의 힘이나 세상의 방법으로는 결코 온전히 해결할 수 없습니다. 두려움은 우리를 하나님으로부터 멀어지게 하고, 더 깊은 문제의 늪으로 빠지게 만듭니다. 다윗이 결국 깨달았던 것은 이 모든 문제의 해답이 오직 하나님께 있다는 사실이었습니다.

이제 우리는 두려움을 내려놓고 하나님 앞에 나아갑시다. 두려운 상황 속에서도 하나님을 의지하는 법을 배우고, 우리의 시선을 주님께 고정합시다. 다윗이 '미치광이'에서 '하나님의 사람'으로 다시 세워질 수 있었던 것은 하나님을 다시 바라보았기 때문입니다. 우리의 삶이 아무리 어렵고 절망적일지라도, 하나님을 바라볼 때 우리는 다시 일어설 수 있습니다.

4장

# 다윗의 광야

DAVID SKETCH

## 그와 함께한 자

"그러므로 다윗이 그 곳을 떠나 아둘람 굴로 도망하매 그의 형제와 아버지의 온 집이 듣고 그리로 내려가서 그에게 이르렀고 환난 당한 모든 자와 빚진 모든 자와 마음이 원통한 자가 다 그에게로 모였고 그는 그들의 우두머리가 되었는데 그와 함께 한 자가 사백 명 가량이었더라" 삼상 22:1~2

블레셋에서 간신히 벗어난 다윗은 아둘람 동굴로 도망쳤습니다. 아둘람은 자연 동굴이 무수히 많은 지역으로, 거대한 미로처럼 복잡한 지형을 이루고 있었습니다. 이곳은 범죄자들이 도망치면 잡기 어려운 은신처로 유명했습니다. 다윗은 사울 왕의 추격을 피해, 이 험난한 지역으로 몸을 숨겼습니다.

그런데 이때, 누가 다윗을 찾아왔습니까? 400명이 넘는 사람들이 다윗에게 모여들었습니다. 이들은 환난을 당한 자들, 빚에 시달리는 자들, 원통한 마음을 품은 자들이었습니다.

아둘람 동굴에 숨어 있던 다윗에게는 사회적 약자들이 몰려들었습니다. 이들은 사울의 폭정 아래에서 억울함과 원통함을 겪었던 자들로, 그들의 마지막 희망은 다윗이었습니다. 그러나 다윗 역시 자신의 생명을 지키는 것만으로도 버거운 상황이었습니다. 그는 먹을 것조차 제대로 구할 수 없는 처지에 있었습니다. 그런데도, 도움을 구하러 온 400명의 사람들이 몰려든 것입니다.

이때 다윗은 어떻게 반응했습니까? 그는 그들을 거부하지 않았습니다. 외면하거나 배척하지 않고, 오히려 그들을 품어주었습니다. 이 400명은 다윗에게 도움을 주기는커녕, 오히려 큰 부담과 불편함만을 안겨줄 수 있는 사람들이었습니다. 그럼에도 불구하고 다윗은 그들의 지도자가 되어주었고, 그들과 함께 회복의 공동체를 이루었습니다. 하나님께서는 다윗의 이 모습을 크게 기뻐하셨습니다.

이 400명은 세상에서 버림받고 무시당하며 짓밟혀 왔던 사람들이었습니다. 그러나 바로 이들이 다윗이 왕이 될 수 있었던 밑거름이 되었습니다. 이들 중에서 다윗의 30인 용사들이 나왔고, 함께 아말렉과 싸워 승리를 거두며 다윗이 왕으로 추대받는 결정적인 계기가 되었습니다. 지금 당장은 무능하고 쓸모없어 보이며, 부담스러운 존재처럼 느껴질 수 있습니다. 그러나 하나님께서는 이 약자들을 통해 하나님의 뜻을 이루시고, 하나님의 언약을 성취해 가십니다. 하나님은 세상의 눈으로 버려진 자들을 사용하셔서, 그분의 계획을 완성해 가십니다.

그렇다면, 이 400명의 약자들은 왜 다윗을 찾아왔을까요? 환난을 당한 자, 빚에 시달리는 자, 억울한 자들이 다윗에게 몰려들었습니다. 그러나 사실 다윗도 그들과 다를 바 없었습니다. 그는 사울 왕의 추격에 쫓기며 생명을 위협받는 처지였고, 자신조차 돌보기 힘든 막막한 상황에 놓여 있었습니다. 이들 역시 다윗이 누구를 도울 여유가 없는 상태라는 것을 잘 알고 있었습니다. 돈이 많고 높은 지위에 있는 사람에게 도움을 구하는 것이 더 현명해 보일 수도 있습니다.

그럼에도 불구하고 이들이 다윗을 찾아온 이유는 무엇입니까? 다윗 역시 환난을 당한 자였기 때문입니다. 다윗은 그들의 고통과 절망을 이해할 수 있는 사람이었습니다. 그는 그들의 아픔을 공감할 수 있었고, 함께 울 수 있는 동료였습니다. 이들은 다윗 안에서 자신의 고통과 상처를 이해해 줄 사람을 찾았던 것입니다. 다윗은 단순히 명령만 내리는 지도자가 아니라, 그들과 함께 울고 웃는 동료였으며, 그들의 아픔을 품어줄 수 있는 사람이었습니다.

사울 왕이 다윗을 죽이려 한다는 것은 온 이스라엘이 알고 있는 사실이었습니다. 다윗은 아무런 죄도 없이 가정과 명예를 잃었고, 심지어 그 목숨마저 위협받고 있었습니다. 백성들은 다윗만큼 억울하고 원통하며 큰 환난을 겪은 사람이 없다는 것을 잘 알고 있었습니다. 그래서 그들은 다윗이야말로 자신의 억울한 마음과 아픔을 진정으로 이해해 줄 수 있는 사람이라고 믿었습니다.

그들이 다윗에게 바란 것은 무엇이었습니까? 돈도 아니고, 집도 아니며, 먹을 것도 아니었습니다. 그들이 원했던 것은 단지 자신들의 억울함을 들어주고 공감해 줄 사람, 상처를 이해하고 아픔을 함께 나눠 줄 지도자였습니다.

다윗은 400명의 약자들과 함께 회복의 공동체를 이루었습니다. 그렇다면, 회복의 공동체를 만들기 위해 가장 중요한 것은 무엇일까요? 바로 공감(共感)입니다. 공감이란 함께 느끼고 동일한 감정을 나누는 것을 의미합니다. 그리고 동일한 감정을 느끼기 위해서는 동일한 경험이 필요합니다. 다윗은 억울한 사람들이 겪었던 고통과 억울함을 직접 경험했기에, 그들과 진심으로 공감할 수 있었습니다. 이 공감은 그들에게 큰 위로와 힘이 되었습니다.

공감과 연민(憐愍)에는 중요한 차이점이 있습니다. 문제 해결의 방향을 제시하고 다시 일어설 힘을 주는 것은 연민이 아니라 공감입니다. 연민과 동정(同情)은 순간적인 위로를 줄 수 있지만, 근본적인 문제 해결에는 한계가 있습니다. 연민은 상대방을 불쌍하게 여기는 감정에 머물기 쉽고, 이는 오히려 그들을 다시 괴로움과 근심으로 빠뜨릴 수 있습니다.

그러나 공감은 미래지향적이고 희망적입니다. 공감은 말합니다. "나도 당신과 똑같다. 나도 그 슬픔을 느꼈고, 그 억울함을 경험했다. 하지만 하나님께서 나를 도우셨다. 나를 봐라! 나도 같은 문제를 겪었지만, 하나님과 함께 극복할 수 있었다. 그러니 나와 함께 이겨내자!" 이처럼 공감은 단순한 위로를 넘어서, 문제를 해결할 용기와 힘을 불어넣습니다.

다윗은 자신에게 찾아온 약자들을 동정하지 않았습니다. 그는 그들의 아픔을 멀리서 바라보는 대신, 그들과 같은 자리까지 내려가 함께 울고, 함께 웃으며 진심으로 공감해 주었습니다. 다윗은 자신의 어려움 때문에 이 사람들을 외면하지 않았습니다. 그는 자신이 믿었던 사람들에게서 외면과 배신을 경험해 보았기에, 이들을 외면할 때 생길 상처의 깊이를 잘 알고 있었습니다. 그래서 그는 이들을 받아들이고 품어줄 수밖에 없었습니다.

회복의 공동체는 공감에서 시작됩니다. 진정한 공감을 이루기 위해서는 동일한 상황에 처해본 경험이 필요합니다. 하나님께서 우리에게 고난과 역경을 허락하시는 이유는 무엇일까요? 바로 우리가 고난을 겪어보아야, 고난 속에 있는 사람들을 공감할 수 있기 때문입니다.

예를 들어, 목회자가 가난을 경험해 보지 않았다면 어떻게 가난한 성도들의 마음을 이해할 수 있겠습니까? 목회자가 병들어 보지 않았다면 병든 성도의 고통을 어떻게 공감할 수 있겠습니까? 목회자가 모욕과 수치의 경험이 없다면, 울고 있는 성도의 마음을 어떻게 위로할 수 있겠습니까? 목회자가 성도들의 삶의 고통과 어려움을 전적으로 이해할 때, 비로소 진정한 공감이 이루어집니다.

> "예수께서 마태의 집에서 앉아 음식을 잡수실 때에 많은 세리와 죄인들이 와서 예수와 그의 제자들과 함께 앉았더니 바리새인들이 보고 그의 제자들에게 이르되 어찌하여 너희 선생은 세리와 죄인들과 함께 잡수시느냐" 마 9:10~11

예수님께서는 세리와 죄인들과 함께 식사를 하셨습니다. 그들과 함께 식사를 한다는 것은 단순히 음식을 나누는 행위가 아니라, 그들의 삶과 아픔, 상처를 품어주신 것을 의미합니다. 삭개오의 변화 역시 예수님과의 식사 자리에서 시작되었습니다. 예수님은 삭개오와 함께 식사하며 그의 마음을 깊이 공감하셨고, 이를 통해 삭개오는 진정한 회개의 자리로 나아갈 수 있었습니다.

다윗 역시 마찬가지였습니다. 그는 자신에게 찾아온 약자들과 함께 먹고 마시며, 함께 잠을 자고 생활했습니다. 다윗은 단순히 그들을 이끌기만 한 것이 아니라, 그들의 곁에서 동료처럼 함께 지냈습니다. 그 속에서 진정한 공감과 위로, 그리고 회복이 이루어진 것입니다. 다윗의 이러한 행동은 단순한 지도자의 역할을 넘어, 친구이자 동반자로서의 역할을 충실히 수행한 모습이었습니다.

혹시 여러분에게도 상처받은 사람들이 찾아오고 있습니까? 다윗처럼 그들을 품고, 그들의 이야기에 귀 기울이며, 함께 울고 웃을 준비가 되어 있습니까? 진정한 공감은 말뿐이 아닌, 우리의 삶과 행동으로 그들에게 다가가는 데서 비롯됩니다. 이제 우리가 해야 할 일은 다윗처럼 진정한 공감의 마음으로 서로를 품어주는 것입니다. 그렇게 할 때, 하나님께서는 우리를 통해 놀라운 회복의 역사를 이루실 것입니다.

## 나의 탓이로다

"사울이 다윗과 그와 함께 있는 사람들이 나타났다 함을 들으니라 그 때에 사울이 기브아 높은 곳에서 손에 단창을 들고 에셀 나무 아래에 앉았고 모든 신하들은 그의 곁에 섰더니 사울이 곁에 선 신하들에게 이르되 너희 베냐민 사람들아 들으라 이새의 아들이 너희에게 각기 밭과 포도원을 주며 너희를 천부장, 백부장을 삼겠느냐" 삼상 22:6~7

사울 왕은 다윗이 놉에 머물렀다는 소식을 듣고, 손에 창을 든 채 병사들과 함께 기브아로 향했습니다. 그 자리에서 사울은 "베냐민 사람들아, 들으라!"고 외쳤습니다. 베냐민 사람들은 누구입니까? 바로 사울의 지파, 그의 친족이며 이웃사촌들입니다. 사울은 이들에게 회유와 협박을 동시에 시도했습니다. "이새의 아들, 다윗이 너희에게 밭과 포도원을 줄 수 있겠느냐? 너희를 천부장이나 백부장으로 삼아줄 수 있겠느냐? 다윗은 그렇게 할 수 없지만, 나는 할 수 있다. 그러니 다윗의 행방을 어서 말하라!"

그러자 에돔 사람 도엑이 나서서 대답했습니다. "아히멜렉 제사장이 다윗에게 음식을 주고, 골리앗의 칼까지 주었습니다!" 이에 사울은 격분하며 말했습니다. "네가 어떻게 다윗과 공모하여 나를 대적하려 했느냐? 어찌하여 다윗에게 떡과 칼을 주어 나를 암살하려 했느냐?"

그렇게 아히멜렉 제사장은 졸지에 왕을 암살하려 했다는 역모죄의 누명을 쓰게 되었습니다.

> "아히멜렉이 왕에게 대답하여 이르되 왕의 모든 신하 중에 다윗 같이 충실한 자가 누구인지요 그는 왕의 사위도 되고 왕의 호위대장도 되고 왕실에서 존귀한 자가 아니니이까" 삼상 22:14

그러나 아히멜렉은 변명하지 않았습니다. 그는 다윗이 속여서 어쩔 수 없이 떡과 칼을 준 것이라며 핑계 대지 않았습니다. 아히멜렉 제사장은 자신의 목숨이 위태롭다는 것을 알면서도, 다윗을 변호하며 진실을 말했습니다. 죽음 앞에서도 그는 담대하게 사실을 고백하고, 옳은 말을 했습니다. 마치 〈단심가〉를 지은 정몽주가 이방원에게 죽임을 당할 것을 알면서도 자신의 신념을 굽히지 않았던 것처럼, 아히멜렉 역시 사울 왕 앞에서 죽음을 각오하고 자신의 신념을 끝까지 지켰던 것입니다.

> "왕이 이르되 아히멜렉아 네가 반드시 죽을 것이요 너와 네 아비의 온 집도 그러하리라 하고 왕이 좌우의 호위병에게 이르되 돌아가서 여호와의 제사장들을 죽이라 그들도 다윗과 합력하였고 또 그들이 다윗이 도망한 것을 알고도 내게 알리지 아니하였음이니라 하나 왕의 신하들이 손을 들어 여호와의 제사장들 죽이기를 싫어한지라" 삼상 22:16~17

격분한 사울은 자신의 병사들에게 명령을 내렸습니다. "지금 당장 여호와의 제사장들을 죽여라! 그들은 다윗과 함께 반역을 꾀한 자들이다!" 사울은 이 순간 하나님을 두려워하지 않았습니다. 그는 그들이 여호와의 제사장임을 알면서도 살해를 명령했습니다. 그러나 병사들은 하나님을 두려워하여, 제사장들에게 칼을 들 수 없었습니다. 이 병사들에게는 왕의 명령보다 하나님을 경외하는 신앙이 있었습니다.

사울이 아무리 소리쳐 명령해도 병사들이 움직이지 않자, 그는 옆에 있던 에돔 사람 도엑에게 명령했습니다. "네가 가서 제사장들을 죽여라!"

> "왕이 도엑에게 이르되 너는 돌아가서 제사장들을 죽이라 하매 에돔 사람 도엑이 돌아가서 제사장들을 쳐서 그 날에 세마포 에봇 입은 자 팔십오 명을 죽였고 제사장들의 성읍 놉의 남녀와 아이들과 젖 먹는 자들과 소와 나귀와 양을 칼로 쳤더라" 삼상 22:18~19

도엑은 하나님을 두려워하지 않았기 때문에, 망설임 없이 제사장 85명을 죽였습니다. 뿐만 아니라, 그는 여자와 젖먹이 아이들, 심지어 가축들까지도 무차별적으로 학살했습니다. 이렇게 사울은 제사장의 집안을 향해 잔혹한 학살을 자행한 것입니다. 이 사건이 의미하는 바는 무엇입니까? 사울은 이제 더 이상 하나님을 두려워하지 않으며, 오히려 하나님을 대적하겠다는 의지를 드러낸 것입니다. 사울은 하나님께 선전포고를 한 것이나 다름없습니다. 그러나 이 참혹한 학살의 현장에서 아히멜렉의 아들 아비아달이 간신히 목숨을 건져 도망쳐 나왔습니다.

"아히둡의 아들 아히멜렉의 아들 중 하나가 피하였으니 그의 이름은 아비아달이라 그가 도망하여 다윗에게로 가서 사울이 여호와의 제사장들 죽인 일을 다윗에게 알리매" 삼상 22:20~21

아비아달은 다윗에게 찾아가, 사울이 저지른 참혹한 학살에 대해 낱낱이 고발했습니다. 아비아달의 마음이 어땠겠습니까? 그는 울부짖으며, 자신의 옷을 찢고, 깊은 슬픔과 괴로움에 사로잡혀 말을 전했을 것입니다. 그토록 비통하게 전한 이야기 앞에서, 다윗은 어떻게 반응했을까요?

"다윗이 아비아달에게 이르되 그 날에 에돔 사람 도엑이 거기 있기로 그가 반드시 사울에게 말할 줄 내가 알았노라 네 아버지 집의 모든 사람 죽은 것이 나의 탓이로다" 삼상 22:22

가족을 잃은 슬픔에 울부짖는 아비아달에게 다윗은 이렇게 말합니다. "너의 아버지와 가족들이 죽은 것은 나의 탓이다" 정말 놀랍지 않습니까? 우리는 보통 조금이라도 잘못이 있으면 변명부터 하려 들 것입니다. 놉의 제사장들이 죽은 것은 다윗이 한 거짓말에서 비롯된 일입니다. 사실이 그렇다 하더라도, 그 사실을 숨기고 싶은 마음이 들지 않겠습니까? 하지만 다윗은 "나의 탓이다. 내 잘못이다!"라고 고백합니다.

누가 제사장들의 죽음을 다윗의 책임이라 할 수 있겠습니까? 누가 봐도 사울이 제사장들을 죽였고, 그 책임은 사울에게 있습니다. 그러나 다윗은 잘잘못을 따지고자 하지 않았습니다. 그는 자신을 변호하거나 변명하지 않았습니다. 다윗은 있는 그대로 자신의 잘못을 인정하고, 겸허히 회개했습니다.

자신의 잘못을 인정하는 것은 우리에게 매우 어려운 일입니다. 우리는 늘 억울함을 마음에 품고 살아가기에, "내 탓이다"라고 고백하기가 쉽지 않습니다. "내 탓"이라고 고백하는 순간, 마치 자신의 모든 것이 무너지는 듯한 두려움이 엄습합니다. 차라리 "내 탓"이라고 말하는 것보다 죽는 편이 낫다고 여길 정도입니다. 그래서 우리는 자존심을 지키기 위해 변명과 핑계로 살아갑니다.

"내가 가난한 것은 내 탓이 아니라, 부모를 잘못 만났기 때문이다", "가정에 불화가 있는 것은 남편을 잘못 만났기 때문이다", "내가 이렇게 병든 것은 자식들이 속을 썩였기 때문이다" 이처럼 우리는 자신의 잘못을 인정하기보다는, 억울함과 원통함에 사로잡혀 "내 탓"이라고 말할 수 없습니다.

다윗만큼 억울하고 원통한 사람이 어디에 있겠습니까? 아무 죄도 없는 다윗은 사울 왕에게 모든 것을 빼앗겼습니다. 그럼에도 불구하고, 다윗은 "내 탓이다"라고 말했습니다. 그는 자신의 잘못과 실수를 겸허히 인정했습니다. 그리고 그 순간, 다윗은 그의 인생에서 중요한 동역자를 만나게 되었습니다. 그가 바로 아비아달 제사장입니다.

> "다윗이 아히멜렉의 아들 제사장 아비아달에게 이르되 원하건대 에봇을 내게로 가져오라 아비아달이 에봇을 다윗에게로 가져가매" 삼상 30:7

다윗이 "내 탓이다"라고 고백하는 모습은 아비아달에게 큰 감동을 주었습니다. 그래서 아비아달은 다윗을 떠나지 않고 끝까지 그와 동행했습니다. 아비아달은 다윗이 어려움에 처할 때마다 그를 위해 하나님께 제사를 드리고, 하나님의 뜻을 구했습니다. 다윗은 아비아달 제사장을 통해 자신의 문제에 대한 해답을 찾을 수 있었고, 아비아달은 그의 소중한 동역자가 되었습니다.

우리 역시 다윗처럼 자신의 잘못을 인정하고 받아들일 때, 하나님께서 예비하신 동역자를 만나게 됩니다. 잘못을 인정하는 것은 겸손의 증거입니다. 겸손한 사람만이 자신의 실수를 인정할 수 있으며, 이러한 겸손은 사람을 이끄는 강력한 매력이 됩니다. 그래서 겸손한 이들 곁에는 항상 좋은 사람들이 모이기 마련입니다.

반면, 교만한 사람은 남 탓을 합니다. 자신의 교만이 상처받는 것을 두려워하여, "내 탓이다"라고 인정하지 않습니다. 오히려 자신의 실수를 다른 사람에게 덮어씌우고, 비난에서 벗어나려 애씁니다.

> "아담이 이르되 하나님이 주셔서 나와 함께 있게 하신 여자 그가 그 나무 열매를 내게 주므로 내가 먹었나이다 여호와 하나님이 여자에게 이르시되 네가 어찌하여 이렇게 하였느냐 여자가 이르되 뱀이 나를 꾀므로 내가 먹었나이다" 창 3:12~13

아담과 하와는 선악과를 따먹고 타락했습니다. 그들이 타락한 후 가장 먼저 저지른 죄악은 무엇입니까? 바로 남 탓하는 것이었습니다. 아담은 자신의 죄를 인정하지 않고 하와의 탓을 했고, 하와는 자신의 잘못을 인정하지 않고 뱀의 탓을 했습니다. 이렇게 서로 책임을 전가하던 아담과 하와는 결국 어떻게 되었습니까? 그들은 하나님과 단절되었습니다. 에덴동산에 있을 때는 언제든지 하나님과 대화할 수 있었고, 어디서든지 하나님의 임재를 느낄 수 있었습니다. 그러나 타락 이후, 그들은 하나님으로부터 멀어지게 되었습니다.

우리가 하나님과의 관계를 회복하고 다시 소통하기 위해서는, 무엇보다 자신의 죄악과 실수, 그리고 연약함을 겸손히 인정하는 것이 가장 중요합니다. 하나님의 말씀을 듣고 그분의 인도하심을 받으려면, 먼저 우리의 죄를 자백하고 진심으로 회개하는 자세가 필요합니다.

남을 탓하기만 하는 사람은 자신의 죄악을 결코 발견할 수 없습니다. 자신의 죄를 깨닫지 못하면 회개할 수 없고, 회개하지 않으면 하나님과의 관계는 결코 온전히 회복될 수 없습니다.

그러므로 우리는 먼저 자신의 잘못을 인정해야 합니다. 우리가 하나님 앞에서 죄를 범하였음을 시인해야 합니다. 자신의 잘못을 인정하는 것은, 하나님과의 관계를 회복하는 첫걸음입니다.

> "만일 우리가 우리 죄를 자백하면 그는 미쁘시고 의로우사 우리 죄를 사하시며 우리를 모든 불의에서 깨끗하게 하실 것이요" 요일 1:9

다윗은 변명할 수 있는 상황에서도 자신의 죄를 자백했습니다. 우리도 다윗처럼 우리의 죄를 인정하고 자백해야 합니다. 죄를 인정하고 주님 앞에 엎드려 진심으로 회개해야 합니다. 하나님과의 관계 회복은 자신의 죄를 인정하는 것에서 시작됩니다. 우리가 죄를 인정하고 자백할 때, 하나님께서는 우리를 용서하시고, 모든 죄를 사하시며, 모든 불의에서 깨끗하게 하실 것입니다.

## 그일라를 구원하라

"사람들이 다윗에게 전하여 이르되 보소서 블레셋 사람이 그일라를 쳐서 그 타작 마당을 탈취하더이다 하니 이에 다윗이 여호와께 묻자와 이르되 내가 가서 이 블레셋 사람들을 치리이까 여호와께서 다윗에게 이르시되 가서 블레셋 사람들을 치고 그일라를 구원하라 하시니" 삼상 23:1~2

사울 왕을 피해 은신 중이던 다윗에게 한 가지 소식이 전해졌습니다. 블레셋 사람들이 그일라를 침략했다는 소식이었습니다. 지금 다윗은 언제 사울의 군사들과 마주칠지 알 수 없는 위기 상황에 처해 있습니다. 그러나 그는 그일라를 위해 기도합니다. "하나님, 제가 이 블레셋 사람들을 칠까요?" 이것이 바로 달라진 다윗의 모습입니다. 다윗은 문제 앞에서 기도를 선택했습니다.

과거의 다윗은 어땠습니까? 그는 사울 왕을 두려워하여 거짓말을 했고, 칼과 창에 의지하며 블레셋으로 도망쳐 미친 척까지 했습니다. 하나님을 의지하기보다 무기와 블레셋, 그리고 자신의 지혜에 기대었습니다. 그러나 이제 다윗은 어떻게 합니까? 그는 하나님께 묻기 시작합니다. "하나님, 제가 그일라를 도와야 합니까?" 아무리 선하고, 아무리 절실하며 긴급한 일이라도 다윗은 스스로 결정하지 않고, 먼저 하나님께 기도하며 물었습니다.

다윗은 블레셋 왕 앞에서 미친 척을 해야 했던 경험을 통해 중요한 깨달음을 얻었습니다. 아무리 기발한 아이디어라도 하나님께서 원하지 않으시면 그 끝은 비참할 수밖에 없다는 사실이었습니다. 그는 아무리 훌륭한 계획이라 할지라도, 기도로 하나님의 뜻을 구하지 않으면 오히려 더 큰 문제를 초래할 수 있다는 사실을 절실히 깨달았습니다. 다윗은 막연히 블레셋으로 도망치면 모든 일이 잘 풀릴 것이라는 기대를 품고 있었습니다. '블레셋의 영웅이었던 골리앗을 내가 죽였으니 내 실력을 인정해 주겠지? 높은 지위는 아니더라도 적어도 블레셋에서 편히 살 수 있게는 해주겠지!' 하는 헛된 계획과 부푼 꿈을 안고 블레셋으로 갔습니다. 그러나 결과는 어땠습니까? 그는 미친 척을 해야 했고, 결국 쫓겨나는 신세가 되고 말았습니다.

> "사람이 마음으로 자기의 길을 계획할지라도 그의 걸음을 인도하시는 이는 여호와시니라" 잠 16:9

다윗은 인생의 밑바닥에서 귀중한 진리를 깨달았습니다. '아무리 훌륭한 계획일지라도, 먼저 하나님께 묻고 기도해야 하는구나!' 사람들을 위기에서 구하는 것은 분명히 당연하고 타당한 일입니다. 그러나 다윗은 이처럼 당연하고 합당한 일조차 먼저 하나님께 묻고 기도했습니다. 그러자 하나님께서 응답하셨습니다. "가서 블레셋 사람들을 치고 그일라를 구원하라!" 그러나 그때 다윗의 부하들은 그를 만류하며 두려움을 표했습니다.

> "다윗의 사람들이 그에게 이르되 보소서 우리가 유다에 있기도 두렵거든 하물며 그일라에 가서 블레셋 사람들의 군대를 치는 일이리이까 한지라" 삼상 23:3

하나님께 응답을 받고 마음이 뜨거워질 때, 누군가가 옆에서 찬물을 끼얹는 것만큼 괴로운 일이 없습니다. 지금 다윗은 하나님으로부터 직접적인 계시를 받았고, 확실한 응답을 얻었습니다. 그러나 다윗의 부하들은 전략적 상식에 따라 그를 반대했습니다. "장군님! 사울 왕을 피해 숨어 지내기도 두려운 상황에서, 어떻게 그일라까지 가서 블레셋과 싸울 수 있겠습니까?" 부하들의 주장은 매우 합리적이었습니다. "설령 블레셋과의 전투에서 승리한다 해도, 곧바로 사울의 군대가 우리를 덮칠 것입니다. 지금은 안타깝더라도 몸을 사려야 합니다" 그들의 말은 누구나 들을 때 논리적이고 타당하며 정확했습니다. 그러나 우리는 논리적으로 맞는 말이나 다수의 의견, 또는 전문가의 견해를 따르는 것이 아니라, 하나님의 말씀을 기준으로 삼고 따라가야 합니다.

민주주의는 분명 고귀한 가치를 지니고 있습니다. 그러나 하나님의 나라는 민주주의를 넘어서는 차원을 요구합니다. 하나님의 나라는 백성이 주인이 되는 나라가 아니라, 하나님께서 주인이 되시는 나라입니다. 아무리 많은 이들이 지혜를 모은다 해도, 오직 여호와의 뜻만이 완전하고 완벽합니다. 따라서 사람의 뜻이 중심이 되는 교회가 아니라, 하나님께서 주인이 되시는 교회가 되어야 합니다.

> "다윗이 여호와께 다시 묻자온대 여호와께서 대답하여 이르시되 일어나 그일라로 내려가라 내가 블레셋 사람들을 네 손에 넘기리라 하신지라" 삼상 23:4

다윗의 부하들이 반대했습니다. 그때 다윗은 어떻게 했습니까? 그는 자신이 하나님의 응답을 받았으니 무조건 자신을 따르라고 강요

하지 않았습니다. 다윗은 독재자가 아니었습니다. 부하들이 믿음이 부족하여 따르지 못할 때는 어떻게 해야 합니까? 그들이 순종할 수 있을 때까지 다시 기도해야 합니다. 더디더라도 다시 기도하는 것이 진정 빠른 길입니다. 억지로 몰아붙이는 대신, 한마음으로 손을 맞잡고 함께 나아가야 합니다. 다윗은 여호와께 다시 여쭈었습니다. 그러자 여호와께서 말씀하셨습니다. "블레셋 사람들을 네 손에 넘기리라" 이 응답에 부하들은 큰 용기와 믿음을 얻었고, 결국 그들은 하나님의 말씀 안에서 한마음이 되어 블레셋과 강하게 싸웠습니다. 그 결과, 그일라의 백성을 구원하며 큰 승리를 거두었습니다. 그러나 예상대로 사울은 병사들을 이끌고 그일라로 쳐들어왔습니다.

> "사울이 모든 백성을 군사로 불러모으고 그일라로 내려가서 다윗과 그의 사람들을 에워싸려 하더니 다윗은 사울이 자기를 해하려 하는 음모를 알고 제사장 아비아달에게 이르되 에봇을 이리로 가져오라 하고" 삼상 23:8~9

사울은 블레셋과 싸우려는 것이 아니라, 오직 다윗을 제거하는 데에만 혈안이 되어 있었습니다. 그는 그일라 사람들이 고통받고 죽어가는 것을 보면서도, 그들을 구원하기보다는 다윗을 잡는 일에만 몰두했습니다. 결국, 사울은 그일라 주변을 철저히 봉쇄하여 다윗을 포위했습니다. 지금 다윗은 하나님의 뜻에 따라 묻고 순종했음에도 불구하고, 커다란 위기에 직면하게 되었습니다. 우리도 다윗처럼 기도하고 순종했지만, 여전히 새로운 문제에 부딪히는 경우가 있습니다. 그러나 다윗은 끝까지 하나님을 신뢰하며 다시 기도했습니다. 그는 아비아달 제사장에게 에봇을 가져오라고 요청했습니다. 에봇은 제사장이 제사를 드리거나 하나님의 뜻을 구할 때 입는 옷입니다. 에봇을 가져오라는 것은 하나님의 뜻을 구하겠다는 의미입니다. 다윗은 위기의 순간에도 하나님께 기도하며 그분의 인도하심을 구했습니다.

> "다윗이 이르되 그일라 사람들이 나와 내 사람들을 사울의 손에 넘기겠나이까 하니 여호와께서 이르시되 그들이 너를 넘기리라 하신지라" 삼상 23:12

다윗은 하나님께 간절히 기도했습니다. "그일라 사람들이 저를 사울에게 넘기겠습니까?" 이에 하나님께서는 명확히 응답하셨습니다. "너를 넘기리라" 다윗은 목숨을 걸고 그일라 사람들에게 은혜를 베풀었지만, 이제 그들에게 배신당할 상황에 놓인 것입니다. 사실 다윗은 이미 그일라 주민들 사이에서 배신의 조짐을 느끼고 있었습니다. 그럴 만한 이유가 있었습니다. 사울은 이전에 아히멜렉 제사장이 다윗에게 떡과 칼을 주었다는 이유로, 놉에 있던 85명의 제사장들과 그들의 가족을 모두 학살하지 않았습니까? 제사장들까지 무자비하게 죽인 사울이니, 그일라 주민들이라면 얼마나 더 쉽게 사울의 손에 죽임을 당할 수 있었겠습니까? 사울의 잔혹한 학살 소문을 들은 그일라 사람들은 다윗을 넘길 수밖에 없는 상황에 처한 것입니다.

다윗은 그일라를 돕자마자 곧바로 배신을 당했습니다. 우리도 다윗처럼 배신을 경험해 봐야 합니다. 그래야 사람을 의지하는 것이 아니라, 온전히 하나님만을 의지하게 되는 법입니다. 우리의 믿음의 대상은 사람이 아니라 오직 하나님이십니다. 이것을 배워야만 영적 지도자로 설 수 있습니다. 하나님께서는 처음부터 그일라 주민들이 다윗을 배신할 것을 알고 계셨습니다. 그럼에도 불구하고 하나님은 다윗을 그일라로 보내셨습니다. 그 이유는 무엇일까요? 배신을 경험해 봐야 영적인 지도자로 성장할 수 있기 때문입니다. 세상이 우리를 배신할지라도, 우리는 그 배신의 아픔 속에서 하나님께 진정한 믿음과 신뢰를 두는 법을 배워갑니다.

> "다윗이 광야의 요새에도 있었고 또 십 광야 산골에도 머물렀으므로 사울이 매일 찾되 하나님이 그를 그의 손에 넘기지 아니하시니라" 삼상 23:14

다윗은 간신히 사울의 포위망을 뚫고 십 광야로 도망쳤습니다. 하지만 그곳까지도 사울의 군대는 다윗을 쫓아왔습니다. 사울은 다윗을 죽이기 위해 십 광야를 매일같이 샅샅이 뒤지며 수색했습니다. 그러나 하나님께서 다윗을 보호하셨기에, 사울은 결국 다윗을 발견할 수 없었습니다. 그럼에도 불구하고, 그 순간 다윗의 마음은 말할 수 없는 두려움과 불안으로 가득했을 것입니다. 그는 순종했음에도 배신을 당했고, 간절히 기도했지만 여전히 도망자 신세로 전락한 자신의 처지를 바라보며 얼마나 괴로웠겠습니까? 그러나 바로 그 순간, 하나님께서 다윗에게 위로와 힘을 주셨습니다.

> "사울의 아들 요나단이 일어나 수풀에 들어가서 다윗에게 이르러 그에게 하나님을 힘 있게 의지하게 하였는데 곧 요나단이 그에게 이르기를 두려워하지 말라 내 아버지 사울의 손이 네게 미치지 못할 것이요 너는 이스라엘 왕이 되고 나는 네 다음이 될 것을 내 아버지 사울도 안다 하니라" 삼상 23:16~17

하나님께서는 다윗을 어떻게 위로하셨습니까? 다시는 만나기 어려울 것 같았던 요나단을 통해 다윗을 위로하셨습니다. 요나단은 다윗이 십 광야에 숨어 있다는 소식을 듣고, 자신의 목숨을 걸고 다윗을 만나러 왔습니다. 그리고 요나단은 다윗에게 무엇을 했습니까? 다윗이 하나님을 더욱 힘 있게 의지하도록 도왔습니다. 다윗도 인간인지라, 끊임없는 고난 속에서 지치고 낙심할 수밖에 없었습니다. 그는 하나님의 말씀을 믿고 선한 일을 행했지만, 돌아온 것은 배신과 고난뿐이었습니다. 간절히 기도했지만 문제는 해결되기는커녕 더 큰 어려움들이 잇따라 닥쳤습니다. 그의 마음은 깊은 절망에 빠졌습니다.

그러나 바로 그 순간, 하나님께서는 다윗을 절망 속에 홀로 두지 않으셨습니다. 요나단을 보내어 그의 곁에서 힘과 위로를 주셨습니다. 요나단의 따뜻한 격려와 진심 어린 사랑을 통해 다윗은 다시 일어설 용기를 얻었고, 하나님을 더욱 신뢰하며 나아갈 힘을 얻을 수 있었습니다.

> "자기 자신은 광야로 들어가 하룻길쯤 가서 한 로뎀 나무 아래에 앉아서 자기가 죽기를 원하여 이르되 여호와여 넉넉하오니 지금 내 생명을 거두시옵소서 나는 내 조상들보다 낫지 못하니이다 하고 로뎀 나무 아래에 누워 자더니 천사가 그를 어루만지며 그에게 이르되 일어나서 먹으라 하는지라" 왕상 19:4~5

가증스러운 우상 숭배자였던 이세벨은 엘리야를 죽이겠다고 선언하며, 북이스라엘의 군대를 총동원해 그를 추격하겠다고 위협했습니다. 이 소식을 들은 엘리야는 깊은 절망과 낙심에 빠졌습니다. 그때 엘리야는 하나님께 어떻게 기도했습니까? "하나님, 차라리 저를 죽여

주십시오!" 갈멜산에서 바알 선지자 850명을 상대로 승리했던 엘리야였지만, 그 역시 사람이었기에 절망하고 낙심할 수밖에 없었습니다. 그러나 그 순간, 하나님께서는 엘리야를 책망하거나 질타하지 않으셨습니다. 대신 천사를 보내어 그를 어루만지며 위로하셨습니다. 이것이 바로 하나님의 사랑입니다. 낙심한 다윗에게는 요나단을 보내 위로하셨고, 절망한 엘리야에게는 천사를 보내셨으며, 고통 속에 있는 우리에게는 예수님을 보내주셨습니다.

> "내가 너희를 고아와 같이 버려두지 아니하고 너희에게로 오리라" 요 14:18

지금 다윗처럼, 엘리야처럼 자신의 삶의 무게에 눌려 괴로워하고 계십니까? 끊임없이 반복되는 문제와 희미하게만 보이는 희망 때문에 좌절하고 계십니까? 그러나 그 순간에도 예수님께서는 우리를 외면하지 않으시고, 직접 우리에게 찾아오십니다. 하나님께서는 그일라 사람들이 다윗을 배신할 것을 아시면서도 그들을 구원하셨습니다. 마찬가지로, 하나님께서는 우리가 배신할 것을 아시면서도 우리를 위해 예수님을 보내주셨습니다. 이처럼 하나님은 결코 우리를 버리지 않으시며, 외면하지 않으십니다. 오히려 다시 일어설 힘과 용기를 주시는 분이십니다.

우리의 삶에도 크고 작은 그일라와 같은 위기와 배신이 찾아올 수 있습니다. 아무리 선한 일을 행하고, 하나님의 뜻에 기도로 순종한다 해도, 예상치 못한 어려움과 배신이 다가올 때가 있습니다. 그러나 바로 그 순간이 하나님을 더욱 의지할 때입니다. 세상이 우리를 배신하고, 사람들이 우리를 외면할지라도, 하나님은 결코 우리를 버리지 않으십니다. 그러므로 우리는 끝까지 하나님을 의지하며, 흔들림 없이 나아가야 합니다.

## 왕을 해하지 않겠나이다

"전령이 사울에게 와서 이르되 급히 오소서 블레셋 사람들이 땅을 침노하나이다" 삼상 23:27

사울 왕이 다윗을 추격하느라 정신이 팔린 사이, 블레셋이 쳐들어왔습니다. 사울은 다윗에 대한 집착으로 인해 가장 중요한 문제, 국가의 안위를 놓치고 있었습니다. 설사 다윗을 죽인다 한들, 나라가 블레셋에게 점령당하면 무슨 소용이 있겠습니까? 결국 사울은 어쩔 수 없이 다윗을 추격하는 것을 멈추고, 블레셋과 맞서기 위해 돌아갈 수밖에 없었습니다. 그러나 간신히 블레셋을 물리친 후에도, 사울은 다윗을 향한 집착에서 벗어나지 못했습니다. 그는 여전히 다윗을 죽이려는 마음을 버리지 않고, 다시 추격을 시작했습니다.

"사울이 온 이스라엘에서 택한 사람 삼천 명을 거느리고 다윗과 그의 사람들을 찾으러 들염소 바위로 갈새" 삼상 24:2

다윗이 엔게디 광야에 숨어 있다는 소식을 들은 사울은 3,000명의 정예 병사들을 이끌고 다윗을 추격해 왔습니다. 당시 다윗의 공동체는 약 600명에 불과했으니, 사울은 다윗보다 다섯 배가 넘는 병력을 동원한 셈입니다. 이번에는 반드시 다윗을 죽이겠다는 각오가 엿보입니다.

그러나 엔게디 광야에는 셀 수 없이 많은 동굴들이 있으며, 이 동굴들은 미로처럼 복잡하게 연결되어 있습니다. 이런 곳에서 사람을 찾는 것은 모래 속에서 바늘을 찾는 것만큼 어려운 일입니다. 하지만 사울은 결코 포기하지 않고, 다윗을 집요하게 찾아다녔습니다. 그렇게 한참을 수색하던 중, 사울은 갑자기 배가 아파왔습니다. 왕의 체면상 아무 곳에서나 볼일을 볼 수 없었기에, 그는 가장 후미지고 외진 동굴을 찾아 들어갔습니다.

> "길 가 양의 우리에 이른즉 굴이 있는지라 사울이 뒤를 보러 들어가니라 다윗과 그의 사람들이 그 굴 깊은 곳에 있더니" 삼상 24:3

그러나 하필이면 그 동굴에 다윗과 그의 사람들이 숨어 있었던 것입니다. 수많은 동굴 중에서 사울이 바로 다윗이 있는 동굴로 들어온 것이 과연 단순한 우연일까요? 이는 하나님의 섭리와 계획이 아닐 수 없습니다. 사울은 동굴 깊숙한 곳까지 들어가, 겉옷을 벗고 무기도 내려놓았습니다. 용변을 보러 온 것이니 경호원도 없이 홀로 들어왔을 것입니다. 사울이 무방비 상태로 혼자 있는 모습을 본 다윗의 부하들은 이를 절호의 기회라 여겼습니다. 그들은 이것이 하나님께서 다윗에게 주신 기회라며, 이제야말로 사울을 제거할 때라고 생각했습니다.

> "다윗의 사람들이 이르되 보소서 여호와께서 당신에게 이르시기를 내가 원수를 네 손에 넘기리니 네 생각에 좋은 대로 그에게 행하라

하시더니 이것이 그 날이니이다 하니 다윗이 일어나서 사울의 겉옷 자락을 가만히 베니라" 삼상 24:4

다윗의 부하들은 이 상황이 하나님께서 주신 절호의 기회라 믿어 의심치 않았습니다. "지금이 바로 그 순간입니다. 여호와께서 응답하신 것입니다. 우리가 원수를 갚을 수 있도록 하나님께서 도와주시는 것입니다" 그들의 말을 들은 다윗의 마음은 어떠했겠습니까? 너무나 솔깃하고, 그럴듯한 설득력이 있는 주장입니다. 누가 보아도, 그 많은 동굴 중에서 하필 다윗이 있는 동굴에 사울이 홀로 들어온 것은 하나님의 기적이라 여길 수밖에 없습니다.

다윗의 심정은 매우 복잡했을 것입니다. 그는 이미 오랜 시간 동안 사울에게 쫓기며 끊임없는 핍박과 고통을 견뎌왔습니다. 이런 상황 속에서 다윗에게도 사울에 대한 분노와 증오가 생겼을 가능성이 충분합니다.

그리고 지금, 그토록 자신을 괴롭혀왔던 원수가 아무런 방비도 없이 자신의 손에 들어왔습니다. 사울은 말 그대로 독 안에 든 쥐가 된 상황이었습니다. 만약 다윗이 사울을 죽이기만 한다면, 자신을 괴롭혔던 모든 문제가 한 번에 해결될 것처럼 보였습니다.

지난날의 비참함과 억울함을 떠올리면, 다윗은 감정에 휘둘려 사울에게 달려들어 복수할 수 있었습니다. 그러나 다윗은 그렇게 하지 않았습니다. 그는 사울을 죽이지 않고, 단지 그의 겉옷 자락만 살짝 잘랐습니다.

이 사건은 다윗이 골리앗을 무찌른 일보다 더 위대한 승리라고 할 수 있습니다. 우리는 누구나 복수의 화신이 될 수 있습니다. 억울함과 분노가 쌓일 때, 기회만 온다면 복수하고 싶은 마음이 들지 않습니까? 대부분의 사람들은 힘과 권력을 얻게 되면, 그 힘을 원수 갚는 데 사용하는 경우가 많습니다.

> "내 사랑하는 자들아 너희가 친히 원수를 갚지 말고 하나님의 진노하심에 맡기라 기록되었으되 원수 갚는 것이 내게 있으니 내가 갚으리라고 주께서 말씀하시니라 네 원수가 주리거든 먹이고 목마르거든 마시게 하라 그리함으로 네가 숯불을 그 머리에 쌓아 놓으리라 악에게 지지 말고 선으로 악을 이기라" 롬 12:19~21

그러나 다윗은 자신의 손으로 복수하지 않았습니다. 그는 하나님의 때를 기다리며, 하나님께서 공의로 원수를 갚아주실 것이라는 확신을 가지고 있었습니다. 그래서 다윗은 악을 악으로 갚지 않았고, 오히려 선으로 악을 이겼습니다.

> "여호와께서는 나와 왕 사이를 판단하사 여호와께서 나를 위하여 왕에게 보복하시려니와 내 손으로는 왕을 해하지 않겠나이다" 삼상 24:12

다윗은 '여호와께서 나를 위하여 왕에게 보복하실 것'이라는 굳건한 믿음을 가지고 있었습니다. 그는 원수 갚는 것이 자신의 일이 아니라, 하나님의 일임을 분명히 알고 있었습니다. 다시는 오지 않을 기회를 포기하고 하나님께 맡긴다는 것은 깊은 신뢰와 믿음의 결단입니다. 하나님께서는 이러한 다윗의 결단을 보시고, 그를 대신해 원수를 갚아주셨습니다. 그렇다면 우리가 어떻게 해야 하나님께서 우리의 원수를 갚아주실까요?

첫째, 악을 선으로 갚을 때 하나님께서 대신 원수를 갚아주십니다. 사도 바울은 이렇게 말했습니다. "네 원수가 주리거든 먹이고, 목마르거든 마시게 하라!" 원수가 굶주리고 있을 때, 조롱하거나 비웃는 대신, 우리가 가진 것으로 그를 돕는 것입니다. 바울은 이렇게 할 때 하나님께서 원수의 머리 위에 "숯불을 올려주실 것"이라고 하였습니다.

> "또 눈은 눈으로, 이는 이로 갚으라 하였다는 것을 너희가 들었으나 나는 너희에게 이르노니 악한 자를 대적하지 말라 누구든지 네 오른편 뺨을 치거든 왼편도 돌려 대며" 마 5:38~39

"눈에는 눈, 이에는 이"로 갚는 것은 세상의 방식입니다. 그러나 우리는 세상의 방식을 따르는 것이 아니라, 하나님의 말씀을 따라야 합니다. 예수님께서는 말씀하셨습니다. 누가 오른뺨을 치면 왼뺨도 돌려대고, 누가 속옷을 빼앗으면 겉옷까지 주라고 하셨습니다. 이것이 바로 원수의 머리 위에 숯불을 올려놓는 방법입니다.

원수가 독한 말로 우리를 괴롭힐 때, 우리는 그를 축복해야 합니다. 원수의 손이 우리를 때린다면, 우리의 손은 오히려 그를 어루만져야 합니다. 원수가 우리를 저주할 때, 우리는 그를 위해 간절히 기도해야 합니다. 이것이 하나님의 방법입니다. 하나님께서 대신 원수를 갚아주시는 방식은, 우리가 악에 물들지 않고 선으로 악을 이기는 데 있습니다.

둘째, 하나님께서 대신 원수를 갚아주시도록 하려면 하나님의 말씀을 왜곡하지 말아야 합니다. "여호와께서 당신에게 이르시기를"(삼상 24:4)라며, 다윗의 부하들은 하나님의 말씀으로 사울을 죽여야 한다고 주장했습니다. 그러나 그들은 하나님의 말씀을 자신의 욕망에 맞추어, 자기 멋대로 해석한 것입니다. 만약 다윗이 이들의 잘못된 해석에 따라 사울을 죽였다면 어떻게 되었을까요?

그 순간부터 다윗은 사랑하는 친구 요나단과도 원수 관계가 되었을 것입니다. 이스라엘 내에서 유다 지파와 베냐민 지파 간의 내전으로 번질 가능성도 있었을 것입니다. 요나단의 나라와 다윗의 나라로 분열될 위험마저 있었습니다. 또한, 다윗은 용변을 보는 무방비 상태의 왕을 살해한 잔인한 왕시해자로 기록되었을 것입니다.

하나님께서 다윗과 사울을 만나게 하신 것은, 사울을 죽이기 위함이 아니라 다윗의 마음을 시험하고 연단하기 위함이었습니다. 이 순간에 사울을 죽이는 것은 하나님의 뜻이 아니었습니다. 그러나 다윗의 부하들은 하나님의 말씀을 왜곡하고, 자신들의 욕망을 합리화하며 잘못된 해석을 내놓았습니다.

> "자기 사람들에게 이르되 내가 손을 들어 여호와의 기름 부음을 받은 내 주를 치는 것은 여호와께서 금하시는 것이니 그는 여호와의 기름 부음을 받은 자가 됨이니라 하고" 삼상 24:6

그러나 다윗은 하나님의 말씀을 올바르게 해석했습니다. 그는 자신의 이익에 맞추어 해석하지 않았습니다. 흔히 말하듯, "코에 걸면 코걸이, 귀에 걸면 귀걸이"처럼, 하나님의 말씀도 사람에 따라 왜곡되기 쉽습니다. 이단들이 다른 경전을 가져와 미혹하는 것이 아닙니다. 그들은 성경을 가지고 자기 뜻대로 해석하고 왜곡하여 사람들을 속입니다.

다윗은 하나님의 말씀을 정확하게 분별했습니다. 그 말씀이 비록 순종하기 어렵고, 부담되며, 불편한 것이라 할지라도 그는 말씀에 따라 순종했습니다. 그렇기에 하나님께서는 다윗 대신 원수를 갚아주신 것입니다. 하나님께서 우리의 원수를 대신 갚아주시길 원한다면, 우리는 하나님의 말씀을 왜곡하지 말고, 있는 그대로 순종해야 합니다.

> "그 후에 다윗도 일어나 굴에서 나가 사울의 뒤에서 외쳐 이르되 내 주 왕이여 하매 사울이 돌아보는지라 다윗이 땅에 엎드려 절하고 이스라엘 왕이 누구를 따라 나왔으며 누구의 뒤를 쫓나이까 죽은 개나 벼룩을 쫓음이니이다" 삼상 24:8, 14

마지막으로, 하나님께서 대신 원수를 갚아주시도록 하려면, 원수 앞에서 더욱 낮아져야 합니다. 볼일을 마치고 동굴을 빠져나온 사울에게 다윗은 외쳤습니다, "내 주 왕이여!" 그러고는 땅에 엎드려 절했습니다. 다윗은 원수 앞에서 겸손히 엎드린 것입니다. 그는 심지어 자신을 '죽은 개'와 '벼룩'에 비유하며 철저하게 자신을 낮추었습니다. 사실 이미 사울과 다윗은 원수 관계였으니, 계급장을 떼고 싸울 수도 있었습니다. 그러나 다윗은 끝까지 사울을 존중하며, 자신을 낮추었습니다.

그 이유는 무엇입니까? 우리가 낮아질 때 하나님께서 우리를 높여주시기 때문입니다. 다윗은 자신의 권리가 아니라, 하나님의 주권을 신뢰했습니다. 그는 스스로 높아지려 하지 않고, 하나님께서 높여주실 것을 믿고 기다렸던 것입니다.

> "주 앞에서 낮추라 그리하면 주께서 너희를 높이시리라" 약 4:10

다윗은 원수 앞에서 철저하게 자신을 낮추었습니다. 그랬기에 하나님께서는 원수의 목전에서 상을 베풀어 주셨습니다. 인간적인 마음은 어떻게든 원수보다 더 높아지고, 그들을 짓밟아 버리고 싶은 충동을 느끼게 합니다. 그러나 하나님께서는 우리에게 오히려 원수 앞에서 엎드리고, 겸손히 낮아지라고 말씀하십니다. 다윗은 그 말씀에 따라 원수 앞에서도 자신을 낮추었고, 그 결과로 놀라운 일이 일어났습니다.

> "사람이 그의 원수를 만나면 그를 평안히 가게 하겠느냐 네가 오늘 내게 행한 일로 말미암아 여호와께서 네게 선으로 갚으시기를 원하노라 보라 나는 네가 반드시 왕이 될 것을 알고 이스라엘 나라가 네 손에 견고히 설 것을 아노니" 삼상 24:19~20

　사울은 자신이 다윗을 학대해 왔다는 사실을 잘 알고 있었습니다. 자기가 다윗의 원수라는 것도 명확히 인식하고 있었습니다. 그런데 다윗은 아무도 모르게 사울을 죽일 수 있는 절호의 기회가 왔음에도 불구하고, 오히려 그를 선대했습니다. 더 나아가, 다윗은 자신을 '죽은 개'나 '벼룩'처럼 낮추며 겸손을 보였습니다. 이 모습을 본 사울은 '이래서 하나님께서 다윗을 왕으로 세우시려는 것이구나' 하고 깨닫게 되었습니다. 다윗이 자신을 낮추자, 오히려 사울은 다윗을 마치 왕처럼 높여주고 있습니다. 이것이 바로 하나님께서 원수를 갚아주시는 방법입니다.

　내가 직접 원수를 갚으려 하기보다, 하나님께서 대신 갚아주시는 것이 훨씬 더 확실합니다. 복수는 또 다른 복수를 불러올 뿐이며, 스스로 원수를 갚으려 하면 새로운 문제와 갈등이 생깁니다. 복수는 언제나 부작용을 낳습니다. 그러나 하나님께서 원수를 갚으시면, 그것은 깔끔하고 완전합니다. 그러므로 우리는 이 믿음을 가지고 선으로 악을 이겨야 합니다.

## 나 곧 내게로 돌리시고

다윗의 공동체는 600명 이상의 사람들이 모인 집단이었습니다. 이들은 대부분 환난 당한 자, 빚에 시달린 자, 원통함을 겪는 사람들이었습니다. 그래서 공동체의 상황은 늘 어려웠고, 먹을 것이 항상 부족했습니다. 그때 다윗은 나발이라는 부자가 양털을 깎고 있다는 소식을 듣게 되었습니다. 그래서 다윗은 자존심을 내려놓고, 자신의 사람들을 위해 나발에게 음식을 구했습니다.

> "마온에 한 사람이 있는데 그의 생업이 갈멜에 있고 심히 부하여 양이 삼천 마리요 염소가 천 마리이므로 그가 갈멜에서 그의 양 털을 깎고 있었으니" 삼상 25:2

양털을 깎는 일은 농작물의 추수와 마찬가지로 축제와 수확의 때를 의미합니다. 이 시기는 풍요로움과 나눔이 자연스럽게 이루어지는 시간이었습니다. 수많은 양의 털을 깎기 위해 마을 사람들의 일손이 필요했고, 양털을 판매하면 큰 수익을 얻을 수 있었습니다. 따라서 이 시기가 되면 마을 곳곳에서 잔치가 열렸습니다. 모두가 풍족하게 먹고 마시며, 하나님께 감사하는 시간이었습니다. 특히 잔칫날에는 걸인이나 길을 지나던 나그네에게도 인심을 베풀어 음식을 나누는 것이 당시의 당연한 관습이었습니다.

다윗은 이러한 상황을 잘 알고 있었습니다. 그래서 그는 나발에게 부하들을 보내어 음식을 요청했습니다. 이는 다윗이 공동체를 위해 자존심을 내려놓고, 축제의 넉넉한 인심을 기대하며 한 행동이었습니다.

> "네 소년들에게 물으면 그들이 네게 말하리라 그런즉 내 소년들이 네게 은혜를 얻게 하라 우리가 좋은 날에 왔은즉 네 손에 있는 대로 네 종들과 네 아들 다윗에게 주기를 원하노라 하더라 하라" 삼상 25:8

다윗은 나발에게 겸손한 태도로 부탁했습니다. "네 종들과 네 아들 다윗에게 주기를 원하노라"라고 말했습니다. 현재 그는 도망자의 신세였지만, 다윗은 여전히 이스라엘의 영웅이자, 왕의 사위였습니다. 백성들로부터 사랑과 존경을 받았던 위인이었습니다. 그럼에도 불구하고 다윗은 자신을 낮추어 겸손하게 요청했습니다.

뿐만 아니라, 다윗은 단순히 겸손하게 부탁하는 데 그치지 않고, 그 요청이 합당한 이유를 제시했습니다.

> "네게 양 털 깎는 자들이 있다 함을 이제 내가 들었노라 네 목자들이 우리와 함께 있었으나 우리가 그들을 해하지 아니하였고 그들이 갈멜에 있는 동안에 그들의 것을 하나도 잃지 아니하였나니" 삼상 25:7

다윗은 비록 군대를 이끌고 있었지만, 나발의 재산을 억지로 빼앗지 않았습니다. 오히려 다윗과 그의 부하들은 나발의 양치기들이 갈멜에서 양을 칠 때, 그들을 보호해 주었습니다. 다윗의 군대가 그 지역에 진을 치고 있었기에, 도적떼와 강도들이 접근할 수 없었고, 양치기들은 안전하게 일할 수 있었습니다. 어떻게 보면 다윗의 군대는 일종의 사설 경비업체처럼 그들의 재산을 지켜주었던 셈입니다. 따라서 다윗은 축제의 시기에 나발에게서 합당한 보상을 기대할 만한 충분한 명분이 있었습니다. 그러나 나발의 반응은 어땠습니까?

> "나발이 다윗의 사환들에게 대답하여 이르되 다윗은 누구며 이새의 아들은 누구냐 요즈음에 각기 주인에게서 억지로 떠나는 종이 많도다 내가 어찌 내 떡과 물과 내 양 털 깎는 자를 위하여 잡은 고기를 가져다가 어디서 왔는지도 알지 못하는 자들에게 주겠느냐 한지라"
> 삼상 25:10~11

 "다윗이 누구냐? 이새의 아들이 누구냐? 요즘 주인을 떠나는 종들이 많던데, 그게 다윗이 아니냐? 내가 어찌 내 떡과 물과 고기를 어디서 온 놈들인지도 모르는 자들에게 주겠느냐? 당장 꺼져버리라고 해라!" 나발은 이렇게 말하며, 겸손하게 자신을 낮추어 부탁한 다윗에게 모욕과 모멸감을 주었습니다.
 왜 나발은 이렇게까지 다윗을 모욕했을까요? 다윗이 누구입니까? 골리앗을 무찌른 영웅이며, 그일라에서 블레셋을 물리친 장군입니다. 현재도 군대를 이끌고 있는 지휘관입니다. 민간인이 어떻게 군대의 장군을 함부로 모욕할 수 있겠습니까? 나발이 단순히 어리석어서 다윗을 모욕한 것이 아닙니다. 사실 나발은 누구보다 세상 물정을 잘 아는 사람이었습니다. 그는 사울의 폭정 아래에서 큰 부를 축적한 인물이었습니다. 오늘날에도 부자가 되려면 남들보다 빠른 정보력과 정치적 감각이 필요하지 않습니까?

나발은 분별력이 부족해서 다윗을 모욕한 것이 아닙니다. 오히려 그는 사울에게 괜한 오해를 사지 않기 위해 다윗을 철저히 배척한 것입니다. 사울이 놉에서 제사장 85명을 학살한 사건은 온 이스라엘에 두려움을 안겨주었습니다. 마치 북한의 김정은이 공포 정치를 통해 권력을 유지하듯, 사울도 공포 정치로 자신의 지위를 지키고 있었습니다. 나발은 다윗에게 음식을 제공했다간 사울의 보복을 피할 수 없을 것임을 잘 알고 있었습니다. 그래서 다윗이 다시는 찾아오지 못하도록, 의도적으로 심한 모욕을 퍼부으며 그를 쫓아낸 것입니다.

다윗은 겸손한 자세로 정중하게 부탁했지만, 나발은 자신의 이익을 지키기 위해 다윗을 모욕했습니다. 이에 다윗은 크게 분노했습니다. 지금까지 겪어온 모든 수모와 억울함, 울분이 한순간에 폭발한 것입니다. 다윗은 자신이 품고 있던 모든 분노와 원망을 나발에게 쏟아붓기로 결심했습니다.

> "다윗이 자기 사람들에게 이르되 너희는 각기 칼을 차라 하니 각기 칼을 차매 다윗도 자기 칼을 차고 사백 명 가량은 데리고 올라가고 이백 명은 소유물 곁에 있게 하니라" 삼상 25:13

다윗은 400명의 정예병을 이끌고 나발에게 쳐들어가려 했습니다. 이 모습은 이전에 엔게디 광야에서 사울을 용서했던 다윗의 모습과는 크게 대조됩니다. 하나님께서는 분노에 사로잡힌 다윗의 모습을 통해, 그도 우리와 마찬가지로 연약한 인간임을 보여주고 계십니다. 하나님이 없으면 다윗에게 남는 것은 잔인하게 복수하려는 살인자의 모습뿐입니다. 다윗은 완벽한 사람이 아니었습니다. 그렇기에 다윗에게는 하나님이 절대적으로 필요했습니다. 우리도 다윗처럼 분노와 교만에 쉽게 넘어질 수 있습니다. 그렇기 때문에 우리 역시 하나님의 도우심이 절실히 필요합니다.

하나님께서는 다윗에게 아비가일이라는 브레이크를 주셨습니다. 아비가일의 지혜로운 중재 덕분에, 나발의 가문은 전멸을 면할 수 있었고, 다윗 또한 큰 실수를 피할 수 있었습니다. 그렇다면, 하나님께서 보내신 아비가일은 우리에게 어떤 지혜를 보여주고 있을까요?

> "하인들 가운데 하나가 나발의 아내 아비가일에게 말하여 이르되 다윗이 우리 주인에게 문안하러 광야에서 전령들을 보냈거늘 주인이 그들을 모욕하였나이다 그런즉 이제 당신은 어떻게 할지를 알아 생각하실지니 이는 다윗이 우리 주인과 주인의 온 집을 해하기로 결정하였음이니이다 주인은 불량한 사람이라 더불어 말할 수 없나이다 하는지라" 삼상 25:14, 17

첫째로, 아비가일은 듣는 지혜를 보여줍니다. 나발의 하인들이 여주인 아비가일에게 찾아와 말했습니다. "우리 주인이 다윗 장군을 모욕했습니다. 하지만 다윗은 우리의 방패가 되어주었고, 우리를 잘 보호해 주었습니다. 덕분에 우리에게는 어떤 손실도 없었습니다" 하인들이 이어서 한 말은 충격적이었습니다. "그런데 우리 주인은 불량한 사람이라서 말이 통하지 않습니다" 감히 하인들이 주인을 불량하다고 표현했지만, 아비가일은 이를 문제 삼지 않았습니다. 그 이유는 지금 들어야 할 핵심이 무엇인지 명확히 알고 있었기 때문입니다.

아비가일은 하인들의 말을 경청하며, 그들의 의견을 받아들였습니다. 하인들과 원활하게 소통할 수 있는 사람이었습니다. 이것이 바로 듣는 지혜입니다. 반면, 나발은 어리석고 고집스러운 사람이었기에, 하인들과 제대로 소통할 수 없었습니다.

> "누가 주의 이 많은 백성을 재판할 수 있사오리이까 듣는 마음을 종에게 주사 주의 백성을 재판하여 선악을 분별하게 하옵소서" 왕상 3:9

지혜의 왕 솔로몬은 하나님께 듣는 마음을 구했습니다. 왕이 백성의 말을 경청하는 것이 곧 듣는 지혜입니다. 진정으로 지혜로운 사람이 되기 위해서는, 먼저 경청하는 자세를 가져야 합니다. 자신보다 낮은 사람이나 어린 사람, 혹은 배우지 못한 사람이라 하더라도 우리는 귀 기울여 들을 줄 알아야 합니다. 아비가일은 이처럼 경청을 통해 지혜로운 모습을 보여주고 있습니다.

> "아비가일이 급히 떡 이백 덩이와 포도주 두 가죽 부대와 잡아서 요리한 양 다섯 마리와 볶은 곡식 다섯 세아와 건포도 백 송이와 무화과 뭉치 이백 개를 가져다가 나귀들에게 싣고" 삼상 25:18

둘째로, 아비가일은 우선순위의 지혜를 보여줍니다. 하인들의 말을 듣자마자, 아비가일은 모든 일을 제쳐두고 다윗을 만나러 갔습니다. 지금은 양털을 깎는 시기입니다. 마을 전체가 가장 바쁘고 분주한 때입니다. 양털을 다 깎고 나면 곧 마을 잔치가 시작됩니다. 안주인으로서 그녀가 얼마나 바쁘겠습니까? 그러나 아비가일은 무엇이 진정으로 중요한지, 우선순위를 분명히 알고 있었습니다. 지금 중요한 것은 양털도, 마을 잔치도 아닙니다. 가장 시급한 일은 다윗을 만나는 것이었습니다.

> "제자 중에 또 한 사람이 이르되 주여 내가 먼저 가서 내 아버지를 장사하게 허락하옵소서 예수께서 이르시되 죽은 자들이 그들의 죽은 자들을 장사하게 하고 너는 나를 따르라 하시니라" 마 8:21~22

아버지의 장례를 치르는 것보다 더 중요한 것이 있습니다. 그것은 자신의 생명에 관한 일입니다. 죽은 자를 장사하는 것보다 중요한 것은 예수 그리스도를 따르는 일입니다. 아비가일에게도 중요하고 시급한 문제들이 많았습니다. 그러나 그녀는 그 모든 일들을 뒤로하고, 자신과 가족들의 생명을 최우선으로 생각했습니다.

그렇다면 우리의 인생에서 최우선은 무엇일까요? 그 무엇보다 중요한 것은 예수님을 믿고 구원받아 영생을 얻는 것입니다. 생명과 직결된 문제야말로 가장 중요한 문제라 할 수 있습니다. 우리에게 영생을 주시는 그리스도를 만나는 일은 공부, 취업, 결혼보다 더 중요한 문제입니다.

> "소년들에게 이르되 나를 앞서 가라 나는 너희 뒤에 가리라 하고 그의 남편 나발에게는 말하지 아니하니라 아비가일이 나발에게로 돌아오니 그가 왕의 잔치와 같은 잔치를 그의 집에 배설하고 크게 취하여 마음에 기뻐하므로 아비가일이 밝는 아침까지는 아무 말도 하지 아니하다가 아침에 나발이 포도주에서 깬 후에 그의 아내가 그에게 이 일을 말하매 그가 낙담하여 몸이 돌과 같이 되었더니" 삼상 25:19, 36, 37

마지막으로, 아비가일은 말의 지혜를 보여주고 있습니다. 아비가일은 말할 때와 참을 때를 정확히 알고 있었습니다. 언제, 어떻게 말해야 할지를 분별할 줄 알았던 것입니다. 다윗의 문제를 해결하고 집으로 돌아왔을 때, 나발은 술에 취해 있었습니다. 그때 아비가일은 아무 말도 하지 않았습니다. 지금 말해봤자 나발의 귀에 들어가지 않을 것이며, 아무 소용 없다는 것을 알고 있었기 때문입니다. 그래서 아비가일은 그다음 날 아침, 나발이 술에서 깨어 정신을 차렸을 때야 비로소 말했습니다. "다윗 장군이 병사들을 이끌고 당신을 죽이러 왔었습니다"

아비가일은 이미 지난 일이니 덮어두려 하지 않았습니다. 해야 할 말이라면, 남편이 고통스러워할 것을 알면서도 피하지 않았습니다. 이것이 바로 말의 지혜입니다.

> "사람은 그 입의 대답으로 말미암아 기쁨을 얻나니 때에 맞는 말이 얼마나 아름다운고" 잠 15:23

때에 맞는 말이 곧 지혜입니다. 많은 사람들이 언제 말해야 할지, 그리고 어떻게 말해야 할지를 알지 못합니다. 아무리 교회에서 열심히 봉사하고 헌신해도, 말 한마디 잘못하면 그 모든 노력이 헛되이 될 수 있습니다. 말에는 큰 힘이 있습니다. 그 힘은 상대방에게 기쁨을 주거나, 깊은 상처를 남길 수 있습니다. 말 한마디로 사람을 살릴 수도, 죽일 수도 있습니다. 그렇기에 우리는 아비가일처럼 때에 맞는 말을 지혜롭게 해야 합니다.

> "또 네 지혜를 칭찬할지며 또 네게 복이 있을지로다 오늘 내가 피를 흘릴 것과 친히 복수하는 것을 네가 막았느니라 나를 막아 너를 해하지 않게 하신 이스라엘의 하나님 여호와의 살아 계심을 두고 맹세하노니 네가 급히 와서 나를 영접하지 아니하였더면 밝는 아침에는

과연 나발에게 한 남자도 남겨 두지 아니하였으리라 하니라" 삼상 25:33~34

아비가일의 지혜는 나발의 가문을 구했을 뿐만 아니라, 다윗의 큰 실수도 막아냈습니다. 이처럼 한 사람의 지혜가 가정을 살리고, 교회를 살리며, 나라를 살리는 것입니다. 다윗은 분노에 휩싸여 큰 잘못을 저지를 뻔했지만, 하나님께서는 아비가일이라는 지혜로운 여인을 통해 그의 길을 가로막으셨습니다. 아비가일은 단순히 자신의 가문만 살린 것이 아니라, 다윗의 마음을 부드럽게 녹이며, 그를 하나님의 뜻 안으로 다시 인도했습니다.

## 대단히 잘못되었도다

보복할 수 있는 기회가 왔을 때, 과연 원수를 용서할 수 있는 사람이 있을까요? 그것도 한 번이 아니라 두 번이나 원수를 용서한 사람이 있습니다. 바로 다윗입니다. 다윗은 엔게디 광야에서 사울을 죽일 수 있는 절호의 기회를 가졌지만, 사울을 용서했습니다. 그런데 다시는 오지 않을 것 같던 기회가 또다시 찾아왔습니다. 하지만, 기회가 또 찾아왔다는 사실은 여전히 사울이 다윗을 죽이려 한다는 것을 보여주는 반증이기도 합니다.

"다윗이 사울에게 이같이 말하기를 마치매 사울이 이르되 내 아들 다

> 윗아 이것이 네 목소리냐 하고 소리를 높여 울며 다윗에게 이르되 나는 너를 학대하되 너는 나를 선대하니 너는 나보다 의롭도다" 삼상 24:16~17

엔게디 광야에서 사울은 소리 높여 울며 말했습니다. "너는 나보다 의롭구나!" 그 순간 사울의 모습은 마치 진심으로 회개한 것처럼 보였습니다. 그는 더 이상 다윗을 시기하지 않을 것처럼 보였고, 두 사람 사이에 평화가 찾아올 듯했습니다. 그러나 얼마 지나지 않아, 사울은 또다시 3,000명의 군사를 이끌고 다윗을 잡으러 나섰습니다.

> "사울이 일어나 십 광야에서 다윗을 찾으려고 이스라엘에서 택한 사람 삼천 명과 함께 십 광야로 내려가서 사울이 광야 앞 하길라 산 길 가에 진 치니라 다윗이 광야에 있더니 사울이 자기를 따라 광야로 들어옴을 알고 이에 다윗이 정탐꾼을 보내어 사울이 과연 이른 줄 알고" 삼상 26:2~4

이것은 무엇을 의미합니까? 사람은 믿을 만한 대상이 아니라는 것입니다. 아무리 소리 높여 울며 회개하고, 각서를 쓰고, 보증을 세운다 해도, 사람은 결코 신뢰의 대상이 될 수 없습니다. 우리는 오직 하나님만을 신뢰해야 합니다. 사울은 눈물까지 흘리며 다윗에게 받은 은혜를 인정하고 고백했습니다. 그러나 얼마 지나지 않아 그는 그 은혜를 잊어버리고, 다시 다윗을 죽이려 했습니다. 이처럼 사람의 믿음은 한순간에 사라지는 아침 이슬과도 같습니다. 그래서 사람은 신뢰의 대상이 아니라, 용서의 대상인 것입니다.

당신은 지금 누구를 믿고 의지하고 있습니까? 가시와 올무로 가득한 세상을 믿고 있습니까? 원수처럼 느껴지는 남편을 믿고 있습니까? 아니면 내 뜻대로 되지 않는 자식을 믿고 있습니까? 우리가 사람을 믿고 의지한다면, 바로 그 사람으로 인해 문제와 고난이 시작될 수 있습니다.

사울은 울며 다윗에게 받은 은혜를 고백했지만, 다윗은 사울을 신뢰하지 않았습니다. 사람을 믿지 않았기 때문에 다윗은 낙담하거나 절망하지 않았습니다. 오히려 하나님의 말씀을 의지하여 현재의 상황을 올바르게 해석할 수 있었습니다. 그래서 다윗은 먼저 정찰병을 보내어 사실을 확인했습니다. 만약 다윗이 사울의 눈물 섞인 고백을 믿었다면, 그는 크게 실망했을 것입니다. '그때 사울을 용서한 것이 잘못이었나? 어떻게 사람이 저렇게 변할 수 있지? 그 모든 말이 거짓말이었어?'라고 생각하며 혼란에 빠졌을 것입니다. 이로 인해 대처가 늦어졌을 가능성도 큽니다.

그러나 다윗은 사람을 믿지 않고, 하나님을 신뢰하고 있었기 때문에 문제를 신속하게 대처하며, 해답을 구할 수 있었습니다. 그러자 하나님께서 다윗에게 지혜를 주시고, 문제의 본질을 깨닫게 하셨습니다. '이 사건은 하나님의 테스트구나! 하나님께서 나를 다시 한번 시험하시는구나!' 다윗은 연속적인 시험을 받고 있었습니다. 첫 번째 시험은 엔게디 광야에서, 두 번째는 나발의 집 앞에서, 세 번째는 하길라 산에서 있었습니다. 같은 유형의 문제를 반복해서 경험하다 보니, 다윗은 빠르게 해답을 찾을 수 있었습니다.

> "다윗과 아비새가 밤에 그 백성에게 나아가 본즉 사울이 진영 가운데 누워 자고 창은 머리 곁 땅에 꽂혀 있고 아브넬과 백성들은 그를 둘러 누웠는지라" 삼상 26:7

깊은 밤이 되었을 때, 다윗은 아비새 장군과 함께 사울의 진영으로 조용히 들어갔습니다. 진영의 중앙에는 사울의 천막이 자리하고 있었습니다. 다윗은 아무도 눈치채지 못하게 사울의 천막 안으로 들어갔습니다. 사울은 철저한 방비 태세를 갖추고 있었지만, 하나님께서 다윗과 함께하셨기에 그를 막을 수 없었습니다. 사울의 군대장관 아브넬과 3천 명의 병사들이 사울을 빽빽하게 둘러싸고, 개미 한 마리도 접근할 수 없을 만큼 철통같이 경호하고 있었습니다. 그러나 다윗과 아비새는 그 방비를 뚫고 들어갔습니다.

뿐만 아니라, 사울은 단창을 머리맡에 두고 잠들어 있었습니다. 사울은 단창을 잘 다루는 용사로 유명했습니다. 이전에도 그는 다윗에게 단창을 던졌고, 그 단창이 벽에 깊이 꽂힐 정도로 숙련된 실력을 지녔습니다(삼상 19:10). 그럼에도 불구하고, 다윗은 아비새 장군과 단 둘이서 3,000명의 경비를 뚫고 들어가, 사울의 단창과 물병을 무사히 가지고 나왔습니다. 이것이 상식적으로 가능한 일일까요?

> "다윗이 사울의 머리 곁에서 창과 물병을 가지고 떠나가되 아무도 보거나 눈치 채지 못하고 깨어 있는 사람도 없었으니 이는 여호와께서 그들을 깊이 잠들게 하셨으므로 그들이 다 잠들어 있었기 때문이었더라" 삼상 26:12

지금 사울 곁에는 아브넬 장군이 있고, 3,000명의 정예 병사들이 있습니다. 또한 스스로를 지킬 수 있는 단창도 있습니다. 그러나 하나님의 능력 앞에서 그 모든 준비와 방비는 헛된 것이었습니다. 하나님께서 그들을 깊은 잠에 빠지게 하셨기에, 아무도 다윗의 접근을 알아채지 못했습니다. 사울의 모든 노력과 수고는 하나님의 뜻 앞에서 물거

품처럼 사라져 버린 것입니다.

> "여호와께서 거기서 그들을 온 지면에 흩으셨으므로 그들이 그 도시를 건설하기를 그쳤더라" 창 11:8

바벨탑은 당시 인류 최고의 건축물이었습니다. 세상의 모든 지식과 기술이 총집합된 결과물이었으며, 수많은 사람들의 노력과 열정이 담겨 있었습니다. 그러나 하나님께서 그들을 흩으신 순간, 탑은 한순간에 무너지고 말았습니다. 마찬가지로, 사울도 자신이 할 수 있는 최선의 방법으로 철저한 방비를 갖추었습니다. 그러나 하나님의 말씀 한마디면 모든 것이 수포로 돌아갑니다.

우리 역시 그렇습니다. 하나님의 말씀과 능력 앞에서는 우리의 모든 노력과 지식, 그리고 경험이 헛된 수고에 불과합니다.

> "나의 이 말을 듣고 행하지 아니하는 자는 그 집을 모래 위에 지은 어리석은 사람 같으리니 비가 내리고 창수가 나고 바람이 불어 그 집에 부딪치매 무너져 그 무너짐이 심하니라" 마 7:26~27

아무리 대단한 건축물이라 할지라도, 모래 위에 지어진다면 결국 무너질 수밖에 없습니다. 건축에서 가장 중요한 것은 기초공사입니다. 기초가 흔들리면, 아무리 많은 시간과 자원, 인력을 투자해도 한순간에 무너집니다.

다윗은 사울에 비하면 모든 것이 부족했습니다. 전쟁 경험도, 정치적 이해도, 삶의 지혜도 부족했습니다. 군사력도, 권력도, 지지 세력도 사울에 비해 턱없이 모자랐습니다. 그러나 이러한 부족함에도 불구하고, 다윗은 결국 사울을 완벽하게 이겨냈습니다. 그 이유는 무엇입니까? 바로 기초의 차이입니다.

다윗은 하나님의 말씀 위에 자신의 노력을 쌓아 올렸습니다. 반면에 사울은 모래 위에 자신의 공적과 노력을 쌓아 올렸습니다. 겉모습만 본다면, 사울의 집은 더 크고 아름다워 보였을 것입니다. 그러나 비가 내리고 홍수가 나며 바람이 불 때, 무너지는 것은 바로 사울의 집입니다.

> "우리의 싸우는 무기는 육신에 속한 것이 아니요 오직 어떤 견고한 진도 무너뜨리는 하나님의 능력이라 모든 이론을 무너뜨리며 하나님 아는 것을 대적하여 높아진 것을 다 무너뜨리고 모든 생각을 사로잡아 그리스도에게 복종하게 하니" 고후 10:4~5

우리의 무기는 무엇입니까? 그것은 세상의 지식과 경험, 그리고 나의 노력과 열정이 아닙니다. 우리의 무기는 육신에 속한 것이 아니라, 모든 견고한 진을 무너뜨리는 하나님의 능력입니다. 이 무기는 세상의 모든 이론, 상식, 가치관을 무너뜨릴 수 있는 강력한 무기입니다.

우리는 어떤 무기를 들고 있습니까? 사울은 쓸모없는 무기를 의지하며 자신이 잘하고 있다고 착각했습니다. 그는 만반의 준비를 마치고, 단창까지 준비했으니 아무도 자신의 천막에 들어올 수 없다고 확신했습니다. 그러나 사울의 모든 노력과 준비는 헛수고에 지나지 않았습니다. 다윗이 아무도 모르게 사울의 천막에 들어가자, 옆에 있던 아비새 장군이 말했습니다.

> "아비새가 다윗에게 이르되 하나님이 오늘 당신의 원수를 당신의 손

에 넘기셨나이다 그러므로 청하오니 내가 창으로 그를 찔러서 단번
에 땅에 꽂게 하소서 내가 그를 두 번 찌를 것이 없으리이다 하니" 삼
상 26:8

"하나님께서 당신의 원수를 당신의 손에 넘기셨습니다. 이렇게 쉽게 사울의 천막에 들어올 수 있었던 것은, 분명 하나님께서 도와주신 것입니다. 오늘은 반드시 사울을 처단해야 합니다. 제가 두 번 찌를 것도 없습니다. 제 창으로 사울을 찔러 땅에 꽂아버리게 해주십시오! 지난번처럼 사울을 돌려보내서는 안 됩니다"

"다윗이 아비새에게 이르되 죽이지 말라 누구든지 손을 들어 여호와
의 기름 부음 받은 자를 치면 죄가 없겠느냐 하고" 삼상 26:9

그러자 다윗이 대답했습니다. "그를 죽여서는 안 된다. 어찌 여호와께서 기름 부으신 자에게 손을 대고도 죄가 없겠느냐?" 다윗은 처음부터 사울을 죽이기 위해 적의 진영으로 들어간 것이 아니었습니다. 다윗에게는 사울의 목숨보다 더 중요한 목적이 있었습니다.

"다윗이 또 이르되 여호와께서 살아 계심을 두고 맹세하노니 여호와
께서 그를 치시리니 혹은 죽을 날이 이르거나 또는 전장에 나가서 망
하리라" 삼상 26:10

다윗은 하나님께서 원수를 갚아주실 것임을 확신하고 있었습니다. 그가 직접 손을 대지 않더라도, 하나님께서 사울을 치실 것을 믿었습니다. 지금 다윗은 아무도 모르게 깊은 잠에 빠진 사울을 죽일 수 있

는 절호의 기회를 가졌습니다. 그렇게 했다면, 그는 매우 쉽고 빠르게 이스라엘의 왕이 될 수 있었을 것입니다. 그러나 이러한 방법은 하나님께서 원하시는 방법이 아니었습니다. 당장 사울을 죽이는 것이 가장 효과적인 방법처럼 보였지만, 그것은 더 큰 문제를 일으킬 수 있었습니다.

다윗은 자신의 방법이 아니라 하나님의 방법을 따르는 것이 가장 빠르고 확실한 길임을 깨달았습니다. 그래서 그는 사울의 천막에서 단창과 물병만 가지고 나왔습니다. 그리고 건너편 산꼭대기로 올라가 큰 소리로 외쳤습니다.

"만약 제가 죽는 것이 하나님의 뜻이라면, 제가 기꺼이 죽겠습니다. 그러나 만약 하나님이 아니라, 사람들이 왕께 저를 이간질하여 죽이려는 것이라면, 그들은 여호와 앞에 저주를 받을 것입니다"

> "사울이 이르되 내가 범죄하였도다 내 아들 다윗아 돌아오라 네가 오늘 내 생명을 귀하게 여겼은즉 내가 다시는 너를 해하려 하지 아니하리라 내가 어리석은 일을 하였으니 대단히 잘못되었도다 하는지라"
> 삼상 26:21

그러자 사울은 자신의 잘못을 인정하고, 다윗에게 용서를 구했습니다. "내가 범죄하였다. 내가 어리석었고, 큰 잘못을 저질렀구나!" 이것이 바로 다윗이 받은 위로와 상급이었습니다. 왕이 신하들 앞에서 자신의 잘못을 인정하는 것은 결코 쉬운 일이 아닙니다. 사울은 자신의 권위와 왕권이 흔들릴 위험을 감수하면서도, 솔직하게 고백했습니다. 이 순간, 다윗은 자신의 억울함과 원통함이 눈 녹듯이 사라지는 깊은 위로를 경험할 수 있었습니다.

나를 죽일 듯이 괴롭히던 사람이 눈물을 흘리며 자신의 잘못을 고백한다면, 그 얼마나 속이 후련하고 마음에 큰 위로가 되겠습니까? 이것이 바로 하나님의 보복이며, 참된 복수인 것입니다. 다윗은 하나님의 말씀에 순종하여 사울을 용서했기에, 이와 같은 위로와 상급을 받을 수 있었습니다.

5장

# 다윗의 실수

DAVID SKETCH

## 후일에는 사울의 손에 붙잡히리니

다윗은 원수마저도 용서했던 인물로, 신앙적으로 모범적인 모습을 우리에게 보여주었지만, 그 역시 인간이기에 영적 침체기에 빠질 수 있었습니다. 한 번쯤은 인간적인 마음에서 용서할 수 있지만, 두 번 반복해서 용서하는 것은 깊은 믿음 없이는 불가능한 일입니다. 다윗이 사울을 용서한 것은 단순한 인간적인 연민이 아닌, 신앙에서 비롯된 결정이었습니다. 그러나 그토록 믿음의 사람으로 보였던 다윗도 결국 불신과 두려움에 휩싸이며 큰 실수를 범하고 맙니다.

> "다윗이 그 마음에 생각하기를 내가 후일에는 사울의 손에 붙잡히리니 블레셋 사람들의 땅으로 피하여 들어가는 것이 좋으리로다 사울이 이스라엘 온 영토 내에서 다시 나를 찾다가 단념하리니 내가 그의 손에서 벗어나리라 하고" 삼상 27:1

다윗은 사울의 추격을 피하기 위해 블레셋으로 도망쳐야만 살길이 있다고 여겼습니다. 이스라엘 내에 머물면 사울이 끈질기게 추격할 것이라 생각했기 때문입니다. 이에 다윗은 결국 이스라엘을 떠나 블레셋으로 향했습니다. 그러나 이 선택은 하나님 안에서 구원을 구하는 대신, 세상에서 구원을 찾으려 했던 다윗의 실수를 보여줍니다.

> "다윗이 일어나 함께 있는 사람 육백 명과 더불어 가드 왕 마옥의 아들 아기스에게로 건너가니라" 삼상 27:2

다윗은 600명의 부하를 이끌고 블레셋의 아기스 왕을 찾아갔습니다. 아기스는 누구입니까? 바로 이전에 다윗을 미치광이로 여겨 쫓아냈던 왕입니다(삼상 21:14). 그러나 이번에 다윗은 이전과는 다른 모습으로 나타났습니다. 예전에는 홀로 찾아갔지만, 이번에는 600명의 군사를 거느리고 갔습니다. 이에 아기스 왕의 태도도 크게 달라졌습니다. 다윗을 미치광이로 여겼던 과거와 달리, 이번에는 그를 존중하며 환영했습니다.

> "다윗과 그의 사람들이 저마다 가족을 거느리고 가드에서 아기스와 동거하였는데 다윗이 그의 두 아내 이스르엘 여자 아히노암과 나발의 아내였던 갈멜 여자 아비가일과 함께 하였더니" 삼상 27:3

아기스 왕은 다윗이 머물 수 있도록 가드에서 거처를 마련해 주었습니다. 여기서 '동거하였다'는 표현은 단순히 함께 살았다는 의미를 넘어, 아기스 왕이 다윗에게 특별한 은혜를 베풀었다는 뜻입니다. 다윗은 한순간에 미치광이에서 아기스의 신뢰를 받는 동거인으로 신분이 격상되었습니다. 그 이유는 무엇일까요? 이제 아기스 왕의 눈에 다윗은 쓸모 있는 인물로 보였기 때문입니다. 아기스 왕은 다윗이 자신에게 이익이 될 것이라 여겨 그의 망명을 받아들였지만, 이는 언제든 상황이 바뀌어 손해가 된다면 그를 내쫓을 수 있다는 불안정한 관계를 의미했습니다.

요즘 '소시오패스(Sociopath)'라는 단어를 자주 접하게 됩니다. 소시오패스는 반사회적 인격 장애를 지닌 사람을 일컫는 말로, 자신의 성공을 위해 수단과 방법을 가리지 않으며, 악행을 저질러도 양심의 가책을 느끼지 않습니다. 쉽게 말해, 철저히 자기 중심적인 사고로 타인을 도구처럼 취급하는 사람들입니다. 이러한 소시오패스적 성향을 우리는 아기스 왕의 모습에서 발견할 수 있습니다. 필요할 때는 친절하게 대하지만, 더 이상 쓸모가 없어지면 냉정하게 내쫓는 태도를 보였기 때문입니다. 오늘날 우리가 사는 세상 역시 점점 더 이기적으로 변해가고 있습니다. 양심의 가책은 사라지고, 마치 소돔과 고모라처럼 악이 만연해져 가고 있습니다. 심지어 잘못을 지적받아도 반성하기는커녕, 오히려 적반하장(賊反荷杖)의 태도로 대응하는 모습을 자주 목격하게 됩니다.

다윗은 아기스 왕의 본심을 간파하지 못했습니다. 그는 아기스 왕이 자신에게 든든한 버팀목이자 아군이 되어줄 것이라 착각했습니다. 다윗은 하나님을 신뢰하지 않고, 이기심으로 가득 찬 아기스 왕에게 의지하게 되었습니다. 그러나 아이러니하게도, 그 잘못된 선택의 순간에 오히려 다윗에게는 좋은 일들만 일어났습니다.

> "다윗이 가드에 도망한 것을 어떤 사람이 사울에게 전하매 사울이 다시는 그를 수색하지 아니하니라" 삼상 27:4

다윗의 예상대로 사울은 더 이상 그를 추격하지 않았습니다. 다윗이 블레셋으로 망명했다는 소식을 들은 사울은 어쩔 수 없이 그를 포기할 수밖에 없었습니다. 이로써 다윗은 드디어 사울의 손아귀에서 벗어나게 된 것입니다. 이제서야 다윗은 마음 편히 두 다리 뻗고 잠을 잘 수 있게 되었습니다. 그런데 이것이 전부가 아니었습니다.

"아기스가 그 날에 시글락을 그에게 주었으므로 시글락이 오늘까지 유다 왕에게 속하니라" 삼상 27:6

아기스 왕은 시글락이라는 성읍을 다윗에게 내어주었습니다. 이전까지 다윗은 광야에서 나그네처럼 숨어 다니며 거처 없이 떠돌았습니다. 그러나 이제는 다윗에게 정착할 수 있는 집과 땅이 주어진 것입니다. 전쟁의 주요 목적 중 하나는 바로 영토 확보입니다. 수많은 병사들은 피를 흘리며 영토를 빼앗고 넓히기 위해 싸워야 했습니다. 그런데 다윗은 전쟁 없이 영토를 얻게 되었습니다. 사랑하는 사람들과 함께 안전하게 지낼 수 있는 삶의 터전을 마련하게 된 것입니다.

"아기스가 다윗을 믿고 말하기를 다윗이 자기 백성 이스라엘에게 심히 미움을 받게 되었으니 그는 영원히 내 부하가 되리라고 생각하니라" 삼상 27:12

그뿐만이 아닙니다. 다윗은 아기스 왕의 신뢰와 인정을 받게 되었습니다. 강대국 블레셋에서 인정받는 장군이 되었다는 것은, 부귀영화가 눈앞에 놓여 있다는 의미였습니다. 이제 다윗은 영원히 아기스 왕의 부하로서 성공적인 삶을 살 수 있을 것처럼 보였습니다. 그러나 다윗은 이 모든 과정에서 하나님을 온전히 신뢰하지 않고, 세상적인 방법을 선택함으로써 결국 죄를 범하고 말았습니다. 그럼에도 불구하고 오히려 좋은 일들만 일어나는 상황입니다. 바로 이 순간이 우리가 가장 경계해야 할 때입니다. 모든 일이 잘 풀리고 성공이 눈앞에 있을 때일수록, 우리는 자신의 삶을 되돌아보며 진정으로 올바른 길을 걷고 있는지 점검해야 합니다.

우리는 흔히 일이 잘 풀리면 그것이 모두 하나님의 축복이라고 착각합니다. '주일성수를 지키지 않아도, 하나님께서 날 사랑하시니 잘 되는 것이겠지?', '십일조를 드리지 않아도, 하나님께서 이해하시니 복을 주시는 것이겠지?' 이러한 생각은 스스로 타협하고, 진리를 왜곡하여 자신의 행동을 합리화하는 것입니다. 다윗도 블레셋으로 도망친 후 좋은 일들이 이어지자, 자기합리화에 빠졌습니다. '그래도 하나님께서는 나를 이해하시겠지?'라고 생각했던 것입니다. 그러나 다윗은 결국 이 잘못된 선택으로 인해 죽을 위기에 처하게 됩니다. 이렇듯 자기합리화는 죄의식을 무디게 하고, 잘못된 선택은 필연적으로 잘못된 결과를 낳게 마련입니다.

> "다윗과 그의 사람들이 올라가서 그술 사람과 기르스 사람과 아말렉 사람을 침노하였으니 그들은 옛적부터 술과 애굽 땅으로 지나가는 지방의 주민이라" 삼상 27:8

다윗은 아기스 왕의 신뢰를 유지하기 위해 끊임없이 성과를 보여야 했습니다. 자신이 쓸모 있는 인물임을 증명해야 했기 때문입니다. 이에 다윗은 그술, 기르스, 그리고 아말렉을 공격했습니다. 이들은 예로부터 이스라엘 백성을 괴롭히고 약탈해 온 원수들이었습니다. 즉, 다윗은 블레셋에 거주하면서도 여전히 자신의 조국 이스라엘에 해가 되는 적들과 싸우고 있었던 것입니다. 그러나 다윗은 아기스 왕에게 이 사실을 솔직히 보고하지 않고, 거짓된 보고를 올렸습니다.

> "아기스가 이르되 너희가 오늘은 누구를 침노하였느냐 하니 다윗이 이르되 유다 네겝과 여라무엘 사람의 네겝과 겐 사람의 네겝이니이다 하였더라" 삼상 27:10

'네겝( נֶגֶב)'이란 히브리어로 '남쪽' 또는 '건조한 땅'을 의미하며, 실제로 이 지역은 이스라엘의 남부 사막 지대를 가리킵니다. 다윗은 아기스 왕에게 자신이 유다의 남부, 여라무엘의 남부, 겐 사람의 남부를 공격했다고 보고했습니다. 이는 다윗이 자신의 동족인 이스라엘 사람들을 공격했다는 거짓말이었습니다. 다윗은 아기스 왕의 인정을 받고 싶었지만, 동시에 동족과 싸우고 싶지 않았기 때문에 이같이 거짓말을 한 것입니다. 그러나 이 거짓말은 언제든 들통날 위험이 있었습니다. 이에 다윗은 완전범죄를 위해 치밀한 계획을 세웠습니다.

> "다윗이 그 땅을 쳐서 남녀를 살려두지 아니하고 양과 소와 나귀와 낙타와 의복을 빼앗아 가지고 돌아와 아기스에게 이르매" 삼상 27:9

다윗은 자신의 거짓말을 감추기 위해 남녀를 가리지 않고 모두 죽였습니다. 이는 아기스 왕의 신뢰와 인정을 얻기 위해 민간인 학살까지 감행한 것입니다. 어떻게 보면, 다윗은 점점 아기스 왕의 소시오패스적 성향을 닮아가고 있는 셈입니다. 하나님을 멀리하고 말씀에서 떠난 인간은 이처럼 잔인하고 이기적이며 거짓된 삶을 살 수밖에 없습니다.

그렇다면, 왜 다윗은 이렇게까지 타락하게 되었을까요? 무엇이 다윗을 갑자기 변화시켰을까요? 다윗의 영적 침체가 시작된 원인은 무엇일까요? 첫째, 다윗은 자신의 생각에 빠졌기 때문입니다.

> "다윗이 그 마음에 생각하기를 내가 후일에는 사울의 손에 붙잡히리니 블레셋 사람들의 땅으로 피하여 들어가는 것이 좋으리로다 사울이 이스라엘 온 영토 내에서 다시 나를 찾다가 단념하리니 내가 그의 손에서 벗어나리라 하고" 삼상 27:1

"다윗이 그 마음에 생각하기를" 이 구절은 다윗이 자신의 생각대로 행동하기 시작했음을 나타냅니다. 이전에는 하나님께 기도하고 여쭙던 다윗이, 이제는 갑자기 자신의 판단에 따라 움직이고 있습니다. 지금까지 다윗은 하나님의 말씀에 순종하며 살았습니다. 그 말씀에 따라 사울을 두 번이나 용서했고, 나발의 미련함도 참고 넘어갔습니다. 그러나 아무리 말씀에 순종해도 다윗의 상황은 나아지지 않았습니다. 여전히 사울은 미친 듯이 그를 쫓아다녔고, 다윗은 집도 없이 광야를 떠돌며 유랑 생활을 해야 했습니다.

이 반복되는 고난 속에서 다윗은 점차 낙심하고, 낙담하게 되었습니다. 이제는 하나님도, 말씀도, 기도도 싫어졌습니다. 결국 그는 하나님의 인도 대신, 자신의 생각에 의지하기 시작했습니다. 하나님에 대한 원망과 불신이 커져가면서, 다윗은 블레셋으로 발길을 돌리게 되었습니다.

사실, 우리는 이미 사무엘서의 결말을 알고 있습니다. 곧 사울의 끝이 다가오고 있다는 것을 우리는 압니다. 그러나 당시 다윗의 눈에는 그 끝이 보이지 않았습니다. 그로 인해 다윗은 인내심을 잃고, 자신의 생각에 빠져 결국 죽을 위험에 처하게 된 것입니다.

우리는 끝까지 하나님을 신뢰하고, 그 말씀에 순종해야 합니다. 우리가 다윗에게서 배워야 할 점은 단순히 그의 선한 마음이나 리더십, 용맹함이 아닙니다. 진정 배워야 할 것은 바로 '순종'입니다. 다윗이 양치기에서 이스라엘의 왕이 될 수 있었던 것은 개인적인 자질이나 능력 때문이 아닙니다. 오로지 하나님께 순종했기 때문에, 그 겸손한 순종이 그를 왕위에 오르게 한 것입니다. 그러나 다윗은 점차 자신의 가장 큰 장점이었던 순종을 잃어가고 있었습니다.

다윗이 영적 침체기에 빠지게 된 두 번째 이유는 하나님의 은혜를 기억하지 못했기 때문입니다. 다윗이 3,000명의 사울의 병사들을 뚫고 사울의 천막에 들어갈 수 있었던 것은 결코 그의 힘이나 지략 때문이 아니었습니다. 그것은 하나님의 기적이었습니다. 3,000명의 병사들이 동시에 깊은 잠에 빠진 것은 하나님의 능력 덕분이었습니다. 그러나 다윗은 이 놀라운 사건을 며칠 만에 잊어버렸습니다. "내가 후일에는 사울의 손에 붙잡히리니"(삼상 27:1)라고 말한 다윗의 고백은 그가 하나님의 도우심을 잊었음을 보여줍니다. 지금까지 다윗이 사울을 피해 살아남은 것은 그의 전략이나 민첩함 때문이었습니까? 결코 그렇지 않습니다! 하나님의 도우심이 없었다면, 다윗은 단 하루도 사울의 손아귀에서 벗어날 수 없었을 것입니다. 다윗이 광야에서 숨어 지내던 하루하루는 사실 하나님의 은혜와 구원의 시간이었습니다. 하지만 다윗은 이 사실을 잊어버렸습니다.

또한, 아기스 왕의 태도가 달라졌다 해도, 아기스 왕은 다윗을 미치광이로 취급했던 인물입니다. 다윗은 그 앞에서 침을 흘리며 미친 척을 하며 자신의 목숨을 구걸해야 했던 굴욕적인 순간을 겪었습니다. 그 모욕과 수치를 어떻게 잊을 수 있겠습니까? 그러나 다윗은 그것마저도 잊어버렸습니다. 이처럼 다윗은 지난날의 하나님의 은혜와 자신이 겪었던 수모를 기억하지 못했기 때문에, 영적 침체기에 빠질 수밖에 없었던 것입니다.

> "그들을 두려워하지 말고 네 하나님 여호와께서 바로와 온 애굽에 행하신 것을 잘 기억하되" 신 7:18

　모세는 이스라엘 백성들에게 기억하라고 강하게 당부했습니다. 무엇을 기억해야 합니까? 하나님께서 하신 일들을 기억해야 합니다. 모세가 이 말을 했던 때는 이스라엘 백성들이 가나안 땅 앞에 서 있을 때였습니다. 하나님께서 약속하신 땅이지만, 가나안에는 이미 강한 민족들이 거주하고 있었습니다. 그들은 거인처럼 보였고, 이스라엘 백성은 그들 앞에서 마치 메뚜기처럼 초라하게 느껴졌습니다. 이때 모세는 백성들에게 말합니다. "여호와께서 행하신 일을 잘 기억하라!"
　신앙생활에서 가장 중요한 것은 무엇입니까? 그것은 바로 잘 기억하는 것입니다. 우리는 하나님께서 행하신 일들을 기억해야 합니다. 지난날의 아픔과 상처조차도 기억해야 합니다. 우리가 지금까지 살아온 것이 주의 크신 은혜 덕분임을 깨닫고 기억해야 합니다. 그리고 이러한 기억은 반드시 감사로 이어져야 합니다. 우리의 기억이 감사로 완성될 때, 그 기억은 진정한 의미를 갖습니다. 잊고 싶은 과거가 있더라도, 하나님께 감사하는 마음으로 바라본다면, 우리는 그 속에서 중요한 교훈과 의미를 발견할 수 있습니다.
　다윗이 아기스 왕 앞에서 미친 척하며 굴욕을 겪었던 순간을 기억하고 감사했다면, 지금 이 순간에는 블레셋을 의지하는 대신 하나님만을 의지해야 한다는 사실을 깨달았을 것입니다.
　우리도 기억해야 합니다. 하나님께서 행하신 크신 일들과 우리의 잘못과 실수들까지도 말입니다. 그리하여 하나님께 진심으로 감사드릴 때, 우리의 과거는 그 자체로 하나님의 섭리 안에서 완성되며, 그 안에서 의미를 찾게 될 것입니다.

> "다윗이 아기스에게 이르되 바라건대 내가 당신께 은혜를 입었다면 지방 성읍 가운데 한 곳을 내게 주어 내가 살게 하소서 당신의 종이 어찌 당신과 함께 왕도에 살리이까 하니" 삼상 27:5

다윗이 영적 침체기에 빠지게 된 마지막 이유는 물질주의에 사로잡혔기 때문입니다. 다윗은 사울에게 모든 것을 빼앗겼습니다. 아내도, 집도, 부와 명예도 모두 잃어버렸습니다. 이러한 상실감과 보상 심리로 인해, 다윗은 점차 물질적인 것에 집착하게 되었습니다. 그 무엇보다 물질을 우선시하게 된 것입니다.

다윗은 아기스 왕에게 지방 성읍을 달라고 간청했습니다. 그러나 지금 다윗에게 진정 필요한 것은 땅이나 집이 아니었습니다. 하나님과의 관계 회복이 가장 시급한 문제였지만, 다윗은 오히려 성읍과 땅에만 집착하고 있었습니다. 그 이유는 무엇일까요? 다윗은 사울에게 빼앗겼던 모든 것을 이방 땅에서라도 되찾고 싶었던 것입니다. 그의 마음은 사울에게 빼앗긴 물질적인 손실을 만회하고자 하는 욕망으로 가득 차 있었습니다.

이러한 물질주의는 다윗의 신앙을 흐리게 만들었고, 그를 하나님의 뜻에서 멀어지게 했습니다. 결국, 다윗은 세상의 가치관에 사로잡혀 영적 침체기에 빠지게 되었던 것입니다.

> "다윗이 그 땅을 쳐서 남녀를 살려두지 아니하고 양과 소와 나귀와 낙타와 의복을 빼앗아 가지고 돌아와 아기스에게 이르매" 삼상 27:9

다윗은 그술, 기르스, 아말렉을 침략하여 가축과 의복, 귀중품을 약탈했습니다. 그리고 그 약탈품의 일부를 아기스 왕에게 바쳤습니다. 그렇다면, 다윗이 모든 전리품을 아기스 왕에게 다 바쳤을까요? 그렇지 않습니다. 다윗은 블레셋에서 자신의 경제 기반을 마련하기 위해 약탈한 것 중 상당 부분을 자신을 위해 챙겨두고 나머지를 왕에게 바쳤을 것입니다. 이처럼 다윗은 땅을 구했고, 그 땅 위에 세울 집을 구했으며, 그 집을 채울 재물을 구했습니다. 그는 사울에게 빼앗기고 가지지 못했던 설움을 블레셋에서 풀기 시작했습니다. 이제 다윗은 물질을 무엇보다 중요하게 여기며, 더 많은 재물을 쌓기 위해 민간인 학살도 서슴지 않았습니다.

우리도 다윗처럼 연약한 인간이기에, 영적 침체기에 빠질 수 있습니다. 항상 주님 안에서 거룩하게 살고자 하지만, 우리의 육신은 연약하여 탐욕, 쾌락, 음란의 유혹에 빠질 때가 있습니다. 우리는 내 뜻대로 살며 받은 은혜를 잊어버리고, 돈을 우상처럼 섬기고 있습니다. 그러나 이러한 영적 침체기의 끝은 사망입니다. 영적 침체기는 누구에게나 찾아올 수 있지만, 중요한 것은 그 침체의 늪에서 빠져나오는 것입니다.

다윗은 믿음의 사람이었고, 하나님 안에서 많은 승리를 거두었지만, 그 역시 영적 침체기를 경험했습니다. 그 순간 다윗은 하나님 대신 세상적인 방법을 의지하며 큰 실수를 저질렀습니다. 침체기에 빠졌을 때 가장 중요한 것은, 스스로의 상태를 인식하고 하나님께 도움을 구하는 것입니다. 우리는 다시 하나님께 돌아가, 그분의 은혜와 말씀을 굳게 붙들어야만 합니다. 그래야만 우리의 영혼은 회복되고, 다시금 올바른 길을 걸을 수 있습니다.

## 신접한 여인을 찾으라

최근 한 유튜브 영상에서 무속인이 이런 이야기를 전했습니다. 무속인들 사이에서는 기독교인 고객이 적지 않다는 것이 공공연한 비밀이라는 것입니다. 심지어 기독교인을 대상으로 전문적인 홍보를 하는 점집도 생겨나고 있다고 하니, 얼마나 많은 성도들이 무속신앙에 빠져 있는지 짐작할 수 있습니다. 홍대 앞에서 점집을 운영하는 한 무당은 단골손님 중 30%가 교인이라고 밝혔습니다. 더욱 충격적인 사실은, 목사나 전도사들조차도 목회나 청빙 문제를 해결하기 위해 점집을 찾는 경우가 있다는 것입니다. 이는 우리 신앙 공동체 안에 깊이 뿌리내린 심각한 문제를 드러내는 사례라 할 수 있습니다.

왜 예수를 믿는 성도들조차 무당을 찾아가는 것일까요? 그것은 점치는 행위가 죄라는 인식이 부족하기 때문입니다. 많은 사람들이 '오늘의 운세', '타로점', '손금 보기'를 단순한 재미나 놀이로 여기는 경향이 있습니다. 오늘날에는 타로카페가 성행하고 있어, 커피를 마시며 가볍게 타로점을 볼 수 있는 환경이 마련되어 있습니다. 이로 인해, 특히 젊은 학생들이 손쉽게 타로점에 빠져들고 있습니다. 처음에는 호기심이나 재미로 시작하지만, 점차 점술에 사로잡히게 되는 경우가 많습니다.

우리는 작은 호기심이 큰 죄악으로 발전할 수 있다는 사실을 반드시 기억해야 합니다. 처음에는 가벼운 마음으로 타로점을 볼 수 있겠지만, 마귀는 그 작은 틈을 이용해 우리의 마음에 우상숭배의 씨앗을 심어놓습니다. 이처럼 사소해 보이는 행위가 결국에는 하나님보다 세상의 방법을 의지하게 만들고, 영적으로 큰 타락으로 이어질 수 있습니다.

> "사울이 죽은 것은 여호와께 범죄하였기 때문이라 그가 여호와의 말씀을 지키지 아니하고 또 신접한 자에게 가르치기를 청하고 여호와께 묻지 아니하였으므로 여호와께서 그를 죽이시고 그 나라를 이새의 아들 다윗에게 넘겨 주셨더라" 대상 10:13~14

사울이 죽은 이유는 단순한 우연이 아닙니다. 또한 그의 생명이 기한이 차서 끝난 것도 아닙니다. 사울이 죽은 이유는 그가 여호와께 범죄했기 때문입니다. 사울은 여러 가지 죄악을 저질렀지만, 그중에서도 특히 신접한 자를 찾아간 죄로 인해 심판을 받았습니다. 그는 하나님의 뜻을 구하지 않고, 금지된 행위인 점술과 영매를 의지했습니다. 무당을 찾아가 조언을 구하고, 그들의 말을 의지했던 사울의 행동은 하나님 앞에서 큰 죄였습니다. 그러나 사울은 무당을 찾는 행위가 얼마나 무서운 죄인지 알지 못했습니다.

> "사무엘이 죽었으므로 온 이스라엘이 그를 두고 슬피 울며 그의 고향 라마에 장사하였고 사울은 신접한 자와 박수를 그 땅에서 쫓아내었더라" 삼상 28:3

사무엘이 죽자, 모든 백성은 깊은 슬픔과 괴로움에 빠졌습니다. 사무엘은 백성들의 영적인 지주였고, 하나님의 권능의 사자였습니다. 그의 죽음은 백성들에게 큰 두려움과 공허함을 안겨주었습니다. 이때 사울은 신접한 자와 박수무당을 그 땅에서 내쫓았습니다. 하지만 이는 사울이 하나님의 말씀에 순종하여 무당을 제거한 것이 아니었습니다.

사울의 결단은 '진심'에서 비롯된 것이 아니라, '민심'을 의식한 행동이었습니다. 사무엘이 없는 상황에서, 백성들에게 새로운 위로와 의지의 대상이 자신이라는 것을 보여주고 싶었던 것입니다. 사울은 거룩한 척하며, 자신의 신앙적 위상을 과시하기 위해 무당들을 내쫓은 것입니다. 이는 하나님의 뜻을 따른 순종이 아니라, 백성들의 마음을 얻기 위한 가식적인 행위에 불과했습니다.

> "블레셋 사람들이 모여 수넴에 이르러 진 치매 사울이 온 이스라엘을 모아 길보아에 진 쳤더니" 삼상 28:4

그때 블레셋이 쳐들어왔습니다. 사무엘의 죽음으로 혼란스러운 시기를 블레셋은 놓치지 않았습니다. 사울은 블레셋의 군세를 보고 두려움에 휩싸였습니다. "이번 전쟁은 도저히 승산이 없겠구나!" 이스라엘은 수적으로나 전력 면에서 모두 열세였습니다.

> "사울이 블레셋 사람들의 군대를 보고 두려워서 그의 마음이 크게 떨린지라 사울이 여호와께 묻자오되 여호와께서 꿈으로도, 우림으로도, 선지자로도 그에게 대답하지 아니하시므로" 삼상 28:5~6

블레셋의 군대를 본 사울은 두려움에 떨었습니다. 이제 사울에게는 의지할 대상이 없었습니다. 사무엘은 이미 세상을 떠났고, 골리앗을 무찌른 다윗마저 블레셋으로 망명한 상태였습니다. 하나님께 아무리 간구해도 응답이 없었습니다. 절망에 빠진 사울은 결국 극도의 혼란과 공포에 사로잡히고 말았습니다.

> "사울이 다른 옷을 입어 변장하고 두 사람과 함께 갈새 그들이 밤에 그 여인에게 이르러서는 사울이 이르되 청하노니 나를 위하여 신접한 술법으로 내가 네게 말하는 사람을 불러 올리라 하니" 삼상 28:8

사울은 아무도 자신을 알아보지 못하도록 변장을 하고 무당을 찾아 갔습니다. 떳떳하지 못하고 스스로도 당당하지 못했기에 변장을 한 것입니다. 이처럼 죄는 본질적으로 수치스럽고 부끄러운 것입니다. 사울은 과거에 자신이 추방했던 무당을 다시 찾아 나섰습니다. 얼마나 부끄러운 일입니까? 결국 사울은 무당에게 사무엘의 영을 불러달라고 요청하였습니다.

> "사울이 그에게 이르되 그의 모양이 어떠하냐 하니 그가 이르되 한 노인이 올라오는데 그가 겉옷을 입었나이다 하더라 사울이 그가 사무엘인 줄 알고 그의 얼굴을 땅에 대고 절하니라" 삼상 28:14

많은 성도들이 이 성경 구절을 잘못 해석하여, 무당이 죽은 이를 불러올 수 있다고 착각하기도 합니다. 그러나 여기서 등장하는 '사무엘'은 실제 사무엘이 아니라, 사무엘인 척 가장한 악령입니다. "사울이 그가 사무엘인 줄 알고"라는 표현에서도 알 수 있듯이, 무당이 접신한 존재는 진짜 사무엘이 아니라 사울이 그렇게 여겼을 뿐입니다. 일부 사람들은 이 구절을 오해하여, '무당이 사무엘을 오라 가라 할 수 있나 봐?', '사무엘은 죽어서 땅속에 있었나 봐?', '사람이 죽으면 귀신이 되나 봐?'와 같은 생각에 빠져 잘못된 귀신론을 받아들이는 경우가 있습니다.

> "이것은 이상한 일이 아니니라 사탄도 자기를 광명의 천사로 가장하나니" 고후 11:14

무당이 불러낸 것은 바로 이 마귀로, 사무엘의 흉내를 내며 사울을 현혹한 것입니다. 마귀는 얼마든지 사무엘의 모습을 모방하고, 그의 목소리까지 흉내 내며, 심지어 사무엘처럼 행동할 수도 있습니다. 마귀는 죽은 자의 말투, 행동, 그리고 아무도 모르는 은밀한 비밀까지도 정확히 알고 있습니다. 이는 사람들을 더욱 쉽게 속이기 위함입니다. 무당이 돌아가신 아버지의 목소리를 정확히 흉내 낸다고 해서, 그것이 실제로 아버지가 나타난 것이라고 믿는 것은 매우 어리석은 일입니다.

> "사무엘이 사울에게 이르되 네가 어찌하여 나를 불러 올려서 나를 성가시게 하느냐" 삼상 28:15

사무엘인 척하는 귀신이 사울에게 대답하기 시작했습니다. "왜 나를 불러내어 귀찮게 하느냐?"라는 말은 고대 근동 사람들의 미신적 사상에서 비롯된 표현입니다. 당시 사람들은 죽은 자가 음부에서 안식하고 있다고 믿었으며, 이는 천국과 지옥과는 별개의 개념으로, 죽은 자가 아무것도 하지 않고 조용히 쉰다고 여겼습니다. 마귀는 이처럼 당시의 통상적인 믿음과 관습을 교묘히 활용해 사람들을 속입니다. 그러나 여기서 놀라운 점은 무엇입니까? 귀신이 하는 말들이 겉으로 보기엔 사실처럼 들린다는 것입니다.

> "여호와께서 이스라엘을 너와 함께 블레셋 사람들의 손에 넘기시리니 내일 너와 네 아들들이 나와 함께 있으리라 여호와께서 또 이스라엘 군대를 블레셋 사람들의 손에 넘기시리라 하는지라" 삼상 28:19

무당의 말대로, 사울과 요나단은 결국 이 전투에서 목숨을 잃었고, 이스라엘 군대는 블레셋에게 크게 패배했습니다. 그렇습니다. 귀신은 귀신같이 압니다. 그러나 중요한 것은, 알기만 할 뿐 그 어떤 문제도 해결할 수 없다는 점입니다. 무당에게 가면, 때로는 정확한 예언처럼 보이는 말을 들을 수 있습니다. 하지만 맞춘다고 해서 그것이 곧 해결책은 아닙니다. 오히려, 더 정확하게 맞추는 무당일수록 더 많은 사람들을 멸망의 길로 이끕니다. 내일의 일을 아는 것이 중요한 것이 아니라, 내일의 일을 하나님께 맡기는 것이 중요합니다. 아는 것만으로는 문제가 해결되지 않습니다. 오직 전지전능하신 하나님만이 우리를 살리시고, 구원하시며, 도우실 수 있습니다.

> "접신한 자와 박수무당을 음란하게 따르는 자에게는 내가 진노하여 그를 그의 백성 중에서 끊으리니 너희는 스스로 깨끗하게 하여 거룩할지어다 나는 너희의 하나님 여호와이니라" 레 20:6~7

우리 안에 남아 있는 무속신앙을 철저히 제거해야 합니다. 끊어내야만 합니다. 많은 성도들이 예수님을 믿는다고 고백하면서도 여전히 사주, 운세, 그리고 기복신앙에 의지하고 있습니다. 점치는 것과 무속신앙은 하나님 앞에서 명백한 죄입니다. 그럼에도 불구하고 왜 여전히 무속신앙에 빠지는 것일까요? 그것은 우리가 미래를 알고 싶어 하기 때문입니다. 우리는 미래를 예측하려고 합니다. "어떻게 하면 사업이 더 번창할 수 있을까?", "어떻게 하면 병을 낫게 할 수 있을까?"와 같은 질문들 속에는 하나님에 대한 온전한 신뢰가 부족한 모습을 엿볼 수 있습니다. 결국, 우리의 걱정과 근심은 하나님을 전적으로 믿지 못하는 데서 비롯되는 것입니다.

> "공중의 새를 보라 심지도 않고 거두지도 않고 창고에 모아들이지도 아니하되 너희 하늘 아버지께서 기르시나니 너희는 이것들보다 귀하지 아니하냐 너희 중에 누가 염려함으로 그 키를 한 자라도 더할 수 있겠느냐" 마 6:26~27

신앙생활을 하면서도 무속신앙에 빠지는 이유는 근본적으로 걱정과 근심 때문입니다. 그러나 성경은 말씀합니다. "누가 염려함으로 그 키를 한 자라도 더할 수 있겠습니까?" 걱정과 근심은 우리의 믿음을 흔들고, 기도를 방해하며, 결국 무속신앙에 빠지게 만듭니다. 사울이 블레셋을 두려워한 나머지 무당을 찾아갔듯, 많은 성도들도 삶의 문제에 대한 두려움으로 무당을 찾아갑니다. 따라서 우리는 이러한 무속신앙을 제거하기 위해, '여호와 이레' 즉, 하나님께서 미리 준비하시고 채워주신다는 신앙을 가져야 합니다.

> "아브라함이 눈을 들어 살펴본즉 한 숫양이 뒤에 있는데 뿔이 수풀에 걸려 있는지라 아브라함이 가서 그 숫양을 가져다가 아들을 대신하여 번제로 드렸더라 아브라함이 그 땅 이름을 여호와 이레라 하였으므로 오늘날까지 사람들이 이르기를 여호와의 산에서 준비되리라 하더라" 창 22:13~14

아브라함은 사랑하는 아들을 희생해야 하는 그 절박한 순간에도 끝까지 하나님을 신뢰했습니다. 그는 하나님께서 반드시 예비하신 것이 있을 것이라는 믿음을 가졌습니다. 이러한 믿음 덕분에, 아브라함은 마지막까지 하나님의 말씀에 순종할 수 있었습니다. 우리도 이와 같은 '여호와 이레'의 신앙을 가져야 합니다.

우리는 지금 누구를 신뢰하고, 누구를 의지하고 있습니까? 오랜 신앙생활을 해왔음에도 불구하고, 여전히 하나님을 온전히 믿지 못하고 불안에 떨고 있지 않습니까? 성경의 말씀보다 신문에 실린 '오늘의 운세'에 더 마음이 기울지는 않습니까? 인내하고 견디라는 하나님의 말씀보다, "동쪽으로 가면 귀인을 만날 것"이라는 무당의 말이 더 솔깃하게 들리지는 않습니까? 우리는 우리 안에 깊이 뿌리박힌 무속신앙을 완전히 버려야 합니다.

걱정과 근심이 우리를 무속신앙에 빠지게 만듭니다. 내 앞에 블레셋 군대가 진을 치고 있다 해도, '여호와 이레'의 하나님께서 피할 길을 예비해 주십니다. 막막하고, 답답하며, 갈 바를 알 수 없는 상황이라도, 여호와 하나님께 모든 것을 맡긴다면, 하나님은 우리에게 구원의 길을 열어주십니다. 이제 우리는 미래를 알려고 애쓰는 대신, 우리의 미래를 하나님께 맡겨야 합니다. 우리의 인생 길에는 블레셋 군대처럼 막강한 문제들이 나타날 수 있습니다. 답답하고 두려운 상황이 우리를 압도할 수 있습니다. 그러나 이때에도 우리는 무당이나 점술의 힘을 빌리는 것이 아니라, 하나님의 말씀과 약속을 붙들어야 합니다. 하나님은 우리의 삶의 주관자이시며, 구원의 반석이십니다.

## 싸우지 못하게 하시나이까

　다윗은 블레셋으로 망명하였습니다. 망명한 자에게 가장 중요한 것은 무엇입니까? 바로 신뢰입니다. 북한의 전쟁 영웅이 우리나라로 망명했다고 가정해 봅시다. 망명자에게 가장 중요한 것은 역시 신뢰입니다. 우선 그의 사상을 검증하고, 망명의 진정한 목적을 확인할 것입니다. 이 인물이 실제로 망명한 것인지, 아니면 간첩인지 철저히 조사할 것입니다. 다윗 역시 블레셋 왕에게 신뢰를 얻기 위해 부단히 노력했습니다. 그는 아말렉과 싸운 후, 이스라엘을 공격했다고 거짓말을 했고, 자신의 거짓말이 발각되지 않도록 민간인을 학살했습니다. 원수까지도 용서했던 다윗이었지만, 하나님을 떠나자 잔인무도한 사람이 되어버린 것입니다.

　다윗은 약 1년 4개월 동안 블레셋에서 살면서 점점 더 하나님과 멀어졌습니다. 거짓말을 일삼고, 약자들을 무참히 학살했습니다. 그는 탐욕적이고 이기적인 사람이 되어갔습니다. 블레셋에 있는 동안 다윗은 배부르게 먹고 마시며 일시적인 평안과 안정을 누렸지만, 그 대가로 죄악에 더욱 깊이 물들었습니다.

　신앙생활이란 무엇입니까? 간단히 말하면, 신앙생활은 하나님과의 친밀한 관계를 의미합니다. '나는 하나님과 얼마나 가까이 있나?', '지금 나는 어느 편에 서 있는가?' 이것이 신앙생활의 진정한 척도입니다. 다윗은 블레셋으로 망명하면서 하나님과의 관계가 멀어졌습니다. 하나님을 떠난 다윗은 아기스 왕의 편에 서게 되었습니다.

"블레셋 사람들은 그들의 모든 군대를 아벡에 모았고 이스라엘 사람들은 이스르엘에 있는 샘 곁에 진 쳤더라 블레셋 사람들의 수령들은 수백 명씩 수천 명씩 인솔하여 나아가고 다윗과 그의 사람들은 아기스와 함께 그 뒤에서 나아가더니" 삼상 29:1~2

블레셋과 이스라엘이 서로 대치하고 있습니다. 블레셋의 수령들은 수백, 수천 명씩 군대를 인솔하며 진영을 갖추었습니다. 전쟁의 긴박한 상황이 펼쳐지고 있는 이 순간, 다윗은 어디에 있습니까? 그는 이스라엘 편이 아니라, 아기스 왕과 함께 블레셋 진영에 서 있습니다. 다윗은 600명의 부하들과 함께 블레셋 편에 섰습니다. 그때 다윗의 마음은 어떠했을까요? 아무리 블레셋으로 망명하고, 하나님과 멀어졌다고 해도, 어떻게 이스라엘과 맞서 싸울 수 있겠습니까?

지금까지 다윗은 거짓말로 아기스 왕의 신뢰를 얻어왔습니다. 그러나 이제는 실제로 자신의 동족과 싸워야 할 위기에 처한 것입니다. 이 전쟁은 피할 수 없는 상황입니다. 블레셋과 이스라엘은 서로 사생결단의 각오로 맞서고 있습니다. 특히 이 전쟁으로 인해 사울과 요나단이 죽음을 맞이하게 됩니다. 다윗은 그 현장을 직접 보지 못했지만, 사랑하는 친구 요나단이 이 전쟁터에 있다는 사실을 분명히 알고 있었을 것입니다. 만약 다윗이 블레셋 편에서 전투에 참여하여 이스라엘 백성들 중 한 명이라도 죽였다면, 그는 결코 이스라엘의 왕이 될 수 없었을 것입니다. 다윗은 조국의 원수, 매국노로 낙인찍혀 죽을 때까지 손가락질을 받았을 것입니다. 그러나 놀라운 일이 일어났습니다.

"블레셋 사람들의 방백들이 이르되 이 히브리 사람들이 무엇을 하려느냐 하니 아기스가 블레셋 사람들의 방백들에게 이르되 이는 이스

> 라엘 왕 사울의 신하 다윗이 아니냐 그가 나와 함께 있은 지 여러 날 여러 해로되 그가 망명하여 온 날부터 오늘까지 내가 그의 허물을 보지 못하였노라" 삼상 29:3

블레셋의 방백들은 다윗과 그의 부하들을 보고 의아해하며 말했습니다. "이 히브리 사람들은 대체 왜 여기 있는 것입니까? 우리의 적을 왜 데려온 겁니까?" 그러자 아기스 왕이 대답했습니다. "다윗은 나와 함께 1년 넘게 지내왔는데, 그가 망명해 온 날부터 지금까지 실수한 적도 없고 잘못한 적도 없다. 내가 그를 신뢰하기 때문에 이 전쟁에 데려온 것이다!" 그러나 방백들은 분노하며 강하게 반발했습니다.

> "블레셋 사람의 방백들이 그에게 노한지라 블레셋 방백들이 그에게 이르되 이 사람을 돌려보내어 왕이 그에게 정하신 그 처소로 가게 하소서 그는 우리와 함께 싸움에 내려가지 못하리니 그가 전장에서 우리의 대적이 될까 하나이다 그가 무엇으로 그 주와 다시 화합하리이까 이 사람들의 머리로 하지 아니하겠나이까" 삼상 29:4

"이 사람을 당장 돌려보내십시오! 왕께서 주신 집으로 돌아가게 하셔서, 우리와 함께 싸우지 못하게 하십시오!" 방백들은 격앙된 목소리로 외쳤습니다. "만약 다윗이 전투 중에 우리를 배신한다면 어떻게 하시겠습니까? 그는 언제든 우리의 등을 찌를 수 있는 자입니다! 다윗이 무엇으로 사울과 화해하겠습니까? 우리들의 목을 가져가지 않겠습니까?"

방백들의 주장은 합리적이었습니다. 전쟁 중에 등 뒤에서 공격당한다면, 블레셋의 전투 대형은 순식간에 무너질 것이고, 큰 패배로 이어질 수밖에 없습니다. 배신의 가능성이 조금이라도 있는 다윗과 어떻게 전장에 나설 수 있겠습니까? 방백들은 강하게 반발하며 전쟁 보이콧(Boycott)을 선언했고, 아기스 왕은 난처한 상황에 빠졌습니다. 왕이라고 해도 방백들의 의견을 무시할 수 없었습니다.

결국 아기스는 고심 끝에 다윗을 불러 어쩔 수 없이 그에게 말했습니다. "돌아가시오. 당신이 충성스럽다는 것을 나는 알지만, 그들이 당신을 신뢰하지 않소." 그렇게 아기스 왕은 다윗을 전장에 나서지 못하게 하고, 집으로 돌려보내기로 결정했습니다.

> "아기스가 다윗을 불러 그에게 이르되 여호와께서 살아 계심을 두고 맹세하노니 네가 정직하여 내게 온 날부터 오늘까지 네게 악이 있음을 보지 못하였으니 나와 함께 진중에 출입하는 것이 내 생각에는 좋으나 수령들이 너를 좋아하지 아니하니 그러므로 이제 너는 평안히 돌아가서 블레셋 사람들의 수령들에게 거슬러 보이게 하지 말라 하니라" 삼상 29:6~7

아기스 왕은 다윗을 불러 말했습니다. "내가 맹세하건대, 나는 너를 믿고 전장에 데려가려 했었다. 하지만 지휘관들이 너를 좋아하지 않으니, 이제 집으로 돌아가 그들의 불만을 사지 않도록 하라!"

이것이 얼마나 놀라운 하나님의 은혜입니까? 다윗은 꼼짝없이 이스라엘과 맞서 싸워야 하는 상황에 처할 뻔했습니다. 그러나 하나님의 은혜로, 다윗은 아무런 문제 없이 전쟁에서 빠져나올 수 있었습니다. 만약 다윗이 억지 핑계를 대며 전투를 피하려 했다면, 아기스 왕의 신뢰를 잃고 의심을 살 위험이 있었습니다. 하지만 상황은 정반대로 흘러갔습니다. 오히려 아기스 왕이 먼저 다윗에게 물러나라고 명령하였고, 덕분에 다윗은 당당히 반응할 수 있었습니다. 이에 다윗은 일부러 분노한 듯 목소리를 높였습니다.

> "다윗이 아기스에게 이르되 내가 무엇을 하였나이까 내가 당신 앞에 오늘까지 있는 동안에 당신이 종에게서 무엇을 보셨기에 내가 가서 내 주 왕의 원수와 싸우지 못하게 하시나이까 하니" 삼상 29:8

"왕이시여! 아직도 저를 신뢰하지 않으십니까? 제가 무슨 잘못을 저질렀습니까? 저를 어떻게 보시기에 그런 말씀을 하십니까? 왜 저를 왕의 원수들과 싸우지 못하게 막으십니까? 정말 유감입니다!" 여기서 언급된 왕의 원수는 다름 아닌 다윗의 동족, 이스라엘입니다. 다윗은 마음에도 없는 말을 하고 있는 것입니다. 이에 아기스 왕은 다윗을 어르고 달래며 그를 집으로 돌려보냈습니다. 덕분에 다윗은 동족과 싸우지 않아도 되었고, 왕 앞에서도 체면을 지킬 수 있었습니다. 더불어 블레셋에서 계속 거주할 명분도 확보하게 된 것입니다.

> "이에 다윗이 자기 사람들과 더불어 아침에 일찍이 일어나서 떠나 블레셋 사람들의 땅으로 돌아가고 블레셋 사람은 이스르엘로 올라가니라" 삼상 29:11

다윗은 이른 아침부터 서둘러 짐을 챙겨 집으로 향했습니다. 혹시나 이스라엘 백성 중 누군가가 그를 알아볼까 봐 서둘러 떠난 것입니다. 그때 다윗의 발걸음은 어땠을까요? 그는 자신의 지혜를 자찬하며 스스로를 대견하게 여겼을 것입니다. 경쾌하고 가벼운 발걸음으로 집으로 돌아가는 다윗은 모든 문제가 완벽하게 해결된 것처럼 보였습니다. 마치 마음속 무거운 짐이 내려간 듯 느껴졌을 것입니다. 그렇다면 정말로 다윗의 계획이 완벽하게 이루어진 것일까요?

> "다윗과 그의 사람들이 사흘 만에 시글락에 이른 때에 아말렉 사람들이 이미 네겝과 시글락을 침노하였는데 그들이 시글락을 쳐서 불사르고 거기에 있는 젊거나 늙은 여인들은 한 사람도 죽이지 아니하고 다 사로잡아 끌고 자기 길을 갔더라" 삼상 30:1~2

모든 것이 자신의 계획대로 완벽하게 이루어졌다고 생각한 바로 그 순간, 다윗은 최악의 상황을 맞닥뜨리게 되었습니다. 전쟁터에 나가 있는 동안, 아말렉이 쳐들어와 다윗의 모든 재산을 약탈하고 그의 아내, 자식, 부모들까지 모두 포로로 끌고 간 것입니다. 다윗은 아기스 왕의 신임을 얻기 위해 이전에 아말렉을 공격해 약탈과 살인을 저질렀는데, 아말렉은 이때부터 복수의 칼날을 갈며 다윗이 집을 비울 순간을 기다렸던 것입니다. 다윗이 전쟁터로 나가자마자 아말렉은 기회를 틈타 쳐들어왔습니다.

다윗의 거주지는 시글락, 블레셋 영토 내에 위치한 곳입니다. 강대국인 블레셋에 아말렉이 쳐들어왔다는 것은 오직 다윗을 목표로 한 공격이었습니다. 다윗은 블레셋 영토에 머물면 안전하게 살 수 있고, 생계 문제도 해결되며, 더 이상 사울에게 쫓길 일이 없을 것이라 생각했습니다. 그러나 그 모든 생각은 오판이었습니다. 오히려 블레셋에 있었기 때문에 그는 전 재산과 가족을 잃게 된 것입니다. 가장 안전하고 행복하다고 느꼈던 순간, 다윗은 오히려 가장 큰 위기에 직면하게 된 것입니다.

> "백성들이 자녀들 때문에 마음이 슬퍼서 다윗을 돌로 치자 하니 다윗이 크게 다급하였으나 그의 하나님 여호와를 힘입고 용기를 얻었더라" 삼상 30:6

다윗의 부하들은 아내와 자녀를 잃은 비통함에 눈이 뒤집혀 아무것도 보이지 않았습니다. 극심한 슬픔과 절망 속에서 그들은 다윗에게 분노하며 그를 죽이려 하고, 심지어는 자포자기하여 스스로 목숨을 끊으려는 지경에 이르렀습니다. 이 모든 불행의 원인이 다윗에게 있다고 생각한 것입니다. 지금 이 순간, 다윗은 인생에서 가장 절박한 위기에 처해 있습니다.

다윗에게 돌을 들고 있는 이들이 누구입니까? 바로 환난 당한 자들, 빚진 자들, 원통한 자들입니다. 그들은 기댈 곳 없는 상황에서 다윗을 찾아왔던 사람들입니다. 오갈 데 없는 미천한 자들을 다윗은 품어주고 돌보며 이끌어 주었기에, 그들 또한 현재의 가정을 이루고 삶의 터전을 마련할 수 있었습니다. 그런데 이제 그들이 다윗을 죽이려 하고 있습니다. 다윗은 자신을 믿고 따르던 부하들의 손에 죽을 위기에 놓인 것입니다.

그 이유는 무엇입니까? 다윗이 하나님을 떠나 블레셋을 의지했기 때문입니다. 다윗은 블레셋에서 살며 아기스 왕의 신임을 얻어 풍족하게 살았고, 왕 앞에서도 당당히 의견을 내세우며 자신의 입지를 다졌습니다. 이러한 성취에 자부심을 느끼며 스스로를 대견하게 여겼습니다. 그러나 그 결과는 무엇이었습니까? 다윗은 자신이 신뢰했던 부하들로부터 돌에 맞아 죽을 위기에 처하게 된 것입니다.

> "이 세상 지혜는 하나님께 어리석은 것이니 기록된 바 하나님은 지

혜 있는 자들로 하여금 자기 꾀에 빠지게 하시는 이라 하였고 또 주께서 지혜 있는 자들의 생각을 헛것으로 아신다 하셨느니라" 고전 3:19~20

다윗은 잔꾀를 부렸고, 그 꾀로 인해 오히려 죽음의 위기를 맞이하게 되었습니다. 그는 결국 자신의 계략에 스스로 걸려들고 만 것입니다. 바로 그때, 다윗은 깨달았습니다. '내 계획은 헛것이구나! 오직 하나님만을 의지해야 하는구나!' 우리는 다윗의 이러한 반성을 통해 자신을 되돌아볼 수 있습니다. 우리 역시 스스로 지혜롭다고 여겨, 내 뜻대로 이 세상을 살아가려 하지 않습니까? 자신을 대견하게 여기며 자부심에 빠져, 스스로를 칭찬하며 살아가고 있지 않습니까? 그러나 그 끝은 암담하고, 참담한 실패일 뿐입니다.

"너는 마음을 다하여 여호와를 신뢰하고 네 명철을 의지하지 말라 너는 범사에 그를 인정하라 그리하면 네 길을 지도하시리라" 잠 3:5-6

우리는 잔꾀나 속임수로 사는 것이 아니라, 하나님의 뜻에 따라 살아야 합니다. 자신의 경험이나 계획에 의지하기보다는 하나님의 말씀을 신뢰해야 합니다. 결국 우리의 걸음을 인도하시는 분은 여호와 하나님이십니다. 우리가 잘못된 길을 걷거나 그릇된 계획을 세우고 있다면, 하나님께서는 징계를 통해서라도 우리를 올바른 길로 돌이키십니다.

이제는 우리의 잔꾀와 인간적인 방법을 내려놓고, 진정한 평안을 주시는 하나님께 우리의 인생을 맡겨야 할 때입니다. 다윗이 깨달았던 것처럼, 결국 우리가 돌아가야 할 곳은 언제나 하나님의 품입니다.

## 반드시 따라잡고 도로 찾으리라

> "다윗이 아히멜렉의 아들 제사장 아비아달에게 이르되 원하건대 에봇을 내게로 가져오라 아비아달이 에봇을 다윗에게로 가져가매" 삼상 30:7

다윗의 부하들은 다윗을 향해 돌을 들고 있었습니다. 이 절체절명의 위기 속에서 다윗은 어떻게 했습니까? 그 순간, 다윗은 에봇을 찾았습니다. 드디어 하나님을 의지하기 시작한 것입니다. 에봇은 제사장이 하나님께 제사를 드릴 때 입는 옷으로, 하나님의 뜻을 구하는 상징적인 도구입니다. 지금까지 하나님께 묻지도 않고, 순종하지도 않으며 자신의 방법대로 살았던 다윗이, 위기 속에서야 비로소 하나님을 찾게 된 것입니다.

우리는 언제 하나님을 찾습니까? 부와 명예를 누릴 때가 아닙니다. 건강하고 가정이 평안할 때도 아닙니다. 우리는 오히려 죽음의 문턱에 이르렀을 때, 모든 희망이 끊어진 절망 속에서야 비로소 진심으로 하나님을 찾습니다. 남편이 가정적이고 성실하며 경제적으로도 풍족하다면, 과연 예수님을 찾을까요? 자녀들이 건강하고 훌륭한 직장에 취직했다면, 과연 간절히 기도할까요?

> "이 모든 일이 네게 임하여 환난을 당하다가 끝날에 네가 네 하나님 여호와께로 돌아와서 그의 말씀을 청종하리니" 신 4:30

우리는 환난을 당해야만 여호와께 돌아와 그의 말씀에 귀를 기울이게 됩니다. 우리에게는 어쩔 수 없이 연단의 과정이 필요하며, 그 과정을 통해서만 비로소 정금과 같이 순결해질 수 있습니다. 지금 나를 괴롭히고 흔들어 대는 이 문제야말로, 하나님을 찾으라는 표지판임을 깨달아야 합니다. 다윗은 죽음의 위기 앞에서 하나님을 찾았습니다. 그리고 하나님은 그 부르짖음에 응답하셨습니다.

> "그러나 네가 거기서 네 하나님 여호와를 찾게 되리니 만일 마음을 다하고 뜻을 다하여 그를 찾으면 만나리라" 신 4:29

하나님을 찾는 자는 반드시 하나님을 만날 수 있습니다. 중요한 것은 마음과 뜻을 다해 하나님을 찾는 것입니다. 그러나 우리는 습관적으로 예배를 드리며, 형식적인 예배에 스스로 만족하고 있습니다. 그러한 예배는 무의미하며, 그러한 교회는 영적 능력을 잃어버린 교회입니다. 이제 우리는 진정으로 여호와를 찾아야 합니다. 온 마음을 다해, 전심으로 여호와께 부르짖어야 합니다.

> "다윗이 여호와께 묻자와 이르되 내가 이 군대를 추격하면 따라잡겠나이까 하니 여호와께서 그에게 대답하시되 그를 쫓아가라 네가 반드시 따라잡고 도로 찾으리라" 삼상 30:8

"네가 반드시 따라잡고 도로 찾으리라!" 하나님께서는 회개하고 돌아온 다윗의 기도에 응답하셨습니다. 하나님께서는 다윗이 잃어버리고 빼앗긴 모든 것을 되찾게 하실 것이라 약속하셨습니다. 그렇다면, 다윗이 잃어버린 것은 무엇이며, 되찾게 된 것은 무엇일까요?

첫째, 다윗은 하나님을 되찾았습니다. 다윗은 목동 시절 양을 치면서도 항상 하나님을 생각하며 찬송을 불렀습니다. 골리앗에 맞서 싸우러 나갔을 때에도, 그는 옆에 계신 하나님을 의지했습니다. 심지어 사울을 죽일 기회가 있었을 때도, 다윗은 마음속의 하나님을 떠올리며 손을 대지 않았습니다. 오직 하나님만을 의지했던 다윗이, 어느 순간 하나님을 잃어버렸던 것입니다. 하나님을 잃은 다윗은 죄 가운데 살기 시작했습니다. 자신의 계획과 꾀를 의지해 블레셋으로 망명했고, 그곳에서 그는 블레셋 사람들처럼 생각하고 행동하며 동일한 죄에 빠져 살았습니다.

그러나 이제 다윗은 하나님을 다시 찾았습니다. 회개의 과정을 통해 다윗은 하나님과의 관계를 회복하였고, 다시금 하나님과 가까워질 수 있었습니다.

"이제는 전에 멀리 있던 너희가 그리스도 예수 안에서 그리스도의 피로 가까워졌느니라" 엡 2:13

우리는 다시 하나님을 찾아야 합니다. 하나님과 가까워져야 합니다. 하나님을 잃어버리고 살았던 지난날을 진심으로 회개해야 합니다. 우리는 그리스도의 보혈로 다시 하나님과의 관계를 회복할 수 있습니다.

둘째로, 다윗은 잃어버렸던 성품을 되찾았습니다. 다윗은 고난받는 자, 빚진 자, 억울한 자들을 품어주고 돌보는 사람이었습니다. 또한, 원수였던 사울을 죽일 기회가 있었음에도 불구하고 용서할 줄 알았던, 긍휼과 온유함이 넘치는 사람이었습니다. 그러나 다윗은 블레셋에 머무는 동안, "남녀를 살려두지 아니하고"(삼상 27:9) 자신의 거짓말을 감추기 위해 무고한 민간인들까지 학살했습니다. 그의 온유한 성품은 사라지고, 오직 냉혹하고 무자비한 모습만 남아 있었습니다. 그러나 다윗이 회개하고 하나님께 간절히 부르짖자, 그는 다시 자신의 본래 성품을 되찾을 수 있었습니다.

> "이에 다윗과 또 그와 함께 한 육백 명이 가서 브솔 시내에 이르러 뒤떨어진 자를 거기 머물게 했으되 곧 피곤하여 브솔 시내를 건너지 못하는 이백 명을 머물게 했고 다윗은 사백 명을 거느리고 쫓아가니라" 삼상 30:9~10

다윗은 부하들과 함께 아말렉을 추적하기 위해 길을 떠났습니다. 그러나 행군 도중 일부 부하들이 뒤처지기 시작했습니다. 지금은 아말렉과의 전투를 앞둔 긴박한 상황으로, 한 사람의 전력이라도 더 필요한 시점이었습니다. 그럼에도 불구하고 다윗은 지쳐 탈진한 200명의 부하들을 쉬게 하였습니다. 다윗의 긍휼과 자비의 마음이 되살아난 것입니다. 그뿐만이 아닙니다.

> "무리가 들에서 애굽 사람 하나를 만나 그를 다윗에게로 데려다가 떡을 주어 먹게 하며 물을 마시게 하고 그에게 무화과 뭉치에서 뗀 덩이 하나와 건포도 두 송이를 주었으니 그가 밤낮 사흘 동안 떡도 먹지 못하였고 물도 마시지 못하였음이라 그가 먹고 정신을 차리매" 삼상 30:11~12

다윗은 부하들을 이끌고 서둘러 출발했습니다. 아말렉은 흔적을 남기지 않고 달아났기에, 그들을 추적하는 것은 결코 쉬운 일이 아니었슙니다. 긴박한 상황 속에서, 다윗은 길가에 쓰러져 있는 한 이집트 노예를 발견하게 됩니다. 이 노예는 아말렉이 데리고 다니던 자였으나, 열병에 걸리자 길에 버려진 것이었습니다. 다윗은 이 노예를 보고 어떻게 했을까요? 그는 긍휼한 마음으로 이 노예를 돌보았습니다. 과연 지금 이 시점에 그럴 여유가 있었을까요? 버려진 노예를 위해 시간을 할애할 필요가 있었을까요? 그러나 긍휼의 마음을 되찾은 다윗은 의식을 잃은 이집트 노예를 정성껏 보살폈습니다. 이를 통해 우리는 다윗의 성품이 완전히 회복되었음을 알 수 있습니다.

예수를 믿는다 하면서도 성품이 왜곡된 사람들이 적지 않습니다. 이기적이고 성급하며, 교만하고 악의에 찬 성도들도 있습니다. 그러나 성품의 변화 없이 예수를 믿는다고 말할 수는 없습니다. 블레셋에 머물던 시절, 다윗은 잔인하고 자기중심적이며 탐욕스러운 인물이었습니다. 그러나 회개한 이후, 다윗은 누구보다도 온유하고 겸손한 사람으로 변모했습니다.

예수를 믿는 우리는 무엇보다 먼저 인품과 성격의 변화가 있어야 합니다. 예수님을 닮아가는 것이야말로 참된 성도의 모습입니다. 이기심, 질투, 교만, 탐욕을 내려놓을 때 비로소 거룩한 성도로서 살아갈 수 있습니다.

> "다윗이 그에게 이르되 네가 나를 그 군대로 인도하겠느냐 하니 그가 이르되 당신이 나를 죽이지도 아니하고 내 주인의 수중에 넘기지도 아니하겠다고 하나님의 이름으로 내게 맹세하소서 그리하면 내가 당신을 그 군대로 인도하리이다 하니라" 삼상 30:15

이집트 노예는 다윗의 따뜻한 보살핌에 깊이 감동했습니다. 이에 그는 아말렉의 본거지가 어디인지 다윗에게 알려주었습니다. 그러자 다윗의 처사에 불만을 품었던 부하들조차 더 이상 이의를 제기할 수 없었습니다. 만일 그들이 스스로 찾아 나섰다면 결코 발견할 수 없었을 은밀한 장소에 아말렉의 본거지가 숨겨져 있었던 것입니다. 이를 발견하게 된 것은 다윗의 성품과 하나님의 은혜 덕분이었습니다. 다윗은 밤이 깊기를 기다렸다가 아말렉의 본거지로 기습을 감행했습니다. 그 시각, 아말렉 사람들은 술에 취해 정신을 잃은 상태였습니다. 다윗은 예상보다 쉽게 그들을 제압할 수 있었고, 빼앗겼던 모든 것을 무사히 되찾을 수 있었습니다.

"다윗이 아말렉 사람들이 빼앗아 갔던 모든 것을 도로 찾고 그의 두 아내를 구원하였고 그들이 약탈하였던 것 곧 무리의 자녀들이나 빼앗겼던 것은 크고 작은 것을 막론하고 아무것도 잃은 것이 없이 모두 다윗이 도로 찾아왔고 다윗이 또 양 떼와 소 떼를 다 되찾았더니 무리가 그 가축들을 앞에 몰고 가며 이르되 이는 다윗의 전리품이라 하였더라" 삼상 30:18~20

다윗은 단 하나도 잃은 것 없이 모두 되찾을 수 있었습니다. 그러나 그것만이 전부가 아니었습니다. 하나님께서는 다윗이 잃었던 것뿐만 아니라, 아말렉이 소유하고 있던 전리품까지도 모두 그에게 주셨습니다. 결과적으로 다윗은 막대한 전리품을 얻게 되었습니다. 이것이 바로 하나님의 은혜입니다. 하나님은 단순히 본전을 되찾게 하시는 것이 아니라, 그 이상의 풍성하고 넘치는 복을 허락하십니다.

"다윗이 시글락에 이르러 전리품을 그의 친구 유다 장로들에게 보내

> 어 이르되 보라 여호와의 원수에게서 탈취한 것을 너희에게 선사하
> 노라 하고 헤브론에 있는 자에게와 다윗과 그의 사람들이 왕래하던
> 모든 곳에 보내었더라" 삼상 30:26, 31

다윗은 아말렉에게서 빼앗은 전리품을 유다의 장로들에게 나누어 보냈습니다. 이 전리품은 다윗에게 정치적 지지자와 협력자를 확보하는 중요한 수단이 되었습니다. 다윗이 왕으로 즉위한 곳이 어디입니까? 바로 헤브론입니다. 다윗이 전리품을 보낸 그 헤브론에서, 그는 유다의 왕으로 추대되었습니다.

> "그 후에 다윗이 여호와께 여쭈어 아뢰되 내가 유다 한 성읍으로 올
> 라가리이까 여호와께서 이르시되 올라가라 다윗이 아뢰되 어디로
> 가리이까 이르시되 헤브론으로 갈지니라" 삼하 2:1

셋째, 다윗은 정치적 기반을 되찾았습니다. 사울이 죽었다고 해서 다윗이 곧바로 이스라엘의 왕이 된 것은 아니었습니다. 비록 다윗이 사무엘에게서 기름 부음을 받았지만, 왕위에 오를 명분은 오히려 사울의 넷째 아들, 이스보셋이 더 많았습니다. 그래서 다윗은 유다의 장로들에게 전리품을 보내며 정치적 지지 기반을 마련한 것입니다. 그러나 이것은 단순히 장로들에게 뇌물을 준 행위가 아닙니다. 다윗은 블레셋으로 망명한 상태였지만, 이스라엘의 적인 아말렉과 싸워 대승을 거두었습니다. 그 전리품은 하나님께서 함께하신다는 명백한 증거로서 장로들에게 보낸 것이었습니다.

다윗은 인생의 위기 속에서 오히려 왕이 될 열쇠를 발견했습니다. 하나님을 찾은 다윗은 잃어버린 재산과 가족뿐만 아니라, 그 이상의

큰 축복을 되찾을 수 있었습니다. 하나님은 결코 가난한 분이 아닙니다. 하나님은 누르고 흔들어 넘치도록 부어주시는 분이십니다. 우리의 인생도 이와 같습니다. 우리의 계획과 경험에 의지해 살아간다면, 다윗처럼 모든 것을 잃을 수도 있습니다. 그러나 하나님을 되찾고 그분께 부르짖으면, 잃어버린 것뿐만 아니라 그 이상의 풍성한 복을 얻게 됩니다. 인생에서 가장 중요한 것은 하나님을 찾는 것입니다. "반드시 도로 찾으리라!" 이 고백처럼, 우리는 그 무엇보다도 '반드시 하나님을 되찾아야 합니다'.

다윗이 마침내 하나님을 찾았을 때, 그는 잃어버렸던 모든 것, 나아가 자신의 상실된 성품과 믿음까지도 회복할 수 있었습니다. 하나님께서는 다윗에게 단순히 잃어버린 것만 돌려주신 것이 아니라, 그 이상의 풍성한 축복을 허락하셨습니다. 우리의 인생에서도 하나님을 되찾는 것이야말로 가장 중요한 일입니다.

6장

# 다윗의 회복

DAVID SKETCH

## 그날에 함께 죽었더라

> "블레셋 사람들이 이스라엘을 치매 이스라엘 사람들이 블레셋 사람들 앞에서 도망하여 길보아 산에서 엎드러져 죽으니라 블레셋 사람들이 사울과 그의 아들들을 추격하여 사울의 아들 요나단과 아비나답과 말기수아를 죽이니라" 삼상 31:1~2

사무엘상 31장은 시작부터 비극적인 죽음의 이야기로 가득 차 있습니다. "죽으니라, 죽이니라, 죽으리라, 죽었더라" 결국 사울의 마지막은 죽음으로 끝맺게 됩니다. 이스라엘의 가장 작은 지파인 베냐민 출신으로 왕이 된 사울은 한때 자랑스러운 인물이었으나, 결국 자신의 죄와 잘못을 감당하지 못하고 비참한 최후를 맞이하고 말았습니다.

> "죄의 삯은 사망이요 하나님의 은사는 그리스도 예수 우리 주 안에 있는 영생이니라" 롬 6:23

그렇습니다. 죄악의 끝은 결국 사망입니다. 죄는 죽음으로 갚을 수밖에 없습니다. 아무리 이스라엘의 왕이라 할지라도, 죄사함을 받지 못하면 비참한 죽음으로 결말을 맞이할 수밖에 없습니다. 블레셋과의 전투에서 패배한 사울은 백성들을 버리고 도망쳤습니다. 그러나 그를 끝까지 추격해 온 블레셋 군인의 화살에 맞아 치명적인 부상을 입고 말았습니다. 중상을 입은 사울은 더 이상 도망칠 수 없는 상황에 이르렀습니다. 만약 이대로 블레셋 사람들에게 붙잡힌다면, 그는 죽을 때까지 고문과 모욕을 당할 것이 분명했습니다. 그래서 사울은 어떤 결정을 내리게 되었습니까?

> "그가 무기를 든 자에게 이르되 네 칼을 빼어 그것으로 나를 찌르라 할례 받지 않은 자들이 와서 나를 찌르고 모욕할까 두려워하노라 하나 무기를 든 자가 심히 두려워하여 감히 행하지 아니하는지라 이에 사울이 자기의 칼을 뽑아서 그 위에 엎드러지매" 삼상 31:4

사울은 자신의 무기를 들고 있던 경호원에게 명령했습니다. "저 할례받지 않은 자들이 나를 조롱하고 모욕할까 두렵다. 나를 칼로 찌르라" 그러나 경호원은 감히 왕을 죽일 수 없었습니다. 그러자 사울은 직접 자신의 칼을 뽑아 그 위에 엎드려 자살했습니다. 이처럼 사울은 비참하고 절망적인 죽음을 맞이하게 되었습니다. 반면, 다윗은 죽음의 위기에서 구원을 얻었습니다. 왜 이토록 상반된 결말을 맞이하게 된 것일까요? 다윗과 사울 사이에는 무엇이 달랐을까요?

사실 다윗이 사울보다 특별히 더 나은 점이 많았던 것은 아닙니다. 다윗도 한때 하나님을 버리고 블레셋으로 도망쳤고, 그곳에서 사울과 다를 바 없이 교만하고 악한 모습을 보였습니다. 그는 하나님께 불순종했고, 사울처럼 타락의 길을 걷기도 했습니다. 하나님의 시선으로 보았을 때, 다윗도 사울처럼 죄인이었습니다. 그러나 이 둘 사이에는 결정적인 차이점이 존재합니다. 그것은 바로 '회개'입니다.

다윗은 죽음 직전에 하나님 앞에서 회개하며 그분을 찾았습니다. 반면, 사울은 여러 차례 기회가 있었음에도 끝내 회개하지 않았습니다. 화살에 맞아 치명상을 입었지만, 중요한 것은 아직 숨이 붙어 있었다는 사실입니다. 사울은 즉사하지 않았기 때문에, 여전히 회개의 기회는 남아 있었습니다. 아무리 절망적이고 심각한 상황일지라도, 숨이 붙어 있다면 하나님 앞에 나아가 회개할 수 있습니다. 그러나 사울은 회개 대신 스스로 목숨을 끊는 길을 택했습니다.

자살 자체는 극도의 교만의 표현입니다. 사울은 생명의 주인이 하나님이 아닌 자기 자신이라고 여겼기 때문에, 스스로 목숨을 끊는 선택을 했습니다. 결국 사울은 죽음의 순간까지도 교만을 버리지 못한 것입니다.

다윗과 사울의 차이는 베드로와 가룟 유다에게서도 찾아볼 수 있습니다. 가룟 유다는 예수님을 배신했다는 죄책감에 휩싸여 스스로 목숨을 끊었습니다.

> "유다가 은을 성소에 던져 넣고 물러가서 스스로 목매어 죽은지라"
> 마 27:5

가룟 유다의 죄는 무엇입니까? 그는 예수님을 배신하고 은 30냥에 팔아버린 것입니다. 그렇다면 베드로의 죄는 무엇입니까? 그는 예수님을 배신하고 세 번이나 부인했습니다. 하나님의 시선에서 보면, 가룟 유다나 베드로 모두 똑같은 죄인일 뿐입니다. 그러나 가룟 유다는 스스로 목숨을 끊었고, 베드로는 결국 예수님의 가장 사랑받는 제자가 되었습니다. 이 둘 사이의 차이는 무엇일까요? 바로 '회개'입니다.

> "이에 베드로가 예수의 말씀에 닭 울기 전에 네가 세 번 나를 부인하리라 하심이 생각나서 밖에 나가서 심히 통곡하니라" 마 26:75

베드로는 밖으로 나가서 심히 통곡하며 울부짖었습니다. 그는 자신의 죄악을 뼈저리게 회개했습니다. 하나님께서는 그 회개의 눈물을 보시고 베드로를 용서하셨습니다. 반면, 가룟 유다는 회개할 기회가 있었음에도 불구하고 끝내 회개하지 않았고, 스스로 목매어 죽음을 택했습니다.

하나님께서는 다윗에게도 회개할 기회를 주셨습니다. 그때는 부하들이 돌을 들고 다윗을 죽이려 했던 절박한 순간이었습니다. 아무리 절망적이고 두려운 상황일지라도, 아직 숨이 붙어 있다면 회개할 수 있습니다. 가룟 유다는 밧줄을 목에 걸기 전에 회개했어야 했습니다. 사울은 칼에 엎드리기 전에 하나님 앞에 엎드려 회개했어야 했습니다. 그러나 사울은 하나님께 자복하고 엎드리는 대신, 자신의 칼 앞에 엎드리고 말았습니다.

> "이에 사울이 자기의 칼을 뽑아서 그 위에 엎드러지매" 삼상 31:4

결국, 사울은 죽는 순간까지도 하나님 앞에 엎드리는 대신, 자신의 칼, 자신의 힘, 자신의 의지에 엎드렸습니다. 다윗은 회개했지만, 사울은 끝내 회개하지 않았습니다. 그 이유는 무엇일까요? 사울은 끝까지 자신의 의지를 꺾지 않았기 때문입니다. 바로 그것이 교만입니다.

> "주 만군의 여호와의 말씀이니라 교만한 자여 보라 내가 너를 대적하나니 너의 날 곧 내가 너를 벌할 때가 이르렀음이라" 렘 50:31

애굽의 바로가 하나님 앞에서 완고했던 것처럼, 사울도 하나님 앞에서 완고했습니다. 그는 자신의 교만과 고집스러운 의지를 꺾지 않았습니다. 사울은 블레셋 군인들로부터 자신을 구원해 줄 존재가 누구라고 생각했습니까? 하나님이 아니라, 오직 자신의 칼이었습니다.

"이에 사울이 자기의 칼을 뽑아서 그 위에 엎드러지매" 삼상 31:4
"유다가 은을 성소에 던져 넣고 물러가서 스스로 목매어 죽은지라" 마 27:5

사울의 죽음과 가룟 유다의 죽음을 다시 살펴보면, 둘 사이에는 공통점이 있습니다. 그것은 바로 '자기'와 '스스로'입니다. 사울과 가룟 유다의 마음에는 오직 자기 자신밖에 없었습니다. 그 안에는 하나님이 없었습니다. 그들은 자기 자신을 왕으로 여겼습니다. 죽는 순간까지도 하나님의 뜻에는 관심이 없었고, 오직 자신의 의지와 계획대로 행동했습니다.

나를 죽이는 그 순간까지도 하나님 앞에 굴복하지 못하게 만드는 것은 무엇입니까? 죽음의 위기 앞에서도 엎드리지 못하게 하는 것은 바로 교만입니다. 이 교만을 꺾어버려야만 비로소 우리는 진정으로 하나님 앞에서 회개할 수 있습니다.

다윗과 사울의 차이점은 무엇입니까? 베드로와 가룟 유다의 차이점은 무엇입니까? 그것은 바로 '회개'입니다. 동일한 죄인이라 할지라도, 회개하는 자는 그 결말이 완전히 달라집니다. 회개하는 자는 용서를 받을 수 있고, 죽음의 위기에서 벗어날 수 있습니다. 지금 상황이 아무리 고통스럽고 절망적일지라도, 아직 숨이 붙어 있다면 회개할 기회는 남아 있습니다.

어느 한 남자가 부푼 꿈을 품고 시카고로 이민을 떠났습니다. 이민 생활은 결코 쉽지 않았지만, 그는 밑바닥에서부터 성실하게 일하며 조금씩 경제적 안정을 이루어 갔습니다. 그러나 한 한국인에게 사기를 당하면서, 모아두었던 모든 재산을 잃고 말았습니다. 사기꾼은 타국으로 도피해 버렸고, 이 남자는 도저히 방법이 없었습니다. 주변에 도움을 줄 사람도 없었고, 깊은 절망감에 빠진 그는 결국 자살을 결심했습니다.

미시간 호수를 향해 차를 몰고 가던 그는, 운전 중 라디오를 켰습니다. 무심코 채널을 돌리던 중, 시카고 기독교 방송에 맞춰졌습니다. 방송에서는 한 목사님이 설교를 하고 있었습니다. 설교 내용은 이러했습니다. "자살은 하나님이 주신 생명을 인간이 포기하는 것이기에, 살인과 다를 바 없습니다. 죽을 만큼 마음이 괴롭다면, 그 독한 마음을 반대로 살아보겠다는 결심으로 바꾸면, 어떤 어려움도 이겨낼 수 있습니다."

그 설교를 듣는 순간, 그의 마음이 뜨거워지고 눈물이 쏟아졌습니다. 더 이상 운전을 계속할 수 없을 정도로 가슴이 먹먹해진 그는 갓길에 차를 멈추고 한없이 울었습니다. 그리고 자살하려 했던 마음을 돌이키고, 하나님께 회개했다고 합니다. 아무리 죽을 것 같은 절망 속에 있다 할지라도, '회개'하면 '회복'될 수 있습니다.

아직 죽지 않았다면, 기회는 여전히 있습니다. 숨이 붙어 있는 한, 회개할 수 있습니다. 다윗은 죽음의 위기에서 하나님을 찾았지만, 사울은 같은 위기에서 자신의 칼을 찾았습니다. 그렇다면 우리는 죽을 위기에서 무엇을 찾겠습니까? 무엇이 우리를 죽음 앞에서도 회개하지 못하게 합니까? 왜 하나님께서 기회를 주시는데도 걷어차 버리십니까?

죄의 결말은 죽음이지만, 회개의 길은 생명으로 이어집니다. 아직 숨이 붙어 있는 한, 회개의 기회는 언제나 있습니다. 하나님의 은혜는 우리의 모든 죄를 넘어서는 크신 은혜이며, 진심으로 회개하는 자에게는 언제나 회복과 구원의 길이 열려 있습니다. 죽음의 순간까지 하나님을 찾지 못한 사울의 비극이 우리의 삶에서 되풀이되지 않도록, 우리는 회개의 기회를 붙잡아야 합니다.

## 네 머리로 돌아갈지어다

"다윗이 그에게 묻되 너는 어디서 왔느냐 하니 대답하되 이스라엘 진영에서 도망하여 왔나이다 하니라 다윗이 그에게 이르되 일이 어떻게 되었느냐 너는 내게 말하라 그가 대답하되 군사가 전쟁 중에 도망하기도 하였고 무리 가운데에 엎드러져 죽은 자도 많았고 사울과 그의 아들 요나단도 죽었나이다 하는지라" 삼하 1:3~4

다윗은 아말렉을 상대로 큰 승리를 거두고 시글락으로 돌아왔습니다. 그러나 그 기쁨도 잠시, 다윗은 충격적인 소식을 듣게 되었습니다. 그것은 바로 사울이 죽었다는 소식이었습니다. 비록 원수 같았던 사울이었지만, 그의 죽음 소식은 다윗에게 큰 슬픔을 안겨주었습니다. 특히, 사랑하는 친구 요나단의 죽음은 다윗의 현실감각을 크게 흔들어 놓았습니다. 도저히 믿기 어려웠던 다윗은 다시 묻습니다. "사울과 요나단이 죽었다는 것을 네가 어떻게 아느냐?"

> "그에게 알리는 청년이 이르되 내가 우연히 길보아 산에 올라가 보니 사울이 자기 창에 기대고 병거와 기병은 그를 급히 따르는데" 삼하 1:6

청년은 대답했습니다. "제가 우연히 길보아 산에 올라갔습니다" 하지만 그의 대답은 시작부터 거짓이었습니다. 길보아 산에 올라간 것은 결코 우연이 아니었습니다. 당시 길보아 산에서는 이스라엘과 블레셋이 대대적인 전쟁을 벌이고 있었고, 이를 모르는 사람은 없었습니다. 이 청년은 죽은 군인들을 약탈하기 위해 의도적으로 그곳에 숨어든 것입니다.

청년이 치열한 전투가 벌어지는 전쟁터에 숨어든 이유는 무엇이었을까요? 자칫하면 전쟁에 휘말려 목숨을 잃을 수도 있는 위험한 곳입니다. 그럼에도 불구하고 그가 의도적으로 길보아 산으로 간 것은 분명한 목적이 있었기 때문입니다. 그는 죽은 병사들로부터 무기와 갑옷을 훔치려 했던 것입니다. 당시에는 평민들이 입는 옷조차 귀했기에, 병사들이 사용하던 갑옷과 무기는 값비싼 귀중품이었습니다. 이 청년은 사람이 죽고 사는 참혹한 전쟁터에서 돈을 벌어보겠다는 욕심으로 길보아 산에 올라간 것입니다. 그러던 중, 그는 누구를 발견했습니까? 바로 자기 칼 위에 엎드려져 있는 사울을 발견하게 된 것입니다.

> "또 내게 이르시되 내 목숨이 아직 내게 완전히 있으므로 내가 고통 중에 있나니 청하건대 너는 내 곁에 서서 나를 죽이라 하시기로 그가 엎드러진 후에는 살 수 없는 줄을 내가 알고 그의 곁에 서서 죽이고 그의 머리에 있는 왕관과 팔에 있는 고리를 벗겨서 내 주께로 가져왔

나이다 하니라" 삼하 1:9~10

　사울은 그 청년에게 자신을 죽여달라고 요청했습니다. 아직 숨이 끊어지지 않았기에, 사울은 극심한 고통 속에 있었습니다. 그는 살아날 가망이 없었기 때문에, 청년은 사울을 죽이고 그의 왕관과 팔찌를 벗겨 다윗에게 가져왔습니다. 전쟁터에서 좀도둑질을 하려 했던 청년에게 왕관과 팔찌는 더할 나위 없는 최고의 전리품이었습니다. 그런데 그는 그 귀한 왕관과 팔찌를 다윗에게 건네주었습니다. 왜 그랬을까요? 그것은 더 큰 것을 탐하는 탐욕 때문이었습니다. 왕관과 팔찌를 가지고 집으로 돌아가는 것보다, 다윗에게 바친다면 더 큰 보상을 받을 것이라고 계산한 것입니다.

　이 청년은 아말렉 사람입니다. 하지만 그는 사울과 다윗의 관계를 잘 알고 있었습니다. 사울이 다윗의 원수였다는 사실도, 다윗이 이스라엘의 차기 왕으로 유력하다는 것도 알고 있었습니다. 그래서 그는 다윗이 사울의 죽음을 기뻐하며 자신에게 큰 상을 줄 것이라 기대했습니다. 그러나 그것은 크나큰 착각이었습니다.

"이에 다윗이 자기 옷을 잡아 찢으매 함께 있는 모든 사람도 그리하고 사울과 그의 아들 요나단과 여호와의 백성과 이스라엘 족속이 칼에 죽음으로 말미암아 저녁 때까지 슬퍼하여 울며 금식하니라" 삼하 1:11~12

　아말렉 청년의 눈에 비친 다윗의 모습은 전혀 예상 밖이었습니다. 그는 다윗이 기뻐하며 자신을 칭찬할 줄 알았지만, 다윗은 오히려 자신의 옷을 찢고 금식하며 슬피 울었습니다. 원수의 죽음 앞에서 박수를 치며 환호할 줄 알았던 다윗이, 사울의 죽음을 애통해하는 모습을 본 것입니다. 그 순간, 아말렉 청년의 심정은 어땠겠습니까? 그는 당황하고 불안하며 초조했을 것입니다. 분명히 원수가 죽었으니 기뻐할 것이라 생각했지만, 다윗은 진심으로 슬퍼하고 있었습니다.

이를 통해 우리는 다윗의 진정한 마음을 엿볼 수 있습니다. 다윗은 자신의 욕망으로 왕이 되려 했던 것이 아닙니다. 그는 하나님의 말씀에 순종하여 기름 부음을 받았을 뿐입니다. 다윗의 관심은 처음부터 왕좌가 아니라, 하나님께 있었습니다. 그렇기 때문에 그는 사울의 죽음을 진심으로 애도하며 괴로워했던 것입니다. 다윗은 한참을 울고 난 뒤, 아말렉 청년에게 말했습니다.

> "다윗이 그에게 이르되 네가 어찌하여 손을 들어 여호와의 기름 부음 받은 자 죽이기를 두려워하지 아니하였느냐 하고 다윗이 청년 중 한 사람을 불러 이르되 가까이 가서 그를 죽이라 하매 그가 치매 곧 죽으니라 다윗이 그에게 이르기를 네 피가 네 머리로 돌아갈지어다 네 입이 네게 대하여 증언하기를 내가 여호와의 기름 부음 받은 자를 죽였노라 함이니라 하였더라" 삼하 1:14~16

"네가 감히 여호와께서 기름 부으신 자를 죽이고도 두려워하지 않느냐? 이렇게 뻔뻔하게 상급을 요구할 수 있단 말이냐?" 다윗은 격노하며 자신의 부하를 불러 아말렉 청년을 처형하게 했습니다. 그는 단호하게 말했습니다. "네 피가 네 머리 위에 있을 것이다!"

아말렉 청년은 살인을 저질렀음에도 죄책감을 느끼지 않았습니다. 오히려 자신의 악행을 자랑하며 당당하게 다윗 앞에 섰습니다.

> "네가 말하기를 나는 그것을 알지 못하였노라 할지라도 마음을 저울질 하시는 이가 어찌 통찰하지 못하시겠으며 네 영혼을 지키시는 이가 어찌 알지 못하시겠느냐 그가 각 사람의 행위대로 보응하시리라" 잠 24:12

하나님께서는 우리의 마음을 저울질하십니다. 아무리 변명하고 핑계를 대며 거짓말을 할지라도, 하나님은 사람의 마음과 행위를 정확히 보시고 그에 따라 보응하십니다. 아말렉 청년은 전형적인 기회주의자였습니다. 그는 자신의 성공을 위해 거짓말과 도둑질은 물론, 심지어 살인까지도 서슴지 않았습니다. 그러나 하나님은 그 죄악을 외면하지 않으셨습니다. 이 청년은 겉으로는 당당했지만, 결국 하나님의 심판을 피할 수 없었습니다. 그의 죄로 인해 젊은 나이에 죽임을 당한 것입니다.

하나님께서는 우리의 행동을 달아보시며, 그에 따라 공정하게 갚으십니다. 선을 행하는 자에게는 선으로 보답하시고, 악을 행하는 자에게는 악으로 되갚으십니다. 그러므로 우리는 하나님을 두려워하며, 하나님의 말씀을 따라 살아야 합니다. 마음의 중심을 보시는 하나님께서는 우리의 모든 생각과 의도를 꿰뚫어 보십니다.

> "하나님께서 각 사람에게 그 행한 대로 보응하시되 참고 선을 행하여 영광과 존귀와 썩지 아니함을 구하는 자에게는 영생으로 하시고 오직 당을 지어 진리를 따르지 아니하고 불의를 따르는 자에게는 진노와 분노로 하시리라" 롬 2:6~8

하나님께서는 우리의 모든 말과 행동을 기억하시며, 각 사람의 행위대로 보응하십니다. 참고 인내하며 선을 행하는 자에게는 영생으로 보답하시고, 불의와 죄악을 따르는 자에게는 진노와 분노로 응답하십니다. 그러므로 우리는 언제나 선을 행하기 위해 힘써야 합니다.

> "여호와여 구하오니 내가 진실과 전심으로 주 앞에 행하며 주께서 보시기에 선하게 행한 것을 기억하옵소서 하고 히스기야가 심히 통곡하더라" 왕하 20:3

히스기야 왕은 죽을병에 걸렸을 때, 하나님께 간절히 기도했습니다. "제가 선을 행한 것을 기억해 주십시오!" 히스기야는 자신 있게 자신의 선행을 하나님께 아뢰었습니다. 이는 그가 평생 선을 행하기 위해 최선을 다했음을 보여줍니다. 히스기야는 백성들을 억압하거나 착취하지 않았습니다. 그는 백성들을 사랑하며 나라를 위해 헌신한 선한 왕이었습니다. 하나님께서는 이러한 히스기야의 선행을 기억하시고, 그의 병을 고쳐주셨습니다.

> "다윗이 그에게 이르기를 네 피가 네 머리로 돌아갈지어다 네 입이 네게 대하여 증언하기를 내가 여호와의 기름 부음 받은 자를 죽였노라 함이니라 하였더라" 삼하 1:16

사울을 죽인 아말렉 청년은, 그 피가 결국 자신의 머리로 돌아갈 것을 전혀 알지 못했습니다. 우리도 마찬가지입니다. 우리의 모든 말과 행동이 결국 자신에게 되돌아온다는 사실을 깨닫지 못한 채, 쉽게 미워하고, 거짓말하며, 남의 것을 빼앗고, 다투는 말을 일삼습니다. 하나님께서 반드시 보응하신다는 사실을 알지 못하기에, 우리는 시기하고 질투하며, 이간질을 서슴지 않는 것입니다. 그러나 하나님께서는 악을 행하는 자에게는 진노로, 선을 행하는 자에게는 축복으로 보응하십니다. 우리는 아말렉 청년처럼 피를 흘리는 자가 아니라, 히스기야처럼 전심으로 선을 행하는 자가 되어야 합니다.

우리의 말과 행동뿐만 아니라 마음의 동기까지도 하나님께서는 철저히 꿰뚫어 보십니다. 우리는 때로 죄를 저지르고도 숨길 수 있다고 착각하지만, 하나님께서는 모든 것을 알고 계시며, 각 사람의 행위에 따라 반드시 보응하십니다. 이 사실을 우리는 결코 잊어서는 안 됩니다. 하나님께서는 악을 행하는 자에게는 진노와 심판으로, 선을 행하는 자에게는 영광과 축복으로 응답하십니다.

## 여호와께 복을 받을지어다

사울과 요나단의 죽음으로 인한 깊은 슬픔을 이겨낸 다윗은 하나님께 간절히 기도했습니다. "제가 어디로 가리이까?" 그때 하나님께서는 분명하게 '헤브론'으로 가라고 응답하셨습니다. 헤브론은 다윗이 아말렉을 물리치고 얻은 전리품을 보냈던 장소로, 다윗은 헤브론의 사람들과 이미 깊은 관계를 맺고 있었습니다. 이에 다윗은 부하들과 그들의 가족을 모두 데리고 헤브론으로 떠났습니다.

> "유다 사람들이 와서 거기서 다윗에게 기름을 부어 유다 족속의 왕으로 삼았더라 어떤 사람이 다윗에게 말하여 이르되 사울을 장사한 사

람은 길르앗 야베스 사람들이니이다 하매" 삼하 2:4

유다 사람들이 다윗을 찾아와 기름을 부으며 그를 유다의 왕으로 삼았습니다. 양치기에 불과했던 다윗은 사무엘에게 기름 부음을 받은 지 약 15년 만에 드디어 왕위에 오르게 된 것입니다. 비록 아직은 이스라엘 전체의 왕이 아닌, 유다 족속의 왕에 불과했지만, 하나님의 약속이 분명하게 성취된 순간이었습니다. 사람의 생각으로는 불가능할 것처럼 보였던 일이지만, 하나님께서 친히 이루어 주신 것입니다. 다윗은 헤브론에서 7년 6개월 동안 유다의 왕으로 다스린 후, 이스라엘 전체의 왕이 되었습니다.

그렇다면, 왜 7년 6개월이라는 시간이 필요했을까요? 이미 사울과 요나단이 죽었는데도 다윗은 곧바로 이스라엘 전체의 왕이 되지 않고, 유다 족속의 왕으로만 세워졌습니다. 이스라엘 백성들은 이미 하나님께서 사무엘을 통해 다윗을 왕으로 세우셨다는 사실을 알고 있었습니다. 그러나 사울의 죽음 이후에도, 사울 가문의 세력은 여전히 견고했습니다. 사울의 정권 아래에서 기득권을 누리던 위정자들과 지도자들은 자신들의 권력을 유지하기 위해, 사울의 아들인 이스보셋을 왕으로 세우려 했습니다. 그들은 다윗이 왕이 된다면 자신들의 위치와 권력이 위태로워질 것을 두려워했기 때문입니다. 이들은 하나님께서 다윗을 선택하셨다는 사실을 알면서도, 자신의 부와 명예를 지키기 위해 인간적인 방법으로 이스보셋을 왕으로 옹립했습니다.

그러나 결국, 하나님의 뜻은 인간의 계획을 넘어섭니다. 하나님께서는 다윗을 이스라엘 전체의 왕으로 세우셨고, 그의 약속은 흔들림 없이 이루어졌습니다.

> "사람의 마음에는 많은 계획이 있어도 오직 여호와의 뜻만이 완전히 서리라" 잠 19:21

　사울 가문의 세력이 이스보셋을 왕으로 세우기 위해 온갖 흉계와 음모를 꾸민다 하더라도, 결국 이루어지는 것은 하나님의 뜻입니다. 그들이 이스보셋을 왕으로 옹립하려 했던 이유는 사울에게 받은 은혜 때문이 아니었습니다. 오직 자신의 권력과 기득권을 지키려는 이기심 때문이었습니다. 그들은 사울이 어디서 어떻게 죽었는지, 그의 죽음 이후 시신이 어떻게 되었는지 전혀 관심이 없었습니다. 오히려 사울의 시신을 수습하고 장사한 것은 사울의 은혜를 기억하며 목숨을 걸었던 길르앗 야베스 사람들이었습니다.

> "그의 갑옷은 아스다롯의 집에 두고 그의 시체는 벧산 성벽에 못 박으매" 삼상 31:10

　블레셋 사람들은 전쟁에서 승리한 후, 사울의 목을 잘라 그의 시신을 벧산 성벽에 매달았습니다. 이는 고인을 능멸하고, 이스라엘을 모욕하며 그들의 승리를 자축하는 매우 치욕적인 행위였습니다. 그러나 이스라엘의 어느 누구도 사울의 시신을 블레셋의 손아귀에서 되찾아 올 엄두를 내지 못했습니다. 이미 이스라엘 군대는 블레셋에게 패배해 뿔뿔이 흩어진 상태였고, 사울의 고향인 베냐민 지파마저도 그의 시신을 되찾으려는 시도를 하지 않았습니다.

> "모든 장사들이 일어나 밤새도록 달려가서 사울의 시체와 그의 아들들의 시체를 벧산 성벽에서 내려 가지고 야베스에 돌아가서 거기서

불사르고" 삼상 31:12

그때, 길르앗 야베스 주민들은 밤새도록 달려가 사울과 그의 아들들의 시신을 벧산 성벽에서 내려 모셔 왔습니다. 그들은 목숨을 걸고 블레셋의 영역으로 뛰어든 것입니다. 길르앗 야베스는 작은 산골 마을에 불과했으며, 블레셋의 강력한 군대와 맞설 만한 전력이 없는 사람들이었습니다. 그러나 그들은 불나방처럼 죽음을 각오하고 블레셋과 맞섰습니다. 그렇게 길르앗 야베스 주민들은 목숨을 걸고 사울의 시신을 되찾아 와서, 야베스에서 정중하게 장사를 치렀습니다. 그들은 왕에게 합당한 장례를 치르며, 에셀 나무 아래에 사울을 묻고 7일 동안 금식하며 애통했습니다.

그렇다면, 왜 길르앗 야베스 주민들은 목숨을 걸고 블레셋과 싸웠을까요? 승산이 없는 싸움이라는 것을 알면서도, 그들은 왜 블레셋에게 돌진했을까요?

> "암몬 사람 나하스가 올라와서 길르앗 야베스에 맞서 진 치매 야베스 모든 사람들이 나하스에게 이르되 우리와 언약하자 그리하면 우리가 너를 섬기리라 하니 암몬 사람 나하스가 그들에게 이르되 내가 너희 오른 눈을 다 빼야 너희와 언약하리라 내가 온 이스라엘을 이같이 모욕하리라" 삼상 11:1~2

과거에 암몬 사람들이 길르앗 야베스를 공격했을 때, 야베스 주민들은 제대로 싸워보지도 못하고 항복을 결심했습니다. 그러자 암몬의 나하스 왕은 "너희 모두의 오른쪽 눈을 빼야만 항복을 받아주겠다"며 협박하고 모욕했습니다. 야베스는 절망에 빠졌고, 주변 이스라엘 지파들 중에서도 그 누구도 그들을 도우려 하지 않았습니다. 결국 야베스 주민들은 오른쪽 눈을 희생하며 굴욕적으로 항복할 수밖에 없었습니다.

바로 그때, 소식을 들은 사울이 격분하여 군대를 일으켰습니다. 그는 이스라엘 백성들을 모아 암몬 사람들을 쳐서 큰 승리를 거두었고, 길르앗 야베스는 사울의 구원으로 자유를 되찾았습니다. 그 사건은 길르앗 야베스 주민들에게 큰 은혜로 각인되었습니다.

보통 시간이 지나면, 받은 은혜는 쉽게 잊히기 마련입니다. 이미 오래전의 일이었고, 지금 사울은 죽은 상태입니다. 길르앗 야베스 주민들도 이렇게 생각할 수 있었을 것입니다. '우리 같은 작은 마을이 강력한 블레셋과 싸운다는 것은 무모한 일이지. 외면하고 타협하는 편이 더 현명할지도 몰라' 그러나 그들은 받은 은혜를 잊지 않았습니다. 사울이 베푼 구원을 기억하며, 길르앗 야베스의 주민들은 목숨을 걸고 블레셋의 손아귀로 달려가 사울의 시신을 되찾아 왔습니다.

이처럼 하나님께서는 은혜를 잊지 않고 감사하는 자들에게 큰 복을 내려 주십니다. 길르앗 야베스의 사람들은 받은 은혜를 가슴에 새기고, 위험을 무릅쓰고 의리를 지켰습니다. 하나님께서는 이들의 신실함을 기억하시고, 그들의 충성된 행위를 기쁘게 보셨습니다.

> "너희가 이 일을 하였으니 이제 여호와께서 은혜와 진리로 너희에게 베푸시기를 원하고 나도 이 선한 일을 너희에게 갚으리니" 삼하 2:6

후에 다윗은 길르앗 야베스 사람들이 사울에게 행한 일을 전해 듣게 되었습니다. 이에 다윗은 그들을 은혜와 진리로 축복하였습니다. 길르앗 야베스 주민들은 사울에게 받은 은혜를 잊지 않고 갚았습니다. 그러자 하나님께서는 다윗을 통해 그들에게 더 큰 은혜를 베푸셨습니다. 이처럼, 은혜는 또 다른 은혜를 낳고, 축복은 이어져 더욱 큰 축복으로 돌아옵니다.

> "히스기야가 마음이 교만하여 그 받은 은혜를 보답하지 아니하므로 진노가 그와 유다와 예루살렘에 내리게 되었더니" 대하 32:25

우리는 받은 은혜를 너무나 쉽게 잊어버리지 않습니까? 은혜를 잊는 것은 교만입니다. 받은 은혜를 보답하지 않는 것은 결국 여호와의 진노를 초래하는 행위입니다. 히스기야 왕도 교만해져서 받은 은혜에 보답하지 않았고, 그 결과 여호와의 진노가 이스라엘에 임했습니다. 우리는 은혜를 받았을 때, 반드시 그 은혜에 감사하며, 은혜를 갚아야 합니다. 은혜를 기억하고 보답할 줄 아는 사람이야말로 여호와의 축복을 받는 자입니다.

## 우리 앞에서 겨루게 하자

　서울 천호동의 한 아파트에서 입주민이 경비원을 폭행하는 사건이 있었습니다. 술에 취한 입주민은 엘리베이터에 탑승하고도 버튼을 누르는 것을 깜박했습니다. 그는 자신이 엘리베이터 안에 갇혔다고 착각하고, 잔뜩 화가 나서 다짜고짜 경비원을 발로 차며 심한 욕설을 퍼부었습니다. 일흔을 앞둔 경비원에게는 전치 2주의 부상보다도, 인격적인 모독과 모욕감이 더 큰 상처로 남았습니다. 이처럼 경비원을 향한 갑질 논란이 끊이지 않는 이유는, 일부 사람들이 자신들이 월급을 주는 입장이라는 우월감과 교만에 사로잡혀 있기 때문입니다.
　힘 있는 자가 약한 사람들을 보호하고 도와야 마땅하지만, 현실은 그렇지 않은 경우가 많습니다. 오히려 강자는 약자를 억압하고, 착취하며, 폭행하고 괴롭히려는 경향이 있습니다. 왜 사람은 권력을 쥐게 되면 타락하고 추악해지는 걸까요?
　첫째, 권력에 빠진 사람은 공감 능력을 잃게 됩니다. 공감 능력은 다른 사람의 감정을 자신의 것으로 느끼고 이해할 수 있는 능력인데, 이 능력이 떨어지면 타인의 아픔과 고통을 무시하게 됩니다. 그로 인해 상대방을 괴롭히거나 모욕할 때도 죄책감이나 부끄러움을 느끼지 않습니다. 또한 권력을 쥐면, 남녀 모두 체내에서 남성호르몬인 테스토스테론(Testosterone)이 증가하게 되고, 이 호르몬은 쾌락과 즐거움을 느끼게 하는 도파민의 분비를 촉진시킵니다. 이 도파민은 마약을 복용했을 때와 비슷한 희열을 주어, 권력을 한번 맛본 사람은 중독된 듯 더 많은 권력을 추구하게 됩니다. 그래서 이미 권력을 가진 사람들조차도 만족하지 못하고 더 높은 자리를 추구하며 몸부림칩니다. 세상은 권력이 모든 것처럼 여깁니다. 출세하고 높은 자리에 오르라고 말합니다. 그러나 예수님께서는 권력에 대해 어떻게 말씀하셨을까요?

> "청함을 받았을 때에 차라리 가서 끝자리에 앉으라 그러면 너를 청한 자가 와서 너더러 벗이여 올라 앉으라 하리니 그 때에야 함께 앉은 모든 사람 앞에서 영광이 있으리라 무릇 자기를 높이는 자는 낮아지고 자기를 낮추는 자는 높아지리라" 눅 14:10~11

예수님은 우리가 높은 자리에 앉지 말고 끝자리에 앉으라고 가르치셨습니다. 자기를 높이는 자는 결국 낮아지게 된다는 것은 성경의 원리이자 하나님의 섭리입니다.

> "사울의 군사령관 넬의 아들 아브넬이 이미 사울의 아들 이스보셋을 데리고 마하나임으로 건너가 길르앗과 아술과 이스르엘과 에브라임과 베냐민과 온 이스라엘의 왕으로 삼았더라" 삼하 2:8~9

사울의 군대장관이었던 아브넬은 사울이 죽자마자 그의 넷째 아들 이스보셋을 왕으로 추대했습니다. 아브넬은 하나님의 뜻이 다윗에게 있다는 것을 알면서도, 자신의 권력을 유지하기 위해 이스보셋을 왕으로 세웠습니다. 사울과 친척 관계였던 아브넬은 다윗보다 이스보셋을 꼭두각시 왕으로 세우는 것이 자신에게 유리하다고 판단했던 것입니다. 결과적으로, 실질적인 권력은 모두 아브넬이 쥐게 되었습니다. 이후, 아브넬은 이스라엘 군대를 이끌고 다윗과 맞서 싸우기 위해 출전했습니다.

> "넬의 아들 아브넬과 사울의 아들 이스보셋의 신복들은 마하나임에서 나와 기브온에 이르고 스루야의 아들 요압과 다윗의 신복들도 나와 기브온 못 가에서 그들을 만나 함께 앉으니 이는 못 이쪽이요 그는 못 저쪽이라" 삼하 2:12~13

아브넬의 군대가 출전하자, 다윗의 진영에서도 군대장관인 요압이 군대를 이끌고 출전했습니다. 그러나 중요한 점은 다윗이 이 전투에 직접 나서지 않았다는 것입니다. 그 이유는 무엇일까요? 아무리 자신을 죽이려는 군대일지라도, 그들은 다윗과 같은 민족이자, 동일한 하나님의 백성이었기 때문입니다. 다윗은 아브넬의 군대와 싸우기를 원치 않았습니다. 그는 요압에게 분명히 명령했습니다. "싸우지 말고 대치만 하고 있어라. 같은 민족끼리 어떻게 싸울 수 있겠느냐?"

다윗은 아브넬이 스스로 물러날 때까지 방어 태세만 취하도록 했습니다. 그래서 아브넬의 군대와 요압의 군대는 강을 사이에 두고 서로 눈치만 보고 있었습니다. 요압의 군대는 철저히 방비를 마쳤기에, 아브넬도 쉽게 공격할 수 없는 상황이었습니다. 양측은 오랜 시간 대치하며 마주 보고 서 있었습니다.

그러던 중, 긴장된 대치 상태에 지루함을 느낀 아브넬은 요압에게 제안을 했습니다. "심심풀이로 결투 대회를 열어보는 것이 어떻겠소?"

> "아브넬이 요압에게 이르되 원하건대 청년들에게 일어나서 우리 앞에서 겨루게 하자 요압이 이르되 일어나게 하자 하매 그들이 일어나 그 수대로 나아가니 베냐민과 사울의 아들 이스보셋의 편에 열두 명이요 다윗의 신복 중에 열두 명이라" 삼하 2:14~15

"이렇게 시간을 보내기만 하는 건 지루하니, 서로 용사 12명씩 뽑아 겨뤄보는 게 어떻겠소!" 아브넬은 불리한 상황에서 요압 군대의 사기를 꺾기 위해 결투 대회를 제안한 것입니다. 이 제안에 지루함을 느끼던 요압도 순순히 동의했습니다. 그래서 각 진영에서 용사 12명씩 나와, 결투가 시작되었습니다.

> "각기 상대방의 머리를 잡고 칼로 상대방의 옆구리를 찌르매 일제히 쓰러진지라 그러므로 그 곳을 헬갓 핫수림이라 일컬었으며 기브온에 있더라" 삼하 2:16

결과는 어떻게 되었습니까? 총 24명의 청년들이 모두 허망하게 목숨을 잃었습니다. 아브넬과 요압, 두 사람의 유희와 오락 때문에, 앞날이 창창했던 젊은 용사들이 아무런 의미 없이 죽어버린 것입니다. 요압과 아브넬이 결투에 나설 사람들을 아무렇게나 뽑았겠습니까? 자존심이 걸린 결투였기 때문에, 각자 가장 용맹하고 싸움을 잘하는 자들만 내보냈습니다. 그러나 그들 모두가 허무하게 죽었습니다. 하나님의 백성들이 단 한 순간의 즐거움과 오락을 위해 생명을 잃어버린 것입니다.

그 이유는 무엇일까요? 아브넬과 요압이 권력에 취해 있었기 때문입니다. 권력에 취한 이들은 공감 능력을 잃어버렸고, 무엇이 옳고 그른 일인지 분별하지 못했습니다. 그들은 자신의 권력과 자존심을 지키기 위해, 단지 재미와 오락을 위해 24명의 목숨을 짓밟아 버렸습니다. 이 작은 결투는 결국 더 큰 싸움으로 번지게 되었습니다. 아브넬의 군대와 요압의 군대가 결국 전면전을 벌이게 되었고, 그 결과 아브넬의 군대는 패배했습니다.

간신히 목숨을 건진 아브넬은 서둘러 도망쳤습니다. 그때, 누가 아브넬의 뒤를 쫓았습니까? 바로 요압의 막내동생인 아사헬이었습니다. 아사헬은 들노루처럼 발이 빠르고 날렵했기에, 도망치는 아브넬을 금세 따라잡을 수 있었습니다.

> "아사헬이 아브넬을 쫓아 달려가되 좌우로 치우치지 않고 아브넬의 뒤를 쫓으니 아브넬이 다시 아사헬에게 이르되 너는 나 쫓기를 그치라 내가 너를 쳐서 땅에 엎드러지게 할 까닭이 무엇이냐 그렇게 하면 내가 어떻게 네 형 요압을 대면하겠느냐 하되" 삼하 2:19, 22

아브넬은 자신의 뒤를 쫓고 있는 아사헬에게 말을 건넸습니다. "너는 내 상대가 되지 못하니, 다른 사람을 쫓아라! 까불지 말고 좋은 말로 할 때 물러나라! 만약 내가 너를 죽인다면, 어떻게 요압과 다시 만날 수 있겠느냐?" 아브넬은 사실, 언제든지 이스보셋을 버리고 다윗의 편으로 돌아갈 계획을 가지고 있었습니다. 그런 상황이 되면 요압과의 관계도 원만하게 풀어야 했기 때문에, 아사헬을 죽이지 않으려 했습니다. 기회주의자였던 아브넬은 뒷일을 염두에 두고, 아사헬을 죽이지 않고 그를 돌려보내려 했던 것입니다.

> "그가 물러가기를 거절하매 아브넬이 창 뒤 끝으로 그의 배를 찌르니 창이 그의 등을 꿰뚫고 나간지라 곧 그 곳에 엎드러져 죽으매 아사헬이 엎드러져 죽은 곳에 이르는 자마다 머물러 섰더라" 삼하 2:23

하지만 아사헬은 물러서지 않았습니다. 그는 끝까지 아브넬을 추격했습니다. 결국 아브넬은 더 이상 도망칠 수 없었고, 어쩔 수 없이 창의 손잡이로 아사헬을 찔렀습니다. 아사헬의 배를 관통한 창의 뒤 끝은 아브넬과 아사헬 간의 실력 차이를 그대로 드러냈습니다. 아브넬은 백전노장의 경험을 가진 뛰어난 전사였고, 아사헬은 그 상대가 될 수 없었습니다. 그럼에도 불구하고 아사헬은 끝까지 아브넬을 추적한 이유가 있었습니다. 그것은 바로 그 역시 권력에 대한 욕망에 사로잡혀 있었기 때문입니다.

둘째로, 권력에 빠진 사람은 분별력을 잃게 됩니다. 권력의 미혹은 사람을 냉철한 판단을 할 수 없게 만들고, 무모하게 싸움에 뛰어들게 만듭니다. 아사헬 역시 권력의 충동에 사로잡혀, 자신이 이길 수 없다는 현실을 인정하지 않고 끝까지 추격을 멈추지 않았습니다. 그는 '만약 아브넬을 죽이면 형(요압)보다 더 위대한 장군이 될 수 있을 것이다'라고 생각했습니다. 아사헬은 아브넬을 죽이고 형의 그늘에서 벗어나기를 원했던 것입니다. 이처럼 권력에 빠진 사람은 분별력과 판단력을 잃게 됩니다. 승패가 분명한 싸움, 실력 차이가 확연하게 드러난 상황에서도, 아사헬은 자신이 이길 수 있다는 착각에 빠져 끝내 아브넬에게 죽임을 당했습니다.

이처럼 권력에 빠지면, 어떤 상황이 위험하고, 어떤 계획이 불확실한지에 대한 분별력이 흐려집니다. 권력에 취한 사람은 모든 것을 자기의 통제 아래 두려는 교만과 오만에 빠져 잘못된 선택을 하게 됩니다. 이미 실패가 예고된 싸움에 도전하고, 분명한 위기에 직면하게 되는 것입니다.

마지막으로, 권력에 빠진 사람은 책임을 다른 사람에게 전가하려 합니다. 동생 아사헬이 죽었다는 소식을 들은 요압은 복수심에 불타 아브넬을 추격했습니다. 더 이상 도망칠 곳이 없어진 아브넬은 결국 요압에게 소리쳤습니다.

> "아브넬이 요압에게 외쳐 이르되 칼이 영원히 사람을 상하겠느냐 마침내 참혹한 일이 생길 줄을 알지 못하느냐 네가 언제 무리에게 그의 형제 쫓기를 그치라 명령하겠느냐" 삼하 2:26

아브넬은 요압에게 이렇게 말하며 책임을 전가했습니다. "언제까지 사람을 죽이려고 하느냐? 결국 참혹한 결과를 보게 될 것을 모르느냐? 네가 언제 부하들에게 형제들을 쫓지 말라고 명령할 것이냐?" 아브넬은 전쟁의 책임을 요압에게 떠넘기고 있습니다. 사실 이 참혹한 일이 발생한 근본적인 원인은 아브넬 자신에게 있습니다. 아브넬이 군대를 이끌고 다윗의 진영에 쳐들어갔기 때문에 동족 간의 비극이 벌어진 것입니다. 다윗은 결코 먼저 형제들을 공격할 생각이 없었지만, 아브넬이 먼저 쳐들어왔고, 그로 인해 비극적인 충돌이 일어난 것입니다. 그런데 아브넬은 그 책임을 자신에게 돌리지 않고 오히려 요압에게 전가하고 있습니다.

이처럼 권력에 빠진 사람은 자신의 잘못을 인정하지 않고 남 탓만 하게 됩니다. 특히 권력에 취한 사람은 이중 잣대를 들이대며, 자신의 실수는 너그럽게 감싸고 다른 사람의 작은 실수까지도 정죄하려 합니다. 아브넬은 자기 자신의 잘못을 뉘우치지 않고, 오히려 요압의 행위만을 비판하며 동족을 죽인 것에 대해 따지고 있습니다. 권력에 빠지게 되면 책임을 타인에게 전가하고, 자신의 잘못은 은폐하려는 경향이 강해집니다.

결국 아사헬은 아브넬의 손에 죽었고, 아브넬은 결국 요압의 손에 의해 죽음을 맞이했습니다. 또한 요압은 결국 솔로몬의 손에 의해 죽게 됩니다. 이처럼 권력은 한때 화려해 보일 수 있지만, 그 끝은 결국 참혹한 죽음뿐임을 우리는 반드시 기억해야 합니다. 우리는 권력에 취해 살지 말고, 하나님의 말씀에 취해 살아야 합니다. 권력은 잠시의 쾌락과 만족을 줄 수 있지만, 그 끝은 언제나 참혹하고 비극적인 결과를 초래하기 마련입니다. 따라서 우리는 높은 자리에 오르려 애쓰는 것이 아니라, 오히려 더 낮은 자리에 내려가야 합니다.

## 발디엘에게서 그를 빼앗아 오매

사울의 군대장관 아브넬은 요압에게 큰 패배를 당했지만, 포기하지 않고 계속해서 다윗에게 도전했습니다. 그러나 아브넬의 군대는 이미 기세를 상실한 상태였고, 병력 손실이 막대하여 더 이상 다윗을 상대할 여력이 없었습니다.

> "사울의 집과 다윗의 집 사이에 전쟁이 오래매 다윗은 점점 강하여 가고 사울의 집은 점점 약하여 가니라" 삼하 3:1

아브넬의 군대는 점차 약화된 반면, 다윗의 군대는 점점 강성해져 있었습니다. 사실 다윗은 이미 아브넬의 군대를 손쉽게 제압할 수 있는 힘을 갖추고 있었으나, 그는 그렇게 하지 않았습니다. 그 이유는 아브넬의 군대가 다름 아닌 같은 동족이며, 같은 하나님의 백성이었기 때문입니다. 이로 인해 다윗은 불필요한 피흘림을 피하고자 했고, 결국 아브넬과의 전투는 길어질 수밖에 없었습니다.

> "다윗이 헤브론에서 유다 족속의 왕이 된 날 수는 칠 년 육 개월이더라" 삼하 2:11

7년 6개월이라는 시간은 결코 짧지 않습니다. 이미 사울은 죽었고, 다윗이 왕위에 오르는 것은 하나님의 뜻과 계획이었습니다. 이제 다윗의 앞길을 막을 자는 없었지만, 하나님께서는 다윗의 왕위 등극을 7년 6개월 동안 지연시키셨습니다. 그 이유는 이 지체의 시간조차도 하나님의 섭리와 계획 안에 포함되어 있었기 때문입니다. 하나님께서는 가장 적절한 때를 기다리셨고, 우리 역시 하나님의 정하신 때를 기다려야 합니다. 다윗에게 이 7년 6개월은 얼마나 답답하고 지루한 시간이었겠습니까? 그가 힘이 부족해서 인내한 것이 아닙니다. 다윗은 충분히 싸워 승리할 수 있는 능력을 가지고 있었습니다. 그러나 하나님의 때가 되지 않았기에, 아브넬이 쳐들어오더라도 방어만 했을 뿐, 먼저 공격하지 않았습니다.

7년 6개월이라는 시간은 우리의 믿음을 흔들기에 충분히 길고도 고된 시간입니다. 다윗의 믿음 또한 흔들릴 수 있었을 것입니다. '하나님께서는 나를 유다의 왕으로만 세우신 것인가?', '이 나라가 영원히 분열된 상태로 남는 것이 하나님의 뜻인가?', '지금이라도 아브넬과 이스보셋을 제거해야 하는가?' 여러 가지 고민과 해결되지 않는 문제들로 인해 다윗의 믿음이 흔들릴 법도 했습니다. 그러나 성경은 분명히 말합니다. "다윗은 점점 강하여 가고 사울의 집은 점점 약하여 가니라" 이것이 바로 하나님의 응답이었습니다. 당장 통일왕국의 왕이 되지 않더라도, 점점 강해지고, 날마다 발전하고, 조금씩 성장하는 그 과정이 응답이었던 것입니다. 어제와 오늘이 다르고, 오늘보다 내일이 더 나아진다면 그것이 바로 하나님의 응답입니다. 하나님께서는 7년 6개월 동안 침묵하거나 외면하신 것이 아니라, 눈에 보이지 않아도 조금씩 강해지는 은혜의 응답을 주셨던 것입니다. 하나님께서는 매일의 은혜와 하루하루의 작은 응답을 통해 다윗의 믿음을 더욱 굳건하게 세우셨습니다.

우리는 응답이 지체되는 것을 보며 하나님을 원망하고, 해답이 지연될 때 좌절하고 낙심합니다. 그러나 우리 눈에 보이지 않아도, 하나님의 응답은 이미 시작되어 진행 중입니다. 변화가 없고, 여전히 고통스럽고 괴롭더라도, 주님 안에 있으면 우리는 올바른 방법으로 성장하고 있는 것입니다. 식물을 기를 때 비료를 과도하게 주면 오히려 뿌리가 썩는 법입니다. 우리는 물과 비료를 많이 주면 더 많은 열매를 맺을 것이라고 생각하지만, 급하게 주어진 응답은 우리의 믿음을 망칠 수 있습니다. 복권에 당첨되는 것처럼 빠르고 즉각적인 응답은 오히려 우리의 신앙을 병들게 합니다. 하나님께서는 모든 것이 다 준비된 것처럼 보였던 다윗에게도 7년 6개월의 기다림을 요구하셨습니다. 그 이유는 무엇일까요? 바로 그 기간 동안 다윗의 믿음과 영성이 더욱 단단하게 자라야 했기 때문입니다. 하나님께서 우리에게 빠른 응답을 주지 않으시는 이유도 마찬가지입니다. 아직 우리의 믿음이 충분히 성장하지 않았을 때 주어지는 빠른 응답은 오히려 신앙의 뿌리를 썩게 만들기 때문입니다.

> "좋은 땅에 있다는 것은 착하고 좋은 마음으로 말씀을 듣고 지키어 인내로 결실하는 자니라" 눅 8:15

신앙의 결실은 인내로부터 얻어지는 법입니다. 신앙은 씨를 뿌리자마자 곧바로 열매를 맺지 않습니다. 인내의 시간이 지나야 비로소 응답의 열매가 맺히는 것입니다. 우리는 조급한 마음을 내려놓고, 끝까지 하나님을 신뢰하며 인내의 기도를 드려야 합니다. 반드시 응답의 때는 찾아옵니다.

> "사울에게 첩이 있었으니 이름은 리스바요 아야의 딸이더라 이스보셋이 아브넬에게 이르되 네가 어찌하여 내 아버지의 첩과 통간하였느냐 하니" 삼하 3:7

사울의 군대장관이었던 아브넬은 사울의 아들 이스보셋을 왕으로 세웠지만, 이스보셋은 사실상 꼭두각시에 불과했습니다. 모든 실권은 아브넬이 쥐고 있었고, 그는 이스보셋을 이용해 자신의 부와 권세를 강화해 나갔습니다. 이로 인해 아브넬은 점점 교만해졌고, 겉으로는 이스보셋을 왕으로 세웠지만, 내심 그 왕관을 자신이 차지하고 싶어 했습니다. 두려움에 떨며 자신을 따르는 이스보셋을 보면서, 그는 왕을 끌어내리고 그 자리를 차지하고 싶은 욕망에 사로잡혔습니다. 그러한 야망의 일환으로, 아브넬은 사울의 첩이었던 리스바를 자신의 아내로 삼아버렸습니다.

아브넬이 리스바를 아내로 삼은 것은 그녀의 미모 때문이 아니었습니다. 이것은 철저히 정치적인 계략이었습니다. 사울의 첩을 빼앗는 것은 곧 사울의 권위와 동등한 위치에 자신을 올리겠다는 의도였습니다. 이는 이스보셋을 철저히 무시한 행동이었고, 나아가 아브넬이 직접 왕위에 오르겠다는 정치적 야욕을 드러낸 행위였습니다. 그 소식을 들은 이스보셋은 분노하며 아브넬을 꾸짖었습니다. "네가 어찌하여 내 아버지의 첩과 관계를 맺었느냐!" 이 말을 들은 아브넬은 어떻게 반응했습니까? 오히려 분노하며, 자신의 왕인 이스보셋을 협박하고 위협했습니다.

> "아브넬이 이스보셋의 말을 매우 분하게 여겨 이르되 내가 유다의 개 머리냐 내가 오늘 당신의 아버지 사울의 집과 그의 형제와 그의 친구에게 은혜를 베풀어 당신을 다윗의 손에 내주지 아니하였거늘 당신이 오늘 이 여인에게 관한 허물을 내게 돌리는도다 여호와께서 다윗에게 맹세하신 대로 내가 이루게 하지 아니하면 하나님이 아브넬에게 벌 위에 벌을 내리심이 마땅하니라" 삼하 4:8~9

아브넬은 분노하며 이스보셋에게 말합니다. "내가 당신을 다윗에게 넘기지 않고 지금까지 보호해 주었는데, 이제 와서 이 여자 문제로 나를 비난하십니까? 여호와께서 다윗에게 약속하신 것을 내가 이루도록 하겠습니다!" 이 말의 의미는 무엇일까요? 아브넬은 이스보셋을 배신하고 다윗에게 충성함으로써, 다윗을 중심으로 통일왕국을 세우겠다는 의도를 드러낸 것입니다. 이 발언은 단순한 협박을 넘어, 다윗의 편에 서서 왕국을 통일하겠다는 아브넬의 명백한 선언이었습니다. 그러나 이를 들은 이스보셋은 두려움에 사로잡혀, 한마디도 반박하지 못했습니다. 이스보셋의 침묵은 그가 실질적인 권력을 전혀 쥐고 있지 않음을 드러내며, 아브넬의 영향력과 권세가 얼마나 막강했는지를 여실히 보여줍니다.

> "이스보셋이 아브넬을 두려워하여 감히 한 마디도 대답하지 못하니라" 삼하 3:11

아브넬이 공개적으로 배신하겠다고 협박했음에도, 이스보셋은 아무런 대응을 할 수 없었습니다. 그 이유는 이스보셋이 실질적인 권력이 없는 꼭두각시 왕이었기 때문입니다. 아브넬은 이스보셋을 왕으로 세웠지만, 그의 존엄성과 인격을 전혀 존중하지 않았고, 단지 자신의 권력을 강화하기 위한 수단으로만 여겼습니다. 그래서 그는 주군의 아들이었던 이스보셋조차 거리낌 없이 무시하고 협박할 수 있었습니다.

그 후, 아브넬은 곧바로 다윗에게 전령을 보냈습니다. "다윗 왕이시여! 제가 이스라엘을 당신의 것으로 만들겠습니다!" 아브넬은 이스보셋에게 더 이상 희망이 없다는 것을 깨달았고, 결국 다윗이 통일왕국의 왕이 될 것이라고 판단했습니다. 그래서 그는 다윗보다 한발 앞서 행동했습니다. 이스보셋을 배신하고 다윗의 편에 선다면, 다윗 역시 자신을 무시할 수 없으리라는 계산이 있었습니다. 아브넬은 다윗 왕조에서 일등 공신이 되어, 새 왕국에서도 여전히 권력을 유지하려는 야심을 품고 있었습니다. 결국, 이스보셋을 배신한 것도 자신의 권세를 계속해서 놓치지 않기 위한 계략이었던 것입니다. 이러한 제안을 받고, 다윗은 아브넬에게 응답했습니다.

> "다윗이 이르되 좋다 내가 너와 언약을 맺거니와 내가 네게 한 가지 일을 요구하노니 나를 보러올 때에 우선 사울의 딸 미갈을 데리고 오라 그리하지 아니하면 내 얼굴을 보지 못하리라 하고" 삼하 3:13

다윗은 아브넬의 제안을 받아들이기 전에 조건을 제시했습니다. 바로 사울의 딸 미갈을 데려오라는 것이었습니다. 미갈은 다윗의 첫 번째 아내이자 사울의 둘째 딸이었습니다. 그러나 사울의 계략으로 인해 이들은 강제로 헤어져야만 했습니다.

> "사울이 미갈에게 이르되 너는 어찌하여 이처럼 나를 속여 내 대적을 놓아 피하게 하였느냐 미갈이 사울에게 대답하되 그가 내게 이르기를 나를 놓아 가게 하라 어찌하여 나로 너를 죽이게 하겠느냐 하더이다 하니라" 삼상 19:17

미갈은 다윗이 사울의 손에서 도망칠 수 있도록 도왔습니다. 그러나 사울의 추궁을 받자, 두려움에 사로잡혀 거짓말을 했습니다. "다윗이 저를 협박해서 그렇게 할 수밖에 없었습니다" 이 사건 이후로, 다윗과 미갈은 다시 만날 수 없었습니다. 이후 사울은 미갈을 강제로 발디엘(발디)과 결혼시켰습니다.

> "이스보셋이 사람을 보내 그의 남편 라이스의 아들 발디엘에게서 그를 빼앗아 오매 그의 남편이 그와 함께 오되 울며 바후림까지 따라왔더니 아브넬이 그에게 돌아가라 하매 돌아가니라" 삼하 3:15~16

아브넬은 발디엘에게서 미갈을 강제로 데려갔습니다. 발디엘은 사랑하는 아내를 빼앗긴 채, 울며 뒤따라왔습니다. 그 모습은 참으로 처량하고 슬퍼 보였습니다. 발디엘은 하루아침에 아내를 잃고, 그의 가정은 외부의 강압으로 인해 갑작스레 파탄 나고 말았습니다. 울면서 쫓아오는 발디엘을 보고, 아브넬은 매정하게 협박했습니다. "죽고 싶지 않으면 돌아가라!" 결국 발디엘은 어쩔 수 없이 집으로 돌아갈 수밖에 없었습니다. 그는 아브넬의 힘에 맞설 수 없었기 때문입니다.

다윗이 미갈을 데려오라고 한 이유는 단순히 그녀를 보고 싶어서가 아니었습니다. 당시 다윗에게는 이미 여섯 명의 아내가 있었습니다. 미갈을 사랑하고 그리워해서 데려오라고 한 것이 아니라, 정치적인 목적이 있었던 것입니다. 미갈은 사울의 딸로서, 그녀와의 재결합은 다윗에게 왕위의 정통성을 확보할 수 있는 중요한 수단이었습니다.

고대 사회에서는 왕위 계승이 왕의 후손을 통해 이루어지는 것이 관례였습니다. 다윗은 사울의 딸인 미갈과 다시 결합함으로써, 자신의 왕위가 사울 왕가와 연결되어 있음을 강조하고자 했습니다. 이를 통해 왕위 계승의 정당성을 높이고, 여전히 권력을 쥐고 있던 사울 가문의 잔여 세력까지 포섭하려는 계산이었습니다.

따라서, 다윗이 미갈을 발디엘에게서 강제로 데려온 것은 그녀를 사랑해서가 아니라, 자신의 정통성과 권력 기반을 강화하기 위한 정치적 전략이었습니다. 이 과정에서 발디엘의 가정은 산산이 부서졌습니다. 아이러니하게도, 다윗은 사울에게 받았던 상처를 그대로 발디엘에게 주는 결과를 낳았습니다.

성경은 다윗을 완벽한 인물로 그리지 않습니다. 다윗 역시 약점과 잘못이 있는 인간으로 묘사됩니다. 바로 이것이 성경이 위인전이 아닌 복음인 이유입니다. 성경은 인간의 연약함과 부족함을 그대로 보여줌으로써, 우리에게 참된 은혜와 회복의 길을 제시합니다.

아브넬은 자신의 권력을 유지하기 위해 이스보셋을 꼭두각시로 삼았습니다. 마찬가지로, 다윗은 왕위의 정통성과 정당성을 강화하기 위해 미갈을 정치적 도구로 이용했습니다. 그들에게 이스보셋과 미갈은 인격체가 아닌, 자신의 권력을 위해 사용할 수 있는 수단으로 전락해 버렸습니다.

권력을 얻기 위한 인간의 욕망은 이처럼 때로는 매우 잔인할 수 있습니다. 오늘날에도 자신의 목적을 달성하기 위해 타인을 도구화하고, 그들의 인격과 가치를 무시하는 일이 빈번하게 일어나고 있습니다. 그러나 성도는 달라야 합니다. 우리는 권력과 성공을 위해 타인을 희생시키는 삶이 아니라, 서로의 인격과 마음을 존중하며 섬기는 삶을 살아가야 합니다. 진정한 신앙은 이기적인 욕망을 내려놓고, 사랑과 배려로 관계를 맺는 데서 시작됩니다.

## 아브넬이 온 것은 왕을 속임이라

아브넬은 결국 이스보셋을 배신했습니다. 이스보셋에게 더 이상 희망이 없다는 사실을 깨달은 아브넬은 다윗에게 찾아가, 평화조약을 맺고자 했습니다. 이로써 오랜 동족상잔의 비극이 마침내 끝나가고 있었습니다. 이제 다윗에게 남은 것은 통일왕국의 왕좌에 오르는 일뿐이었습니다.

> "아브넬이 다윗에게 말하되 내가 일어나 가서 온 이스라엘 무리를 내 주 왕의 앞에 모아 더불어 언약을 맺게 하고 마음에 원하시는 대로 모든 것을 다스리시게 하리이다 하니 이에 다윗이 아브넬을 보내매 그가 평안히 가니라" 삼하 3:21

다윗은 아브넬을 위해 성대한 잔치를 베풀고, 그와 평화조약을 맺었습니다. 모든 절차가 원만히 진행되었고, 다윗은 아브넬을 평안히 집으로 돌려보냈습니다. 그러나 그때 전장에 나가 있었던 요압이 뒤늦게 이 소식을 듣게 되었습니다. 다윗과 아브넬 사이에 평화조약이 맺어졌다는 사실을 알게 된 요압은 급히 달려와 다윗에게 따지듯이 물었습니다.

> "요압이 왕에게 나아가 이르되 어찌 하심이니이까 아브넬이 왕에게 나아왔거늘 어찌하여 그를 보내 잘 가게 하셨나이까 왕도 아시려니와 넬의 아들 아브넬이 온 것은 왕을 속임이라 그가 왕이 출입하는 것을 알고 왕이 하시는 모든 것을 알려 함이니이다 하고" 삼하 3:24~25

"왕이시여, 무슨 일을 하신 것입니까? 왕께서도 잘 아시듯, 아브넬은 교활한 자입니다. 그가 찾아온 것은 우리를 진심으로 돕기 위함이 아니라, 속임수에 불과합니다. 그는 왕의 움직임과 우리의 방어 태세를 염탐하려고 왔습니다. 그런데 어떻게 그를 그냥 보내실 수 있단 말입니까?" 요압은 분노에 찬 목소리로 다윗에게 따졌습니다.

그러나 이미 다윗은 아브넬과 평화조약을 맺은 상태였습니다. 다윗은 아브넬이 진심으로 통일을 원하고 있다는 확신이 있었기에, 요압의 말을 들어도 그의 마음은 흔들리지 않았습니다. 하지만 요압은 다윗의 결정을 받아들이지 않았습니다. 그는 다윗의 뜻을 거스르고, 급히 사람을 보내 아브넬을 붙잡도록 했습니다.

> "아브넬이 헤브론으로 돌아오매 요압이 더불어 조용히 말하려는 듯이 그를 데리고 성문 안으로 들어가 거기서 배를 찔러 죽이니 이는 자기의 동생 아사헬의 피로 말미암음이더라" 삼하 3:27

전령을 만난 아브넬은, 다윗 왕이 급히 부르는 줄 알고 다시 헤브론으로 돌아왔습니다. 그러나 기다리고 있던 요압은 그에게 조용한 곳에서 중요한 이야기를 나누자며, 은밀한 장소로 그를 데려갔습니다. 그리고 그 자리에서 요압은 아브넬을 찔러 죽였습니다. 이는 자신의 동생 아사헬을 죽인 것에 대한 복수였습니다. 요압은 다윗과 아브넬 사이에 평화조약이 체결된 것을 알면서도, 복수심에 사로잡혀 아브넬을 살해한 것입니다.

이 소식을 들은 다윗은 큰 충격에 빠졌습니다. 다윗과 아브넬의 조약은 하나님 앞에서 맺은 언약으로, 결코 가볍게 무시할 수 없는 약속이었습니다. 그런데 결과적으로 다윗의 심복이었던 요압의 손에 의해 아브넬이 죽게 된 것입니다. 이 사실이 알려지면, 다윗은 언약을 어긴 사람이 되어, 거짓말쟁이이자 비열한 배신자로 비춰질 위험에 처했습니다. 이는 왕으로서의 권위를 심각하게 실추시킬 수 있는 사건이었습니다.

만약 아브넬이 요압에게 살해된 소문이 퍼진다면, 백성들은 이렇게 생각할 것입니다. "다윗이 언약을 파기하고 아브넬을 죽였다고? 아브넬은 통일을 위해 목숨을 걸고 다윗을 찾아왔는데, 다윗이 그걸 이용해 아브넬을 제거한 거야!" 아브넬의 죽음에 대한 오해와 분노는 점차 백성들의 마음을 뒤흔들며 나라를 위협하고 있었습니다.

이를 인지한 다윗은 즉시 백성들의 오해를 풀고 민심을 수습하기 위해 행동에 나섰습니다.

> "그 후에 다윗이 듣고 이르되 넬의 아들 아브넬의 피에 대하여 나와 내 나라는 여호와 앞에 영원히 무죄하니 그 죄가 요압의 머리와 그의 아버지의 온 집으로 돌아갈지어다 또 요압의 집에서 백탁병자나 나병 환자나 지팡이를 의지하는 자나 칼에 죽는 자나 양식이 떨어진 자가 끊어지지 아니할지로다 하니라" 삼하 3:28~29

다윗은 백성들의 민심을 바로잡기 위해 진정성 있는 모습을 보였습니다. 다윗의 첫 번째 대응은 요압을 향해 강력한 저주를 선포한 것입니다. 다윗은 이렇게 말했습니다. "네가 흘린 피는 나와 내 나라와는 전혀 무관하다. 너의 죄는 온전히 네 집안에 돌아갈 것이다. 네 집에는 혈루병 환자와 나병 환자, 장애인과 가난한 자들이 끊이지 않을 것이다"

다윗의 저주는 매우 무서운 선언이었습니다. 이는 요압의 행동이 왕의 명령이 아닌, 순전히 그의 개인적인 복수심에서 비롯된 것임을 분명히 알리기 위한 것이었습니다. 이 저주를 들은 백성들은 다윗이 아브넬의 죽음과 아무런 관련이 없음을 깨닫고, 다윗이 하나님 앞에서 정당하게 행동했음을 이해할 수 있었습니다.

"다윗이 요압과 및 자기와 함께 있는 모든 백성에게 이르되 너희는 옷을 찢고 굵은 베를 띠고 아브넬 앞에서 애도하라 하니라 다윗 왕이 상여를 따라가" 삼하 3:31

다윗의 두 번째 대응은 아브넬의 죽음을 진심으로 애도하는 것이었습니다. 다윗은 아브넬의 장례를 국장(國葬)으로 거행하며, 온 백성이 참여하도록 했습니다. 그는 모든 이가 함께 슬퍼하고 애곡하도록 독려했고, 특히 왕 자신이 직접 상여를 따라가며 눈물을 흘렸습니다. 다윗은 형식적인 애도가 아니라, 진정 어린 마음으로 고인의 가족들을 위로하며 백성들의 슬픔을 함께 나누었습니다.

"왕이 아브넬을 위하여 애가를 지어 이르되 아브넬의 죽음이 어찌하여 미련한 자의 죽음 같은고" 삼하 3:33

다윗의 세 번째 대응은 아브넬을 위한 애가(哀歌)를 지어 부르는 것이었습니다. 다윗은 슬픔과 애도의 마음을 담아 직접 애가를 지었고, 이 노래는 대대로 백성들 사이에서 불려졌습니다. 백성들은 이 애가를 부를 때마다 다윗의 진심 어린 슬픔을 느낄 수 있었습니다. 다윗이 단지 형식적인 애도가 아닌, 진심으로 아브넬의 죽음을 마음 아파하고 있음을 깨달았고, 이는 다윗의 진정성을 백성들에게 깊이 각인시켰습니다.

> "석양에 뭇 백성이 나아와 다윗에게 음식을 권하니 다윗이 맹세하여 이르되 만일 내가 해 지기 전에 떡이나 다른 모든 것을 맛보면 하나님이 내게 벌 위에 벌을 내리심이 마땅하니라 하매" 삼하 3:35

마지막으로, 다윗은 아브넬을 위해 금식하며 애도의 뜻을 표했습니다. 그는 아브넬의 죽음을 진심으로 슬퍼하며 음식을 입에 대지 않았습니다. 주변의 신하들이 다윗의 건강을 염려해 음식을 권했지만, 다윗은 아무것도 먹지 않았습니다. 그의 금식은 형식적인 애도가 아니라, 마음 깊은 곳에서 우러나온 진정한 슬픔을 표현한 것이었습니다. 다윗의 이러한 행동은 백성들에게 그의 진심을 더욱 확실하게 보여주었고, 아브넬의 죽음에 대한 다윗의 책임이 없음을 명백히 증명했습니다.

> "온 백성이 보고 기뻐하며 왕이 무슨 일을 하든지 무리가 다 기뻐하므로 이 날에야 온 백성과 온 이스라엘이 넬의 아들 아브넬을 죽인 것이 왕이 한 것이 아닌 줄을 아니라" 삼하 3:36~37

비로소 백성들의 오해가 풀리기 시작했습니다. "정말로 다윗이 아브넬의 죽음을 슬퍼하고 있구나! 다윗은 아브넬을 죽일 의도가 없었구나! 요압이 복수심에 사로잡혀, 왕도 모르게 아브넬을 죽인 것이었구나!" 백성들의 오해와 원성은 서서히 사라졌습니다.

이 사건은 다윗에게 치명적인 오점이 될 수 있는 일이었습니다. 백성들은 사건의 전말을 알지 못하고, 오직 결과만을 보고 판단할 수밖에 없었습니다. 게다가, 다윗은 아직 왕권을 완전히 확립하지 못한 상태였습니다. 그는 여전히 불안정한 왕이었고, 정권 교체의 혼란 속에서 다윗이 아브넬을 비열하게 죽였다는 소문이 퍼진다면, 그 누구도 다윗을 진정한 왕으로 인정하지 않았을 것입니다.

다윗이 통일왕국의 왕이 되기 위해서는, 모든 백성들이 다윗을 중심으로 하나가 되어야 했습니다. 그러나 이스보셋이 여전히 존재하는 상황에서, 아브넬의 죽음은 다윗에게 매우 치명적인 약점이 될 수 있었습니다. 심지어 다윗의 측근 신하들조차 실망하여 그의 곁을 떠날 가능성도 있었습니다.

이처럼, 요압의 복수는 다윗에게 심각한 문제를 초래한 불복종의 죄였습니다. 요압은 자신의 군주를 무시하고, 국가 전체에 큰 피해를 입힌 것입니다. 하지만 다윗은 이 사건에 대해 요압을 제대로 처벌하지 못했습니다.

> "내가 기름 부음을 받은 왕이 되었으나 오늘 약하여서 스루야의 아들인 이 사람들을 제어하기가 너무 어려우니 여호와는 악행한 자에게 그 악한 대로 갚으실지로다 하니라" 삼하 3:39

요압은 제어할 수 없는 인물이었습니다. 그는 왕의 말을 듣지 않고,

자신의 고집대로 행동하는 사람이었습니다. 그럼에도 불구하고 다윗은 요압을 쫓아낼 수 없었습니다. 요압은 그만큼 탁월한 실력을 가진 사람이었기 때문입니다. 그는 다윗의 군대장관으로서, 군사력을 완전히 장악하고 있었습니다. 군대를 장악한 자는 언제든지 쿠데타를 일으킬 수 있는 힘을 가지고 있었습니다. 또한, 요압은 전쟁에 능한 장군으로, 전투에서는 그를 따라올 자가 없었습니다. 그는 중동 지역에서 가장 뛰어난 장군으로 평가받았습니다.

이런 이유로 다윗은 요압을 내칠 수 없었습니다. 요압의 영향력과 실력은 이스라엘에 없어서는 안 될 중요한 자산이었고, 다윗은 그 없이는 주변국들과의 전투를 감당하기 어려울 것이라고 판단했습니다. 다윗은 요압에 대해 불신과 부담을 느끼면서도, 그의 군사적 능력 때문에 어쩔 수 없이 의지할 수밖에 없었습니다.

사실 다윗이 배신자인 아브넬과 평화조약을 맺은 이유도 요압을 견제하기 위함이었습니다. 점점 강력해지는 요압의 세력을 억제하기 위해, 다윗은 아브넬을 받아들이기로 한 것입니다. 이 점을 눈치챈 요압은 다윗의 의도를 간파하고, 아브넬을 살해한 것입니다.

이처럼 요압은 제어하기 힘든 인물이었습니다. 그는 자신의 권력과 복수심을 위해, 필요하다면 주군의 등에 칼을 꽂을 수 있는 위험한 사람이었습니다.

그렇다면 제어할 수 없는 사람은 어떤 사람입니까? 그는 주인에게 속해 있지 않고, 다른 것에 사로잡혀 있는 사람입니다. 요압은 다윗에게 충성하는 대신, 복수심과 권력에 사로잡힌 사람이었습니다. 그는 자신의 경쟁자를 미리 제거함으로써, 도전할 상대 없는 막강한 권력을 손에 쥐게 되었습니다. 요압에게는 신앙, 애국심, 충성심이 없었습니다. 하나님을 경외하는 사람이었다면, 어찌 하나님 앞에서 맺어진 언약을 깨뜨릴 수 있었겠습니까? 진정으로 나라를 사랑하는 인물이라면, 나라의 큰 자산이 될 수 있는 아브넬을 죽일 수 있었겠습니까? 주군을 진심으로 섬기는 충신이라면, 왕명을 무시하고 아브넬을 살해할 수 있었겠습니까? 요압은 오직 자기 자신만을 위해 움직이는 독불장군이었습니다. 그는 다윗을 위하는 마음이 아니라, 자신의 복수와 권력 욕망만을 따랐습니다.

그러나 다윗은 이런 요압을 내치지 못했습니다. 그 이유는 무엇입니까? 다윗이 요압을 의지하고 있었기 때문입니다. 다윗은 요압의 죄악을 알면서도 그의 군사적 실력에 기대어 곁에 두기를 원했습니다. 결국 요압이 이처럼 교만해진 것은 다윗이 스스로 자초한 결과였습니다. 요압이 고삐 풀린 망아지처럼 제멋대로 행동하게 된 것은, 다윗의 우유부단함 때문이었습니다.

이후에도 다윗은 요압 때문에 계속 고통을 겪게 됩니다. 압살롬의 반란 때, 다윗은 아들을 살려두라고 명령했지만, 요압은 이를 무시하고 압살롬을 잔인하게 살해했습니다. 그로 인해 다윗은 요압의 직위를 박탈하고, 대신 아마사를 군대장관으로 임명했지만, 요압은 아마사마저 살해하고 다시 자신의 직위를 탈환했습니다(삼하 20:23). 이처럼, 처음부터 요압을 제어하지 못했던 다윗은 죽는 날까지 요압 때문에 고통을 겪어야 했습니다.

교회에도 요압처럼 제어되지 않는 성도들이 있습니다. 그들은 끝까지 목회자를 거역하고, 다른 성도들을 괴롭히며, 교회 안에서 이간질과 분란을 일으킵니다. 이들은 오직 자신의 직분, 권력, 이익만을 위해 제멋대로 행동합니다. 문제는, 이러한 성도들이 실력도 있고 열심도 있다는 점입니다. 마치 요압이 전투에서 앞장서 적군을 물리치듯, 그들은 누구보다 앞장서서 교회 일을 합니다. 칭찬받고 인정받고 싶어 다른 성도들보다 더 많은 일에 봉사하고 헌신합니다.

그러나 문제는 제어되지 않는다는 것입니다. 자신이 남들보다 더 많이 일한다는 교만함으로, 다른 성도들에게 상처를 주기도 하고, 자신이 일을 더 잘한다는 거만함으로, 다른 성도들을 따돌리기도 합니다. 특히 제어되지 않는 성도들이 교회의 중직자 자리에 앉아 있는 경우, 상황은 더욱 심각해집니다. 교회의 중요한 직분을 맡고 있기 때문에, 목회자는 쉽게 그들을 책망할 수 없습니다. 그들은 교회에 없어서는 안 될 사람처럼 여겨지기 때문에, 목회자는 괜한 분쟁이나 다툼을 피하고자 무조건 참고 넘기는 경우가 많습니다.

> "대저 명령은 등불이요 법은 빛이요 훈계의 책망은 곧 생명의 길이라" 잠 6:23

목회자는 성도만을 지키는 자가 아닙니다. 그는 교회를 지키는 자임을 잊지 말아야 합니다. 교회의 건강과 질서를 유지하기 위해서는, 제어되지 않는 성도들을 책망하고 훈계할 책임이 있습니다.

그렇다면 우리 자신은 어떻습니까? 나는 하나님 앞에서 제어되는 성도입니까, 아니면 고삐 풀린 망아지처럼 교회를 어지럽히는 성도입니까? 다윗이 요압을 저주했던 것처럼, 제어되지 않는 성도는 결국 저주스러운 삶을 살 수밖에 없습니다.

우리는 하나님의 말씀으로 제어되어야 합니다. 교만한 마음을 버리고, 겸손하게 순종해야 합니다. 하나님의 말씀이 우리의 고삐가 되고, 훈계의 막대기가 되어야 합니다. 그 말씀에 따라 겸손히 순종할 때, 우리는 참된 성도로서 교회를 세우고 하나님을 기쁘시게 할 수 있습니다.

# 피흘린 죄를 너희에게 갚아서

"사울의 아들 이스보셋은 아브넬이 헤브론에서 죽었다 함을 듣고 손의 맥이 풀렸고 온 이스라엘이 놀라니라" 삼하 4:1

이스보셋이 아브넬의 죽음 소식을 들었을 때, 그는 완전히 무너졌습니다. 겉으로는 왕의 자리에 앉아 있었지만, 실제로는 모든 실권이 아브넬에게 있었습니다. 이스보셋은 단지 형식적인 왕일 뿐, 실질적인 권력은 아브넬의 손에 있었기 때문에 그는 아브넬의 후견 아래 있는 꼭두각시에 불과했습니다.

따라서 아브넬이 요압의 손에 죽임을 당했다는 소식은 이스보셋에게 큰 충격이었을 것입니다. 이스보셋의 "손의 맥이 풀렸다"는 표현은 그가 절망과 두려움에 완전히 사로잡혔다는 것을 상징합니다. 이는 단순한 슬픔을 넘어서, 앞으로 자신을 지켜줄 후견인 없이 홀로 남겨진 불안감과 공포를 의미합니다.

"악인은 쫓아오는 자가 없어도 도망하나 의인은 사자 같이 담대하니라" 잠 28:1

이스보셋이 가장 두려워한 존재는 바로 다윗이었습니다. 이제 아브넬이 죽고 나서, 이스보셋은 더 이상 자신을 지켜줄 사람이 없다고 생각했습니다. 그는 다윗이 자신을 제거하고 왕국을 통일하려 할 것이라는 두려움에 사로잡혀 있었습니다. 그러나 이것은 이스보셋의 착각이었습니다. 다윗은 그런 의도를 전혀 가지고 있지 않았습니다.

　다윗은 이미 사울을 죽일 수 있는 절호의 기회를 두 번이나 가졌지만, 그를 용서하고 살려주었습니다. 이는 다윗이 왕위를 차지하려는 욕심이 없었음을 보여줍니다. 다윗의 관심은 자신의 권력이나 왕권에 있지 않았습니다. 오히려 다윗은 하나님의 나라를 세우는 것을 더 중요하게 여겼습니다. 그는 억지로 사람을 죽여서 통일을 이루고자 하지 않았습니다. 다윗의 마음에는 하나님을 향한 신앙과 순종이 있었고, 그의 목표는 인간의 욕심을 채우는 것이 아니라 하나님의 뜻을 이루는 것이었습니다.

　하지만 이스보셋은 이 사실을 전혀 깨닫지 못했습니다. 그는 다윗이 자신을 쫓아와 죽일 것이라는 두려움에 손에 힘이 풀리고 말았습니다. 결국 이스보셋은 자신이 두려워하던 다윗의 손이 아니라, 오히려 자신이 신뢰했던 부하들인 레갑과 바아나의 손에 의해 죽음을 맞이하게 되었습니다.

> "브에롯 사람 림몬의 아들 레갑과 바아나가 길을 떠나 볕이 쬘 때 즈음에 이스보셋의 집에 이르니 마침 그가 침상에서 낮잠을 자는지라 레갑과 그의 형제 바아나가 밀을 가지러 온 체하고 집 가운데로 들어가서 그의 배를 찌르고 도망하였더라" 삼하 4:5~6

　베냐민 지파의 림몬의 아들인 바아나와 레갑은 원래 이스보셋에게 충성을 맹세했던 부하들이었습니다. 그러나 이들은 이스보셋에게 더 이상 희망이 없다고 판단하고, 결국 자신의 왕을 배신하고 죽이는 극단적인 선택을 했습니다.

　바아나와 레갑은 대낮에 이스보셋의 집으로 찾아왔습니다. 이들은 겉으로는 밀을 받으러 온 것처럼 가장하여 이스보셋에게 접근했습니다. 그때 이스보셋은 무엇을 하고 있었습니까? 그는 침상에서 낮잠을 자고 있었습니다. 밤새 근심과 두려움에 잠들지 못한 이스보셋은 결국 지친 몸을 이기지 못하고 깊은 잠에 빠져 있었던 것입니다.

바로 그 순간, 이 형제들은 무방비 상태의 왕을 죽일 계획을 세웠습니다. 그들은 속으로 이렇게 생각했습니다. "이스보셋을 죽이고 다윗에게 가면, 다윗이 우리에게 상을 내릴 것이다", "우리는 통일왕국의 공로자로 인정받아 높은 자리를 차지할 수 있을 것이다" 이들은 자신의 출세와 이익을 위해 잔인하게 이스보셋을 암살하기로 결심했습니다.

바아나와 레갑의 행동은 철저히 세속적인 가치관과 탐욕에 물들어 있었습니다. 이들은 부와 권력을 위해, 자신이 섬기던 왕을 무자비하게 배신하고 살해하는 잔인한 방법을 선택한 것입니다.

세상은 우리에게 무엇을 가르치고 있습니까? 남을 속이고, 짓밟고, 배신하며 권력을 차지하라고 가르칩니다. 직장에서는 자신의 승진을 위해 후배의 성과를 빼앗아 버리기도 하고, 더 많은 이윤을 남기기 위해 썩은 식재료를 사용하는 일도 빈번하게 일어납니다.

2018년 9월, 학교 급식으로 제공된 초코케이크를 먹은 학생들 중에서 식중독 증세를 보인 사례가 있었습니다. 이 사건에서는 2,200명이 넘는 학생들이 식중독 증상을 겪었고, 원인은 오염된 달걀로 밝혀졌습니다. 문제의 식품업체는 더 많은 이윤을 남기기 위해 오래된 달걀을 사용한 것으로 보이며, 이로 인해 수많은 학생들이 고통을 겪었습니다. 심지어 유치원생들까지 먹었다고 하니, 이는 돈에 눈이 멀어 학생들에게 안전하지 않은 음식을 제공한 것입니다. 이처럼 세상에서는 더 많은 돈과 출세, 권력을 얻기 위해 다른 사람들을 속이고, 짓밟으며, 배신하는 일이 반복되고 있습니다.

바아나와 레갑의 경우도 다르지 않았습니다. 이들은 아브넬 장군 아래에서 오랫동안 눌려 지내왔습니다. 아브넬의 말은 마치 왕의 명령처럼 큰 영향력을 발휘했고, 바아나와 레갑은 그를 부러워하며 자신들도 언젠가는 그 자리에 오르기를 꿈꾸었습니다. 그러던 중, 갑작스러운 아브넬의 죽음은 이들에게 절호의 기회로 보였습니다. 아브넬의 죽음은 그들의 억눌린 욕망을 드러내는 도화선이 되었던 것입니다.

> "그들은 악한 목적으로 서로 격려하며 남몰래 올무 놓기를 함께 의논하고 하는 말이 누가 우리를 보리요 하며 그들은 죄악을 꾸미며 이르기를 우리가 묘책을 찾았다 하나니 각 사람의 속 뜻과 마음이 깊도다 그러나 하나님이 그들을 쏘시리니 그들이 갑자기 화살에 상하리로다" 시 64:5~7

그래서 바아나와 레갑은 음모를 꾸미기 시작했습니다. 그들은 선한 일을 위해 지혜를 모으는 것이 아니라, 악한 계략을 세우기 위해 서로 머리를 맞대고 의논했습니다. "어떻게 하면 이스보셋을 죽일 수 있을까? 밀을 받으러 가는 척하면, 아무도 모르게 왕을 죽일 수 있겠지?" 그들은 서로를 격려하며, 자신의 속셈을 은밀히 감추고 있었습니다. 결국, 이스보셋은 자신이 믿었던 부하들에 의해 배신당하고 목숨을 잃고 말았습니다.

바아나와 레갑은 이스보셋을 죽인 후, 그의 머리를 들고 다윗에게로 향했습니다. 그들은 자신들의 행위가 다윗에게 칭찬받을 것이라 기대하며, 이스보셋의 머리를 다윗 앞에 당당히 내려놓았습니다.

"헤브론에 이르러 다윗 왕에게 이스보셋의 머리를 드리며 아뢰되 왕의 생명을 해하려 하던 원수 사울의 아들 이스보셋의 머리가 여기 있나이다 여호와께서 오늘 우리 주 되신 왕의 원수를 사울과 그의 자손에게 갚으셨나이다 하니" 삼하 4:8

"오늘 여호와께서 다윗 왕의 원수를 갚아주셨습니다. 저희가 이스보셋을 죽인 것은 여호와의 도움이 있었기 때문입니다. 이스보셋의 죽음은 여호와의 뜻입니다!" 바아나와 레갑은 이렇게 주장하며, 자신들의 행위가 마치 하나님의 계획인 것처럼 포장했습니다. 그들은 이스보셋을 죽여 자신의 출세와 권력을 도모했으면서도, 그 책임을 하나님께 돌리려 했던 것입니다. 그러자 다윗이 그들에게 단호히 대답했습니다.

"전에 사람이 내게 알리기를 보라 사울이 죽었다 하며 그가 좋은 소식을 전하는 줄로 생각하였어도 내가 그를 잡아 시글락에서 죽여서 그것을 그 소식을 전한 갚음으로 삼았거든 하물며 악인이 의인을 그의 집 침상 위에서 죽인 것이겠느냐 그런즉 내가 악인의 피흘린 죄를 너희에게 갚아서 너희를 이 땅에서 없이하지 아니하겠느냐 하고" 삼하 4:10~11

다윗은 누구입니까? 사울을 죽였던 아말렉 사람을 처형했던 왕입니다. 아말렉 사람은 사울의 죽음을 전하며, 좋은 소식을 가져오는 것처럼 보이기 위해 사울의 왕관과 팔찌를 들고 다윗 앞에 나왔습니다. 그는 다윗이 자신에게 큰 상을 줄 것이라 착각했습니다. 그러나 다윗은 "기름 부음 받은 자를 죽였다"는 죄목으로 아말렉 사람을 처형했습니다. 다윗에게는 왕위를 차지하기 위한 야망보다, 하나님의 기름 부음 받은 자를 존중하는 마음이 더 컸던 것입니다.

바아나와 레갑도 마찬가지였습니다. 그들은 이스보셋을 죽이고, 마치 공로를 세운 것처럼 다윗 앞에 당당히 나섰습니다. 그러나 다윗은 어떻게 반응합니까? "어떻게 죄 없는 이스보셋을 그의 침상에서 죽일 수 있느냐? 나는 악인의 피흘린 죄를 갚아줄 것이다!" 다윗은 이스보셋을 침상에서 잔인하게 살해한 죄목으로 바아나와 레갑을 처형했습니다. 그리고 그들의 손과 발을 잘라 헤브론의 연못가에 매달았습니다. 이를 통해 다윗은 죄악의 결과와 악인들의 처참한 최후를 백성들에게 상기시켜 주었습니다.

> "하나님께서 각 사람에게 그 행한 대로 보응하시되 참고 선을 행하여 영광과 존귀와 썩지 아니함을 구하는 자에게는 영생으로 하시고 오직 당을 지어 진리를 따르지 아니하고 불의를 따르는 자에게는 진노와 분노로 하시리라" 롬 2:6~8

하나님의 보응은 정확합니다. 한 치의 오차도 없습니다. 오래 참고 선을 행하며, 영광과 존귀와 썩지 아니함을 구했던 다윗에게는 하나님께서 영생의 축복을 주셨습니다. 그러나 당을 지어 계략을 꾸미고, 진리를 따르지 않으며 세상의 가치관과 불의를 쫓아갔던 바아나와 레갑에게는 하나님의 진노와 분노가 임했습니다.

하나님의 말씀은 오늘날도 동일합니다. 다윗의 길을 따르는 자에게는 영생의 축복을 약속하시지만, 진리를 버리고 불의를 따르는 자에게는 진노와 심판이 기다리고 있습니다.

"전에 사람이 내게 알리기를 보라 사울이 죽었다 하며 그가 좋은 소식을 전하는 줄로 생각하였어도 내가 그를 잡아 시글락에서 죽여서 그것을 그 소식을 전한 갚음으로 삼았거든" 삼하 4:10

바아나와 레갑이 착각한 '좋은 소식'은 이스보셋의 죽음이었습니다. 이처럼 악인들은 권력 다툼에서 적을 제거하는 것이 승리의 기회라 여겨, 타인을 짓밟고 올라서는 것을 성공으로 착각합니다. 속임수와 배신으로 권력을 손에 넣는 것이 그들에게는 '좋은 소식'처럼 보였던 것입니다. 그러나 다윗에게는 이러한 일이 결코 좋은 소식이 아니었습니다. 다윗에게 진정한 좋은 소식이란 여호와께서 여전히 그의 편에 서 계시며, 그를 도우신다는 사실이었습니다.

"여호와는 내 편이시라 내가 두려워하지 아니하리니 사람이 내게 어찌할까 여호와께서 내 편이 되사 나를 돕는 자들 중에 계시니 그러므로 나를 미워하는 자들에게 보응하시는 것을 내가 보리로다" 시 118:6~7

결국 사울의 가문은 몰락하고, 다윗의 가문은 점차 강성해졌습니다. 이는 여호와 하나님께서 다윗의 편에 서 계셨기 때문입니다. 지금 다윗에게 진정한 좋은 소식은 이스보셋의 죽음이 아닙니다. 하나님께서 다윗과 함께하시고, 그를 지지하신다는 사실이 바로 좋은 소식입니다. 그렇다면 우리에게 좋은 소식은 무엇일까요? 남들보다 높은 자리에 오르고, 더 많은 부를 쌓는 것이 좋은 소식일까요? 목표를 달성하고, 박수와 인정을 받는 것이 좋은 소식일까요? 참된 좋은 소식은 여호와께서 내 편에 계신다는 것입니다.

세상은 여전히 더 높은 자리, 더 많은 부, 더 큰 성공을 좋은 소식으로 포장하지만, 진정한 좋은 소식은 여호와 하나님께서 우리 편에 서 계신다는 것입니다. 다윗은 모든 상황 속에서 하나님을 신뢰하고, 하나님의 뜻을 따르는 자로서 결국 하나님의 축복을 받았습니다. 우리도 다윗처럼 하나님의 말씀을 따르고, 선을 행하며, 진리를 추구해야 합니다. 세상적인 성공이 아닌, 하나님의 인도하심과 함께하심이야말로 진정한 좋은 소식입니다.

7장

# 다윗의 즉위

DAVID SKETCH

## 이스라엘 왕으로 삼으니라

이스보셋이 죽은 후, 이스라엘의 장로들은 헤브론에 있는 다윗을 찾아와 그에게 기름을 부어 왕으로 세웠습니다. 다윗은 지금까지 총 세 번 기름 부음을 받았습니다. 첫 번째는 베들레헴에서 사무엘에게서 받았고, 두 번째는 헤브론에서 유다 지파의 장로들에게, 세 번째는 헤브론에서 이스라엘 전체를 대표하는 장로들에게 기름 부음을 받았습니다. 이렇게 다윗은 하나님의 약속대로 이스라엘의 진정한 왕이 되었습니다.

양치기에 불과했던 다윗이 온 이스라엘의 왕이 된 것은 그의 능력이나 노력이 아닌, 전적인 하나님의 은혜였습니다. 하나님께서는 다윗을 택하시고 그에게 특별한 은혜를 베풀어 주셨습니다. 다윗이 사무엘에게 기름 부음을 받았을 당시, 그는 가족들에게서조차 무시와 차별을 받았지만, 불평하거나 원망하지 않고 묵묵히 자신의 일을 감당했습니다. 유다 지파의 장로들에게 기름 부음을 받았을 때도, 다윗은 자신에게 맡겨진 백성들을 성실하게 돌보았습니다. 그는 통일을 서두르기 위해 무리한 방법을 쓰거나, 이스보셋을 제거하려는 계략을 꾸미지 않았습니다. 오히려 맡겨진 책임에 충실하며 백성을 돌보는 데 최선을 다했습니다. 그 결과, 때가 되었을 때 다윗은 자연스럽게 이스라엘의 왕으로 추대되었습니다.

이스라엘의 장로들이 다윗에게 찾아와 왕이 되어달라고 요청할 때, 그들은 다윗이 왕이 되어야 할 명분과 이유를 제시했습니다. 첫 번째 이유는 '한 골육'이라는 점이었습니다.

> "이스라엘 모든 지파가 헤브론에 이르러 다윗에게 나아와 이르되 보소서 우리는 왕의 한 골육이니이다" 삼하 5:1

이스라엘의 장로들은 다윗에게 왕이 되어줄 것을 요청하며, 첫 번째로 '한 골육, 한 동족, 한 형제'라는 점을 강조했습니다. 그들은 이렇게 말했습니다. "우리가 한민족인데, 분열되어 서로 싸울 필요가 있겠습니까? 이제 우리 이스라엘을 하나로 다스려 주십시오!" 이처럼 장로들은 다윗에게 우리가 모두 같은 하나님의 백성임을 상기시키며, 민족의 통합과 화합을 촉구했습니다.

> "전에 곧 사울이 우리의 왕이 되었을 때에도 이스라엘을 거느려 출입하게 하신 분은 왕이시었고 여호와께서도 왕에게 말씀하시기를 네가 내 백성 이스라엘의 목자가 되며 네가 이스라엘의 주권자가 되리라 하셨나이다 하니라" 삼하 5:2

두 번째로, 이스라엘의 장로들은 다윗이 이미 그들의 지도자였다는 사실을 강조했습니다. 골리앗을 무찌른 사람이 누구입니까? 사울이 왕으로 있을 때, 이스라엘을 이끌고 전쟁에서 승리를 거둔 사람이 누구입니까? 바로 다윗입니다. 다윗은 이미 이스라엘의 실질적인 지도자이자 대장군이었습니다. 그의 탁월한 지도력과 용맹함은 백성 모두가 알고 있었고, 다윗은 전장에서 여러 차례 이스라엘의 구원자로서 활약했습니다. 그만큼 다윗은 모든 백성들이 인정하고 신뢰하는 지도자였습니다.

> "블레셋 사람들의 방백들이 싸우러 나오면 그들이 나올 때마다 다윗이 사울의 모든 신하보다 더 지혜롭게 행하매 이에 그의 이름이 심히 귀하게 되니라" 삼상 18:30

고대 근동의 왕들에게 요구되었던 중요한 자질은 바로 군사 지도력이었습니다. 전쟁이 빈번했던 그 시대에는 나라의 안위와 평안을 지키기 위해 군사력이 필수적이었습니다. 이 측면에서 볼 때, 다윗만큼 탁월한 인물은 없었습니다. 다윗은 이미 수많은 전쟁에서 이스라엘을 이끌어 승리를 거두며, 그 군사적 역량을 입증한 지도자였습니다.

마지막으로, 이스라엘의 장로들은 다윗이 왕이 되는 것이 하나님의 뜻임을 강조했습니다. 이는 다윗에게 가장 중요한 정당성과 왕으로서의 근거였습니다. 여호와께서 다윗을 이스라엘의 목자로 세우셨고, 다윗은 하나님의 선택을 받아 기름 부음을 받았습니다. 다윗이 왕이 되는 것은 단순한 정치적 결정이 아니라, 하나님의 계획과 섭리에 따른 것이었습니다.

다윗은 주어진 상황에서 묵묵히 자신의 역할에 최선을 다했을 뿐이지만, 하나님께서는 그에게 가장 좋은 길을 예비해 주셨습니다. 만약 이스보셋이 죽자마자 다윗이 직접 이스라엘의 장로들을 소집하여 통일을 주장했더라면, 거부감과 부작용이 생길 수도 있었습니다. '다윗이 바아나와 레갑에게 암살을 사주한 것이 아닌가?'라는 의심과 각종 추측이 퍼질 가능성도 있었을 것입니다. 그러나 이스라엘의 장로들이 먼저 다윗을 찾아와 왕이 될 명분을 제시했기 때문에, 그 누구도 반대하거나 의심할 여지가 없었습니다.

다윗은 왕이 되기 위해 조급하거나 억지로 나아가지 않았습니다. 사울에게 쫓기고 파면당했을 때조차, 자신의 억울함을 호소하거나 변명하지 않았습니다. 사울을 죽일 기회가 여러 번 있었지만, 다윗은 왕좌보다 하나님의 뜻을 우선으로 여겼습니다. 이스보셋을 쉽게 제거할 힘이 있었을 때도 먼저 공격하지 않았습니다. 다윗은 언제나 믿음으로 잠잠히 기다리며, 하나님의 때를 신뢰했습니다.

우리는 하나님의 뜻이라 말하면서 사실은 자신의 계획을 고집할 때가 있습니다. 자신의 욕망을 이루기 위해 하나님을 이용하는 성도들도 있습니다. 혹시 우리는 자신의 주장을 합리화하기 위해 하나님을 도구로 사용하고 있지 않습니까? '내가 왕이 되는 것이 하나님의 뜻이니 사울을 죽여도 되겠지?', '이제 다 끝난 싸움이니 이스보셋을 제거해도 되겠지?'라고 생각하며, 하나님의 뜻을 악용하지는 않았습니까? 그러나 다윗은 이와 달리, 하나님의 뜻을 앞세우며 가만히 기다렸습니다. 그는 인간적인 방법 대신 하나님의 때를 신뢰하며, 하나님이 직접 이루실 일을 조용히 기다렸습니다.

> "모세가 백성에게 이르되 너희는 두려워하지 말고 가만히 서서 여호와께서 오늘 너희를 위하여 행하시는 구원을 보라 너희가 오늘 본 애굽 사람을 영원히 다시 보지 아니하리라 여호와께서 너희를 위하여 싸우시리니 너희는 가만히 있을지니라" 출 14:13~14

우리는 너무나 분주하고 조급하게 행동하고 있지는 않습니까? 어떻게든 내 힘으로 문제를 해결하려고 안달복달하고 있지는 않습니까? 빨리 문제를 해결하려고 성급한 결정을 내리고 있지는 않습니까? 그러나 우리는 잠잠히 하나님의 구원을 바라보아야 합니다. "가만히 있으라"는 말은 무엇을 의미할까요? 그것은 하나님을 믿고 기도하라는 뜻입니다. 조급하고 불안한 마음은 불신에서 비롯됩니다. 하나님을 신뢰하지 않기에, 우리는 자신의 힘으로 문제를 해결하려 몸부림치는 것입니다. 그러나 믿음의 성도는 하나님의 때를 신뢰하며 가만히 기다릴 수 있습니다. 어떠한 어려움과 고난 앞에서도, 성도는 잠잠히 기도하며 하나님의 도우심을 의지할 수 있습니다.

애굽의 군대가 뒤쫓아올 때, 모세는 어떻게 했습니까? 모세는 하나님께 기도했습니다. 백성들처럼 두려워하거나 조급해하지 않았습니다. 모세는 문제 앞에서 불안에 휩싸여 대책을 세우려 하지 않았습니다. 오히려 그는 자신의 힘으로 해결하려 하기보다는, 하나님께서 어떻게 역사하실지 조용히 기다리고 바라보았습니다.

"이르시기를 너희는 가만히 있어 내가 하나님 됨을 알지어다 내가 뭇 나라 중에서 높임을 받으리라 내가 세계 중에서 높임을 받으리라 하시도다" 시 46:10

우리가 애쓰고, 노력하고, 몸부림쳐서 문제를 해결할 수 있다면, 그것은 곧 우리의 영광이 됩니다. 내가 인정받고 존경받는 길이 되는 것입니다. 만약 모세가 스스로 대책을 세워 애굽의 군대를 무찌를 수 있었다면, 그 공은 모세의 것이 되었을 것입니다. 그러나 모세는 어떻게 했습니까? 그는 자신의 힘을 의지하지 않고, 하나님께서 홍해를 가르시는 것을 보고 하나님께만 영광을 돌렸습니다.

다윗도 마찬가지였습니다. 다윗은 왕이 되기 위해 애쓰거나, 노력하며 몸부림치지 않았습니다. 그는 오직 기도하며, 하나님께서 행하시는 일을 지켜보았습니다. 다윗은 단지 자신에게 맡겨진 일에 최선을 다했을 뿐입니다. 그 결과, 하나님께서는 그 양치기를 이스라엘의 왕으로 세우셨습니다. 이는 다윗의 능력이 아닌, 오직 하나님의 은혜와 계획의 결과였고, 모든 영광은 하나님께로 돌아갔습니다.

> "다윗 왕이 여호와 앞에 들어가 앉아서 이르되 여호와 하나님이여 나는 누구이오며 내 집은 무엇이기에 나에게 이에 이르게 하셨나이까"
> 대상 17:16

왕이 된 다윗은 스스로 교만해지지 않았습니다. 그는 자신의 힘이나 노력으로 왕위에 오른 것이 아니었기에, 오직 하나님께만 영광을 돌렸습니다. 다윗이 왕이 된 것은 사람의 능력이 아닌, 오직 하나님의 은혜였습니다. 우리도 다윗처럼 하나님을 신뢰하며, 하나님께서 하시는 일을 잠잠히 지켜보아야 합니다. "너희는 가만히 있어 내가 하나님 됨을 알지어다!"라는 말씀처럼, 조급한 마음으로 분주히 움직이거나 성급하게 결정을 내린다면, 하나님의 일하심을 제대로 볼 수 없습니다. 지금은 가만히 서서, 믿음으로 기도할 때입니다. 믿음의 성도는 하나님의 일하심을 신뢰하고, 조용히 그분의 도우심을 기다릴 줄 알아야 합니다. 다윗이 그랬던 것처럼, 하나님께 모든 영광을 돌리며, 맡겨진 일에 충실할 때, 하나님께서 가장 좋은 길로 인도하실 것입니다.

## 여호와께서 함께 계시니

"다윗이 시온 산성을 빼앗았으니 이는 다윗 성이더라 그 날에 다윗이 이르기를 누구든지 여부스 사람을 치거든 물 긷는 데로 올라가서 다윗의 마음에 미워하는 다리 저는 사람과 맹인을 치라 하였으므로 속담이 되어 이르기를 맹인과 다리 저는 사람은 집에 들어오지 못하리라 하더라 다윗이 그 산성에 살면서 다윗 성이라 이름하고 다윗이 밀로에서부터 안으로 성을 둘러 쌓으니라 만군의 하나님 여호와께서 함께 계시니 다윗이 점점 강성하여 가니라" 삼하 5:7~10

이스라엘의 왕이 된 다윗에게는 한 가지 큰 고민이 있었습니다. 그것은 바로 여부스 족속이었습니다. 하나님께서는 출애굽한 이스라엘 백성에게 가나안의 일곱 족속과 싸워 그들을 진멸하라고 명령하셨습니다. 여호수아의 군대는 여부스 족속과 전쟁을 벌여 그들의 왕인 아도니세덱을 죽였지만, 문제는 여부스 성을 점령하지 못했다는 점입니다. 시간이 흐르면서 여부스 족속은 이스라엘의 큰 골칫거리가 되었습니다.

여부스 족속은 이스라엘의 중심부에 자리 잡고 있었습니다. 마치 우리나라의 중앙인 대전에 공산당이 주둔하고 있는 것과 같았습니다. 이는 이스라엘의 안보에 심각한 위협이었으며, 백성들은 끊임없이 불안에 떨 수밖에 없었습니다. 이스라엘이 통일된 이 시점에서도 가장 시급한 문제는 바로 여부스 족속의 존재였습니다.

그렇다면 왜 이스라엘 백성들은 지금까지 여부스 족속을 그대로 두었을까요? 첫 번째 이유는 그들의 철병거와 산성을 두려워했기 때문입니다.

> "여호와께서 유다와 함께 계셨으므로 그가 산지 주민을 쫓아내었으나 골짜기의 주민들은 철 병거가 있으므로 그들을 쫓아내지 못하였으며" 삿 1:19

다윗이 왕이 되었을 무렵, 이스라엘은 초기 철기 시대로 넘어가는 과도기에 있었습니다. 그로 인해 이스라엘 군인들은 여전히 청동제 무기, 특히 청동 칼을 들고 싸웠습니다. 반면, 여부스 족속은 철로 된 병거까지 갖추고 있었습니다. 병거란 전쟁에서 쓰이는 전투용 수레로, 오늘날로 치면 보병이 전차부대와 싸우는 상황과 같습니다. 이 차이 때문에 이스라엘은 전략적으로 여부스 족속과의 전투에서 크게 불리했습니다.

그러나 이것만이 문제가 아니었습니다. 여부스 족속은 천연 요새인 산성을 기반으로 하고 있었습니다. 이 산성은 해발 750미터의 고지대에 세워졌으며, 단 한 번도 점령당한 적이 없는 난공불락의 요새였습니다. 강력한 방어력과 지형적 이점 덕분에, 이스라엘은 하나님의 명령이 있었음에도 불구하고 여부스 족속과의 전쟁을 포기하게 되었습니다.

> "그러므로 이스라엘 자손은 가나안 족속과 헷 족속과 아모리 족속과 브리스 족속과 히위 족속과 여부스 족속 가운데에 거주하면서 그들의 딸들을 맞아 아내로 삼으며 자기 딸들을 그들의 아들들에게 주고 또 그들의 신들을 섬겼더라" 삿 3:5~6

두 번째로, 이스라엘이 여부스 족속을 내버려둔 이유는 여부스 사람들에게서 느낀 매력 때문이었습니다. 이스라엘 사람들의 눈에 비친 여부스 족속은 매우 화려하고 아름답게 보였습니다. 마치 시골 사람이 처음으로 강남의 화려한 거리를 방문했을 때 느끼는 환상과 같았습니다. 여부스는 이스라엘보다 훨씬 발전된 문명과 문화를 자랑하고 있었고, 그 세련됨과 웅장함은 이스라엘 백성에게 큰 매력으로 다가왔습니다. 특히 이스라엘 남자들은 여부스의 여성들을 보고 첫눈에 반할 정도로 매혹되었습니다.

또한, 여부스 족속은 이방 신을 섬기고 있었고, 그들의 제사는 성적 쾌락을 이용한 제사 방식이었습니다. 오직 경건과 거룩함을 강조하는 제사만 드렸던 이스라엘 백성들에게 이러한 이방 제사는 강렬한 유혹으로 다가왔습니다. 하나님께서는 이방 족속을 진멸하라고 명령하셨지만, 이스라엘은 여부스 사람들의 화려함과 쾌락적인 문화에 빠져, 전쟁을 망설이게 되었습니다.

마지막 이유는 이스라엘의 안일함 때문이었습니다. 여부스 족속은 발전된 문명과 난공불락의 천연 요새를 보유하고 있었지만, 영토는 작고 인구도 적었습니다. 이스라엘에 비하면 여부스는 단지 작은 성읍에 불과했습니다. 모든 지파가 연합하여 총공격을 감행하면 충분히 이길 수 있을 것이라 생각한 것입니다. 이 때문에 이스라엘은 언제든 마음만 먹으면 여부스 족속을 무너뜨릴 수 있다는 자만심과 안일한 마음을 품게 되었습니다. 그러나 그 안일함 때문에 여부스 족속은 여전히 이스라엘의 큰 골칫거리로 남았습니다.

썩은 이는 저절로 고쳐지는 것이 아닙니다. 썩은 이는 뽑아내어야만 치료될 수 있습니다. 이스라엘은 안일함과 유혹을 버리고, 하나님의 명령에 순종했어야 했습니다.

우리 안에 자리 잡고 있는 죄악의 모습은 마치 여부스 족속과도 같습니다. 아무리 끊어내고 싶어도, 천연 요새처럼 깊이 뿌리내린 죄악의 쓴 뿌리가 있지 않습니까? 때로는 너무나 매력적이고, 아름다워 보이는 죄악도 있습니다. 결국 우리는 안일한 마음으로 죄악과 타협하고, 협상하며 살아가고 있지는 않습니까? 이러한 점에서 우리 안의 죄악은 여부스 족속과 많은 공통점을 보여줍니다.

여부스 족속이 이스라엘의 중심부에서 끊임없이 이스라엘을 괴롭혔듯이, 우리의 죄악도 우리 마음의 중심에서 우리를 끊임없이 괴롭히고 있습니다. 그렇기에 우리는 하루빨리 우리 안의 '여부스 족속'을 몰아내야 합니다. 다윗이 이스라엘을 통일하자마자 가장 먼저 여부스 족속과 싸운 이유는 무엇입니까? 그것은 여부스 족속을 제거하는 일이 그 무엇보다 시급하고 중요했기 때문입니다. 우리에게도 마찬가지로 가장 시급한 문제는 우리 안에 자리 잡고 있는 죄악을 제거하는 것입니다.

우리의 죄악은 마치 천연 요새처럼 단단하게 버티고 있습니다. 그러나 우리는 그 죄악들과 맞서 싸워야 합니다. 비록 그것들이 매력적이고 일시적인 즐거움을 제공할지라도, 우리는 이제 죄악과 타협하는 것이 아니라, 죄악과 싸우는 결단이 필요합니다. 다윗도 결단이 필요했습니다. 여부스 족속과 싸우는 일은 결코 쉬운 문제가 아니었습니다. 강력한 요새와 철병거를 가진 그들과의 싸움은 다윗에게 큰 도전이었습니다. 그러나 다윗은 결단하며 하나님의 뜻을 따라 단호히 싸웠습니다.

"왕과 그의 부하들이 예루살렘으로 가서 그 땅 주민 여부스 사람을 치려 하매 그 사람들이 다윗에게 이르되 네가 결코 이리로 들어오지

> 못하리라 맹인과 다리 저는 자라도 너를 물리치리라 하니 그들 생각에는 다윗이 이리로 들어오지 못하리라 함이나" 삼하 5:6

다윗이 쳐들어온다는 소문을 들은 여부스 족속은 다윗의 군대를 조롱하며 이렇게 말했습니다. "와봐라! 맹인과 다리 저는 자들만으로도 너희를 물리칠 수 있다" 여부스 족속은 자신만만했습니다. 그 이유는 여부스 산성이 난공불락의 요새였기 때문입니다.

시온산 자체도 해발 750미터에 위치한 높은 산이었지만, 그 주변에는 세 개의 산이 둘러싸고 있었습니다. 이 산과 산 사이에는 깊은 골짜기가 자리하고 있었는데, 이 좁은 골짜기는 적군의 행군 속도를 늦추는 천연 방어막이 되었습니다. 거대한 공성병기를 이 좁은 지형을 통해 이동시키는 것도 매우 어려웠습니다. 따라서 여부스 산성의 높은 성벽을 무너뜨리거나, 견고한 성문을 부수는 것은 거의 불가능해 보였습니다.

공성병기가 없는 공성전은 결국 식량 싸움으로 이어집니다. 도시를 포위하고, 적의 식량이 고갈될 때까지 기다리는 것이 전형적인 전략이었습니다. 식량이 다 떨어지면 항복할 수밖에 없기 때문입니다. 이러한 이유로 여부스 족속은 곡식 저장고를 마련해 최소 3년간 버틸 수 있는 식량을 항상 비축해 두었습니다. 이처럼 철저한 대비 덕분에, 여부스 족속은 자신만만했습니다. 충분한 곡식과 식수를 확보하고, 절대 뚫을 수 없는 견고한 방어진지를 구축했기에, 다윗의 공격을 가볍게 여기고 오히려 조롱과 도발을 이어갔습니다.

이 상황에서, 다윗은 물리적인 방법으로는 여부스 산성을 점령할 길이 없음을 깨달았습니다. 산성은 난공불락이었고, 적의 준비는 철저했습니다. 다윗은 난처하고 답답한 상황에 놓였지만, 그는 포기하지 않았습니다. 다윗은 사람의 힘으로는 불가능해 보이는 이 문제 앞에서, 오히려 하나님을 찾았습니다. 그는 인간의 방법이 막혔을 때, 하나님께는 반드시 해답이 있음을 확신했습니다. 다윗의 간구에 하나님께서는 응답하셨고, 다윗에게 놀라운 전술과 지혜를 주셨습니다.

> "그 날에 다윗이 이르기를 누구든지 여부스 사람을 치거든 물 긷는 데로 올라가서 다윗의 마음에 미워하는 다리 저는 사람과 맹인을 치라 하였으므로 속담이 되어 이르기를 맹인과 다리 저는 사람은 집에 들어오지 못하리라 하더라" 삼하 5:8

그 순간, 다윗의 눈에 무언가가 번뜩였습니다. 그것은 바로 여부스 족속의 주요 식수원인 기혼 샘이었습니다. 기혼 샘은 여부스 성 밖에 위치한 간헐천으로, 하루에 2~4번씩 약 1톤의 물이 솟아났습니다. 이 양은 대략 2,500명 정도가 마실 수 있는 물로, 여부스 성 주민들의 생명줄과 같았습니다.

그러나 문제는, 기혼 샘은 성 밖에 있었다는 점입니다. 이를 잘 알고 있던 여부스 족속은 성안에서 기혼 샘까지 연결된 땅굴을 팠습니다. 이스라엘 지역의 지형은 석회암으로 이루어져 있습니다. 석회암은 상대적으로 부드럽고, 작은 힘에도 쉽게 부서지기 때문에, 손톱으로 긁어도 파일 정도입니다. 여부스 족속은 이 특성을 활용해, 성 내부에서 기혼 샘까지 지하 수로를 만들어 물길을 연결했습니다. 이 땅굴 덕분에 여부스 성은 외부 공격을 받더라도 식수 공급이 끊기지 않았고, 오랜 포위전에서도 버틸 수 있었습니다.

그렇다면 누구든지 기혼 샘 땅굴로 들어가면 되지 않겠습니까? 하지만 여기에는 큰 문제가 있습니다. 기혼 샘에서 성안으로 들어가기 위해서는 먼저 약 13미터 길이의 수평 터널을 지나야 하고, 그다음에는 12미터 높이의 수직 터널을 맨손으로 올라가야만 했습니다. 이 수직 터널의 위쪽에는 당연히 보초병들이 지키고 있었을 것입니다. 좁고 어두운 터널 속에서 등불을 켤 수도 없었기에, 완전히 암흑 속에서 아무것도 보이지 않는 상태로 올라가야 했습니다. 만약 보초병들에게 들킨다면, 공격을 받아 그대로 떨어질 수밖에 없는 상황이었습니다. 이 계획은 마치 자살행위와 같았습니다.

그러나 다윗은 믿음으로 선포했습니다. "누구든지 물 긷는 곳으로 올라가라! 하나님께서 도우실 것이다! 누구든지 올라가기만 하면 승리할 수 있다!" 이 결단은 결코 쉬운 일이 아니었습니다. 습기로 인해 미끄러운 암벽을 맨손으로 기어올라야 했고, 조금만 실수해도 곧장 추락할 위험이 있었습니다. 게다가 수직 터널의 위쪽에는 보초병들이 지키고 있었기 때문에, 만약 발각된다면 목숨을 잃을 수밖에 없는 상황이었습니다. 하지만 다윗은 자신 있게 외쳤습니다. "올라가서 그들이 조롱한 '맹인과 다리 저는 자'를 쳐라!" 이렇게 다윗은 불가능해 보였던 여부스 산성을 점령하게 되었습니다. 그 이유는 무엇입니까? 하나님께서 다윗과 함께하셨기 때문입니다.

> "만군의 하나님 여호와께서 함께 계시니 다윗이 점점 강성하여 가니라" 삼하 5:10

우리 앞에도 마치 여부스 산성과 같은 난공불락의 문제가 놓여 있습니까? 좌절하고 낙심할 수밖에 없는 상황에 처해 있습니까? 그러나 하나님께서 우리와 함께하신다면, 우리는 불가능해 보이는 승리도 이룰 수 있습니다. 하나님께서 우리에게 놀라운 지혜를 주시면, 우리는 남들이 보지 못하는 해답을 발견할 수 있습니다.

우리 앞에 놓인 큰 문제와 시련을 두려워하지 맙시다. 하나님께서 우리와 함께 계시며, 우리가 의지할 대상은 오직 하나님뿐임을 기억합시다. 다윗이 하나님께 모든 영광을 돌리며 겸손히 나아갔듯이, 우리도 조급해하지 않고 잠잠히 하나님을 바라봅시다. 하나님께서 함께하실 때, 불가능해 보이는 문제도 해결되고, 우리는 점점 강성해질 것입니다. 하나님을 신뢰하고, 그분의 도우심을 기대하며 믿음으로 나아가는 삶을 살아갑시다.

## 여호와께 여쭈어 이르되

여부스 산성이 점령되었다는 소식은 주변 국가들에게 큰 충격을 주었습니다. 이 산성은 오랫동안 난공불락의 요새로 여겨졌기 때문에, 다윗이 이를 점령했다는 소식은 곧 그의 군사적 역량과 하나님의 도우심을 입증하는 사건이었습니다. 특히, 이 소식에 감명을 받은 인물이 있었습니다. 그는 바로 두로의 왕 히람이었습니다.

> "두로 왕 히람이 다윗에게 사절들과 백향목과 목수와 석수를 보내매 그들이 다윗을 위하여 집을 지으니" 삼하 5:11

다윗의 승리 소식을 들은 두로의 왕 히람은 다윗과 우호 조약을 맺고, 성전과 왕궁 건축에 필요한 백향목을 비롯한 다양한 건축 자재를 보내주었습니다. 또한, 히람은 목공과 석공 같은 전문 기술자들을 파견하여, 다윗이 왕궁을 세우는 데에 직접적인 도움을 주었습니다. 이는 히람이 다윗의 리더십을 인정하고, 이스라엘과의 관계를 강화하려는 전략적 외교의 일환이었습니다.

두로는 가나안 정복 시절부터 이미 견고한 도시국가로 자리 잡고 있었습니다. 반면, 이스라엘은 가나안을 정복한 후 사사 시대를 거쳐 이제야 국가의 기틀을 다지기 시작한 신생 국가였습니다. 이와 비교해 두로는 선진국의 반열에 오른 강력한 나라였습니다.

또한, 두로는 매우 부유한 나라였습니다. 두로는 대형 항구를 보유하고 있었으며, 이 항구를 통해 중동 지역의 무역을 이끌었습니다. 두로의 최대 수출품은 백향목과 자주색 옷감이었습니다. 당시 자주색 염료는 매우 희귀했기 때문에, 두로의 자주색 옷감은 세계적으로 인기 있는 고급 상품이었습니다. 백향목 역시 최고의 건축 자재로, 많은 나라들이 왕궁과 신전 건축을 위해 앞다투어 수입하였습니다.

뿐만 아니라, 두로는 뛰어난 건축 기술로도 유명했습니다. 그들은 암반 지형을 요새화하여 견고한 성을 세웠으며, 이러한 건축 기술은 당대 최고의 수준으로 평가받았습니다.

모든 면에서 두로는 이스라엘보다 훨씬 발전되고 부유하며 강력한 나라였습니다. 문화, 경제, 군사력 등에서 두로는 이스라엘을 압도하는 선진국이었습니다. 그런데 그러한 두로가 다윗에게 먼저 평화조약을 요청했다는 사실은 주목할 만합니다. 왜 그랬을까요? 두로가 보기에 이제 이스라엘은 두려운 존재가 되었기 때문입니다.

두로의 왕 히람은 여부스 산성이 점령되었다는 소식에 큰 충격을 받았습니다. 여부스 산성은 난공불락의 요새로 여겨졌고, 누구도 정복할 수 없는 성이었습니다. 그러나 다윗이 이를 점령했다는 소식은,

단순한 군사적 승리를 넘어선 영적인 의미를 담고 있었습니다. 히람은 이 승리가 다윗의 능력에 의한 것이 아니라, 여호와 하나님의 능력에 의한 것임을 깨달았습니다. 히람 왕은 다윗을 두려워한 것이 아니라, 다윗과 함께하시는 하나님을 두려워했습니다.

히람은 지금 여호와께서 다윗과 함께 계신다는 사실을 분명히 알았기에, 먼저 다윗에게 찾아가 손을 내밀 수밖에 없었습니다.

> "이삭이 그들에게 이르되 너희가 나를 미워하여 나에게 너희를 떠나게 하였거늘 어찌하여 내게 왔느냐 그들이 이르되 여호와께서 너와 함께 계심을 우리가 분명히 보았으므로 우리의 사이 곧 우리와 너 사이에 맹세하여 너와 계약을 맺으리라 말하였노라 너는 우리를 해하지 말라 이는 우리가 너를 범하지 아니하고 선한 일만 네게 행하여 네가 평안히 가게 하였음이니라 이제 너는 여호와께 복을 받은 자니라" 창 26:27~29

이삭이 블레셋 땅에 거주할 때, 그는 농사를 지으면 백 배의 결실을 거두었습니다. 소와 양을 키우면 건강한 새끼들이 많이 태어나, 가축이 떼를 이루었습니다. 이 모습을 본 블레셋 사람들은 이삭을 시기하기 시작했습니다. 그들은 이삭이 파놓은 우물들을 모두 막아버렸습니다. 하지만 이삭은 분노하거나 다투지 않고, 다른 곳으로 가서 다시 우물을 팠습니다. 그러나 이번에도 블레셋 사람들이 찾아와 그 우물을 강제로 빼앗아 갔습니다. 그럼에도 불구하고 이삭은 좌절하지 않고 계속 다른 곳에서 우물을 팠습니다.

이 모습을 누가 지켜보고 있었습니까? 바로 우물을 빼앗았던 블레셋 사람들이었습니다. 그들은 의아해하며 생각했습니다. "도대체 저 사람은 누구인가? 농사를 지으면 백 배의 결실을 맺고, 소와 양은 번성하고, 우물을 팔 때마다 물이 나오니 말이다!" 오늘날에도 수맥을 찾는 것은 쉽지 않은 일입니다. 그 당시에는 더더욱 수맥을 찾는 기술이나 지식이 없었을 것입니다. 이삭은 경험도 부족했지만, 팔 때마다 우물을 발견했습니다. 이는 이삭의 능력이 아니라, 하나님의 은혜와 능력이었습니다.

블레셋의 왕 아비멜렉은 결국 이를 인정할 수밖에 없었습니다. 그는 이삭에게 찾아와 말했습니다. "하나님께서 당신과 함께 계심을 우리가 분명히 보았습니다. 그러니 우리 사이에 평화조약을 맺읍시다!" 이삭은 평민에 불과했고, 아비멜렉은 왕이었습니다. 그러나 아비멜렉의 눈에는 이삭이 두려운 존재, 경이로운 존재로 비쳤습니다. 그는 이삭이 아닌, 그의 등 뒤에서 역사하시는 하나님을 본 것입니다.

마찬가지로, 두로의 왕 히람도 이제 막 왕이 된 다윗을 보며 경이와 신비를 느꼈습니다. 히람은 단순히 다윗의 승리를 본 것이 아니라, 다윗을 통해 그를 지지하고 역사하시는 여호와 하나님의 능력을 깨닫게 되었습니다.

> "다윗이 여호와께서 자기를 세우사 이스라엘 왕으로 삼으신 것과 그의 백성 이스라엘을 위하여 그 나라를 높이신 것을 알았더라" 삼하 5:12

다윗은 이 놀라운 승리를 경험한 후, 이렇게 고백합니다. "여호와 하나님께서 나를 세워주셨다! 나를 높여주셨다! 내 이름을 존귀하게 하셨다!" 다윗이 여부스 산성을 점령한 것은 단순한 군사적 승리를 넘어, 전 세계에 충격을 준 사건이었습니다. 누구도 정복할 수 없을 것 같았던 산성을 점령한 다윗은, 이제 더 이상 양치기에 불과한 인물이 아니었습니다. 그는 세계적으로 그 이름을 떨치며, 주변 국가들에게 두려움의 존재가 되었습니다. 이처럼 하나님께서는 다윗을 열방위에 세우셨습니다.

> "이스라엘이 다윗에게 기름을 부어 이스라엘 왕으로 삼았다 함을 블레셋 사람들이 듣고 블레셋 사람들이 다윗을 찾으러 다 올라오매 다윗이 듣고 요새로 나가니라 블레셋 사람들이 이미 이르러 르바임 골짜기에 가득한지라" 삼하 5:17~18

두로 왕 히람은 다윗과의 좋은 관계를 유지하려고 노력했지만, 반대로 블레셋은 다윗의 성장과 위세를 두려워했습니다. 블레셋은 다윗이 강력한 왕국을 세우는 것을 더 이상 방관할 수 없었기에, 선제공격을 감행하여 그 싹을 미리 제거하려 했습니다. 그들은 수많은 군인들을 동원해 이스라엘을 침공했습니다. 그때 다윗은 어떻게 했습니까?

> "다윗이 여호와께 여쭈어 이르되 내가 블레셋 사람에게로 올라가리이까 여호와께서 그들을 내 손에 넘기시겠나이까 하니 여호와께서 다윗에게 말씀하시되 올라가라 내가 반드시 블레셋 사람을 네 손에 넘기리라 하신지라" 삼하 5:19

다윗은 블레셋의 침공 소식을 듣고, 먼저 하나님께 간구하며 물었습니다. "하나님! 블레셋 사람들과 맞서 싸울까요?" 사실 이 상황에서 이스라엘의 군대는 블레셋에 비해 훨씬 열세에 있었습니다. 블레셋은 더 우수한 무기를 보유하고 있었고, 수적으로도 훨씬 많은 병사들로 강력한 군대를 이루고 있었습니다. 그래서 지금까지 이스라엘의 전술은 주로 수비와 기습이었습니다. 골리앗과 싸울 때에도 이스라엘은 높은 지대에 진을 치고, 블레셋 군대가 먼저 쳐들어오기를 기다리는 수비 전략을 펼쳤습니다.

그러나 이번에는 상황이 달랐습니다. 하나님께서는 다윗에게 정면 승부를 하라고 명령하셨습니다. 두려움과 의심을 버리고, 블레셋의 진영으로 적극적으로 쳐들어가라고 말씀하신 것입니다.

지금까지 이스라엘은 수비 전술을 사용했기 때문에, 블레셋은 다윗이 먼저 공격할 것이라 예상하지 못했습니다. 그 결과, 블레셋은 수비 대형을 제대로 갖추지 못한 채 준비가 미흡한 상태에 있었습니다. 다윗은 이 틈을 노려, 하나님의 말씀을 신뢰하며 정면 공격을 감행했습니다. 그 결과, 다윗은 큰 승리를 거두었습니다.

> "다윗이 바알브라심에 이르러 거기서 그들을 치고 다윗이 말하되 여호와께서 물을 흩음 같이 내 앞에서 내 대적을 흩으셨다 하므로 그 곳 이름을 바알브라심이라 부르니라" 삼하 5:20

생각지도 못한 다윗의 갑작스러운 정면 공격에, 블레셋의 진영은 한순간에 무너져 내렸습니다. 그로 인해 수많은 블레셋 군사들이 죽었고, 살아남은 자들은 뿔뿔이 흩어져 줄행랑을 쳤습니다. 이 승리의 순간, 다윗은 이렇게 외쳤습니다. "이곳의 이름을 바알브라심이라 하겠다"

바알브라심(בַּעַל פְּרָצִים)은 히브리어로 "흩어지게 하시는 주인"이라는 뜻입니다. 이는 여호와께서 다윗의 대적을 흩으셨다는 의미를 담고 있습니다. 블레셋은 강력한 군대를 앞세웠지만, 하나님께서 그들을 완전히 무너뜨리시고 흩으신 것입니다.

이 패배로 인해, 블레셋 군대는 생명처럼 소중하게 여겼던 우상들까지 버리고 도망칠 수밖에 없었습니다. 그러나 블레셋은 이 패배를 깨닫지 못하고 미련을 버리지 못한 채, 또다시 이스라엘 땅을 침공하기 위해 쳐들어왔습니다.

"블레셋 사람들이 다시 올라와서 르바임 골짜기에 가득한지라" 삼하 5:22

블레셋 사람들이 또다시 이스라엘을 침공했습니다. 그렇다면 다윗은 어떻게 했을까요? '이미 하나님께서 이전에 응답을 주셨으니, 이번에도 그대로 정면 공격을 하면 되겠지?'라고 생각하지 않았습니다. 다윗은 이전의 대승에도 불구하고, 자신의 경험에 의존하지 않고 다시 한번 하나님께 기도하며 물었습니다.

다윗은 하나님께서 한 번 응답하셨다고 해서, 모든 상황에서 동일한 전략을 사용하려 하지 않았습니다. 그는 여전히 하나님의 인도하심이 필요하다는 사실을 깨닫고, 겸손히 하나님의 뜻을 구했습니다.

"다윗이 여호와께 여쭈니 이르시되 올라가지 말고 그들 뒤로 돌아서 뽕나무 수풀 맞은편에서 그들을 기습하되" 삼하 5:23

하나님께서는 이전에 주셨던 지시와는 다른 응답을 주셨습니다. 하나님께서는 다윗에게 정면으로 올라가지 말고, 적을 포위한 후 기습 공격을 하라고 명령하셨습니다. 이처럼 다윗은 한 번의 기도와 응답에 그치지 않고, 매 순간 하나님께 묻고 하나님의 인도하심을 구했습니다. 그는 자신의 경험이나 과거의 승리에 의존하지 않고, 모든 상황에서 하나님의 뜻을 최우선으로 여겼습니다.

이번 전투에서 블레셋은 이전의 패배를 기억하고, 다윗이 다시 정면 공격을 할 것이라 예상했습니다. 블레셋은 정면 방어에 모든 병력을 집중하며 준비를 마쳤습니다. 그들은 '다윗은 지난번처럼 무식하게 정면으로 쳐들어올 것이다. 이번에는 철저히 준비했으니, 다윗은 불꽃에 뛰어든 불나방처럼 패배할 것이다!'라고 생각했습니다.

그러나 다윗은 하나님의 지시를 따라, 방어가 미비한 블레셋의 후방을 기습 공격했습니다. 블레셋은 예상치 못한 공격에 허를 찔렸고, 결국 완전히 무너졌습니다.

다윗이 블레셋과의 전투에서 승리할 수 있었던 이유는 무엇입니까? 그것은 다윗의 전략과 전술의 탁월함 때문이 아닙니다. 다윗이 전투에 능한 장수였기 때문도 아닙니다. 이 승리는 전적으로 하나님의 지혜와 능력에서 비롯된 것이었습니다. 다윗은 하나님께 물었고, 하나님께서 말씀하신 대로 순종했을 뿐입니다.

다윗이 여부스 산성을 점령했을 때에도, 블레셋과의 전투에서 승리했을 때에도, 그는 언제나 먼저 하나님께 기도하고 물었습니다.

우리도 마찬가지입니다. 먼저 하나님께 물어보고 행동한다면, 우리는 언제나 승리할 수 있습니다. 무엇이든지 하나님께 묻고 순종한다면, 하나님께서 우리의 대적을 흩으실 것입니다. 그러나 어떤 이들은 이렇게 생각할 수 있습니다. "아무리 물어봐도 응답이 없고, 대답이 없는데 어떻게 해야 합니까?"

사실, 다윗도 처음부터 하나님의 음성을 세밀하게 들었던 것은 아니었습니다. 다윗은 하나님께 묻지 않고 블레셋의 가드로 도망쳐 미친 사람처럼 행동한 적도 있었습니다. 또한, 하나님께 묻지 않고 블레셋으로 망명했다가, 부하들의 손에 의해 죽을 뻔한 위기에 처하기도 했습니다.

다윗이 하나님께 묻지 않았던 이유는 무엇입니까? 그것은 아무리 기도해도 하나님의 음성을 들을 수 없었기 때문입니다. 그래서 다윗은 하나님께 묻지 않고 자신의 계획대로 행동했습니다. '어차피 기도해도 응답이 없을 테니, 내 방식대로 움직이자'라는 마음이었던 것입니다.

그러나 다윗은 광야에서의 고난을 통해 중요한 교훈을 배웠습니다. 도피 생활 속에서, 그는 오직 하나님만을 의지해야 한다는 사실을 깨달았습니다. 자신의 방법은 결국 부정적인 결과만 초래한다는 것을 철저히 경험한 것입니다. 그래서 다윗은 당장 응답이 없어도, 하나님께 묻고 행동하기로 결단했습니다.

지금 당장 하나님의 음성을 들을 수 없고, 응답이 느껴지지 않으며, 하나님의 계획이 이해되지 않을 때도 있었습니다. 그러나 다윗은 하나님께 여쭙는 훈련을 반복했습니다. 이러한 훈련을 통해, 그는 점차 하나님의 음성을 세밀하게 듣고 분별할 수 있게 되었습니다. 우리도 다윗처럼 기도와 순종의 훈련을 통해, 하나님의 인도하심을 더욱 분명하게 경험할 수 있습니다.

우리는 매 순간 하나님께 묻고, 하나님의 음성을 듣는 훈련을 해야 합니다. 우리의 사소한 일부터 인생의 중대한 결정까지, 모든 것을 하나님께 여쭙고 순종해야 합니다. 처음에는 하나님의 음성이 잘 들리지 않을 수도 있습니다. 때로는 답답하고, 이해되지 않을 때도 있을 것입니다. 그러나 반복적으로 기도하고, 지속적으로 묵상한다면, 우리도 점차 다윗처럼 하나님의 음성을 세밀하게 들을 수 있게 됩니다.

기도와 묵상은 하루아침에 이루어지는 것이 아닙니다. 꾸준한 훈련과 인내가 필요합니다. 우리는 하나님의 뜻을 분별하기 위해, 끊임없이 하나님께 나아가야 합니다. 이 과정 속에서 우리의 영적인 귀는 열리고, 하나님의 인도하심을 더욱 분명히 느낄 수 있게 될 것입니다.

8장

# 다윗의 사랑

DAVID SKETCH

## 그곳을 베레스웃사라 부르니

다윗은 두로 왕 히람이 보낸 백향목을 사용하여 다윗성을 아름답게 건축했습니다. 건축이 마무리된 후, 다윗은 예루살렘을 수도로 정하고 본격적으로 이스라엘을 통치하기 시작했습니다. 예루살렘은 이제 정치와 군사, 그리고 종교의 중심지로 자리 잡게 되었습니다. 이 시점에서 다윗은 중요한 결단을 내립니다. 그는 오랜 시간 동안 국채 사업으로 방치되었던 언약궤를 예루살렘으로 옮기는 작업을 추진하기로 했습니다.

> "기럇여아림 사람들이 와서 여호와의 궤를 옮겨 산에 사는 아비나답의 집에 들여놓고 그의 아들 엘리아살을 거룩하게 구별하여 여호와의 궤를 지키게 하였더니" 삼상 7:1

엘리 제사장의 두 아들, 홉니와 비느하스는 전쟁에서 하나님의 보호를 받으려는 의도로 언약궤를 전장으로 가져갔으나, 오히려 그 전투에서 참패를 당했습니다. 이 과정에서 홉니와 비느하스는 전사하였고, 언약궤는 블레셋에게 빼앗겼습니다. 이 소식을 들은 엘리는 충격에 의자에서 뒤로 넘어져 목뼈가 부러져 즉사하였습니다. 이후, 블레셋은 언약궤를 자신들의 신인 다곤 신상 앞에 모욕적으로 두었으나, 다음 날 다곤 신상은 머리와 손발이 잘린 채 쓰러져 있었습니다. 동시에 블레셋 백성들에게는 독한 종기가 퍼지며 큰 재앙이 닥쳤습니다. 결국 블레셋은 언약궤를 돌려보내기로 결정하고, 한 번도 멍에를 메지 않은 젖소 두 마리로 수레를 끌게 하여 이스라엘로 돌려보냈습니다.

언약궤가 이스라엘로 돌아왔을 때, 국가에서 관리하지 않고 아비나답이 자신의 집에서 20년간 보관하였습니다. 시간이 흘러 다윗은 언약궤를 예루살렘으로 옮기기를 원했습니다. 이는 매우 귀중한 일이었습니다. 언약궤는 하나님의 임재와 말씀을 상징하며, 그 안에는 십계명, 아론의 싹 난 지팡이, 그리고 만나가 담겨 있었습니다. 이는 출애굽의 기적과 하나님의 은혜를 상징하는 증거들입니다. 다윗은 이러한 언약궤를 가까이 두고, 하나님과의 깊은 교제를 원했기에 즉위 후 국책사업으로 언약궤를 옮기기로 했습니다. 이는 칭송받을 만한 일이며, 신앙적 업적을 남기는 일이었습니다. 그러나 그 과정에서 예기치 못한 비극이 발생했습니다. 웃사라는 사람이 언약궤가 떨어질 듯 흔들리자 본능적으로 손을 뻗어 붙잡았고, 그 순간 하나님의 진노가 임하여 그는 즉사하고 말았습니다.

> "다윗이 이스라엘에서 뽑은 무리 삼만 명을 다시 모으고, 다윗과 이스라엘 온 족속은 잣나무로 만든 여러 가지 악기와 수금과 비파와 소고와 양금과 제금으로 여호와 앞에서 연주하더라" 삼상 6:1, 5

다윗은 언약궤를 예루살렘으로 옮기기 위해 철저한 준비를 마쳤습니다. 백성 중에서 3만 명을 선발해 언약궤를 맞이할 영접식을 준비하였고, 다양한 악기들로 구성된 오케스트라를 동원해 함께 찬양하며 웅장한 분위기를 연출했습니다. 수많은 사람들이 혼신의 노력을 기울여 화려한 행진을 선보였으며, 다윗은 이 모든 일을 감독할 총괄 책임자로 웃사를 임명했습니다.

> "그들이 하나님의 궤를 새 수레에 싣고 산에 있는 아비나답의 집에서 나오는데 아비나답의 아들 웃사와 아효가 그 새 수레를 모니라" 삼하 6:3

웃사는 아비나답의 아들로, 그의 집에서 20년 동안 언약궤를 관리해 온 경험이 있었습니다. 자연히 언약궤에 대한 이해와 지식에서 웃사를 따를 자가 없었을 것입니다. 이러한 배경에서 다윗은 언약궤 이전을 위한 책임자로 웃사를 세웠습니다. 드디어 언약궤 영접식이 성대하게 거행되었고, 온 백성은 기쁨과 기대 속에 찬양과 연주로 하나님을 경배하며 행진을 시작했습니다.

> "그들이 나곤의 타작 마당에 이르러서는 소들이 뛰므로 웃사가 손을 들어 하나님의 궤를 붙들었더니 여호와 하나님이 웃사가 잘못함으로 말미암아 진노하사 그를 그 곳에서 치시니 그가 거기 하나님의 궤 곁에서 죽으니라" 삼하 6:6~7

그러나 갑작스럽게 소들이 날뛰기 시작했습니다. 그로 인해 수레 위의 언약궤가 흔들리며 떨어질 듯하자, 옆에 있던 웃사는 놀라 손으로 언약궤를 받쳤습니다. 그러나 그 순간, 하나님의 진노가 임하여 웃사는 즉사하고 말았습니다. 이를 목격한 다윗과 백성들은 충격과 혼란에 빠졌습니다. 기쁨의 축제는 한순간에 저주와 애도의 장으로 바뀌었고, 여호와의 진노가 그 자리 전체를 엄습했습니다.

이 사건은 왜 일어난 것일까요? 지금 다윗은 하나님을 사랑하는 마음으로 귀한 일을 하고 있었는데, 하나님께서 왜 이렇게까지 하셔야 했을까요? 웃사가 죽은 이유는 모든 일이 하나님의 말씀에 따라 진행되지 않았기 때문입니다. 아무리 좋은 일이라도, 아무리 꼭 필요한 일이라도, 하나님의 말씀을 벗어나는 행위는 하나님 앞에서 죄가 됩니다. 과정에서 하나님의 뜻에 어긋난다면, 아무리 결과가 좋아 보이더라도 하나님께서는 기뻐하지 않으십니다. 다윗이 언약궤를 예루살렘으로 옮기려는 것은 분명 귀하고 필요한 일이었지만, 문제는 그 방법이 말씀에 부합하지 않았다는 데 있었습니다.

> "진영을 떠날 때에 아론과 그의 아들들이 성소와 성소의 모든 기구 덮는 일을 마치거든 고핫 자손들이 와서 멜 것이니라 그러나 성물은 만지지 말라 그들이 죽으리라 회막 물건 중에서 이것들은 고핫 자손이 멜 것이며" 민 4:15

언약궤를 옮기는 데는 명확한 규정과 원칙이 존재했습니다. 하나님의 말씀에 따르면, 언약궤는 반드시 고핫 자손이 어깨에 메어 운반해야 했습니다. 더 중요한 점은, 언약궤를 직접 손으로 만져서는 안 된다는 것이었습니다. 하나님께서는 언약궤를 만지면 죽을 것이라고 분명히 경고하셨습니다. 그러나 다윗은 언약궤를 어떻게 옮기고 있었습니까? 새 수레 위에 언약궤를 올려 이동시키고 있었습니다. 새롭고 화려한 수레 위에서 언약궤가 운반되는 모습은 보기에는 웅장하고 멋져 보였을 것입니다. 다윗은 찬양대까지 준비하며 더 화려하고 감동적인 행진을 위해 새 수레를 선택했습니다.

하지만 이 선택은 근본적인 실수를 포함하고 있었습니다. 다윗은 하나님의 말씀을 기억하지 못했습니다. 그 자리에 함께 모인 3만 명의 백성들 중 누구도 이것이 잘못되었다고 지적하지 않았습니다. 그들은 하나님의 언약궤를 소중하게 여기며 행진했지만, 정작 하나님의 말씀은 간과하고 있었습니다.

> "여호와께서 웃사를 치시므로 다윗이 분하여 그 곳을 베레스웃사라 부르니 그 이름이 오늘까지 이르니라" 삼하 6:8

웃사가 죽는 장면을 목격한 다윗은 분노했습니다. 그러나 그 분노는 하나님을 향한 것이 아니었습니다. 앞뒤 문맥을 고려할 때, 다윗은 자기 자신에게 분노하고 있음을 알 수 있습니다. 그는 자신의 무지함과 경솔함을 깨달으며, 스스로에게 이렇게 분노했을 것입니다. '어떻게 하나님의 언약궤를 옮기면서 성경적인 방법을 고려하지 않았단 말인가? 나는 왜 허상과 허영에 사로잡혀 중요한 원칙을 간과했을까?'

이러한 깨달음 속에서 다윗은 그곳을 '베레스웃사'라 불렀습니다. 베레스웃사(פֶּרֶץ עֻזָּה)는 '웃사의 파열' 또는 '웃사를 터뜨리심'이라는 뜻으로, 하나님께서 웃사의 행위를 심판하신 사건을 기념하는 이름입니다. 다윗은 이 실수를 결코 잊지 않기 위해 그 장소에 이 이름을 붙였고, 베레스웃사를 지날 때마다 자신의 잘못을 기억하고 반성하며 회개했습니다.

우리도 신앙생활을 하며 종종 '결과만 좋으면 됐지'라는 안일한 생각에 빠지기 쉽습니다. '과정이 어떻든, 결과만 좋다면 하나님께서 이해하시겠지?'라는 마음입니다. 그러나 하나님께서는 결코 그러시지 않습니다. 하나님께서는 무엇보다도 과정을 중요하게 여기십니다.

> "창기가 번 돈과 개 같은 자의 소득은 어떤 서원하는 일로든지 네 하나님 여호와의 전에 가져오지 말라 이 둘은 다 네 하나님 여호와께 가증한 것임이니" 신 23:18

우리는 흔히 이렇게 생각하기 쉽습니다. '헌금을 많이 하면 모든 것이 해결되겠지? 비록 거짓말이나 사기, 불법을 저질렀다 해도, 십일조를 많이 드리면 하나님께서 모든 것을 눈감아 주실 거야. 당장은 주일성수를 못 지키더라도, 성공만 하면 하나님께 영광이 될 테지' 그러나 아무리 겉모습이 화려하고 성과가 뛰어나다 하더라도, 그 과정이 그릇되었다면 하나님께서는 결코 이를 기뻐하시지 않습니다. 하나님께서 보시는 것은 결과가 아닌, 말씀에 순종하는 과정입니다. 하나님의 명령을 무시하고 단지 결과만을 중시한다면, 그 결과가 아무리 훌륭해 보여도 하나님께 칭찬받을 수 있을까요? 그렇지 않습니다.

다윗은 하나님의 언약궤를 가까이 두고 모시고자 하는 진심 어린 열망을 가졌습니다. 이는 분명히 귀하고 기특한 마음이었습니다. 그러나 그 과정과 방법이 말씀에 맞지 않았을 때, 우리는 하나님의 진노와 웃사의 죽음이라는 비극적인 결과를 보게 됩니다. 우리의 신앙생활도 다르지 않습니다. 아무리 좋은 성과를 이루었다고 해도, 그 과정이 말씀에 어긋난다면, 우리는 하나님 앞에서 죄를 범한 것입니다.

> "주의 말씀은 내 발에 등이요 내 길에 빛이니이다 주의 의로운 규례들을 지키기로 맹세하고 굳게 정하였나이다" 시 199:105~106

하나님께서 진정으로 원하시는 것은 화려한 성취나 겉으로 보이는 성과가 아닙니다. 그분은 우리의 내면과 그로부터 나오는 행위의 진정성, 그리고 과정에서의 말씀에 대한 순종을 바라십니다. 다윗은 하나님의 언약궤를 모시려는 진심 어린 열망을 품었지만, 그 과정에서 하나님의 말씀을 소홀히 한 결과 비극을 초래하게 되었습니다. 이 사건은 하나님의 말씀을 따르는 순종의 중요성을 여실히 드러냅니다.

그러므로 우리는 매 걸음을 하나님의 말씀에 비추어 신중히 내디뎌야 합니다. 우리의 모든 발걸음이 하나님의 기준에 합당해야 합니다. 실수를 되풀이하지 않기 위해, 우리는 베레스웃사의 교훈을 늘 기억해야 합니다. 하나님께서 우리에게 바라시는 것은 성공한 인생이 아니라, 거룩한 인생입니다.

## 그의 온 집에 복을 주시니라

"다윗이 그 날에 여호와를 두려워하여 이르되 여호와의 궤가 어찌 내게로 오리요 하고" 삼하 6:9

언약궤를 예루살렘으로 옮기는 일은 분명히 복된 일이며, 칭찬받을 만한 일이었습니다. 그러나 그 과정과 방법에서 잘못이 있다면, 그 결과는 심각한 문제를 초래할 수 있습니다. 다윗은 이전의 실패를 깊이 반성하며, 충분한 준비 없이 서둘러 언약궤를 모시려 했던 자신의 경솔함을 깨달았습니다. 그렇다고 해서 다시 언약궤를 아비나답의 집으로 되돌릴 수도 없었습니다.

앞선 비극으로 인해 현장은 두려움과 혼란에 휩싸였고, 다윗은 언약궤의 거취 문제에 대해 쉽게 결단을 내릴 수 없는 상황이었습니다. 그런데 바로 이때, 오벧에돔이라는 인물이 등장하게 됩니다.

> "다윗이 여호와의 궤를 옮겨 다윗 성 자기에게로 메어 가기를 즐겨하지 아니하고 가드 사람 오벧에돔의 집으로 메어 간지라" 삼하 6:10

오벧에돔은 다윗에게 나아가 말했습니다. "여호와의 언약궤를 제 집으로 모시겠습니다" 그렇다면, 오벧에돔은 누구일까요? 오벧에돔에 대해선 성경적 배경을 이해하기 어려운 부분이 있습니다. 성서학적으로 오벧에돔에 대한 두 가지 주요 학설이 존재합니다.

첫 번째 학설은 오벧에돔이 블레셋 사람이었다는 주장입니다. 성경에서 오벧에돔을 "가드 사람"이라고 언급하고 있는데, 가드는 블레셋의 주요 도시 중 하나입니다. 잘 알려진 블레셋의 장수 골리앗도 가드 출신이었습니다. 따라서 오벧에돔이 블레셋 사람이었으나, 하나님의 경이로운 역사를 보고 개종한 인물이라는 견해입니다. 이 학설에 따르면, 엘리 제사장 당시 블레셋이 언약궤를 탈취했을 때, 다곤 신상이 부서지고 블레셋 사람들 사이에 악성 종기가 창궐했습니다. 이 재앙을 목격한 오벧에돔이 은혜를 받아 회심하였고, 그 이후 참 하나님을 고백하며 하나님의 백성으로 거듭났다는 설명입니다.

> "고라 사람들의 문지기 반들은 이러하니라 아삽의 가문 중 고레의 아들 므셀레먀라 므셀레먀의 아들들인 맏아들 스가랴와 둘째 여디야엘과 셋째 스바댜와 넷째 야드니엘과 다섯째 엘람과 여섯째 여호하

> 난과 일곱째 엘여호에내이며 오벧에돔의 아들들은 맏아들 스마야와 둘째 여호사밧과 셋째 요아와 넷째 사갈과 다섯째 느다넬과 여섯째 암미엘과 일곱째 잇사갈과 여덟째 브울래대이니 이는 하나님이 오벧에돔에게 복을 주셨음이라" 대상 1:1~5

두 번째 학설은 오벧에돔이 레위 지파의 사람이라는 견해입니다. 역대상 1장에서는 오벧에돔을 고라의 자손으로 소개하고 있습니다. 고라는 레위 지파의 후손이며, 이는 오벧에돔이 레위 지파에 속해 있었음을 의미합니다. 만약 오벧에돔이 고라의 자손이라면, 그가 왜 "가드 사람"으로 불렸는지 의문이 생깁니다.

이와 관련해 일부 성서학자들은 '가드'라는 지명이 블레셋의 도시 가드가 아니라, 가드림몬을 가리키는 것일 수 있다고 주장합니다. 가드림몬은 레위인들이 거주하던 도시 중 하나로 알려져 있습니다. 따라서, "가드 사람"이라는 표현은 오벧에돔이 블레셋 출신이 아닌, 레위 지파의 거주지인 가드림몬 출신이라는 해석이 가능합니다. 이는 오벧에돔이 레위 지파로서 언약궤를 모시는 일을 맡는 것이 성경적으로도 적합함을 뒷받침해 줍니다.

> "레위 사람인 그핫 자손 중에 남은 자들의 가족들 곧 그핫 자손에게는 제비 뽑아 에브라임 지파 중에서 그 성읍들을 주었으니 곧 살인자의 도피성 에브라임 산지 세겜과 그 목초지이요 또 게셀과 그 목초지와 깁사임과 그 목초지와 벧호론과 그 목초지이니 네 성읍이요 또 단 지파 중에서 준 것은 엘드게와 그 목초지와 깁브돈과 그 목초지와 아얄론과 그 목초지와 가드 림몬과 그 목초지이니 네 성읍이요" 수 21:20~24

그핫 자손이란, 레위의 둘째 아들 고핫의 후손으로, 이들은 특별한 사명을 부여받았습니다. 하나님께서는 고핫 자손만이 언약궤를 어깨에 메고 운반할 수 있다고 명령하셨습니다(민 4:15). 이를 근거로, 오벧에돔이 가드림몬 출신의 레위 지파일 가능성을 유추할 수 있습니다.

그러나 사실, 오벧에돔의 출신이 중요한 것이 아닙니다. 그가 블레셋 사람으로서 회심하여 하나님의 백성이 된 것도 은혜이며, 레위 지파로서 하나님의 말씀에 따라 언약궤를 모신 것도 은혜입니다. 중요한 것은 오벧에돔의 출생지가 아니라, 그의 행실과 신앙입니다.

다윗은 웃사의 죽음을 계기로 자신의 무지와 교만을 깊이 회개했습니다. 어디서부터 잘못되었는지 되짚어 보며, 그는 성경을 탐구하기 시작했습니다. 그 과정에서 다윗은 언약궤는 반드시 레위 지파의 고핫 자손이 어깨에 메어 운반해야 한다는 하나님의 명령을 깨닫게 되었습니다.

> "다윗이 여호와의 궤를 옮겨 다윗 성 자기에게로 메어 가기를 즐겨하지 아니하고 가드 사람 오벧에돔의 집으로 메어 간지라" 삼하 6:10

오벧에돔이 자신의 집으로 언약궤를 모실 때, 그는 어떻게 옮겼을까요? 새 수레를 사용하지 않았습니다. 성경은 오벧에돔이 언약궤를 "메어 간지라"라고 기록하고 있습니다. 이는 오벧에돔이 철저하게 성경적인 방법에 따라 언약궤를 옮겼음을 보여줍니다. 그는 하나님의 명령대로, 언약궤를 어깨에 메고 운반해야 한다는 규정을 지켰던 것입니다.

> "여호와의 궤가 가드 사람 오벧에돔의 집에 석 달을 있었는데 여호와

께서 오벧에돔과 그의 온 집에 복을 주시니라 어떤 사람이 다윗 왕에게 아뢰어 이르되 여호와께서 하나님의 궤로 말미암아 오벧에돔의 집과 그의 모든 소유에 복을 주셨다 한지라 다윗이 가서 하나님의 궤를 기쁨으로 메고 오벧에돔의 집에서 다윗 성으로 올라갈새" 삼하 6:11~12

그리하여 언약궤는 오벧에돔의 집에 3개월간 머물렀습니다. 그 기간 동안, 하나님께서는 오벧에돔의 집에 넘치는 복을 부어주셨습니다. 그의 모든 소유와 가정에 하나님의 축복이 임하였고, 그 복이 얼마나 대단했던지 온 나라에 소문이 퍼질 정도였습니다. 이는 하나님께서 사명을 충실히 감당하는 자에게 풍성한 복을 내리시는 분임을 보여줍니다.

오벧에돔의 사명은 무엇이었습니까? 그것은 언약궤를 잘 모시는 일이었습니다. 그러나 여기서 언약궤를 모신다는 것은 단순히 물건을 보관하는 의미에 그치지 않습니다. 언약궤는 하나님의 임재와 말씀을 상징합니다. 언약궤가 오벧에돔의 집에 있었다는 것은 그의 집이 하나님의 은혜로 충만해졌음을 의미합니다.

오벧에돔이 놀라운 복을 받게 된 것은 단순히 언약궤를 부적처럼 보관했기 때문이 아닙니다. 하나님을 사랑하고 경외하는 마음, 그리고 거룩한 하나님의 백성으로 살겠다는 결단과 의지가 있었기에, 그는 하나님의 넘치는 복을 받을 수 있었던 것입니다.

언약궤를 단지 부적처럼 가지고 있는 것만으로는 복을 받지 않습니다. 아비나답은 20년 동안 언약궤를 보관했지만, 성경에는 그가 복을 받았다는 기록이 없습니다. 오히려 그의 아들 웃사는 언약궤를 만지다 죽음을 맞이했습니다. 언약궤는 오벧에돔의 집에는 큰 축복이었으나, 아비나답의 가정에는 저주로 작용했습니다. 그 이유는 무엇일까요? 그것은 그들의 마음의 중심이 달랐기 때문입니다. 오벧에돔은 하나님을 경외하는 마음으로 언약궤를 맞이했습니다. 반면 아비나답은 언약궤를 단순히 부적처럼 보관하고 있었고, 아무도 주의를 기울이지 않으며 집 한구석에 방치해 두었을 뿐이었습니다. 하나님께서는 그들의 마음의 상태를 정확히 꿰뚫어 보고 계셨습니다.

우리는 웃사의 죽음을 억울한 사건으로 생각할 수 있습니다. 그는 장난삼아 언약궤를 만진 것도 아니고, 떨어지는 것을 막으려다 손을 뻗었을 뿐인데 죽었으니, 쉽게 이해하기 어려운 일입니다. 그러나 여기서 중요한 것은 그 순간의 잘못만이 아닙니다. 언약궤가 아비나답의 집에 보관된 20년 동안, 웃사는 하나님을 향한 경외심을 갖지 않았고, 언약궤의 거룩함을 가볍게 여겼습니다. 아비나답은 언약궤를 모시면서도 자식들에게 하나님의 말씀을 가르치지 않았습니다. 언약궤를 어떻게 다루어야 하며, 하나님을 어떻게 경외해야 하는지 교육하지 않았던 결과로, 웃사는 믿음과 경외심이 부족했고, 결국 언약궤를 경시하고 하나님의 명령을 무시하게 된 것입니다. 이는 20년간 쌓여온 죄악이 결국 죽음이라는 결과로 나타난 것입니다.

오벧에돔과 아비나답의 사례를 통해 우리가 깨달아야 할 교훈은 무엇일까요? 신앙생활은 기간의 문제가 아니라, 진심의 문제라는 것입니다. 오벧에돔은 단 3개월 동안 언약궤를 모셨지만, 그 기간 동안 온 나라에 소문이 날 정도로 놀라운 복을 받았습니다. 반면, 아비나답의 집에서는 20년 동안 언약궤가 있었지만, 복이 아닌 비극을 맞이했습니다. 우리의 신앙생활도 마찬가지입니다. 얼마나 오래 교회를 다녔는지가 중요한 것이 아닙니다. 어떠한 마음으로 하나님을 사랑하고, 어떤 자세로 예배를 드리는지, 우리의 마음의 중심이 가장 중요한 것입니다.

> "이는 다 오벧에돔의 자손이라 그들과 그의 아들들과 그의 형제들은 다 능력이 있어 그 직무를 잘하는 자이니 오벧에돔에게서 난 자가 육십이 명이며" 대상 26:8

오벧에돔이 받은 복 중에는 특히 자녀의 복이 있었습니다. 이는 물질적인 복보다 훨씬 더 귀한 축복입니다. 아무리 대기업의 회장이라 해도 자녀 교육에 실패하는 이들이 있습니다. 아무리 큰 교회의 담임 목사라도 자녀들이 불신자가 되거나, 심지어 하나님을 대적하는 자가 될 수 있습니다. 그러나 오벧에돔은 자녀의 복을 받았습니다. 그 이유는 그의 자녀들이 하나님을 만나고, 하나님의 말씀을 배웠기 때문입니다.

오벧에돔의 자녀들은 소문으로만 듣던 언약궤를 직접 두 눈으로 목격했습니다. 단지 이야기를 통해서가 아니라, 하나님의 임재와 역사를 직접 체험했습니다. 그들은 하나님이 살아 계셔서 복을 주시는 분임을 생생히 경험했습니다. 이러한 체험 속에서, 오벧에돔의 자녀들은 하나님의 말씀으로 거룩하게 성장할 수 있었습니다. 이처럼, 오벧에돔의 가정은 하나님을 경외하며 자녀들이 신앙의 유산을 이어받는 복된 집안이 되었습니다.

> "네 자녀에게 부지런히 가르치며 집에 앉았을 때에든지 길을 갈 때에든지 누워 있을 때에든지 일어날 때에든지 이 말씀을 강론할 것이며 너는 또 그것을 네 손목에 매어 기호를 삼으며 네 미간에 붙여 표로 삼고 또 네 집 문설주와 바깥 문에 기록할지니라" 신 6:7~9

복 받는 가정이 되기 위해 가장 중요한 것은 무엇일까요? 신앙의 명문 가문이 되기 위해 가장 중요한 것은 무엇일까요? 그것은 바로 자녀들에게 하나님의 말씀을 가르치는 것입니다. 단순히 언약궤를 보관하고 있는 것만으로는 복을 받을 수 없습니다. 성경책을 들고 다닌다고 해서 복이 저절로 임하지도 않습니다. 중요한 것은 하나님의 말씀을 가르치고, 깊이 묵상하며, 받은 은혜를 가족과 함께 나누는 것입니다. 말씀을 중심으로 한 가정은 하나님께서 기뻐하시는 가정이 되며, 그렇게 할 때 그 집안은 복 받는 가정이 될 수 있습니다.

우리는 오벧에돔처럼 하나님의 말씀을 가정의 중심에 두고, 자녀들에게 그 말씀을 부지런히 가르쳐야 합니다. 진정한 신앙의 유산은 단지 오랜 교회 생활이나 겉으로 보이는 신앙 행위에서 비롯되는 것이 아닙니다. 하나님을 경외하고, 말씀을 삶 속에서 실천하는 부모의 모습을 통해 자녀들에게 전달됩니다. 말씀을 가르치는 부모, 말씀을 중심으로 하는 가정은 하나님께서 기뻐하시고 복을 내려주시는 가정입니다. 오벧에돔의 가정이 받은 축복의 비결은 바로 하나님의 말씀에 순종하고, 그 임재를 온 마음으로 모셨기 때문입니다.

## 힘을 다하여 춤을 추는데

다윗은 자신의 실수로부터 교훈을 얻었습니다. 오벧에돔의 집에 큰 복이 임했다는 소식을 들은 다윗은, 이번에는 성경적인 방법을 따르기로 결심했습니다. 그는 하나님의 말씀에 따라 언약궤를 예루살렘으로 옮기고자 했습니다. 이번에는 철저히 준비하고, 레위 지파의 고핫 자손이 어깨에 메고 운반하도록 하여, 하나님의 명령에 순종하는 방식으로 진행했습니다.

> "여호와의 궤를 멘 사람들이 여섯 걸음을 가매 다윗이 소와 살진 송아지로 제사를 드리고" 삼하 6:13

언약궤를 멘 사람들이 여섯 걸음을 걸었을 때, 다윗은 먼저 하나님께 감사의 제사를 드렸습니다. 다윗은 완벽한 사람이 아니었습니다. 그 역시 실수를 저지르고, 잘못된 선택을 할 수 있는 인간이었습니다. 언약궤를 옮기는 과정에서 또 다른 문제가 발생할까 하는 두려움과 걱정이 그에게 있었습니다. 그러나 사람들이 언약궤를 제대로 메고 무사히 여섯 걸음을 걷는 것을 보자, 다윗은 안도하며 즉각적으로 하나님께 감사 제사를 드렸습니다. 이처럼 진정한 예배자는 '여섯 걸음'만으로도 하나님께 즉각적으로 감사할 줄 아는 사람입니다.

> "소리를 높여 이르되 예수 선생님이여 우리를 불쌍히 여기소서 하거늘 보시고 이르시되 가서 제사장들에게 너희 몸을 보이라 하셨더니

> 그들이 가다가 깨끗함을 받은지라" 눅 17:13~14

예수께서 예루살렘으로 가실 때, 나병 환자 10명이 예수님을 찾아와 큰 소리로 외쳤습니다. "선생님이여, 우리를 불쌍히 여기소서!" 예수께서는 그들을 불쌍히 여기시고 말씀하셨습니다. "가서 제사장들에게 너희 몸을 보이라!" 그들은 여전히 나병에 걸려 피부가 썩어가고 있었지만, 믿음으로 제사장에게로 향했습니다. 가는 길에 그들은 기적적으로 깨끗함을 받게 되었습니다.

그 순간, 그들은 누구를 떠올렸을까요? 오랜 병으로 인해 만나지 못했던 사랑하는 가족들이 가장 먼저 생각났을 것입니다. 또한, 나병 때문에 자신을 멀리했던 친구들, 자신을 멸시하고 괴롭혔던 원수들이 떠올랐을 것입니다. 어떤 이들은 오랫동안 먹지 못했던 맛있는 음식을 생각했을지도 모릅니다. 마음이 이런저런 생각들로 가득 차자, 그들은 예수님을 완전히 잊어버리고 말았습니다.

> "예수께서 대답하여 이르시되 열 사람이 다 깨끗함을 받지 아니하였느냐 그 아홉은 어디 있느냐 이 이방인 외에는 하나님께 영광을 돌리러 돌아온 자가 없느냐 하시고" 눅 17:17~18

단 한 사람, 사마리아인만이 예수님을 잊지 않고 돌아와 감사를 드렸습니다. 그러자 예수께서 물으셨습니다. "나머지 아홉은 어디 있느냐?" 다른 아홉 명은 이미 자신의 일에 바쁘게 몰두하고 있었습니다. 하고 싶은 일들, 자신에게 중요해 보이는 일들이 가득했습니다. 그래서 그들은 예수님을 잊어버렸습니다. 그러나 사마리아 사람은 모든 것을 제쳐두고 예수님께 돌아와, 그 앞에 엎드려 감사를 표했습니다.

그는 즉각적인 감사로 반응했습니다. 이것이 바로 진정한 예배자의 모습입니다.

첫째, 진정한 예배자는 즉각적으로 감사를 드릴 수 있는 성도입니다. 우리도 삶이 바쁠 때, 예배를 뒷전으로 미루곤 합니다. 예배보다 가정, 일터, 학업을 더 우선시할 때가 많습니다. 그러나 우리는 예배자로 부르심을 받았다는 사실을 기억해야 합니다. 하나님께서 우리에게 요구하시는 것은 즉각적인 감사입니다. 우리는 그 무엇보다도 예배를 최우선으로 삼아야 합니다.

다윗은 언약궤를 예루살렘으로 옮기는 중요한 일을 진행하고 있었습니다. 그러나 단지 여섯 걸음 성공했을 때, 그는 모든 것을 멈추고 하나님께 감사의 예배를 드렸습니다. 왜 그랬을까요? 언약궤를 옮기는 것보다, 하나님께 감사의 예배를 드리는 것이 더 중요했기 때문입니다. 진정한 예배자가 되기 위해서는 예배를 뒷전으로 생각해서는 안 됩니다. 무엇보다 예배가 가장 중요한 일이라는 인식을 가지고 있어야 합니다.

다윗은 하나님께 감사의 예배를 드린 후, 다시 언약궤를 이동시켰습니다. 그런데 그때 다윗은 어떻게 언약궤를 따르고 있었습니까? 멀찍이 서서 뒤따라간 것이 아닙니다. 그는 언약궤 앞에서 온몸을 흔들며 춤을 추며 나아갔습니다.

> "다윗이 여호와 앞에서 힘을 다하여 춤을 추는데 그 때에 다윗이 베에봇을 입었더라" 삼하 6:14

다윗은 온 힘을 다해 춤을 추었습니다. 얼마나 격렬하게 몸을 흔들었는지, 왕의 속살이 보일 정도였습니다. 한 나라의 왕이 체면도 체통도 상관없이, 백성들 앞에서 춤을 춘 것입니다. 이것이 바로 진정한 예배자의 모습입니다.

둘째, 진정한 예배자는 오직 하나님만을 바라보는 사람입니다. 다윗이 하나님 앞에서 춤을 출 때, 그는 사람들의 시선을 의식하지 않았습니다. 그 자리에는 수많은 백성이 모여 있었고, 모두의 시선이 다윗에게 쏠려 있었습니다. 그러나 다윗은 오직 하나님만을 바라보았습니다. 춤을 추다가 옷이 벗겨지더라도, 다윗의 마음은 오직 하나님께만 향해 있었습니다.

이처럼 진정한 예배자가 되기 위해서는 높은 집중력이 필요합니다. 우리의 시선은 오직 하나님께 고정되어 있어야 합니다. 목회자를 바라보는 것도 아니고, 다른 성도들을 의식하는 것도 아닙니다. 교회의 환경이나 외적인 요소에 시선을 빼앗기는 것이 아니라, 하나님께만 집중하고, 하나님께만 귀를 기울여야 합니다.

> "여호와의 궤가 다윗 성으로 들어올 때에 사울의 딸 미갈이 창으로 내다보다가 다윗 왕이 여호와 앞에서 뛰놀며 춤추는 것을 보고 심중에 그를 업신여기니라" 삼하 6:16

다윗이 뛰놀며 춤추는 모습은 보는 이들에게 큰 충격을 주었습니다. 특히, 그의 아내이자 사울의 딸인 미갈은 그 광경에 경악했습니다. 그런데 미갈은 지금 어디에 있습니까? 그녀는 자신의 방에서 창문을 통해 내려다보고 있었습니다. 다윗과 백성들은 언약궤를 따라가며 나팔을 불고 찬송을 부르며 예배를 드리고 있는데, 미갈은 방 안에 처박혀 그 모습을 바라만 보고 있었습니다.

미갈은 누구입니까? 예배의 구경꾼에 불과했습니다. 이는 마치 유튜브로 예배 실황을 시청하며 예배를 드린다고 착각하는 성도들의 모습과도 비슷합니다. 손가락 클릭으로 다양한 교회의 예배를 구경하며, 예배를 비판하고 업신여기는 태도는 곧 미갈의 모습입니다. 미갈은 언약궤가 예루살렘으로 들어오고 있다는 사실을 알면서도, 구경만 할 뿐 참여하지 않았습니다. 언약궤의 임재를 보고도 아무런 감흥이 없었고, 오히려 다윗이 춤추는 모습을 비웃고 업신여겼습니다.

이것은 단순히 다윗을 업신여긴 것이 아닙니다. 다윗이 찬양하고 있는 하나님을 업신여긴 것입니다. 하나님의 임재를 목격하고도 미갈에게는 두려움이나 경외심이 전혀 없었습니다. 그녀는 마음속으로 다윗의 예배를 멸시했습니다. 그러나 하나님께서는 미갈의 모든 생각과 마음의 상태를 꿰뚫어 보고 계셨습니다.

> "다윗이 자기의 가족에게 축복하러 돌아오매 사울의 딸 미갈이 나와서 다윗을 맞으며 이르되 이스라엘 왕이 오늘 어떻게 영화로우신지 방탕한 자가 염치 없이 자기의 몸을 드러내는 것처럼 오늘 그의 신복의 계집종의 눈앞에서 몸을 드러내셨도다 하니" 삼하 6:20

다윗은 언약궤를 예루살렘으로 성공적으로 모신 기쁨과 감격으로 가득 차, 자신의 가족을 축복하기 위해 집으로 들어왔습니다. 그의 마음에는 은혜와 감사가 넘치고 있었습니다. 그러나 그 순간, 그를 맞이한 미갈은 차가운 비난을 퍼부었습니다. "오늘 이스라엘의 왕이라는 사람이 참으로 볼만하더군요. 어떻게 방탕한 자처럼 염치도 없이 계집종들 앞에서 자신의 몸을 드러내며 춤을 춥니까? 지금 제정신이십니까? 제가 다 부끄러워 못 살겠습니다!"

다윗은 지금 은혜로 충만한 상태였습니다. 그토록 간절히 바랐던 언약궤를 예루살렘으로 모셔 오며 하나님의 임재를 경험했고, 그 기쁨을 가족과 나누고 싶었습니다. 그는 이 기쁜 날의 은혜를 간증하며 나누고자 했지만, 미갈은 그 모든 감격에 찬물을 끼얹어 버린 것입니다.

> "다윗이 미갈에게 이르되 이는 여호와 앞에서 한 것이니라 그가 네 아버지와 그의 온 집을 버리시고 나를 택하사 나를 여호와의 백성 이스라엘의 주권자로 삼으셨으니 내가 여호와 앞에서 뛰놀리라 내가 이보다 더 낮아져서 스스로 천하게 보일지라도 네가 말한 바 계집종에게는 내가 높임을 받으리라 한지라" 삼하 6:21~22

다윗은 미갈의 비난에 이렇게 대답했습니다. "나는 사람들 앞에서가 아닌, 여호와 앞에서 춤을 춘 것이오. 하나님께서 당신의 아버지와 가문을 버리고 나를 택하여 이스라엘의 통치자로 세우셨기에, 나는 언제든지 여호와 앞에서 기꺼이 춤을 출 것이오. 비록 지금보다 더 낮아져 스스로 천하게 보일지라도, 그 계집종들 앞에서는 오히려 존경을 받을 것이오"

다윗은 하나님께 진정한 예배를 드릴 수만 있다면, 자신이 낮아지고 비천해지는 것은 아무런 문제가 되지 않는다고 말했습니다.

셋째, 진정한 예배자는 겸손으로 예배를 드리는 성도입니다. 하나님께 예배할 때 우리에게 필요한 것은 바로 낮은 마음입니다. 다윗은 춤추며 예배를 드리다가 옷이 벗겨지기도 했지만, 그는 진정한 예배를 위해 더 낮아지고 천하게 보일지라도 개의치 않았습니다. 다윗은 하나님 앞에서 겸손하고 낮은 마음으로 예배를 드렸습니다. 이제 다윗은 양치기가 아닌 이스라엘의 왕이 되었지만, 그는 여전히 하나님 앞에서 어린아이와 같은 순수한 마음을 잃지 않았습니다. 다윗은 더욱 낮아져 하나님을 높이며, 오직 하나님께만 영광을 돌리는 예배를 드렸습니다.

다윗은 왕의 자리에 있으면서도, 하나님 앞에서는 천한 자리까지 내려갔습니다. 우리도 다윗처럼 겸손한 마음으로 자신을 낮추고, 하나님을 높여야 합니다. 이처럼 다윗은 진정한 예배자였습니다. 반면, 미갈은 예배의 구경꾼에 불과했습니다. 그래서 다윗은 하나님께 큰 사랑을 받았지만, 미갈은 무자(無子)의 저주를 받게 되었습니다.

"그러므로 사울의 딸 미갈이 죽는 날까지 그에게 자식이 없으니라"
삼하 6:23

예배는 우리의 인생을 좌우하는 결정적인 순간입니다. 하나님께서 기뻐하시는 예배를 드리는 성도는 풍성한 축복을 누리지만, 하나님을 무시하고 형식적으로 예배를 구경하는 자는 무서운 저주를 피할 수 없습니다. 이제 우리는 다윗처럼, 하나님께서 찾으시는 진정한 예배자가 되어야 합니다.

예배는 단지 교회 안에서만 드리는 것이 아닙니다. 우리는 매 순간, 삶의 모든 자리에서 하나님께 감사의 예배를 드려야 합니다. 또한, 다윗처럼 타인의 시선에 얽매이지 않고, 오직 하나님만 바라보며 예배해야 합니다. 무엇보다 겸손하고 낮은 마음으로, 오직 하나님께만 영광을 돌리는 예배를 드려야 합니다.

## 백향목 집을 건축하지 아니하였느냐

"다윗이 다윗 성에서 자기를 위하여 궁전을 세우고 또 하나님의 궤를 둘 곳을 마련하고 그것을 위하여 장막을 치고" 대상 15:1

다윗은 미리 준비해 둔 자리에 성막을 설치하고 여호와의 언약궤를 모셨습니다. 그 순간, 다윗의 마음은 얼마나 뿌듯하고 자랑스러웠겠습니까? 오랫동안 아비나답의 집에 방치되어 있던 언약궤를 이제는 예루살렘 성으로 모셔 오게 되었으니, 그는 여호와를 사랑하는 마음으로 모든 열정과 수고를 아끼지 않았습니다. 그러나 바로 그때, 다윗의 머릿속을 갑자기 스치는 생각이 있었습니다.

"왕이 선지자 나단에게 이르되 볼지어다 나는 백향목 궁에 살거늘 하나님의 궤는 휘장 가운데에 있도다" 삼하 7:2

다윗은 곧바로 나단 선지자를 찾아가 이렇게 말했습니다. "나는 백향목으로 지은 화려한 왕궁에 살고 있는데, 하나님의 언약궤는 초라한 천막 안에 있습니다" 이 말의 의미는 무엇일까요? 이는 다윗의 마음이 편치 않다는 것을 나타냅니다. 하나님의 언약궤가 초라한 천막에 머물고 있다는 사실이 그에게는 불편하고 안타까운 일이었습니다. 그래서 그는 나단 선지자에게 의견을 구했습니다.

여기서 중요한 점은, 다윗이 먼저 선지자에게 묻고 나서 행동했다는 것입니다. 지금 다윗의 마음에는 하나님을 향한 사랑과 경외심이 가득합니다. 그는 '어떻게 하면 하나님을 기쁘시게 할 수 있을까?'라는 고민을 하고 있었습니다. 그러나 다윗은 자신의 뜻대로 행동하지 않았습니다. 아무리 선한 일이고, 하나님을 위한 일이라 하더라도, 스스로 결정하지 않고 먼저 선지자의 조언을 구했습니다. 그 이유는 무엇일까요? 이는 다윗이 웃사의 사건에서 중요한 교훈을 배웠기 때문입니다.

언약궤를 아비나답의 집에서 예루살렘으로 옮기는 일은 모든 백성들이 기뻐할 만한 일이었고, 하나님께서도 기뻐하시는 일이었습니다. 그러나 방식과 방법이 잘못되었기에 큰 재앙을 당하게 되었습니다. 다윗은 이 사건을 통해, 아무리 선한 일이라도 과정과 방법이 올바르지 않으면 큰 문제가 발생할 수 있음을 깨달았습니다. 그래서 이번에는 나단 선지자에게 먼저 물어보았던 것입니다. "여호와의 궤가 천막 안에 있는 것이 제 마음에 불편합니다. 제가 어떻게 하면 좋겠습니까?" 그러자 나단 선지자가 대답했습니다.

> "나단이 왕께 아뢰되 여호와께서 왕과 함께 계시니 마음에 있는 모든 것을 행하소서 하니라" 삼하 7:3

지금 여호와께서는 다윗과 함께 계셨습니다. 다윗의 마음에 감동을 주신 분도 바로 하나님이셨습니다. 이에 나단 선지자는 다윗에게 말했습니다. "마음에 있는 모든 것을 행하소서" 이처럼 다윗은 먼저 하나님께 허락을 받은 후, 성전 건축을 준비하기 시작했습니다.

아무리 위대한 일일지라도, 우리는 먼저 기도해야 합니다. 어떤 일이든 하나님께 묻고 나서 실행할 때, 우리는 시행착오를 줄일 수 있습니다. 아무리 확실한 계획과 방법이 있어 보일지라도, 기도 없이 시작한다면 예기치 못한 문제에 부딪힐 수 있습니다. 그러나 하나님께 먼저 묻고 기도하면, 하나님께서는 우리가 미처 생각하지 못한 것까지도 가르쳐 주시고 인도하십니다.

> "네 생명의 연한이 차서 네가 조상들에게로 돌아가면 내가 네 뒤에 네 씨 곧 네 아들 중 하나를 세우고 그 나라를 견고하게 하리니 그는 나를 위하여 집을 건축할 것이요 나는 그의 왕위를 영원히 견고하게 하리라" 대상 17:11~12

하나님께서는 다윗에게 이렇게 말씀하셨습니다. "네가 죽어 조상들에게로 돌아가면, 네 뒤를 이어 네 아들이 왕이 될 것이며, 그가 나를 위해 성전을 건축할 것이다" 하나님께서는 다윗이 아닌 그의 아들이 성전을 건축할 것이라고 말씀하셨습니다. 그 이유는 무엇일까요?

> "다윗이 솔로몬에게 이르되 내 아들아 나는 내 하나님 여호와의 이름을 위하여 성전을 건축할 마음이 있었으나 여호와의 말씀이 내게 임하여 이르시되 너는 피를 심히 많이 흘렸고 크게 전쟁하였느니라 네가 내 앞에서 땅에 피를 많이 흘렸은즉 내 이름을 위하여 성전을 건축하지 못하리라" 대상 22:7~8

다윗은 전쟁의 영웅이었습니다. 하나님의 능력과 도우심으로 그는 수많은 대적을 물리쳤습니다. 그러나 그 과정에서 다윗의 손에는 피가 묻어 있었습니다. 그는 나라를 지키기 위해 적군의 피를 흘리지 않을 수 없었고, 이로 인해 다윗은 전쟁의 왕이 되었습니다. 하나님께서는 평화의 상징인 성전을 건축할 자로 다윗이 아닌, 평화의 시대를 열어갈 그의 아들 솔로몬을 택하셨습니다. 하나님의 뜻은 분명히 다른 곳에 있었고, 그 뜻은 다윗이 아닌 솔로몬을 통해 이루어지게 되었습니다.

다윗이 아무리 위대한 일, 선한 일을 계획했더라도, 하나님께 먼저 묻지 않았다면, 그는 하나님의 뜻을 거역하는 큰 실수를 저지를 수 있었습니다. 이를 깨달은 다윗은 이제 모든 일에 앞서 하나님께 묻고 기도하는 습관을 들였습니다.

마틴 루터는 이렇게 말했습니다. "오늘 할 일이 많기 때문에 평소보다 더 많이 기도한다." 그는 바쁜 일정 속에서도 기도의 중요성을 더욱 깊이 깨달았습니다. 아무리 바빠도, 그 무엇보다도 긴급한 것은 기도라는 것입니다.

하나님께서는 이러한 다윗의 겸손하고 진심 어린 마음을 보시고 감동하셨습니다. 그래서 그날 밤, 하나님께서는 나단 선지자에게 찾아오셔서 다윗을 향한 특별한 말씀을 주셨습니다.

> "가서 내 종 다윗에게 말하기를 여호와께서 이와 같이 말씀하시되 네가 나를 위하여 내가 살 집을 건축하겠느냐" 삼하 7:5

하나님께서는 다윗의 마음에 크게 감동하시어, 즉시 나단 선지자에게 말씀하셨습니다. 밤이 늦었지만, 하나님께서는 다윗에게 이 소식을 지체 없이 전하도록 급히 나단을 보내셨습니다. 하나님께서는 이렇게 말씀하셨습니다. "네가 나를 위해 집을 건축하겠느냐? 정말 나를 위해 집을 지어줄 생각이란 말이냐? 지금까지 어느 누구도 나를 위해 이런 마음을 품은 자가 없었다!"

"내가 이스라엘 자손을 애굽에서 인도하여 내던 날부터 오늘까지 집에 살지 아니하고 장막과 성막 안에서 다녔나니 이스라엘 자손과 더불어 다니는 모든 곳에서 내가 내 백성 이스라엘을 먹이라고 명령한 이스라엘 어느 지파들 가운데 하나에게 내가 말하기를 너희가 어찌하여 나를 위하여 백향목 집을 건축하지 아니하였느냐고 말하였느냐" 삼하 7:6~7

하나님께서는 이스라엘 백성이 출애굽한 이후부터 지금까지, 천막을 거처 삼아 이스라엘과 함께 다니셨습니다. 하지만 어느 누구에게도 "왜 나를 위해 백향목 집을 지어주지 않느냐?"라고 말씀하신 적이 없으셨습니다.

그러나 다윗은 하나님을 위해 백향목 집을 건축하고자 했습니다. 언약궤는 약 400년 이상 천막 안에 있었기 때문에, 이스라엘 백성들의 관념으로는 언약궤가 천막 안에 있는 것이 당연한 일이었습니다. 모든 백성들은 천막 속에 계신 하나님을 보면서도 불편함을 느끼지 않았습니다. 어쩌면, 천막이 아닌 다른 곳에 언약궤를 모시는 것이 불경하다고 생각했을지도 모릅니다.

그러나 다윗은 천막 안에 있는 언약궤를 보고 몹시 마음이 괴로웠습니다. 그 이유는 무엇일까요? 이는 다윗이 그 누구보다도 하나님을 사랑했기 때문입니다. 진정으로 사랑하는 사람이라면, 그 사람이 무엇이 필요한지, 무엇을 원하는지를 자연스럽게 생각하게 됩니다. 다윗은 하나님을 깊이 사랑했기에, 그의 마음에는 언제나 하나님을 위한 생각만이 가득했습니다. '어떻게 하면 하나님을 기쁘시게 할 수 있을까? 하나님을 위해 나는 무엇을 할 수 있을까?' 다윗은 이러한 고민 끝에, 그 누구도 생각하지 못했던 성전 건축을 떠올리게 된 것입니다.

> "네가 가는 모든 곳에서 내가 너와 함께 있어 네 모든 원수를 네 앞에서 멸하였은즉 땅에서 위대한 자들의 이름 같이 네 이름을 위대하게 만들어 주리라 네 집과 네 나라가 내 앞에서 영원히 보전되고 네 왕위가 영원히 견고하리라 하셨다 하라" 삼하 7:9, 16

하나님께서는 다윗을 크게 축복하셨습니다.

첫째, 하나님께서는 다윗의 이름을 위대한 자들의 이름과 같이 높여 주시겠다고 약속하셨습니다. 다윗은 본래 양치기 소년에 불과했지만, 하나님께서 그를 이스라엘의 왕으로 세우시고, 그 이름을 온 세상에 알려지게 하셨습니다. 지금도 다윗 왕을 모르는 사람이 거의 없을 정도로, 그의 이름은 역사 속에서 위대한 이름으로 기억되고 있습니다.

둘째, 하나님께서는 다윗에게 "네 집과 네 나라가 영원히 보전되리라"고 약속하셨습니다. 이 축복은 다윗 개인에게만 적용된 것이 아닙니다. 다윗 한 사람의 믿음과 헌신 때문에 그의 가문 전체가 놀라운 복을 받게 되었습니다.

> "그것들에게 절하지 말며 그것들을 섬기지 말라 나 네 하나님 여호와는 질투하는 하나님인즉 나를 미워하는 자의 죄를 갚되 아버지로부터 아들에게로 삼사 대까지 이르게 하거니와 나를 사랑하고 내 계명을 지키는 자에게는 천 대까지 은혜를 베푸느니라" 출 20:5~6

한 사람의 죄악이 삼사 대까지 이르고, 한 사람의 축복이 천대까지 이르게 됩니다. 이는 나 한 사람의 선택이 우리 가문과 가족 전체의 운명에 얼마나 중요한 영향을 미칠 수 있는지를 보여줍니다. 내가 믿음으로 살고 순종할 때, 우리 가문은 복을 받을 수 있지만, 죄악에 빠지면 우리 가족이 저주를 받을 수도 있습니다. 따라서 우리는 가정에서 십자가를 세워야 합니다. 핍박과 불화가 있다 하더라도, 신앙을 최우선으로 삼아야 합니다. 다윗 한 사람의 헌신과 믿음으로 말미암아, 다윗 왕조가 영원히 세워질 수 있었던 것입니다.

> "그 날에 이새의 뿌리에서 한 싹이 나서 만민의 기치로 설 것이요 열방이 그에게로 돌아오리니 그가 거한 곳이 영화로우리라" 사 11:10

셋째, 하나님께서는 다윗에게 "네 왕위가 영원히 견고하리라"고 약속하셨습니다. 남유다는 비록 바벨론에 의해 멸망했지만, 다윗의 왕조는 예수 그리스도에게로 이어졌습니다. 예수 그리스도는 만왕의 왕이시며, 그의 나라는 온 세상과 전 인류를 아우릅니다. 하나님의 축복은 궁극적으로 예수 그리스도를 통해 성취된 것입니다.

이 놀라운 축복 속에서 우리는 하나님의 마음을 엿볼 수 있습니다. 하나님께서는 기쁨과 감격으로 다윗을 축복하셨고, 그 기쁨을 감추지 않으셨습니다. 하나님은 다윗의 헌신과 사랑을 기뻐하시며, 그에게 풍성한 은혜와 축복을 베푸셨습니다.

그렇다면, 다윗이 이처럼 놀라운 축복을 받은 이유는 무엇일까요? 그것은 다윗이 성전 건축을 작정했기 때문입니다. 다윗의 일생 중 가장 중요한 결정이 바로 성전 건축을 결심한 순간이었습니다. 그러나 여기서 질문이 생깁니다. 정말로 백향목과 순금으로 성전을 지은 것이 하나님을 만족시킬 수 있었을까요?

> "여호와께서 이와 같이 말씀하시되 하늘은 나의 보좌요 땅은 나의 발판이니 너희가 나를 위하여 무슨 집을 지으랴 내가 안식할 처소가 어

디라" 사 66:11

하늘은 하나님의 보좌요, 땅은 하나님의 발판입니다. 아무리 다윗이 웅장하고 화려한 성전을 건축한다고 해도, 하나님의 눈에는 그것이 사소하고 하찮은 것일 뿐입니다. 우주의 주인이신 하나님께는 백향목과 순금으로 지어진 성전이 그다지 중요한 것이 아닙니다.

그럼에도 불구하고, 하나님께서는 다윗의 결심에 크게 감격하고 기뻐하셨습니다. 왜일까요? 하나님께서는 백향목 성전 자체에 감동하신 것이 아니라, 다윗의 마음에 감동하셨기 때문입니다.

"내가 말하기를 너희가 어찌하여 나를 위하여 백향목 집을 건축하지 아니하였느냐고 말하였느냐" 삼상 7:7

하나님께서는 다윗에게 성전을 건축하라고 명령하신 적이 없습니다. 그러나 다윗은 누가 시킨 것도 아닌데, 하나님을 위해 성전을 건축하고자 했습니다. 이것이 바로 다윗이 복을 받은 이유입니다. 누군가 시켜서 하는 것은 율법과 종교입니다. 그러나 자발적으로, 마음에서 우러나와 하는 것은 은혜와 사랑입니다.

예를 들어, 십일조를 억지로 한다면 그것은 율법적인 행위에 그칠 뿐입니다. 주일성수도 누군가 시켜서 억지로 한다면, 그것은 단순한 종교적 의무가 됩니다. 그러나 율법과 종교는 하나님을 기쁘시게 할 수도, 감동시킬 수도 없습니다. 하나님께 감동을 드리기 위해서는 자발적이고 진심 어린 신앙이 필요합니다. 억지로, 강압적으로 하는 것이 아니라, 마음에서 우러나오는 사랑으로 실천해야 합니다.

당신은 어떤 마음으로 신앙생활을 하고 있습니까? 혹시 어쩔 수 없이, 습관적으로, 누군가 시켜서 하고 있지는 않습니까? 다윗은 매 순간 이렇게 생각했습니다. '어떻게 하면 하나님을 기쁘시게 할 수 있을까? 하나님을 위해 나는 무엇을 할 수 있을까?' 바로 이 마음이 하나님께 감동과 감격을 드렸습니다. 하나님을 위하는 진심 어린 마음, 그 마음이 하나님께 큰 기쁨이 되었습니다.

> "다윗 왕이 여호와 앞에 들어가 앉아서 이르되 주 여호와여 나는 누구이오며 내 집은 무엇이기에 나를 여기까지 이르게 하셨나이까 주 여호와여 주께서 이것을 오히려 적게 여기시고 또 종의 집에 있을 먼 장래의 일까지도 말씀하셨나이다 주 여호와여 이것이 사람의 법이니이다" 삼하 7:18~19

다윗은 양치기에 불과한 평민 출신이었습니다. 그는 여덟 형제 중 막내였고, 특별한 배경이나 지위가 없었습니다. 그러나 하나님께서는 그런 다윗을 이스라엘의 왕으로 세우셨습니다. 이에 다윗은 하나님께 감사의 고백을 드렸습니다. "하나님께서는 지금까지 저에게 베푸신 은혜도 적게 여기지 않으시고, 종의 집에 있을 미래의 일까지도 말씀해 주셨습니다. 이 놀라운 은혜가 사람을 대하시는 하나님의 방식입니까?"

다윗은 하나님의 은혜를 이해할 수 없었습니다. 자신처럼 하찮고 미미한 존재에게 이와 같은 큰 은혜를 주신다는 것이 도무지 믿기지 않았습니다. 심지어 하나님은 다윗의 가문까지도 축복하시며, 그의 후손을 통해 영원한 언약을 맺어주셨습니다.

> "사람이 무엇이기에 주께서 그를 생각하시며 인자가 무엇이기에 주

께서 그를 돌보시나이까" 시 8:4

우리는 본래 하나님께 복을 구할 자격조차 없는 죄인입니다. 하나님의 거룩한 위엄 앞에 설 수 없는, 벌레만도 못한 존재입니다. 그러나 하나님께서는 우리 죄를 용서해 주신 것에 그치지 않고, 우리를 자녀 삼아주셨습니다.

"너희는 다시 무서워하는 종의 영을 받지 아니하고 양자의 영을 받았으므로 우리가 아빠 아버지라고 부르짖느니라" 롬 8:15

우리는 다윗이 받은 은혜보다도 더 큰 은혜를 받았습니다. 우리는 본래 죄인이었고, 노예였으며, 천민과도 같은 존재였습니다. 그러나 이제는 양자의 영을 받았으므로, 창조주 하나님을 "아빠 아버지"라 부를 수 있게 되었습니다. 이는 다윗조차 받지 못했던 놀라운 은혜입니다. 우리는 하나님을 배신하고 떠나 있었지만, 하나님께서는 우리를 용서하시고 "내 아들이다"라고 선언해 주셨습니다.

다윗의 삶의 최우선은 언제나 하나님이었습니다. 그래서 그는 아무도 생각하지 못했던 성전 건축을 결심할 수 있었습니다. 그렇다면 우리의 삶의 우선은 무엇입니까? 혹시 돈이 우리의 삶의 우선이 되어 있지는 않습니까? 자녀나 자신의 이익이 우선이 되어 있지 않습니까? 우리가 삶의 우선순위를 하나님께 두고, 그분을 가장 먼저 생각한다면, 하나님께서 우리의 미래와 장래의 일을 책임져 주실 것입니다.

9장

# 다윗의 겸손

DAVID SKETCH

## 어디로 가든지

> "그 후에 다윗이 블레셋 사람들을 쳐서 항복을 받고 블레셋 사람들의 손에서 메덱암마를 빼앗으니라" 삼하 8:1

'그 후'는 언제입니까? 바로 다윗이 성전 건축을 결심하고, 하나님의 축복을 받은 이후입니다. 하나님께서는 지체하지 않으시고, 다윗에게 놀라운 승리를 안겨주셨습니다. 다윗은 블레셋을 쳐서 항복을 받아내고, 그들의 손아귀에 있던 메덱암마를 빼앗았습니다. 메덱암마는 블레셋의 수도인 가드 인근의 큰 도시로, 우리나라로 비유하자면 서울 옆의 인천 정도 되는 규모의 중요한 지역입니다. 다윗은 이 중요한 도시를 점령했습니다.

블레셋은 어떤 나라였습니까? 고도로 발전된 철기 문명을 보유하고, 강력한 전차부대를 가진 강대국이었습니다. 블레셋은 수도 없이 이스라엘을 침략하고 약탈하던 적대적인 민족이었습니다. 그러나 다윗은 그 강력한 블레셋의 목덜미에 칼날을 겨누었습니다. 이 승리 이후로, 블레셋은 힘을 잃고 이스라엘의 식민지가 되어, 다윗에게 조공을 바치며 복종하게 되었습니다.

다윗의 승리는 단순한 군사적 전략의 결과가 아니라, 하나님의 축복과 도우심의 열매였습니다. 하나님께서는 다윗의 신실한 마음과 성전 건축의 결심을 보시고, 그에게 막대한 승리와 영광을 허락하셨던 것입니다.

> "다윗이 또 모압을 쳐서 그들로 땅에 엎드리게 하고 줄로 재어 그 두 줄 길이의 사람은 죽이고 한 줄 길이의 사람은 살리니 모압 사람들이 다윗의 종들이 되어 조공을 드리니라" 삼하 8:2

또한 다윗은 모압을 쳐서 승리를 거두었습니다. 사사 시대에 모압 왕 에글론은 이스라엘을 공격하여, 18년 동안 이스라엘을 압제하고 약탈했던 적대적인 민족이었습니다. 그러나 이제 다윗의 손에 의해 모압은 크게 패배하고 말았습니다.

전쟁에서 승리한 다윗은 모압 사람들을 사로잡고 그들의 키를 쟀습니다. 다윗은 줄자를 사용해 키를 측정했는데, 두 줄 길이가 넘는 사람들은 죽이고, 한 줄 길이의 사람들만 살려두었습니다. 이는 다윗이 모압의 전사들을 미리 제거함으로써, 앞으로 모압이 다시는 전쟁을 일으키지 못하도록 한 것입니다. 다윗은 적국의 군사적 위협을 사전에 차단하며, 이스라엘의 안보를 더욱 공고히 했습니다.

> "르홉의 아들 소바 왕 하닷에셀이 자기 권세를 회복하려고 유브라데 강으로 갈 때에 다윗이 그를 쳐서" 삼하 8:3

다윗은 심지어 아람까지 쳐서 승리했습니다. 다윗의 기세가 점점 높아지자, 소바 왕 하닷에셀은 조급함과 두려움을 느끼고, 결국 다윗에게 선제공격을 감행했습니다.

이 시대에 강줄기는 국가의 국력에 큰 영향을 미치는 전략적 자원이었습니다. 강을 차지한 나라는 안정적인 농업과 식량 생산이 가능했고, 이는 군사력과 경제력을 뒷받침하는 중요한 요소였습니다. 특히 유브라데강은 가뭄에도 물이 마르지 않는 생명줄이자, 풍부한 농업 자원을 제공하는 곡창지대였습니다. 따라서 이 강을 지배하는 나라는 가장 강력한 나라로 자리 잡을 수 있었습니다.

다윗은 영토를 확장하여 유브라데강까지 차지하게 되었습니다. 이 전략적 요충지를 빼앗기 위해 하닷에셀은 다시 쳐들어왔지만, 결국 다윗의 군대를 이길 수 없었습니다. 하닷에셀이 패배했다는 소식을 들은 다메섹은 하닷에셀을 돕기 위해 군대를 보냈지만, 그들 역시 다윗에게 크게 패했습니다. 이 전쟁에서 아람 사람 2만 2,000명이 전사하게 되었습니다.

> "다윗이 에돔에 수비대를 두되 온 에돔에 수비대를 두니 에돔 사람이 다 다윗의 종이 되니라 다윗이 어디로 가든지 여호와께서 이기게 하셨더라" 삼하 8:14

다윗은 에돔을 쳐서 승리하였고, 그곳에 수비대를 두었습니다. 수비대를 둔다는 것은 점령군을 주둔시켰다는 뜻입니다. 결국, 다윗은 에돔을 속국으로 만들었고, 그들을 완전히 제압했습니다. 이처럼 다윗은 어디를 가든, 누구와 싸우든 항상 승리를 거두었습니다.

그렇다면 다윗이 항상 승리할 수 있었던 이유는 무엇일까요? 군사력만 놓고 보면, 블레셋이 훨씬 더 강력한 군대를 가지고 있었습니다. 이스라엘은 전략적으로, 경제적으로, 역사적으로 모든 면에서 열세에 있었습니다. 다른 나라들보다 나은 점이 거의 없었습니다. 그러나 다윗은 어디를 가든지 승리했습니다. 그 이유는 하나님께서 그와 함께하셨기 때문입니다.

우리의 삶의 싸움도 마찬가지입니다. 우리의 개인적인 능력만으로는 절대 이길 수 없습니다. 때로는 배운 것도 없고, 가진 것도 없으며, 인맥도 부족합니다. 세상 사람들과 비교하면 너무나 미약하고 부족해 보일 수 있습니다. 그러나 하나님께서 우리와 함께하신다면, 우리는 어디로 가든지 승리할 수 있습니다.

다윗의 승리를 통해, 우리는 승리의 세 가지 비결을 배울 수 있습니다.

> "그에게서 마병 천칠백 명과 보병 이만 명을 사로잡고 병거 일백 대의 말만 남기고 다윗이 그 외의 병거의 말은 다 발의 힘줄을 끊었더니" 삼하 8:4

첫째, 오직 하나님만 의지할 때 우리는 승리할 수 있습니다. 다윗은 아람 소바의 하닷에셀 왕과 싸워, 마병 1,700명과 보병 2만 명을 사로잡았습니다. 마병 1,700명이라면, 최소 1,700마리 이상의 말이 있었을 것입니다. 전쟁 중에 죽은 말이 있다 하더라도, 1,000마리 이상의 말이 남아 있었을 가능성이 큽니다. 그러나 다윗은 오직 100마리만 남기고, 나머지 모든 말의 힘줄을 끊어버렸습니다.

말은 다윗 시대의 군용차와 같았습니다. 말은 전쟁에서 전차와 기병 부대를 이끄는 중요한 전력이었습니다. 아무리 적군의 말이라 하더라도, 빼앗아 사용하면 군사력을 크게 증강할 수 있었습니다. 그런데도 다윗은 단 100마리만 남기고, 나머지 모든 말의 힘줄을 끊어버렸습니다.

9장 다윗의 겸손

> "그는 병마를 많이 두지 말 것이요 병마를 많이 얻으려고 그 백성을 애굽으로 돌아가게 하지 말 것이니 이는 여호와께서 너희에게 이르시기를 너희가 이 후에는 그 길로 다시 돌아가지 말 것이라 하셨음이며" 신 17:16

하나님께서는 이스라엘의 왕이 될 자에게 병마를 많이 두지 말라고 명령하셨습니다. 당시 전쟁이 끊이지 않던 상황에서 병마는 매우 중요한 군사 자산이었습니다. 그렇다면, 왜 하나님께서는 왕에게 병마를 많이 두지 말라고 하신 것일까요? 그 이유는 승리는 병력이나 병마의 수에서 오는 것이 아니기 때문입니다.

다윗은 하나님의 말씀을 철저히 신뢰하며, 전쟁에서 빼앗은 말들의 힘줄을 끊었습니다. 그는 병마의 수에 의존하기보다, 하나님의 능력과 도우심을 의지했습니다. 다윗은 전쟁에서의 승리가 병마의 힘이 아니라, 오직 하나님께서 함께하실 때만 얻을 수 있다는 확신을 가지고 있었습니다.

> "많은 군대로 구원 얻은 왕이 없으며 용사가 힘이 세어도 스스로 구원하지 못하는도다 구원하는 데에 군마는 헛되며 군대가 많다 하여도 능히 구하지 못하는도다" 시 33:16~17

이처럼 다윗은 하나님의 능력에 대한 절대적인 신뢰를 가졌기에, 전쟁에서의 승리를 사람의 힘이나 군사력에 의존하지 않았습니다. 다윗의 이러한 결정은 전략적 판단이 아니라, 깊은 영적 통찰에서 비롯된 것이었습니다. 그는 말과 전차의 힘을 의지하지 않기로 결단했습니다. 다윗은 오직 하나님만을 의지하며, 군사력이나 물질적인 자원이 아닌, 하나님의 도우심을 신뢰했습니다.

> "다윗이 하닷에셀의 신하들이 가진 금 방패를 빼앗아 예루살렘으로 가져오고 또 하닷에셀의 성읍 디브핫과 군에서 심히 많은 놋을 빼앗았더니 솔로몬이 그것으로 놋대야와 기둥과 놋그릇들을 만들었더라" 대상 18:7~8

두 번째 승리의 비결은, 결단할 때 승리를 얻을 수 있다는 것입니다. 다윗은 하닷에셀과의 전투에서 승리하며, 엄청난 양의 금과 은, 청동을 전리품으로 얻게 되었습니다. 다윗은 이 전리품을 성전 건축을 위해 보관했습니다. 성전 건축은 다윗이 마음에 품고 결심한 일이었지만, 하나님께서 모든 준비를 미리 이루어 주신 것입니다. 하나님께서는 다윗이 성전 건축에 사용할 자원을 적국으로부터 빼앗을 수 있도록 큰 승리를 허락하셨습니다.

이처럼 우리가 마음에 결단하고 믿음으로 작정한다면, 하나님께서 필요한 모든 것을 채워 주십니다. 지금 당장은 가진 것이 없어도, 능력이 부족하다 해도, 하나님을 위해 결단하고 나아간다면, 하나님께서는 큰 승리를 통해 우리의 결단을 이루어 주실 것입니다.

> "다윗이 온 이스라엘을 다스려 다윗이 모든 백성에게 정의와 공의를 행할새" 삼하 8:15

마지막 승리의 비결은, 겸손할 때 승리를 얻을 수 있다는 것입니다. 반복된 승리는 우리의 마음을 교만하게 만들기 쉽습니다. 하는 일마다 잘되고, 계획하는 일마다 성공하게 되면, 우리도 모르게 자신감이 오만으로 변질될 수 있습니다. 스스로 최고라고 생각하고, 자신의 말이 항상 옳다고 여기는 교만에 빠지게 됩니다.

다윗은 가는 곳마다 승리했습니다. 모든 백성들이 다윗을 사랑하고 존경했습니다. 그렇다면 다윗도 교만에 빠질 위험이 있었습니다. 그러나 다윗은 교만하지 않았습니다. 그는 백성들에게 정의와 공의를 행했습니다.

이 시대에 왕의 말은 곧 법이었습니다. 왕의 마음에 따라 재판의 결과가 쉽게 바뀌곤 했습니다. 악한 왕들은 자기 마음대로 백성들을 심판하고 학대했습니다. 그러나 다윗은 그렇지 않았습니다. 그는 정의와 공의를 실천했습니다. 그 이유는 무엇입니까? 다윗은 자신 위에 하나님이 계신다는 것을 분명히 인식하고 있었기 때문입니다.

다윗은 최고의 권력을 누리고 있었지만, 여전히 하나님을 두려워했습니다. 그는 자신의 기분이나 욕망에 따라 백성들을 다스리지 않고, 하나님의 말씀에 따라 정의롭고 공의롭게 행했습니다. 다윗은 자신이 왕이었지만, 진정한 통치자는 하나님이시라는 사실을 잊지 않았던 것입니다.

> "이르시되 어떤 도시에 하나님을 두려워하지 않고 사람을 무시하는 한 재판장이 있는데" 눅 18:2

심지어 재판장들조차 자신의 권력에 취해 백성들을 무시하곤 합니다. 그러나 다윗은 왕의 자리에 올랐음에도 불구하고, 겸손하게 정의와 공의를 행했습니다. 하나님을 경외하고, 백성들을 사랑하는 마음은 겸손에서 비롯된 마음입니다. 다윗은 자신이 누리는 권력과 승리에도 불구하고, 겸손함을 잃지 않았기 때문에, 어디를 가든지 승리할 수 있었습니다.

우리도 다윗처럼 겸손할 때, 하나님께서 우리를 승리의 길로 이끌어 주십니다. 작은 성공에 자아도취를 하지 않고, 큰 승리 앞에서도 낮은 마음을 유지할 때, 하나님은 더욱 우리를 높여주십니다.

다윗의 승리의 비결은 그의 탁월한 군사력이나 전략이 아니라, 하나님을 의지하는 신앙, 믿음의 결단, 그리고 겸손함에 있습니다. 우리가 오직 하나님만 의지하고, 믿음으로 결단하며, 겸손한 마음으로 하나님을 섬긴다면, 하나님께서 우리의 모든 길을 인도하시고 승리를 주실 것입니다. 하나님과 함께할 때, 우리는 어디로 가든지 승리할 수 있습니다.

# 은총을 베풀리라

다윗은 하나님의 말씀대로 모든 전투에서 압도적인 승리를 거두며, 이스라엘을 괴롭혀 온 모든 적국을 속국으로 삼았습니다. 하나님의 약속대로 다윗의 이름은 전 세계에 위대한 이름으로 알려졌고, 그가 가는 곳마다 승리하여 성공의 상징이 되었습니다. 그 결과, 이스라엘은 이전에 경험하지 못한 태평성대를 맞이하게 되었으며, 주변국들로부터 조공을 받아 나라의 부강함을 더했습니다. 영토 확장으로 막대한 세수를 거두며 강국으로 자리매김하였고, 그 어떤 나라도 감히 이스라엘을 침공할 엄두조차 내지 못했습니다. 다윗은 백성들로부터 깊은 사랑과 존경을 받았으며, 모든 부귀영화를 누렸음에도 불구하고 결코 교만해지지 않았습니다.

우리는 약간의 성공만으로도 쉽게 교만해집니다. 돈을 쉽게 벌면 태도가 거만해지고, 벼락부자가 되면 과거의 고난을 잊고 가난한 이들을 깔보는 경우도 많습니다.

한 유명 가수 A 씨의 사례가 이를 잘 보여줍니다. A 씨는 '빚투' 논란에 휘말렸는데, 20년 전 그의 어머니가 지인에게 천만 원을 빌리고 갚지 않았다는 사실이 갑작스레 언론에 보도되며 큰 화제가 되었습니다. 이로 인해 가수 A 씨는 네티즌들로부터 악플과 비난을 받았습니다. 그러자 A 씨는 "천만 원은 내 한 달 밥값도 안 된다. 내가 갚겠다"며 오히려 거만한 태도로 반응했습니다. 그러나 A 씨는 가난한 어린 시절을 보냈던 인물입니다. 집도 없이 온 가족이 컨테이너에서 생활하며, 라면조차 귀한 시절이 있었습니다. 하지만 그는 갑작스러운 인기와 성공으로 큰 부자가 되면서, 이제는 천만 원이 한 달 밥값에 불과하다고 여기는 태도를 보였습니다. 이는 무엇을 의미합니까? 바로 그가 과거의 가난을 잊어버린 것입니다. 과거에는 천만 원이 너무나도 큰돈이었지만, 지금의 성공이 그 기억을 덮어버린 것입니다.

반면, 다윗은 위대한 왕이 된 후에도 결코 올챙이 시절을 잊지 않았습니다. 그는 최고의 권력과 부를 누리면서도 끝까지 겸손을 유지했습니다.

> "다윗이 이르되 사울의 집에 아직도 남은 사람이 있느냐 내가 요나단으로 말미암아 그 사람에게 은총을 베풀리라 하니라" 삼하 9:1

다윗은 가장 높은 자리에 올랐을 때, 자신의 지난날을 떠올렸습니다. 들판에서 양을 치며 밤을 지새우던 어린 시절과, 도망자 신세로 광야에서 숨어 지내던 고난의 시간을 회상했습니다. 그러자 그에게 문득 떠오른 이가 있었습니다. 바로 자신이 겪었던 것처럼 고난과 역경 속에 있는 사울의 손자, 므비보셋이었습니다.

므비보셋은 정치적 관점에서 보면 다윗의 라이벌이자 반란의 씨앗이라 할 수 있습니다. 다윗의 나라가 안정되기 위해서는 사울의 후손을 모두 제거하는 것이 상식일 수도 있었습니다. 그러나 다윗은 그 길을 택하지 않았습니다. 그는 오히려 므비보셋에게 은혜를 베풀기로 결정했습니다. 왜일까요? 다윗은 마음속으로 생각했습니다. '므비보셋도 내가 겪었던 고난과 역경 속에 있구나!' 그는 므비보셋의 고통과 마음을 깊이 공감하며, 그를 이해했던 것입니다.

> "왕이 이르되 사울의 집에 아직도 남은 사람이 없느냐 내가 그 사람에게 하나님의 은총을 베풀고자 하노라 하니 시바가 왕께 아뢰되 요나단의 아들 하나가 있는데 다리 저는 자니이다 하니라" 삼하 9:3

다윗은 사울의 종이었던 시바를 불러 사울 가문의 남은 자가 있는지 물었습니다. 시바는 요나단의 아들, 므비보셋이 살아 있다고 말했지만, 그를 소개할 때 이름조차 언급하지 않고 "다리를 저는 장애인"이라고 비하했습니다. 시바는 본래 사울의 종이었고, 그 지위로 보면 요나단의 종이며 곧 므비보셋의 종이기도 했습니다. 그럼에도 불구하고, 시바는 므비보셋의 이름을 언급하지 않고 그의 장애만을 강조하며 깎아내리고 있습니다. 이는 시바가 므비보셋을 경시하고 무시하고 있었음을 보여줍니다.

> "사울의 아들 요나단에게 다리 저는 아들 하나가 있었으니 이름은 므

> 비보셋이라 전에 사울과 요나단이 죽은 소식이 이스르엘에서 올 때에 그의 나이가 다섯 살이었는데 그 유모가 안고 도망할 때 급히 도망하다가 아이가 떨어져 절게 되었더라" 삼하 4:4

길보아 전투에서 사울과 요나단이 전사하자, 그 소식을 들은 유모는 공포에 휩싸여 어린 므비보셋을 안고 급히 도망쳤습니다. 그 과정에서 유모는 실수로 므비보셋을 떨어뜨렸고, 이로 인해 그는 다리를 다치게 되었습니다. 이후 므비보셋은 평생 장애를 안고 살아가야 했습니다.

사울과 요나단이 죽은 뒤, 사울 가문의 모든 재산은 시바가 관리하게 되었습니다. 그러나 므비보셋이 성인이 되었음에도 불구하고, 시바는 그 재산을 돌려주지 않았습니다. 이유는 단순했습니다. 므비보셋이 장애인이었기 때문입니다. 당시 사회에서 장애인은 인격적인 존중을 받지 못했으며, 시바 역시 주인을 무시하고 경멸의 시선을 보냈습니다. 그는 므비보셋의 장애를 빌미로, 그가 당연히 받아야 할 권리와 유산을 빼앗고 강탈한 것입니다.

> "왕이 그에게 말하되 그가 어디 있느냐 하니 시바가 왕께 아뢰되 로드발 암미엘의 아들 마길의 집에 있나이다 하니라" 삼하 9:4

다윗이 시바에게 므비보셋이 어디에 있는지 묻자, 시바는 그가 "로드발, 암미엘의 아들 마길의 집에 있다"고 답했습니다. '로드발'이라는 지명은 '목장이 없다'는 뜻으로, 비옥한 목초지가 없는 황폐하고 척박한 시골 마을을 의미합니다. 이는 곧 그곳이 가난하고 궁핍한 땅임을 암시합니다.

시바는 므비보셋을 의도적으로 이런 외딴곳으로 내몰았습니다. 자신의 권력을 유지하고 사울 왕가의 재산을 독점하기 위해, 시바는 므비보셋을 이 황량한 땅으로 쫓아내었습니다. 결국, 므비보셋은 자신의 정당한 권리를 빼앗긴 채 외진 곳에서 궁핍한 삶을 살 수밖에 없었습니다.

"시바는 아들이 열다섯 명이요 종이 스무 명이라" 삼하 9:10(下)

시바는 종이었으나, 아들 15명과 종 20명을 거느리고 있었습니다. 이러한 상황을 보면, 므비보셋이 느꼈을 억울함과 분노가 얼마나 컸을지 짐작할 수 있습니다. 당연히 자신의 몫으로 돌아와야 할 유산은 종이었던 시바에게 빼앗겨 버렸습니다. 그러나 그 억울함을 들어줄 이는 아무도 없었습니다. 이미 몰락한 왕족이었던 그는 어떠한 권력도 지니고 있지 않았고, 더욱이 두 다리가 불편한 장애인이었습니다. 결국 므비보셋은 자신의 종에게 모든 것을 빼앗기고 말았습니다. 이처럼 비참하고 절망스러운 삶 속에서 그는 억울함을 삼키며 살아가야 했습니다. 그런데 그때, 누가 그를 찾았습니까? 다윗이 므비보셋을 찾아냈습니다.

"사울의 손자 요나단의 아들 므비보셋이 다윗에게 나아와 그 앞에 엎드려 절하매 다윗이 이르되 므비보셋이여 하니 그가 이르기를 보소서 당신의 종이니이다 다윗이 그에게 이르되 무서워하지 말라 내가 반드시 네 아버지 요나단으로 말미암아 네게 은총을 베풀리라 내가 네 할아버지 사울의 모든 밭을 다 네게 도로 주겠고 또 너는 항상 내 상에서 떡을 먹을지니라 하니" 삼하 9:6~7

처음에 다윗이 자신을 찾는다는 소식을 들었을 때, 므비보셋은 두려움에 사로잡혔습니다. 그는 자신이 사울의 후손이기에, 다윗이 반란의 씨앗이 될 수 있는 자신을 제거하려고 부른 것이라고 착각했습니다. 그러나 다윗은 므비보셋에게 뜻밖의 말을 건넸습니다. "무서워하지 말라! 내가 네게 은총을 베풀리라!"

므비보셋은 전혀 예상하지 못한 은혜의 선언을 듣게 되었습니다. 다윗은 이어서 말했습니다. "또한 사울의 모든 밭을 네게 도로 주겠고, 너는 항상 내 상에서 떡을 먹을지니라!"

사울의 밭은 원래 시바가 차지하고 있었습니다. 그러나 이제 므비보셋은 시바에게서 유산을 돌려받게 된 것입니다. 이것이 바로 하나님의 은혜입니다. 하나님께서는 우리가 빼앗겼던 모든 것을 회복시켜 주십니다. 우리가 잃어버린 건강과 가정의 화목, 물질의 풍요로움과 자녀의 복까지도 하나님께서는 온전히 회복해 주시는 분이십니다.

> "그가 절하여 이르되 이 종이 무엇이기에 왕께서 죽은 개 같은 나를 돌아보시나이까 하니라" 삼하 9:8

므비보셋은 크게 당황하며 말했습니다. "이 종이 무엇이기에, 왕께서 죽은 개와 같은 저를 돌보십니까?" 이 고백에서 알 수 있듯이, 므비보셋의 인생은 너무나 비참하고 비관적이었습니다. 그는 자신의 종 시바에게 모든 유산을 빼앗겼고, 어릴 때 유모의 실수로 인해 평생 다리를 저는 장애인으로 살아야 했습니다.

그러나 하나님께서는 므비보셋에게 은혜를 베푸셨습니다. 그 이유는 무엇입니까? 므비보셋이 자신의 비천함을 겸손히 고백했기 때문입니다. 그는 다윗 앞에서 자신의 처지를 숨기지 않고, 겸손하게 낮아진 마음으로 자신을 드러냈습니다.

> "미쁘다 모든 사람이 받을 만한 이 말이여 그리스도 예수께서 죄인을 구원하시려고 세상에 임하셨다 하였도다 죄인 중에 내가 괴수니라"
> 딤전 1:15

사도 바울은 자신을 "죄인 중에 괴수"라고 고백했습니다. 그는 자신의 죄악과 더러움을 명확히 알고 있었습니다. 그렇기에 바울은 하나님의 은혜를 간절히 구할 수밖에 없었습니다. 자신의 힘이나 의로는 결코 죄의 문제를 해결할 수 없다는 사실을 깊이 깨달았기 때문에, 그는 철저히 하나님께 매달릴 수밖에 없었습니다.

> "만일 우리가 우리 죄를 자백하면 그는 미쁘시고 의로우사 우리 죄를 사하시며 우리를 모든 불의에서 깨끗하게 하실 것이요" 요일 1:9

누가 하나님께 은혜를 받을 수 있습니까? 그것은 자신이 죄인임을 고백할 수 있는 사람입니다. 자신의 부족함을 인정하고, 자신의 죄악을 자백하는 사람만이 용서받을 수 있습니다. "나는 죄인 중의 괴수입니다", "나는 죽은 개와 같습니다"라고 겸손히 고백할 수 있는 사람이 하나님께 은혜를 받을 수 있습니다.

우리는 모두 죽은 개와 같은 죄인에 불과합니다. 그러나 하나님 앞에 나아가 우리의 죄를 고백하고 자복한다면, 하나님께서는 우리를 용서해 주십니다. 그리고 그뿐만이 아니라, 우리를 하나님의 자녀로 삼아주시는 놀라운 은혜를 베푸십니다.

> "다윗이 그에게 이르되 무서워하지 말라 내가 반드시 네 아버지 요나단으로 말미암아 네게 은총을 베풀리라 내가 네 할아버지 사울의 모든 밭을 다 네게 도로 주겠고 또 너는 항상 내 상에서 떡을 먹을지니라 하니" 삼하 9:7

므비보셋은 왕의 식탁에서 다윗과 함께 식사할 수 있는 특권을 얻게 되었습니다. 이는 단순한 호의가 아니라, 다윗이 므비보셋을 가족처럼, 왕자처럼 여긴다는 뜻입니다. 다윗은 '죽은 개'와 같다고 여겼던 므비보셋을 자신의 아들처럼 대했습니다. 이처럼 다윗의 사랑은 단순한 자비를 넘어서는 깊은 은혜였습니다. 바로 이것이 하나님의 은총입니다.

> "너희가 아들이므로 하나님이 그 아들의 영을 우리 마음 가운데 보내사 아빠 아버지라 부르게 하셨느니라 그러므로 네가 이 후로는 종이 아니요 아들이니 아들이면 하나님으로 말미암아 유업을 받을 자니라" 갈 4:6~7

우리는 본래 죽어 마땅한 죄인입니다. 그러나 하나님께서는 우리를 용서해 주실 뿐만 아니라, 우리를 자녀로 삼아주셨습니다. 하나님께서는 더 나아가 의의 면류관을 준비하시고, 천국을 유업으로 허락하셨습니다. 이러한 놀라운 은혜는 자신이 죄인임을 자백할 수 있는 사람에게만 주어집니다. 겸손히 자신의 죄를 고백하고, 하나님의 은혜를 간절히 구하는 자에게 하나님은 용서와 축복을 베푸십니다.

다윗이 므비보셋에게 베푼 은총은 단순한 호의나 동정심이 아니었습니다. 이는 하나님께서 죄인인 우리에게 베푸시는 사랑의 예표이며,

우리 모두가 하나님의 은혜를 받아야 할 존재임을 깨닫게 합니다. 이제 우리는 므비보셋처럼 하나님의 식탁에서 떡을 먹으며, 하나님의 자녀로서 새로운 삶을 살아가야 합니다. 이 놀라운 은혜는 오직 겸손한 자, 회개하는 자, 그리고 하나님을 의지하는 자에게만 주어집니다.

## 공경함인 줄로 여기시나이까

"그 후에 암몬 자손의 왕이 죽고 그의 아들 하눈이 대신하여 왕이 되니 다윗이 이르되 내가 나하스의 아들 하눈에게 은총을 베풀되 그의 아버지가 내게 은총을 베푼 것 같이 하리라 하고 다윗이 그의 신하들을 보내 그의 아버지를 조상하라 하니라 다윗의 신하들이 암몬 자손의 땅에 이르매" 삼하 10:1~2

암몬의 왕 나하스가 죽고, 그의 아들 하눈이 왕위에 올랐습니다. 나하스와 다윗은 서로 우호적인 관계를 맺고 있었습니다. 다윗이 사울을 피해 도망치던 시절, 나하스 왕은 다윗에게 은총을 베풀어 도와주었습니다. 다윗은 이 친분과 은혜를 기억하며, 나하스 왕의 죽음 이후에도 그의 아들 하눈과 좋은 관계를 유지하고자 했습니다. 그래서 다윗은 조문단을 보내어 암몬에 애도의 뜻을 표했습니다.

"암몬 자손의 관리들이 그들의 주 하눈에게 말하되 왕은 다윗이 조객을 당신에게 보낸 것이 왕의 아버지를 공경함인 줄로 여기시나이까

> 다윗이 그의 신하들을 당신에게 보내 이 성을 엿보고 탐지하여 함락시키고자 함이 아니니이까 하니" 삼하 10:3

그러나 암몬의 관리들은 다윗의 선의를 왜곡하고 변질시켰습니다. 그들은 하눈 왕에게 이렇게 말했습니다. "다윗이 조문객을 보낸 것은 나하스 왕을 공경하기 위해서가 아닙니다! 이들은 우리의 성을 엿보고, 정탐하여 함락시키려는 정탐꾼들입니다"

하눈 왕은 신하들의 말을 듣고 설득되었습니다. 최근 다윗은 주변의 수많은 국가들을 점령하며 세력을 확장하고 있었습니다. 하눈은 자신이 다윗의 다음 목표가 될지도 모른다는 두려움에 사로잡혔습니다. 결국, 그는 다윗이 보낸 조문객들을 계략의 일환으로 착각하고 말았습니다.

> "복 있는 사람은 악인들의 꾀를 따르지 아니하며 죄인들의 길에 서지 아니하며 오만한 자들의 자리에 앉지 아니하고" 시 1:1

하눈 왕은 다윗의 뜻을 오해하고 착각했습니다. 그 이유는 그의 곁에 중상모략하는 신하들만 있었기 때문입니다. 복 있는 사람은 죄인들과 함께하지 않고, 오만한 자들을 피하는 사람입니다. 그러나 하눈 왕의 곁에는 지혜로운 자도, 의로운 자도 없었습니다. 그 결과, 하눈 왕은 큰 실수를 저지르게 되었습니다. 아첨하고 거짓된 말을 하는 사람들의 조언을 따르면, 올바른 판단을 내릴 수 없습니다.

> "이에 하눈이 다윗의 신하들을 잡아 그들의 수염 절반을 깎고 그들의 의복의 중동볼기까지 자르고 돌려보내매" 삼하 10:4

하눈 왕은 다윗이 보낸 조문단을 붙잡아 그들의 수염을 절반이나 깎고, 의복을 중동볼기까지 잘라버렸습니다. 이는 당시 사회에서 심각한 모욕 행위였습니다. 조선 시대에서도 수염은 남자들의 자존심과 긍지의 상징이었습니다. 그러나 하눈은 수염을 완전히 깎지 않고 절반만 깎아, 일부러 더 흉하고 비웃음거리로 만들었습니다.

게다가 하눈은 그들의 의복을 잘라, 둔부가 드러나도록 만들었습니다. 당시 사람들은 바지가 아니라, 치마처럼 된 긴 옷을 입고 있었습니다. 그런데 그 옷을 잘라서 하체가 모두 드러나도록 했으니, 이는 극도로 치욕적인 모욕이었습니다. 이 조문단은 단순한 개인이 아니라, 이스라엘을 대표하여 조문하러 온 사절단이었습니다. 하눈의 이러한 행위는 개인을 모욕한 것이 아니라, 이스라엘 전체를 모욕한 것입니다. 이 모욕은 단순한 결례를 넘어서는 행위였습니다. 이는 곧 선전포고와 다름없었습니다.

> "사람들이 이 일을 다윗에게 알리니라 그 사람들이 크게 부끄러워하므로 왕이 그들을 맞으러 보내 이르기를 너희는 수염이 자라기까지 여리고에서 머물다가 돌아오라 하니라" 삼하 10:5

다윗은 그 소식을 듣고 즉시 사람들을 보내 조문단을 위로했습니다. "수염이 다 자랄 때까지 여리고에서 머물다가 돌아오라" 이는 다윗의 깊은 배려와 위로였습니다. 이 조문단은 자신의 목숨보다 소중한 긍지를 짓밟히고, 심각한 치욕을 당했습니다. 그 모욕이 너무나 컸기에, 이들은 스스로 목숨을 끊을 수도 있는 절망적인 상황에 처해 있었습니다.

"수염이 다 자랄 때까지 머물러 있어라" 이는 단순한 위로의 말이 아니라, 극단적인 선택을 하지 말라는 다윗의 당부이자, "너희가 당한 수모를 내가 반드시 갚아주겠다"는 약속이었습니다. 수염은 다시 자랍니다. 이는 다시 명예를 회복할 수 있다는 용기와 격려의 상징이 되었습니다. 다윗은 조문단의 자존심과 상처를 이해하며, 그들을 보호하고 위로했습니다. 그는 신하들의 마음의 상처를 싸매어 주고, 그들에게 안식과 회복의 시간을 주었던 것입니다.

> "암몬 자손들이 자기들이 다윗에게 미움이 된 줄 알고 암몬 자손들이 사람을 보내 벧르홉 아람 사람과 소바 아람 사람의 보병 이만 명과 마아가 왕과 그의 사람 천 명과 돕 사람 만 이천 명을 고용한지라" 삼하 10:6

하눈 왕은 다윗의 공격을 예상하고, 암몬의 군사력만으로는 승산이 없다고 판단했습니다. 그래서 그는 아람에서 3만 3,000명의 용병을 사들여, 외부의 힘을 빌려 다윗과 맞서 싸우기로 결심했습니다. 하눈은 아람 사람들과 연합하여 철저하게 전쟁 준비를 마쳤습니다.

암몬 군대는 성문 앞에 진을 치고, 아람의 군대는 들판에 진을 치며, 다윗의 군대를 기다렸습니다. 이를 보고 다윗은 군대장관 요압에게 명령을 내렸습니다. 요압은 군대를 두 부대로 나누어, 암몬과 아람을 동시에 공격하라는 다윗의 지시에 따라 전투를 준비했습니다. 그렇게 요압은 병사들을 이끌고 총공격을 시작했습니다. 전투가 벌어지자, 용병으로 참전한 아람의 군대는 이스라엘의 기세와 압도적인 사기에 눌려, 결국 도망치고 말았습니다.

> "암몬 자손은 아람 사람이 도망함을 보고 그들도 아비새 앞에서 도망

> 하여 성읍으로 들어간지라 요압이 암몬 자손을 떠나 예루살렘으로 돌아가니라" 삼하 10:14

다윗의 군대는 일당백의 강력한 전투력을 가진 군대였습니다. 그들의 압도적인 기세에 아람 사람들은 더 이상 맞서 싸울 수 없음을 깨닫고, 결국 자신들의 집으로 도망쳤습니다. 아람이 패배하자, 암몬 사람들도 더 이상 버틸 수 없어 성읍 안으로 후퇴할 수밖에 없었습니다.

이를 본 요압은 추격을 멈추고, 군대를 이끌고 예루살렘으로 돌아왔습니다. 다윗의 군대는 전투에서 압도적인 승리를 거두었고, 그렇게 첫 번째 전투를 성공적으로 마무리할 수 있었습니다.

> "아람 사람이 자기가 이스라엘 앞에서 패하였음을 보고 다 모이매 하닷에셀이 사람을 보내 강 건너쪽에 있는 아람 사람을 불러 내매 그들이 헬람에 이르니 하닷에셀의 군사령관 소박이 그들을 거느린지라" 삼하 10:15~16

용병으로 참전한 아람의 군대가 전투에서 먼저 도망쳤다는 소문이 퍼지면, 이는 아람에게 국가적인 망신이었습니다. 용병이 전투에서 패배하는 것은 있을 수 있지만, 도망치는 것은 결코 용납할 수 없는 행위였습니다. 용병으로서의 위신과 신뢰가 땅에 떨어지면, 더 이상 아람의 용병을 고용할 나라가 없어지게 됩니다.

그래서 아람 사람들은 실추된 이미지를 회복하기 위해, 다시 군대를 재편하고 결집했습니다. 그들은 명예를 되찾기 위해 다윗의 군대와 다시 한번 전투를 벌였습니다.

> "아람 사람이 이스라엘 앞에서 도망한지라 다윗이 아람 병거 칠백 대와 마병 사만 명을 죽이고 또 그 군사령관 소박을 치매 거기서 죽으니라" 삼하 10:18

아람 사람들은 심기일전하여 전투 준비를 마치고, 철저하게 복수의 칼을 갈며 다시 전투에 나섰습니다. 그러나 그들은 또다시 패배하고 도망칠 수밖에 없었습니다. 아무리 발악을 하고 온 힘을 다해 싸운다 해도, 사람의 힘으로는 하나님의 군대를 이겨낼 수 없는 법입니다.

다윗은 아람의 전차 700대와 기마병 4만 명을 무찌르고, 아람의 군사령관을 죽였습니다. 이로 인해, 암몬과 아람 연합군은 다윗 앞에서 크나큰 패배를 당하게 되었습니다.

사무엘하 9장과 10장은 모두 다윗의 은총으로 시작합니다. 그러나 이 두 장의 결말은 극명하게 대조를 이룹니다. 므비보셋은 다윗의 은총을 감사함으로 받아들였고, 그 결과 은혜와 축복을 누렸습니다. 반면에, 암몬의 하눈 왕은 다윗의 은혜를 무시하고 그 선의를 왜곡했습니다. 결국, 하눈은 이로 인해 큰 패배와 심판을 맞이하게 되었습니다.

> "화 있을진저 고라신아 화 있을진저 벳새다야 너희에게 행한 모든 권능을 두로와 시돈에서 행하였더라면 그들이 벌써 베옷을 입고 재에 앉아 회개하였으리라" 마 11:21

고라신과 벳새다는 갈릴리 지방에 위치한 성읍들로, 두로로 가는 길목에 자리하고 있었습니다. 예수님께서는 이곳에서 수많은 기적을 행하셨습니다. 예수님은 병자를 고치시고, 귀신을 쫓아내시며, 하나님의 복음을 전파하셨습니다.

> "예수께서 온 갈릴리에 두루 다니사 그들의 회당에서 가르치시며 천국 복음을 전파하시며 백성 중의 모든 병과 모든 약한 것을 고치시니" 마 4:23

갈릴리는 예수님께서 모든 병과 약한 것을 고쳐주시는 놀라운 은혜를 경험한 지역이었습니다. 그러나 그들은 회개하지 않았고, 예수님을 영접하지 않았습니다. 이처럼 놀라운 은혜를 받았음에도 불구하고, 갈릴리는 책망과 심판을 받게 된 것입니다. 이는 받은 은혜를 거부한 결과였습니다.

이와 비슷한 사건이 미국 역사에서도 있었습니다. 1829년, 미국의 제7대 대통령 앤드루 잭슨은 독립기념일 특사로 386명의 죄수를 사면했습니다. 그중에는 조지 윌슨이라는 인물도 포함되어 있었습니다. 조지 윌슨은 우체국 직원으로 일하다가 연방 우편 열차를 탈취하고, 우체국 직원을 살해한 죄로 사형 선고를 받았습니다. 당시 우편 열차의 탈취는 20년 이상의 중형에 해당하는 중죄였고, 특히 국가 기밀문서가 포함되어 있어 사형에 처하게 된 것입니다.

윌슨의 친구들은 대통령에게 사면을 간청했고, 잭슨 대통령은 독립기념일 특사로 윌슨의 죄를 사면해 주었습니다. 그러나 문제가 발생했습니다. 조지 윌슨이 대통령의 사면을 거부한 것입니다. 그는 사형 판결이 부당하다고 생각했으며, 고집을 부리며 사면을 거부했습니다. 이로 인해 법적 혼란이 발생했습니다. 대통령은 사면을 선언했지만, 윌슨이 이를 거부하니, 사형을 집행할 수도 없고 석방할 수도 없는 상황이었습니다.

이에 대해 존 마셜 대법원장은 최종 판결을 내렸습니다. "사면은 은혜의 행위이다. 사면이 내려진다 해도, 대상자가 이를 받아들이지 않으면 집행이 완료되지 않는다. 사면 대상자는 사면을 거부할 수 있으며, 그 경우 법원은 이를 강제할 수 없다" 결국, 조지 윌슨은 사면을 거부했고, 은혜를 받아들이지 않았기 때문에 교수형을 당하고 말았습니다.

이처럼 당황스러운 일은 여전히 우리 삶 속에서 발생하고 있습니다. 하나님께서는 죽은 개와 같은 죄인을 용서하시고, 자녀로 삼아주셨음에도, 많은 사람들은 그 놀라운 은혜를 무시하고 외면하고 있습니다. 수많은 불신자들은 전도를 거부하며, 복음을 무시합니다. 그들은 자신의 죄를 인정하지 않고, 완고한 마음으로 은혜를 거부합니다.

은혜는 겸손히 받아들일 때, 우리에게 놀라운 복이 됩니다. 그러나 은혜를 거부하거나 왜곡하면, 결국 심판을 면할 수 없습니다. 우리는 고집과 교만을 내려놓고, 하나님의 은혜를 겸허히 받아들여야 합니다. 그래야만 참된 구원과 축복을 온전히 누릴 수 있습니다.

10장

# 다윗의 죄악

DAVID SKETCH

## 밧세바가 아니니이까

　다윗은 신이 아닙니다. 그는 전지전능한 존재가 아닙니다. 다윗 역시 인간이기에, 타락하고 범죄할 수 있는 연약한 존재입니다. 만약 성경이 단순한 위인전이었다면, 사무엘하 11장은 기록되지 않았을 것입니다. 다윗의 의롭고 거룩하고 아름다운 모습만이 기록되었겠지요. 그러나 성경은 위인전이 아니라, 하나님의 구속의 역사서입니다. 성경의 진정한 주인공은 사람이 아닌 하나님이십니다. 하나님께서는 연약한 인간을 통해 하나님의 나라를 세워가시는 역사를 기록하신 것입니다.

　다윗도 우리와 마찬가지로 연약한 인간이며, 죄의 유혹에 쉽게 무너질 수 있는 나약한 존재였습니다. 그러나 하나님께서는 이 죄 많은 다윗을 통해 예수 그리스도를 이 땅에 보내셨습니다. 그렇기에 성경은 놀라운 말씀이며, 그 어떤 책보다 권위 있는 생명책입니다.

　사무엘하 11장은 바로 다윗의 연약함과 죄악을 기록하고 있습니다. 요압이 암몬과 전쟁 중에 있을 때, 다윗은 그 전쟁에 출전하지 않았고, 단지 예루살렘 성에 머물고 있었습니다. 이 사건은 다윗의 인생에서 중대한 전환점이 됩니다.

> "그 해가 돌아와 왕들이 출전할 때가 되매 다윗이 요압과 그에게 있는 그의 부하들과 온 이스라엘 군대를 보내니 그들이 암몬 자손을 멸하고 랍바를 에워쌌고 다윗은 예루살렘에 그대로 있더라" 삼하 11:1

여호와의 언약궤는 전쟁터에 나가 있는데, 다윗은 왕궁에 머물고 있었습니다. 언약궤가 전쟁터에 있다는 것은 이 전쟁이 단순한 전쟁이 아니라, 거룩한 전쟁, 즉 성전(聖戰)임을 의미합니다. 여호와께서 함께하시는 이 거룩한 전쟁에 다윗은 참여하지 않고 집에 머물러 있었습니다. 그 이유는 다윗이 나태해졌기 때문입니다.

다윗은 어디로 가든지 항상 승리하였고, 주변의 대부분 나라를 속국으로 만들었습니다. 이전에 싸워왔던 강대국들에 비해, 암몬과 아람은 하찮은 적처럼 보였습니다. 다윗은 요압만으로도 충분히 승리할 수 있을 것이라 생각하며, 더 이상 하나님을 의지하지 않았습니다. 이는 다윗이 교만해졌음을 보여줍니다.

다윗이 교만해질 수 있다면, 우리도 충분히 교만해질 수 있습니다. 다윗은 원래 겸손하고 거룩한 사람이었습니다. 그는 하나님의 말씀에 따라, 원수 사울을 두 번이나 용서했던 인물입니다. 그러나 다윗은 막강한 권력에 취하게 되자, 점차 교만해졌습니다. 그는 더 이상 하나님을 두려워하지 않았고, 자신의 지위를 남용하여 부하의 아내를 빼앗는 범죄를 저질렀습니다.

사람은 누구나 여유가 생기고, 돈과 힘을 가지면 쉽게 범죄할 가능성이 커집니다. 광야에서 도망자 신세였던 다윗은 그 누구보다 겸손했습니다. 그러나 왕궁을 거닐 때, 다윗은 그 누구보다 거만해졌습니다.

> "저녁 때에 다윗이 그의 침상에서 일어나 왕궁 옥상에서 거닐다가 그 곳에서 보니 한 여인이 목욕을 하는데 심히 아름다워 보이는지라"
> 삼하 11:2

이스라엘 백성들은 지금 전쟁터에서 목숨을 걸고 싸우고 있습니다. 그들은 머리 둘 곳 없이 들판에서 추위에 떨며 야영하고 있습니다. 그러나 다윗은 어떻게 하고 있습니까? 그는 왕궁에서 편안히 쉬며, 너무 오래 자다가 결국 잠이 오지 않아 침상에서 일어나 옥상을 거닐고 있었습니다.

다윗은 평안한 삶에 취해 있었고, 부와 명예에 자아도취된 상태였습니다. 이 모습은 다윗의 영적 상태가 좋지 않음을 보여줍니다. 그는 더 이상 전쟁의 긴장감이나 백성들의 고통을 공감하지 않고, 자신의 안락함과 권력에 빠져 있었습니다.

바로 그때, 다윗은 한 여인이 목욕하는 장면을 보게 됩니다. 만약 그것이 의도치 않게 본 실수였다면, 즉시 자리를 피하거나 고개를 돌리면 되었을 것입니다. 그러나 다윗은 그 자리를 떠나지 않고, 자신의 욕망에 이끌려 그 장면을 계속 바라보았습니다. 이는 다윗이 영적으로 무너져 있었고, 유혹 앞에서 스스로를 통제하지 못했다는 증거입니다.

> "여인이 날마다 요셉에게 청하였으나 요셉이 듣지 아니하여 동침하지 아니할 뿐더러 함께 있지도 아니하니라 그 여인이 그의 옷을 잡고 이르되 나와 동침하자 그러나 요셉이 자기의 옷을 그 여인의 손에 버려두고 밖으로 나가매" 창 39:10, 12

보디발의 아내는 날마다 요셉을 유혹했습니다. 그때 요셉이 얼마나 힘들고 두려웠겠습니까? 종의 입장에서 안주인의 명령을 거역하는 것은 큰 위험이 따르는 일이었습니다. 또한 요셉은 건장한 청년이었기에, 아름다운 여인의 유혹을 이겨내는 것은 결코 쉽지 않았을 것입니다.

그러나 그때 요셉은 어떻게 했습니까? 그는 그 자리를 도망쳤습니다. 이것이 바로 죄의 유혹을 이겨내는 방법입니다. 요셉은 자신의 인내심을 시험하거나, 유혹 앞에 남아 있지 않았습니다. 그는 즉시 그 자리를 떠났습니다. 이는 우리에게 중요한 교훈을 줍니다. 죄에서 승리하기 위해서는, 죄를 멀리하고 벗어나는 것이 최선의 방법입니다. 죄의 유혹을 앞에 두고, 자신의 인내심을 시험하려는 태도는 자만입니다. 따라서, 죄의 유혹이 우리 앞에 있을 때에는 즉시 그 자리를 박차고 떠나야 합니다. 그러나 다윗은 그렇게 하지 않았습니다.

> "다윗이 사람을 보내 그 여인을 알아보게 하였더니 그가 아뢰되 그는 엘리암의 딸이요 헷 사람 우리아의 아내 밧세바가 아니니이까 하니"
> 삼하 11:3

오히려 다윗은 죄의 유혹을 주의 깊게 살펴보기 시작했습니다. 그는 신하를 불러, 저 여인이 누구인지 물어보았습니다. 그러자 신하는 대답했습니다. "우리아의 아내 밧세바가 아니니이까?" 신하는 평서문으로 단순히 대답하지 않고, 의문문으로 답했습니다. 이는 단순한 정보 전달이 아니라, 다윗에게 경고의 메시지를 전달하는 것이었습니다.

"저 여자는 우리아의 아내가 아닙니까? 왜 그러십니까? 가당치도 않은 말씀입니다" 이는 다윗에게 경고와 설득을 시도하는 것이었습니다. 신하는 다윗이 무엇을 의도하는지 눈치채고, 그의 잘못된 결정을 막으려 했던 것입니다. 그러나 다윗은 이미 마귀의 유혹에 넘어간 상태였고, 다른 사람의 충고나 경고가 들리지 않았습니다.

> "다윗이 전령을 보내어 그 여자를 자기에게로 데려오게 하고 그 여자가 그 부정함을 깨끗하게 하였으므로 더불어 동침하매 그 여자가 자기 집으로 돌아가니라" 삼하 11:4

결국, 다윗은 정욕을 이기지 못하고, 밧세바와 동침하게 됩니다. 우리는 이러한 다윗의 모습을 보며 안타까운 마음을 느낍니다. 왜 다윗이 이렇게까지 타락하게 되었을까? 왜 죄의 유혹을 이기지 못했을까? 그의 범죄에 답답함을 느끼지 않을 수 없습니다.

그 이유는, 마귀가 다윗의 치유되지 않은 마음의 상처를 집요하게 파고들었기 때문입니다. 다윗에게는 깊은 내면의 상처, 곧 사랑에 대한 상처가 있었습니다. 이 상처는 다윗의 마음속에서 치유되지 못한 채 남아, 그의 열등감과 피해의식으로 자리 잡았습니다.

> "사울의 딸 메랍을 다윗에게 줄 시기에 므홀랏 사람 아드리엘에게 아내로 주었더라" 삼상 18:19

사울 왕은 골리앗을 무찌르는 자에게 자신의 첫째 딸 메랍을 주겠다고 약속했습니다. 그런데, 그 골리앗을 무찌른 사람이 바로 양치기 소년 다윗이었습니다. 이제 사울은 다윗과 메랍의 결혼을 허락해야 했습니다. 그때 다윗이 얼마나 기뻤겠습니까? 그는 이 일이 하나님의 은혜라며, 만나는 사람마다 간증하며 기뻐했을 것입니다. 메랍은 다윗의 첫사랑이었고, 약혼녀였습니다.

그러나 사울은 어떻게 했습니까? 사울은 메랍을 다윗에게 주지 않고, 다른 사람인 아드리엘에게 시집보냈습니다. 성경은 이 일이 "다윗에게 줄 시기에" 이루어졌다고 기록하고 있습니다. 다윗은 메랍과의 결혼을 기다리고 있었고, 그 약속이 지켜질 것을 기대하고 있었습니다. 그러나 사울의 배신으로 인해, 다윗은 큰 상실감과 고통을 겪었습니다.

이때 다윗이 느꼈을 상실감은 말로 표현할 수 없을 만큼 컸을 것입니다. 그에게 메랍은 단순한 결혼 상대가 아니라, 하나님이 주신 축복이자 사랑의 약속이었습니다. 그러나 이 약속이 사울의 배신으로 무너졌을 때, 다윗의 마음은 찢어질 만큼 고통스러웠을 것입니다. 그런데 그 상처는 아물지 않고 오히려 더 심하게 벌어지게 되었습니다.

> "사울이 미갈에게 이르되 너는 어찌하여 이처럼 나를 속여 내 대적을 놓아 피하게 하였느냐 미갈이 사울에게 대답하되 그가 내게 이르기를 나를 놓아 가게 하라 어찌하여 나로 너를 죽이게 하겠느냐 하더이다 하니라" 삼상 19:17

다윗은 사울의 둘째 딸, 미갈과 결혼했습니다. 그는 사울의 계략을 극복하고 미갈과 결혼에 성공했으니, 이제는 행복한 결혼생활을 유지할 수 있을 것이라 기대했습니다. 그러나 사울이 다윗을 죽이려 한다는 사실을 알게 된 미갈은, 몰래 다윗을 성 밖으로 도피시켰습니다. 이후 사울은 딸 미갈을 추궁하며 위협했습니다. "네가 어찌 나를 속였느냐?"

그러자 미갈은 거짓말을 하며 대답했습니다. "다윗이 저를 죽이려고 했기 때문에 저도 어쩔 수 없었습니다" 이로 인해 미갈과 다윗의 가정은 깨어지고, 사울은 미갈을 다른 남자에게 시집보냈습니다.

다윗은 이로 인해 깊은 사랑의 상처를 받았습니다. 그는 두 번이나 씻을 수 없는 상처를 겪었고, 사랑하는 여인을 두 번이나 빼앗기게 되었습니다. 문제는, 이 상처가 저절로 치유되지 않았다는 것입니다. 다윗은 이미 여러 명의 아내를 두었지만, 마음의 상처는 여전히 남아 있었습니다. 그는 누구든지 자신의 마음에 드는 사람은 무조건 아내로 삼아야 한다는 강박관념에 사로잡히게 되었습니다. 이 강박관념은 결국, 유부녀였던 밧세바를 빼앗는 비극적인 죄악으로 이어졌습니다.

마귀는 우리의 마음속 상처를 집요하게 파고듭니다. 그렇다면 마음의 상처란 무엇일까요? 그것은 열등감, 피해의식, 자격지심, 그리고 콤플렉스입니다. 이러한 상처는 우리를 억압하고, 영적으로 약화시킵니다. 그래서 우리는 하루빨리 마음의 상처를 치유해야 합니다.

방송인 이영자 씨는 군부대에서 인생 강연을 하며, 젊은 청년들에게 무엇을 말해야 할지 고민한 끝에, 강의의 주제를 '자신의 열등감을 찾아서 박살 내라!'로 정했습니다. 어렸을 적, 이영자 씨의 부모님은 생선가게를 운영했습니다. 이 때문에 이영자 씨는 비린내에 대한 열등감을 갖고 있었습니다. 그녀는 항상 자신에게서 비린내가 나지 않을까 하는 두려움과 피해의식에 시달렸습니다.

지금도 누군가 옆에서 쿵쿵거리며 냄새를 맡는 시늉을 하면, 그녀는 가슴이 떨리고 안절부절못한다고 합니다. 이영자 씨는 스스로도 자신의 몸에서 무슨 냄새가 나지 않을까 걱정하며, 항상 냄새를 맡는 것이 습관이 되었습니다. 이 열등감은 성인이 된 이후에도 그녀를 계속 괴롭히고 억압했습니다. 그래서 이영자 씨는 젊은 군인들에게 자신의 열등감을 찾아서 박살 내야 한다고 강의했던 것입니다.

> "너에게 남편 다섯이 있었고 지금 있는 자도 네 남편이 아니니 네 말이 참되도다" 요 4:18

예수님께서 사마리아 수가성의 한 여인을 만나셨습니다. 이 여인은 열등감과 피해의식에 사로잡혀, 깊은 상처를 안고 살아가고 있었습니다. 수많은 남자들에게 버림받은 경험으로 인해, 그녀는 대인기피증과 우울증에 시달렸습니다. 사람들의 시선이 두려워, 사람들이 잘 다니지 않는 시간에 물을 뜨러 우물가로 나왔습니다. 그곳에서 그녀는 예수님을 만났습니다. 예수님을 만난 순간, 그녀의 깊은 열등감과 상처는 사라지기 시작했습니다.

> "여자가 물동이를 버려 두고 동네로 들어가서 사람들에게 이르되 내가 행한 모든 일을 내게 말한 사람을 와서 보라 이는 그리스도가 아니냐 하니" 요 4:28~29

사람들의 시선을 피해 숨어 지냈던 여인이, 이제는 사람들 앞에 나서서 담대히 외쳤습니다. "이분은 그리스도시다!" 그녀는 예수님을 만나고, 모든 열등감과 피해의식을 벗어던질 수 있었습니다. 예수님과의 만남은 그녀의 삶을 완전히 변화시켰고, 깊은 상처와 수치심이 용기와 기쁨으로 바뀌는 치유의 순간이 되었습니다.

> "예수께서 그 곳에 이르사 쳐다 보시고 이르시되 삭개오야 속히 내려오라 내가 오늘 네 집에 유하여야 하겠다 하시니 급히 내려와 즐거워

하며 영접하거늘 뭇 사람이 보고 수군거려 이르되 저가 죄인의 집에 유하러 들어갔도다 하더라" 눅 19:5~7

삭개오도 예수님을 만나고 나서 자신의 열등감을 극복할 수 있었습니다. 삭개오는 키가 작다는 외모 콤플렉스와 사람들에게 매국노라는 비난을 받는 피해의식에 시달리던 사람이었습니다. 그는 마을 사람들에게 따돌림을 당하고 손가락질을 받는 세리였습니다. 그러나 삭개오는 예수님을 만나고, 모든 열등감과 피해의식에서 벗어나게 되었습니다. 그 이유는, 그가 예수님을 영접했기 때문입니다. 예수님이 그의 마음속에 들어오시자, 모든 열등감과 상처가 치유되었습니다.

우리도 마찬가지입니다. 남들에게 말할 수 없는 열등감과 피해의식을 가지고 있을 수 있습니다. 문제는, 이 열등감은 반드시 나와 내 주변 사람들을 파괴한다는 것입니다. 열등감은 단순히 숨기거나 억누른다고 사라지는 것이 아닙니다. 다윗도 자신의 내면의 열등감을 치유하지 못했기 때문에, 결국 큰 죄악을 저지르게 되었습니다. 우리 역시 열등감을 해결하지 않고 억누르기만 한다면, 반드시 큰 문제가 발생할 수 있습니다.

우리는 열등감을 없애야 합니다. 가난, 외모, 무지, 불화에 대한 열등감에서 벗어나야 합니다. 이를 위해서는 예수님께 우리의 열등감을 고백하고, 치유받아야 합니다. 예수님을 만나면 열등감은 사라집니다. 예수님을 만나면, 오히려 나의 열등감이 자랑이 될 수 있습니다. 수가성의 여인처럼, 삭개오처럼, 예수님을 만나면 자신의 열등감조차도 복음을 증거하는 도구가 될 수 있습니다.

## 우리아도 죽었나이다

"그 여인이 임신하매 사람을 보내 다윗에게 말하여 이르되 내가 임신 하였나이다 하니라" 삼하 11:5

완벽해 보였던 다윗에게도 약점이 있었습니다. 그것은 바로 여자 문제였습니다. 다윗은 여자에 대한 피해의식과 열등감을 가지고 있었고, 이로 인해 마음에 드는 여인이 있으면 무조건 취해야 한다는 강박관념에 빠지게 되었습니다. 마귀는 이 약점을 집요하게 공격했습니다. 결국, 다윗은 남편이 있는 밧세바와 동침하고 말았습니다. 문제는, 밧세바가 임신을 하게 된 것입니다. 자신의 죄악이 드러날 것을 두려워한 다윗은 즉시 우리아를 불러들였습니다.

"다윗이 요압에게 기별하여 헷 사람 우리아를 내게 보내라 하매 요압이 우리아를 다윗에게로 보내니" 삼하 11:6

다윗은 우리아를 만나, 아무 일도 없었다는 듯이 전쟁 상황에 대해 물었습니다. "전세는 어떻게 되었는가? 전투에 필요한 것은 없는가?" 그러나 사실, 다윗은 전쟁에는 전혀 관심이 없었습니다. 그는 오직 자신의 죄악을 어떻게 덮을지 궁리만 하고 있었습니다. 그 후, 다윗은 우리아에게 산해진미를 대접하고, "집에 가서 쉬어라"라고 말했습니다.

"그가 또 우리아에게 이르되 네 집으로 내려가서 발을 씻으라 하

> 니 우리아가 왕궁에서 나가매 왕의 음식물이 뒤따라 가니라" 삼하 11:8

다윗이 우리아에게 호의를 베푼 이유는 오직 하나, 자신의 죄악을 숨기기 위한 수단이었습니다. 다윗의 겉으로 보이는 친절 뒤에는 간사함과 거짓이 숨어 있었습니다. 그는 우리아가 집에 돌아가 아내와 동침하면, 자신의 죄가 드러나지 않고 완전범죄가 될 것이라고 생각했습니다. 다윗은 이제 안도의 한숨을 쉬며, 자신의 죄를 감출 수 있을 것이라고 안심했습니다.

그러나 우리아는 집으로 들어가지 않고, 왕궁 문 앞에서 다른 병사들과 함께 잠을 잤습니다. 이 소식을 들은 다윗은 크게 당황했습니다. 그는 당연히 우리아가 집으로 갈 것이라 생각했지만, 우리아는 집에 가지 않았습니다. 우리아는 지금 막 전쟁터에서 돌아온 상황입니다. 그렇다면 누구라도 집에 가서 편히 쉬고 싶어 할 것입니다. 전쟁의 피로와 두려움이 쌓여 있을 텐데도, 우리아는 집에 들어가지 않았습니다.

> "우리아가 다윗에게 아뢰되 언약궤와 이스라엘과 유다가 야영 중에 있고 내 주 요압과 내 왕의 부하들이 바깥 들에 진 치고 있거늘 내가 어찌 내 집으로 가서 먹고 마시고 내 처와 같이 자리이까 내가 이 일을 행하지 아니하기로 왕의 살아 계심과 왕의 혼의 살아 계심을 두고 맹세하나이다 하니라" 삼하 11:11

우리아는 다윗에게 이렇게 대답했습니다. "여호와의 언약궤가 전쟁터에 있고, 전우들이 야영하고 있는데 제가 어찌 혼자 집에 가서 편히 쉬며, 제 아내와 동침할 수 있겠습니까? 저는 절대로 그렇게 할 수 없습니다" 우리아는 충신 중의 충신이었습니다.

사실, 우리아는 가나안의 헷 족속 출신이었습니다. 이방인이었던 그는 회심하여 여호와를 믿고 따르기 시작했습니다. 지금 이 순간, 이방인이었던 우리아가 다윗보다도 더 신실한 모습을 보여주고 있습니다. 그의 여호와에 대한 경외심은 다윗을 능가할 정도였습니다.

그러나 다윗은 자신의 욕망에 사로잡혀, 눈앞에 있는 충신의 진심과 헌신을 제대로 알아보지 못하고 있었습니다.

> "다윗이 그를 불러서 그로 그 앞에서 먹고 마시고 취하게 하니 저녁 때에 그가 나가서 그의 주의 부하들과 더불어 침상에 눕고 그의 집으로 내려가지 아니하니라" 삼하 11:13

다윗은 포기하지 않았습니다. 그는 우리아에게 직접 술을 따라주며, 취하게 만들었습니다. 왕이 주는 술을 거부할 수 없으니, 우리아는 계속 술을 받아 마시다가 잔뜩 취하게 되었습니다. 다윗은 이제야 계획이 성공할 것이라 생각하며, 우리아를 집으로 돌려보냈습니다.

그러나 만취한 상태에서도, 우리아는 집으로 들어가지 않았습니다. 그는 여전히 왕궁 문 앞에서 잠을 청하며, 충성을 다했습니다. 지금 제정신이 아닌 상태에서도 여전히 충성심을 지키고 있는 모습은, 우리아의 충심이 거짓이 아니라 진심이었다는 것을 분명히 보여줍니다.

> "그 때에 사람이 날마다 다윗에게로 돌아와서 돕고자 하매 큰 군대를 이루어 하나님의 군대와 같았더라" 대상 12:22

우리아는 하나님께서 보내신 축복의 사람이었습니다. 가난한 목동에 불과했던 다윗이, 모든 사람들의 두려움의 대상이 될 수 있었던 이유는, 날마다 인재들이 다윗에게 몰려와 큰 군대를 이루었기 때문입니다. 전쟁은 혼자서 싸울 수 있는 것이 아닙니다. 용맹한 장군들과 위대한 용사들이 함께 싸워야 하는 것입니다. 그중 하나가 바로 우리아였습니다. 그는 하나님께서 다윗에게 보내주신 축복의 사람이었습니다.

그러나 다윗은 그 축복을 스스로 걷어차 버렸습니다. 다윗은 결국, 우리아를 집으로 돌려보낼 방법이 없다는 것을 깨닫고, 충신인 우리아를 죽이기로 결심합니다. 그는 자신의 죄악을 덮기 위해, 하나님께서 보내신 충성스러운 사람을 죽이려는 이기적이고 교활한 인간이 되어버렸습니다.

> "아침이 되매 다윗이 편지를 써서 우리아의 손에 들려 요압에게 보내니 그 편지에 써서 이르기를 너희가 우리아를 맹렬한 싸움에 앞세워 두고 너희는 뒤로 물러가서 그로 맞아 죽게 하라 하였더라" 삼하 11:14~15

다윗은 군사령관 요압에게 편지를 보냈습니다. 그 편지의 내용은 맹렬한 싸움에서 우리아를 앞세워, 그가 죽게 만들라는 명령이었습니다. 다윗은 이 일을 자연스럽게 보이도록, 전투 중에 군대를 뒤로 물리라는 치밀한 계획까지 담아 보냈습니다. 그런데 그 편지를 누가 전달하고 있습니까? 우리아 자신이 직접 전달하고 있습니다. 우리아는 자신을 죽이려는 음모가 담긴 편지를 들고, 아무것도 모른 채 요압에게 가져갔습니다.

이것이 얼마나 잔인한 행동입니까? 우리아는 끝까지 다윗에게 충성을 다하고 있었지만, 다윗은 끝까지 우리아를 죽이려 하고 있습니다. 다윗의 음모는 이제 비열하고 교활한 수준을 넘어서, 충성스러운 부하를 희생시키는 극악한 죄악에 이르게 되었습니다.

요압이 이 편지를 받았을 때, 무슨 생각을 했겠습니까? 우리아는 일반 보병이 아니라, 다윗의 30인 용사 중 하나로, 이스라엘의 유능한 장군이었습니다. 그러나 다윗은 아무도 모르게 이 충성스러운 장군을 죽이라고 명령하고 있습니다.

다윗은 아무도 모르게 우리아를 죽일 수 있다고 생각했습니다. 그러나 누가 알고 있습니까? 요압이 알고 있습니다. 요압은 이 사건을 통해 다윗의 치명적인 약점을 발견하게 되었습니다. 이제 요압은 다윗의 죄악이 기록된 치부책을 손에 쥔 셈이 되었습니다. 이로 인해 요압은 더 이상 다윗을 두려워하거나 존경하지 않았습니다. 이제 요압은 고삐 풀린 망아지처럼 행동하기 시작했습니다. 그는 다윗의 약점을 알고 있었기 때문에, 이후로도 다윗의 명령을 불복종하고, 제멋대로 행동했습니다.

결국, 요압은 우리아 장군을 선봉에 세워, 암몬 성을 포위하게 했습니다. 우리아의 부대가 성 가까이 접근하자, 암몬 성의 병사들은 집중 공격을 퍼부어, 결국 우리아는 전사하고 말았습니다. 충성스러운 우리아는, 다윗의 죄악을 덮기 위한 음모 속에서 아무런 의미 없이, 허무하게 죽어간 것입니다. 그 후, 요압은 다윗에게 전령을 보내, 전투 상황을 보고했습니다.

"혹시 왕이 노하여 네게 말씀하기를 너희가 어찌하여 성에 그처럼 가까이 가서 싸웠느냐 그들이 성 위에서 쏠 줄을 알지 못하였느냐 여룹베셋의 아들 아비멜렉을 쳐죽인 자가 누구냐 여인 하나가 성에서 맷

돌 위짝을 그 위에 던지매 그가 데벳스에서 죽지 아니하였느냐 어찌 하여 성에 가까이 갔더냐 하시거든 네가 말하기를 왕의 종 헷 사람 우리아도 죽었나이다 하라" 삼하 11:20~21

요압은 전령을 보내며 한 가지 당부를 남겼습니다. 만약 다윗 왕이 "왜 그렇게 성 가까이에서 싸웠느냐?"라고 화를 내며 물으신다면, "우리아도 죽었습니다"라고 대답하라는 것이었습니다. 그러면 다윗은 더 이상 화를 내지 못할 것이라는 겁니다. 이 순간, 요압은 다윗의 치부를 쥐고 있었고, 어떠한 잘못을 저질러도 용서받을 수 있는 치부책을 갖게 되었습니다. 이후로도 요압은 곤란한 상황이 생길 때마다, 우리아의 이름 석 자만 꺼내면 빠져나갈 수 있었습니다. 다윗은 이 일을 평생 후회하며 살았습니다.

시간이 흘러, 압살롬이 반란을 일으켰을 때, 요압은 왕의 명령을 무시하고 압살롬을 살해했습니다. 또한, 그는 아마사를 죽이고 군대장관의 자리를 차지했습니다. 다윗의 후계자 문제가 대두되었을 때, 요압은 솔로몬이 아닌 아도니야를 지지하였습니다. 이처럼, 요압은 계속해서 다윗의 족쇄와 가시가 되어, 다윗을 괴롭히고 압박했습니다.

당시 왕의 말은 곧 법이었지만, 요압은 다윗의 말을 쉽게 무시했습니다. 요압은 다윗의 비밀을 알고 있었기 때문에 그를 함부로 대할 수 없었습니다. 결국, 다윗은 죽음을 앞두고 솔로몬에게 요압을 처단해 달라고 부탁할 수밖에 없었습니다.

"스루야의 아들 요압이 내게 행한 일 곧 이스라엘 군대의 두 사령관 넬의 아들 아브넬과 예델의 아들 아마사에게 행한 일을 네가 알거니와 그가 그들을 죽여 태평 시대에 전쟁의 피를 흘리고 전쟁의 피를

> 자기의 허리에 띤 띠와 발에 신은 신에 묻혔으니 네 지혜대로 행하여 그의 백발이 평안히 스올에 내려가지 못하게 하라" 왕상 2:5~6

다윗은 자신의 힘으로 요압을 처단할 수 없었습니다. 그러나 요압을 이렇게 만든 사람은 다름 아닌 다윗 자신이었습니다. 그는 우리아를 죽인 죄악으로 인해 평생 후회하며 살았습니다. 다윗은 충성스러운 우리아를 죽이고, 대신 고삐 풀린 요압을 곁에 두게 되었습니다. 결국, 충신을 죽이고 간신을 세운 셈이었습니다.

다윗은 자신의 욕망을 통제하지 못하여, 충신을 잃고 간신을 얻는 비극적인 결과를 맞이했습니다. 이처럼, 우리의 욕망은 판단력을 흐리게 만듭니다. 욕망은 우리의 결정과 선택을 왜곡시키고, 결국 평생의 고통과 후회를 안겨줄 수 있습니다.

그렇다면 우리의 판단력을 흐리게 만드는 것은 무엇입니까? 돈, 명예, 쾌락입니까? 우리는 이러한 죄악된 욕망을 버리고, 지혜로운 선택을 해야 합니다. 지혜로운 선택은 하나님의 뜻을 구하고, 자신의 욕망을 내려놓을 때 가능합니다. 자신의 욕망을 내려놓고 하나님의 인도하심을 구할 때, 우리는 후회 없는 삶을 살 수 있으며, 진정한 평안과 축복을 경험할 수 있습니다. 오늘날 우리도 다윗의 실수를 반복하지 않기 위해 욕망을 절제하고, 하나님을 바라보는 지혜로운 삶을 살아가야 합니다.

# 당신이 그 사람이라

다윗은 비열한 음모를 통해 충성스러운 우리아를 죽였고, 그로 인해 그는 십계명 중 네 가지를 어겼습니다. "살인하지 말라", "간음하지 말라", "도둑질하지 말라", 그리고 "이웃의 것을 탐내지 말라" 이처럼 완벽해 보였던 다윗조차도 결국 죄악 앞에 무너지고 말았습니다.

> "그 장례를 마치매 다윗이 사람을 보내 그를 왕궁으로 데려오니 그가 그의 아내가 되어 그에게 아들을 낳으니라 다윗이 행한 그 일이 여호와 보시기에 악하였더라" 삼하 11:27

그러나 다윗은 자신의 잘못을 전혀 깨닫지 못했습니다. 그는 죄를 은밀히 덮어두었기에 죄책감을 외면할 수 있었고, 자연스럽게 밧세바를 아내로 삼았습니다. 우리아의 장례가 끝날 때까지 기다린 덕에 아무 문제도 생기지 않을 것이라 여겼던 것입니다. 실제로 누구도 밧세바에 대해 이의를 제기하지 않았습니다. 그러나 하나님께서는 다윗의 죄악을 분명히 알고 계셨습니다.

> "여호와께서 나단을 다윗에게 보내시니 그가 다윗에게 가서 그에게 이르되 한 성읍에 두 사람이 있는데 한 사람은 부하고 한 사람은 가난하니" 삼하 12:1

나단 선지자는 다윗을 찾아가 직접적으로 죄를 지적하지 않고, 비유를 통해 다윗의 잘못을 드러냈습니다. 이는 다윗이 반박과 변명의 태세를 갖추고 있었기 때문입니다. 나단은 비유를 통해 다윗이 스스로 자신의 죄를 자백하도록 유도한 것입니다.

비유 속에서 한 성읍에 부자와 가난한 자가 살았습니다. 부자에게는 양과 소가 많았으나, 가난한 자에게는 오직 어린 양 한 마리뿐이었습니다. 여기서 부자는 다윗을, 가난한 자는 우리아를 상징합니다. 어느 날 부자에게 손님이 찾아왔고, 그는 손님을 잘 대접하고자 했습니다. 그러나 자신의 양이나 소를 잡는 것이 아까워, 그는 가난한 자의 어린 양을 빼앗아 손님을 대접했습니다. 부자는 죄책감 없이 오히려 가난한 자의 처지를 탓하며 자신의 행위를 합리화했습니다.

이 이야기를 들은 다윗은 불같이 화를 내며, 그 부자는 반드시 죽어야 한다고 맹세했습니다.

> "다윗이 그 사람으로 말미암아 노하여 나단에게 이르되 여호와의 살아 계심을 두고 맹세하노니 이 일을 행한 그 사람은 마땅히 죽을 자라" 삼하 12:5

다윗은 여전히 이 비유가 자신의 죄를 겨냥하고 있다는 사실을 깨닫지 못했습니다. 그는 거리낌 없이 스스로 판결을 내렸고, 자신의 죄가 반드시 죽어 마땅한 것이라 선고했습니다. 이제 다윗에게는 변명이나 합리화, 핑계를 댈 여지가 전혀 남지 않게 된 것입니다. 나단 선지자는 바로 이러한 순간을 위해 비유를 사용했던 것입니다.

죄악의 가장 무서운 점은 무엇입니까? 그것은 바로 합리화와 이중 잣대, 즉 '내로남불'입니다. 다윗은 자신의 죄에 대해서는 극도로 너그럽고 관대했지만, 남의 잘못에는 불같이 분노했습니다. 그는 스스로를 합리화하며 죄책감을 회피했습니다. '나는 왕이니 괜찮다', '우리아는 이미 죽었으니 문제될 것 없다'라는 식의 자기기만이었습니다. 다윗은 이러한 이중 잣대를 통해 자신의 죄의 무게를 가볍게 여겼고, 자신의 잘못은 단순한 해프닝으로 치부하면서도 남의 잘못은 죽어야 할 중대한 죄로 간주했습니다. 이는 내로남불의 전형적인 모습이라 할 수 있습니다.

> "어찌하여 형제의 눈 속에 있는 티는 보고 네 눈 속에 있는 들보는 깨닫지 못하느냐 보라 네 눈 속에 들보가 있는데 어찌하여 형제에게 말하기를 나로 네 눈 속에 있는 티를 빼게 하라 하겠느냐 외식하는 자여 먼저 네 눈 속에서 들보를 빼어라 그 후에야 밝히 보고 형제의 눈 속에서 티를 빼리라" 마 7:3~5

이것이 바로 죄의 사슬에 묶인 자의 모습입니다. 자신의 잘못은 보지 못한 채, 남의 잘못만을 집요하게 들여다봅니다. 다윗은 자신의 눈 속에 있는 들보는 보지 못하고, 오히려 남의 눈 속의 티끌만을 문제 삼았습니다. 합리화에 빠진 다윗에게 나단 선지자는 마침내 진실을 폭로하며 말했습니다.

> "나단이 다윗에게 이르되 당신이 그 사람이라 이스라엘의 하나님 여호와께서 이와 같이 이르시기를 내가 너를 이스라엘 왕으로 기름 붓기 위하여 너를 사울의 손에서 구원하고 네 주인의 집을 네게 주고 네 주인의 아내들을 네 품에 두고 이스라엘과 유다 족속을 네게 맡겼느니라 만일 그것이 부족하였을 것 같으면 내가 네게 이것 저것을 더 주었으리라 그러한데 어찌하여 네가 여호와의 말씀을 업신여기

> 고 나 보기에 악을 행하였느냐 네가 칼로 헷 사람 우리아를 치되 암몬 자손의 칼로 죽이고 그의 아내를 빼앗아 네 아내로 삼았도다" 삼하 12:7~9

"당신이 그 사람이라!" 나단 선지자는 반드시 죽어야 할 자가 바로 다윗임을 단언했습니다. 이 말을 들은 다윗의 심정이 어땠겠습니까? 그는 마치 청천벽력 같은 하나님의 심판을 마주한 것처럼, 지금껏 숨겨왔던 죄악이 한순간에 터져 나오는 듯 드러났습니다. "내가 너에게 모든 것을 주었건만, 어찌하여 나를 업신여기고 이토록 악을 행하였느냐?" 하나님의 엄중한 말씀 앞에서 다윗은 더 이상 고개를 들 수 없었습니다.

> "사무엘이 사울에게 이르되 나는 왕과 함께 돌아가지 아니하리니 이는 왕이 여호와의 말씀을 버렸으므로 여호와께서 왕을 버려 이스라엘 왕이 되지 못하게 하셨음이니이다 하고" 삼상 15:26

사울이 하나님께 버림받은 이유는 무엇입니까? 여호와의 말씀을 버리고, 그 말씀을 업신여겼기 때문입니다. 그런데 다윗 역시 사울처럼 하나님의 말씀을 경시하고 무시하는 죄를 범했습니다. 사실, 다윗이 지은 죄는 사울의 죄보다 더 심각하게 보일 수도 있습니다. 그러나 여기서 다윗은 놀라운 반전을 보여줍니다. 다윗과 사울 사이에는 결정적인 차이가 있습니다. 그것이 무엇입니까? 사울은 끝내 회개하지 않았지만, 다윗은 진심으로 회개했다는 점입니다.

> "다윗이 나단에게 이르되 내가 여호와께 죄를 범하였노라 하매 나단

> 이 다윗에게 말하되 여호와께서도 당신의 죄를 사하셨나니 당신이 죽지 아니하려니와" 삼하 12:13

다윗은 하나님 앞에 엎드려 진심으로 회개했습니다. "내가 여호와께 죄를 범하였노라!" 다윗은 가슴을 치며, 눈물로 자신의 죄를 고백하고 통회했습니다.

> "하나님이여 주의 인자를 따라 내게 은혜를 베푸시며 주의 많은 긍휼을 따라 내 죄악을 지워 주소서 나의 죄악을 말갛게 씻으시며 나의 죄를 깨끗이 제하소서 무릇 나는 내 죄과를 아오니 내 죄가 항상 내 앞에 있나이다" 시 51:1~3

다윗은 말뿐인 회개가 아닌 진심에서 우러나오는 회개를 드렸습니다. 사울은 사무엘의 책망을 받았어도 회개하지 않았지만, 다윗은 겸손한 마음으로 자신의 죄를 인정하고 회개했습니다. 이것이 바로 다윗과 사울의 가장 큰 차이점입니다.

우리 역시 다윗처럼 연약한 존재입니다. 죄악된 세상 속에서 죄의 영향을 받으며, 유혹에 흔들리는 존재들입니다. 마음으로는 죄를 멀리하고 싶지만, 육신으로는 죄에 빠져 살아가곤 합니다. 그러나 우리에게는 소망이 있습니다. 그것은 바로 회개의 은혜가 주어져 있다는 사실입니다. 우리는 스스로를 '죄인 중의 괴수'라 여길지라도, 십자가의 은혜를 믿고 진정으로 회개하면 용서받을 수 있습니다.

다윗은 "내 죄과를 아오니"라고 고백했습니다. 그는 책망을 통해 자신의 죄를 바로 보게 되었고, 그제야 회개의 자리로 나아갈 수 있었습니다. 책망을 듣기 전에는 죄를 인정하기는커녕, 오히려 외면하고 모른 척했습니다. 여기서 '책망'으로 번역된 헬라어 '엘렝코(ἐλέγχω, elenchō)'는 "꾸짖다", "책망하여 밝히다"라는 의미를 지닙니다. 즉, 죄를 완전히 드러내어 변명의 여지를 없애는 것이 바로 책망입니다.

> "네가 이 일을 행하여도 내가 잠잠하였더니 네가 나를 너와 같은 줄로 생각하였도다 그러나 내가 너를 책망하여 네 죄를 네 눈 앞에 낱낱이 드러내리라 하시는도다" 시 50:21

시편 50편 21절에서 '책망'으로 번역된 히브리어 단어는 '야카(יכח, yākhah)'입니다. 이 단어는 "죄를 드러내다", "잘못을 밝혀내다"라는 의미를 지닙니다. 하나님의 책망은 우리의 숨겨진 죄를 철저히 드러내십니다. 아무리 깊이 감춰둔 죄악이라도, 하나님께서는 책망을 통해 모든 것을 낱낱이 밝히십니다. 그렇기에 하나님의 책망은 단순한 꾸지람이 아니라, 은혜이자 사랑의 표현입니다.

다윗에게 책망이 없었다면, 그는 회개할 기회를 얻지 못했을 것입니다. 회개하지 않은 다윗에게 남은 것은 죽음뿐이었습니다. 그러나 다윗은 하나님의 책망을 받고 진심으로 회개했기에 용서를 받았습니다. 이처럼 책망은 단순한 심판이 아니라, 용서를 위한 하나님의 은혜입니다.

> "만일 우리가 우리 죄를 자백하면 그는 미쁘시고 의로우사 우리 죄를 사하시며 우리를 모든 불의에서 깨끗하게 하실 것이요" 요일 1:9

하나님께서는 우리를 책망하십니다. 성경 말씀을 통해서, 설교나 찬양을 통해서 우리에게 죄를 드러내시고 깨닫게 하십니다. 그때 우리는 외면하거나 무시해서는 안 됩니다. 책망에 대하여 회개로 응답해야 합니다. 우리가 죄를 자백하면, 하나님께서는 신실하시고 의로우셔서 우리의 죄를 용서하시고, 모든 불의에서 깨끗하게 하실 것입니다.

사울과 다윗은 똑같이 죄를 범했지만, 그들의 반응은 달랐고, 그로 인한 결과도 크게 달라졌습니다. 사울은 책망을 무시했지만, 다윗은 책망 앞에서 겸손히 회개했습니다. 바로 이 차이로 인해 다윗은 하나님의 용서와 회복을 경험할 수 있었던 것입니다.

하나님께서 우리의 죄를 드러내시고 책망하실 때, 우리는 그 책망을 외면하지 말아야 합니다. 오히려 회개의 자리로 나아가야 합니다. 하나님이 우리의 죄를 밝혀 드러내시는 이유는 우리를 정죄하려는 것이 아니라, 회개의 기회를 주시기 위함입니다. 우리가 진정으로 죄를 자백하고 회개할 때, 하나님께서는 우리의 모든 죄를 용서하시고, 우리를 새롭게 회복시켜 주십니다.

11장

# 다윗의 절망

DAVID SKETCH

## 심히 간교한 자라

다윗의 첫째 아들 암논은 자신의 이복동생 다말을 짝사랑하고 있었습니다. 다말은 다윗의 둘째 아들 압살롬의 친동생이었습니다. 암논은 도저히 이루어질 수 없는 사랑을 품고, 그 사랑에 사로잡혀 있었습니다.

> "그는 처녀이므로 어찌할 수 없는 줄을 알고 암논이 그의 누이 다말 때문에 울화로 말미암아 병이 되니라" 삼하 13:2

이 시대의 처녀 공주들은 왕의 허락 없이는 궁 밖으로 나갈 수 없었습니다. 다말은 늘 궁 안에서 생활했기에, 암논은 그녀를 만날 기회조차 없었습니다. 그로 인해 암논의 상사병은 점점 깊어졌고, 그는 병든 사람처럼 시름시름 앓아갔습니다. 그런 암논의 모습을 본 요나답은 크게 놀랐습니다. 요나답은 다윗의 형 시므아의 아들이자, 암논의 사촌 형제였습니다. 그들은 사촌지간이면서도 속 깊은 이야기를 나눌 수 있는 가까운 사이였습니다.

"왕자님, 어찌 이리 수척해지셨습니까?" 요나답은 암논의 피폐한 얼굴을 보고 물었습니다. 그러자 암논은 용기를 내어, 자신이 이복동생 다말을 사랑하고 있음을 고백했습니다. 이 상황에서 올바른 조언이란 무엇이겠습니까? 당연히 "왕자님, 제정신이십니까? 이복동생을 사랑하는 것은 분명한 죄악입니다. 그 마음을 단념하십시오!"라고 충고해야 마땅하지 않았겠습니까?

> "누구든지 그의 자매 곧 그의 아버지의 딸이나 그의 어머니의 딸을 데려다가 그 여자의 하체를 보고 여자는 그 남자의 하체를 보면 부끄러운 일이라 그들의 민족 앞에서 그들이 끊어질지니 그가 자기의 자매의 하체를 범하였은즉 그가 그의 죄를 담당하리라" 레 20:17

"아버지의 딸"이라는 표현은 이복동생을 가리킵니다. 분명히 율법에서는 이복동생과의 관계를 금하고 있으며, 그것이 죄라고 명시되어 있습니다. 요나답은 이러한 사실을 알고 있었습니다. 그럼에도 불구하고, 그는 암논의 잘못된 욕망을 제지하기는커녕, 오히려 그 죄를 부추기고 조장했습니다.

> "요나답이 그에게 이르되 침상에 누워 병든 체하다가 네 아버지가 너를 보러 오거든 너는 그에게 말하기를 원하건대 내 누이 다말이 와서 내게 떡을 먹이되 내가 보는 데에서 떡을 차려 그의 손으로 먹여 주게 하옵소서 하라 하니" 삼하 13:5

요나답은 암논을 뜯어말려도 모자랄 판에, 오히려 음모와 계략을 꾸며 그에게 일러주었습니다. 간교한 꾀를 부려 암논의 잘못된 욕망을 부추기며, 그를 꼬드기고 있습니다. 요나답은 친구를 올바른 길로 인도하기는커녕, 오히려 죽음과 저주의 길로 이끌었습니다.

"암논에게 요나답이라 하는 친구가 있으니 그는 다윗의 형 시므아의 아들이요 심히 간교한 자라" 삼하 13:3

성경에서 요나답에 대한 평가는 "심히 간교한 자"라는 것입니다. '간교함'이라는 표현은 성경에서 부정적인 맥락으로 사용되며, 또 다른 대표적인 대상이 있습니다. 바로 마귀입니다.

"그런데 뱀은 여호와 하나님이 지으신 들짐승 중에 가장 간교하니라 뱀이 여자에게 물어 이르되 하나님이 참으로 너희에게 동산 모든 나무의 열매를 먹지 말라 하시더냐" 창 3:1

마귀는 간교합니다. 마귀의 지혜는 바로 이러한 간교한 지혜입니다. 간교한 지혜는 사람을 살리는 것이 아니라, 죽이고 저주로 이끄는 지혜입니다. 요나답은 그 간교한 말과 계략으로 암논을 꾀어 결국 죽음의 길로 이끌었습니다.

"암논이 곧 누워 병든 체하다가 왕이 와서 그를 볼 때에 암논이 왕께 아뢰되 원하건대 내 누이 다말이 와서 내가 보는 데에서 과자 두어 개를 만들어 그의 손으로 내게 먹여 주게 하옵소서 하니" 삼하 13:6

암논은 요나답이 제시한 꾀를 따라 다윗에게 간청하여 다말을 자신의 집으로 오게 하였습니다. 암논이 아픈 척하며 간청하자, 다윗은 아버지로서 그의 요청을 거절할 수 없었습니다. 다말이 집 안에 들어서자, 암논은 본색을 드러냈습니다. 그는 집 안에 있던 하인들을 모두 내보낸 뒤, 다말을 겁탈하려고 시도했습니다.

> "그가 그에게 대답하되 아니라 내 오라버니여 나를 욕되게 하지 말라 이런 일은 이스라엘에서 마땅히 행하지 못할 것이니 이 어리석은 일을 행하지 말라" 삼하 13:12

다말은 단호히 거부 의사를 밝혔습니다. 그녀는 이스라엘에서 이런 행위는 중대한 죄악임을 분명히 경고하였습니다. 만약 암논이 다말의 경고를 받아들이고 멈췄더라면, 그토록 비참한 최후를 맞이하지 않았을 것입니다. 그러나 암논은 자신이 듣고 싶어 하는 말에만 귀를 기울였고, 마귀의 간교한 속삭임에만 마음을 열었습니다. 결국 그는 이복동생을 겁탈하는 죄를 저질렀습니다. 그러나 그 순간 이후 암논의 태도는 급격히 돌변하였습니다. 겁탈 후, 그는 오히려 다말을 깊이 미워하게 되었습니다.

> "그리하고 암논이 그를 심히 미워하니 이제 미워하는 미움이 전에 사랑하던 사랑보다 더한지라 암논이 그에게 이르되 일어나 가라 하니" 삼하 13:15

암논은 왜 갑작스럽게 태도를 바꿨을까요? 한때 상사병에 걸릴 정도로 다말을 사랑했던 그가 이제는 그녀를 미워하기 시작했습니다. 그의 돌변에 대해 우리는 추측을 해볼 수 있습니다. 암논은 다말을 몹시 사랑했지만, 그녀가 그의 감정을 받아들이기는커녕 단호히 거부하자 깊은 좌절을 느꼈습니다. 육체적 욕망이 채워지고 난 후, 그는 자신의 행위에 대한 죄책감과 좌절감이 억누를 수 없는 분노로 변질되었습니다. 이 분노는 자신을 거부하고 무시한 다말을 향했고, 사랑은 순식간에 증오로 뒤바뀌었습니다. 결국, 암논은 이러한 왜곡된 감정 속에서 다말을 가차 없이 내쫓아 버리고 말았습니다.

> "다말이 재를 자기의 머리에 덮어쓰고 그의 채색옷을 찢고 손을 머리 위에 얹고 가서 크게 울부짖으니라" 삼하 13:9

다말은 집으로 돌아가며 깊은 슬픔 속에서 자신의 옷을 찢고 머리에 재를 뒤집어쓴 채 큰 소리로 울부짖었습니다. 요나답의 간교한 계략은 한 여인의 삶을 송두리째 무너뜨렸습니다. 다말은 이제 폐허가 된 인생을 끌어안고 살아가야 했습니다. 죽지 못해 살아가는 비참함이 그녀의 운명이 되었습니다.

이 소식을 들은 다말의 오라버니 압살롬은 급히 그녀에게 달려왔습니다. 그러나 그가 마주한 동생의 모습은 충격적이었습니다. 다말은 마치 생명이 꺼져가는 듯한 비참한 상태에 놓여 있었습니다. 그 순간, 압살롬은 암논에 대한 복수를 결심합니다. 그러나 그는 감정을 드러내지 않고 침착하게 행동했습니다. 암논에게 따지거나 분노를 표출하지 않은 채, 아무도 눈치채지 못하도록 조용히 복수를 준비하기 시작했습니다.

> "만 이 년 후에 에브라임 곁 바알하솔에서 압살롬이 양 털을 깎는 일이 있으매 압살롬이 왕의 모든 아들을 청하고" 삼하 13:23

그로부터 2년이 지난 후, 압살롬은 양털 깎는 잔치에 다윗을 초대했습니다. 양털 깎는 시기는 곧 추수의 때를 의미하며, 이는 곧 축제와 잔치가 열리는 날이기도 합니다.

> "왕이 압살롬에게 이르되 아니라 내 아들아 이제 우리가 다 갈 것 없다 네게 누를 끼칠까 하노라 하니라 압살롬이 그에게 간청하였으나 그가 가지 아니하고 그에게 복을 비는지라" 삼하 13:25

그러나 다윗은 압살롬의 초대를 거절했습니다. 압살롬이 부담스러워할 것을 염려한 다윗은 초대에 응하지 않았습니다. 왕이 움직이면 그를 수행하는 신하들, 시중을 드는 궁녀들, 그리고 왕의 안전을 책임지는 경비대까지 동행해야 합니다. 이처럼 많은 이들이 함께 움직여야 하기에 압살롬에게 큰 부담이 될 것이라 판단한 다윗은 직접 참석하지 않고 대신 축복을 전했습니다.

그러나 이 또한 압살롬의 치밀한 계획의 일부였습니다. 압살롬은 아버지가 초대를 받아들이지 않을 것을 이미 예상하고 있었습니다. 이에 그는 다윗에게 암논을 대신 보내달라고 요청했습니다. 아무것도 의심하지 못한 암논은 그대로 압살롬의 잔치에 참석하게 되었습니다.

> "압살롬이 이미 그의 종들에게 명령하여 이르기를 너희는 이제 암논의 마음이 술로 즐거워할 때를 자세히 보다가 내가 너희에게 암논을 치라 하거든 그를 죽이라 두려워하지 말라 내가 너희에게 명령한 것이 아니냐 너희는 담대히 용기를 내라 한지라" 삼하 13:28

암논은 잔치상에 앉아 술을 마시며 흥겨운 시간을 보내고 있었습니다. 그 순간, 압살롬은 부하들에게 명을 내려 암논을 살해하게 했습니다. 결국 암논은 요나답의 간교한 꾐에 따라 행한 죄악의 대가를 치르고 말았습니다.

"지혜로운 자와 동행하면 지혜를 얻고 미련한 자와 사귀면 해를 받느니라" 잠 13:20

암논이 살해당한 이유는 무엇입니까? 그것은 미련한 자와 어울렸기 때문입니다. 간교한 자의 말을 귀담아들었기 때문입니다. 그는 요나답의 음모와 계략에 따라 행동했고, 그 결과 죽음을 피할 수 없었습니다. 요나답의 간교한 말은 많은 사람들에게 고통을 안겼습니다. 다말의 인생을 망가뜨렸고, 압살롬을 복수심에 사로잡힌 사람으로 만들었으며, 암논을 동생의 손에 죽게 만들었습니다.

뿐만 아니라, 다윗은 장남의 죽음을 목도해야 했고, 딸의 고통을 지켜봐야 했으며, 차남의 반역에 직면해야 했습니다. 요나답의 교활한 말 한마디는 수많은 사람들의 삶을 비극으로 몰아넣었습니다.

이처럼 우리의 말 한마디는 사람을 죽이기도 하고 살리기도 합니다. 지금 우리는 어떠한 말을 하고 있습니까? 사람을 살리는 말을 하고 있습니까, 아니면 죽이는 말을 하고 있습니까?

"아람 왕의 군대장관 나아만은 그의 주인 앞에서 크고 존귀한 자니 이는 여호와께서 전에 그에게 아람을 구원하게 하셨음이라 그는 큰 용사이나 나병 환자더라 전에 아람 사람이 떼를 지어 나가서 이스라엘 땅에서 어린 소녀 하나를 사로잡으매 그가 나아만의 아내에게 수종들더니 그의 여주인에게 이르되 우리 주인이 사마리아에 계신 선지자 앞에 계셨으면 좋겠나이다 그가 그 나병을 고치리이다 하는지라" 왕하 5:1~3

아람의 군대장관 나아만은 나병 환자였습니다. 그는 아람에서 부와 명예, 권력을 모두 거머쥔 장군이었지만, 나병이라는 치명적인 질병을 앓고 있었습니다. 그런데 어느 날, 노예로 끌려온 이스라엘 소녀가 그의 아내에게 말했습니다.

"나아만 장군님께서 사마리아에 계신 선지자를 만나보시면 좋겠습니다. 그가 장군님의 나병을 고칠 수 있을 것입니다" 노예로 잡혀온 어린 소녀가 자신의 주인에게 복음을 전하고 있었습니다. 나아만은 그녀의 원수였고, 이로 인해 그녀는 노예로 전락했지만, 소녀는 그를 저주하거나 미워하지 않았습니다. 오히려 그의 치유와 구원을 바라는 마음으로 복음을 전한 것입니다.

그 결과 어떻게 되었습니까? 나아만 장군은 엘리사를 찾아가 그의 말대로 요단강에서 일곱 번 몸을 씻었고, 나병에서 완전히 깨끗하게 되었습니다. 이처럼 한 계집종이 전한 복음이 원수까지도 살리고 구원하는 놀라운 역사를 이루어 냈습니다.

간교한 말은 상대방을 죽이는 말입니다. 그러나 복음은 원수까지도 살리는 말입니다. 지금 우리는 어떤 말을 하고 있습니까? 자녀들에게, 배우자에게, 이웃들에게 죽이는 말을 하고 있지는 않습니까? 아니면 그들의 영혼을 살리는 복음을 말하고 있습니까?

우리는 가까운 사람들에게 더욱 심한 말을 퍼붓곤 합니다. 자녀들에게는 가슴에 비수를 꽂는 말을 하며, 형제들에게는 잔인한 말로 상처를 주고 있지 않습니까? 배우자의 마음을 찢는 혹독한 말을 내뱉고, 부모님께는 피눈물을 흘리게 하는 말실수를 하고 있지 않습니까? 우리의 말이 생명을 살리는 복음의 통로가 되기를 진지하게 돌아봐야 할 때입니다.

"악인의 말은 사람을 엿보아 피를 흘리자 하는 것이거니와 정직한 자

의 입은 사람을 구원하느니라" 잠 12:6

정직한 자의 입에서 나오는 말은 사람을 구원합니다. 아름답고 진실된 말은 생명을 살리는 힘을 가집니다. 우리의 말은 사람을 죽이는 독이 되어서는 안 되며, 생명을 살리는 치유와 위로가 되어야 합니다. 우리가 전하는 복음은 절망과 좌절 속에 죽어가는 영혼들에게 새로운 생명과 소망을 불어넣는 말이어야 합니다.

## 땅에서 일어나

다윗은 하나님 앞에 엎드려 자신의 죄악을 자복하며 깊이 회개하였습니다. 이에 나단 선지자는 여호와께서 다윗의 죄를 용서하셨기에 다윗이 죽지 않을 것이라고 선언했습니다. 이로써 다윗은 하나님의 용서를 받을 수 있었습니다. 그러나 다윗이 용서를 받았음에도 불구하고, 그의 아들이 죽게 되었다는 사실은 우리에게 깊은 충격과 슬픔을 안겨줍니다.

> "이 일로 말미암아 여호와의 원수가 크게 비방할 거리를 얻게 하였으니 당신이 낳은 아이가 반드시 죽으리이다 하고" 삼하 12:14

하나님께서는 분명히 다윗의 죄를 용서하신다고 말씀하셨습니다. 그러나 동시에 다윗이 낳은 아들은 반드시 죽을 것이라고 하셨습니다.

이 상황은 쉽게 이해하기 어렵습니다. 용서하셨다면 다윗의 아들도 살리셔야 하는 것이 아닐까 생각할 수 있습니다. 하지만 이 본문을 통해 우리가 깨달아야 할 것은 죄의 무서움과 그 결과의 엄중함입니다.

죄는 반드시 대가를 치르게 만듭니다. 우리는 죄에 대해 책임을 져야 하며, 이것이 죄가 지닌 무거움입니다. 그렇다면 다윗이 하나님께 받은 용서란 무엇입니까? 그것은 구원에 대한 용서였습니다. 다윗은 살인과 간음이라는 중대한 죄를 저질렀지만, 진정한 회개를 통해 하나님의 용서를 받았습니다. 나단 선지자를 통해 선언된 "당신이 죽지 아니하리라"는 말씀은 다윗의 영혼이 구원받았음을 의미합니다.

그러나 용서받은 구원과 별개로, 죄의 결과는 남아 있었습니다. 죄의 대가는 피할 수 없는 것이었고, 그로 인해 다윗의 아들은 죽음을 맞이해야 했습니다. 이 사건은 하나님의 공의와 사랑이 동시에 드러나는 본문으로, 죄의 심각성과 그에 대한 대가를 깊이 깨닫게 합니다.

"나단이 자기 집으로 돌아가니라 우리아의 아내가 다윗에게 낳은 아이를 여호와께서 치시매 심히 앓는지라" 삼하 12:15

밧세바가 낳은 아들이 심히 앓기 시작하였습니다. 그 갓난아이가 고통스러워하는 모습을 지켜보며, 다윗의 마음이 얼마나 찢어졌겠습니까? 그것도 자신의 죄로 인해 아들이 죽어가는 모습을 목도해야 했으니, 그의 고통은 이루 말할 수 없었을 것입니다.

다윗은 이 아이를 살리기 위해 밤낮으로 금식하며 간절히 기도했습니다. 그는 이 아이가 결국 죽을 운명임을 알고 있었지만, 끝까지 포기하지 않았습니다. 하나님께서 자신의 처절한 회개와 간구를 보시고 불쌍히 여기셔서 마음을 돌이키시고 아이를 살려주실 수도 있다는 희망을 품고, 절박한 마음으로 하나님께 매달렸습니다.

> "이르되 아이가 살았을 때에 내가 금식하고 운 것은 혹시 여호와께서 나를 불쌍히 여기사 아이를 살려 주실는지 누가 알까 생각함이거니와" 삼하 12:22

그러나 이 아이의 운명은 어떻게 되었습니까? 다윗의 간절한 기도에도 불구하고, 결국 아이는 죽고 말았습니다. 다윗은 밤낮으로 금식하며 하나님께 매달렸지만, 하나님의 뜻은 변하지 않았습니다. 왜 하나님께서는 다윗의 절실한 기도를 외면하시고, 이 아이를 죽게 하신 것입니까?

그 이유는 이 아이가 다윗의 죄에 대한 대가였기 때문입니다. 하나님의 용서는 다윗에게 구원을 베푸셨지만, 죄의 대가는 여전히 치러져야 했습니다. 진정한 용서는 죄를 간과하거나 면제하는 것이 아니라, 반드시 그 대가가 지불될 때 이루어지는 것입니다. 다윗의 아이가 죽음으로써 그의 죄에 대한 대가가 치러진 것입니다.

이 사건은 우리로 하여금 십자가의 대속의 은혜를 떠올리게 합니다. 우리의 죄도 마찬가지로 반드시 대가를 요구합니다.

> "그리스도께서 하나님 곧 우리 아버지의 뜻을 따라 이 악한 세대에서 우리를 건지시려고 우리 죄를 대속하기 위하여 자기 몸을 주셨으니" 갈 1:4

예수님께서는 우리의 죄를 대속하시기 위해 자신의 몸을 내어주셨습니다. 십자가에 달려 죽으심으로써, 예수님은 우리를 이 악하고 타락한 세대에서 건져내셨습니다. 만약 예수님의 대속이 없었다면, 우리는 결코 진정한 용서를 받을 수 없었을 것입니다. 죄 없으신 예수님께서 우리의 죗값을 대신 지불하셨기에, 우리는 마침내 죄의 짐에서 해방될 수 있게 된 것입니다.

> "그가 우리 죄를 없애려고 나타나신 것을 너희가 아나니 그에게는 죄가 없느니라" 요일 3:5

그에게는 죄가 없느니라! 완전한 의인이신 예수님께서 십자가에서 대속의 보혈을 흘리셨기에, 우리의 죄를 완전히 없앨 수 있으셨던 것입니다. 다윗의 죽은 아들은 이러한 예수님의 대속의 은혜를 상징적으로 예표하고 있습니다. 갓난아기가 얼마나 큰 죄를 지었겠습니까? 그러나 이 아이가 다윗의 죗값을 대신 지불함으로써, 다윗은 하나님의 완전한 용서를 받을 수 있었습니다.

> "아무도 자기의 형제를 구원하지 못하며 그를 위한 속전을 하나님께 바치지도 못할 것은 그들의 생명을 속량하는 값이 너무 엄청나서 영원히 마련하지 못할 것임이니라" 시 49:7~8

생명을 속량하는 값은 너무나도 엄청나서, 그 누구도 마련할 수 없습니다. 생명을 속량하는 대가는 오직 생명으로만 지불될 수 있습니다. 예수님께서는 자신의 생명을 버리심으로 우리의 죄를 완전히 대속하셨습니다.

조선 시대에는 매를 대신 맞고 돈을 버는 매품팔이라는 직업이 있었습니다. 가난한 백성들은 부유한 양반들의 형벌을 대신 받으며 생계를 이어갔습니다. 매품팔이 오형석은 전문적으로 대신 매를 맞아주는 사람이었습니다. 그는 매를 맞는 일에 익숙해지면서 많은 돈을 벌었지만, 그에게도 사랑하는 여인이 있었습니다.

어느 날, 그 여인은 실수로 양아버지를 죽이는 사건에 휘말리게 되었습니다. 그녀는 양아버지의 학대와 폭력을 견디다 못해 밀쳐냈는데, 그가 돌부리에 부딪혀 목숨을 잃은 것입니다. 이로 인해 그녀는 곤장 100대라는 중형을 선고받게 되었습니다.

곤장 100대는 사형 선고나 다름없었습니다. 곤장으로 인한 골반 골절, 근육 파열, 급성 신부전 등으로 인해 맞다가 죽는 경우가 흔했습니다. 특히 여성이 이 형벌을 받는다면 목숨을 부지하기란 거의 불가능했습니다.

이 소식을 들은 오형석은 깊은 결심을 합니다. 사랑하는 여인을 위해 자신이 대신 곤장을 맞기로 한 것입니다. 관아로 향하는 그의 발걸음에는 얼마나 큰 두려움이 있었겠습니까? 그는 곤장이 얼마나 끔찍한 형벌인지 누구보다 잘 알고 있었습니다. 곤장은 한 대만으로도 피부가 찢어지고 피가 터질 정도로 고통스러웠습니다. 그러나 오형석은 사랑하는 여인을 살리기 위해 자신의 죽음을 선택했습니다.

결국 그는 곤장 100대를 온몸으로 맞았고, 치명적인 부상을 입어 목숨을 잃고 말았습니다. 오형석은 사랑하는 이를 위해 자신의 생명을 내어준 것입니다.

이 이야기는 생명을 속량하는 값이 무엇인지, 그리고 그것이 얼마나 엄청난 희생을 요구하는지 보여줍니다.

"다윗이 그의 아내 밧세바를 위로하고 그에게 들어가 그와 동침하였더니 그가 아들을 낳으매 그의 이름을 솔로몬이라 하니라 여호와께

서 그를 사랑하사" 삼하 12:24

다윗은 하나님 앞에서 중대한 죄를 범하였습니다. 그러나 하나님께서는 끝까지 다윗을 사랑하셨습니다. 그 사랑으로 인해 나단 선지자를 보내 다윗의 죄를 책망하셨고, 회개의 기회를 주셨으며, 그를 용서하셨습니다. 다윗이 받은 용서는 하나님의 깊은 사랑에서 비롯된 것입니다.

예수님께서도 자신의 목숨을 많은 사람의 대속물로 내어주셨습니다. 그 이유는 우리를 사랑하시기 때문입니다. 예수님의 사랑은 우리의 생명을 구원했고, 우리의 죗값을 대신 지불하셨습니다. 사랑이 없다면 희생도 있을 수 없습니다. 이처럼 우리는 예수님의 십자가를 통해 그의 크신 사랑과 희생을 깊이 느낄 수 있습니다.

2021년 4월, 미국 캘리포니아주의 몬터규에 살던 브리트니 코미에는 자신의 사랑하는 딸을 지키기 위해 목숨을 바쳤습니다. 브리트니에게는 보 코미에라는 남동생이 있었는데, 그는 누나의 딸을 성폭행한 뒤 이를 감추고 법정 증언을 막기 위해 살인청부업지들을 고용했습니다.

어느 날 밤, 살인청부업자들은 브리트니의 집에 찾아와 총을 들고 그녀의 딸을 내놓으라고 위협했습니다. 그러나 브리트니는 자신의 딸을 지키기 위해 딸을 옷장에 숨기고, 자신이 딸이라고 거짓말을 하며 큰 소리로 외쳤습니다. "당신들이 찾는 사람이 바로 나야!"

브리트니의 희생적인 행동은 살인청부업자들의 총구를 자신에게 돌리게 했고, 그녀는 그 자리에서 총에 맞아 목숨을 잃었습니다. 그러나 그녀의 자녀들은 옷장에 숨겨져 무사히 목숨을 구할 수 있었습니다.

살인청부업자들과 맞닥뜨렸을 때, 브리트니는 얼마나 두려웠겠습니까? 눈앞에 닥친 위협과 총구 앞에서도 그녀는 물러서지 않았습니다. 딸을 위해 대신 죽음을 선택한 어머니의 희생은 가장 순수하고 강렬한 사랑에서 비롯된 것이었습니다.

이 이야기 속에서 우리는 예수님의 희생을 떠올릴 수 있습니다. 예수님께서 우리를 대신하여 죽으신 이유는 우리를 사랑하시기 때문입니다. 브리트니가 딸을 위해 자신을 내어주었듯, 예수님께서도 우리를 위해 자신의 생명을 바치셨습니다. 그분 안에 있는 속량의 은혜를 통해, 우리는 하나님의 사랑과 은혜의 깊이를 깨달을 수 있습니다.

"그리스도 예수 안에 있는 속량으로 말미암아 하나님의 은혜로 값 없이 의롭다 하심을 얻은 자 되었느니라" 롬 3:24

다윗은 자신의 죄로 인해 아이가 죽음으로 죄의 대가를 치렀습니다. 반면, 우리는 예수님께서 대신 죽으심으로 우리의 죗값이 완전히 지불되었습니다. 그 결과, 우리는 '값없이 의롭다 하심'을 받게 되었습니다. 이것이 바로 칭의입니다.

칭의란 우리가 여전히 죄인이지만, 예수님의 공로로 인해 하나님 앞에서 의인으로 여겨진다는 것을 의미합니다. 이는 우리의 행위가 아니라 하나님의 은혜로 이루어진 것이며, 예수님의 십자가 희생을 통해 값없이 주어진 선물입니다. 그렇다면 칭의를 얻은 우리는 어떻게 살아야 할까요?

"다윗이 땅에서 일어나 몸을 씻고 기름을 바르고 의복을 갈아입고 여호와의 전에 들어가서 경배하고 왕궁으로 돌아와 명령하여 음식을 그 앞에 차리게 하고 먹은지라" 삼하 12:20

다윗은 아이가 죽었다는 소식을 듣자마자 땅에서 일어나 몸을 씻고 음식을 먹기 시작했습니다. 그의 태도가 갑작스럽게 변하자, 이를 지켜보던 신하들은 크게 놀랐습니다. 금식하며 밤낮으로 간구하던 그의 모습과는 너무도 대조적이었기 때문입니다. 어떤 이들은 이처럼 급격한 변화가 다윗의 금식과 기도의 진정성을 의심하게 만들 수도 있습니다.

그러나 다윗이 아이가 죽자마자 땅에서 일어나 음식을 먹은 이유는 단순한 체념이나 무관심이 아닙니다. 이것은 칭의를 얻은 자의 자유를 나타냅니다.

진정한 용서는 죄에서의 해방을 의미합니다. 다윗은 죄로 인한 고통과 결과를 겸허히 받아들였고, 하나님께서 정하신 뜻에 순복하였습니다. 그는 자신의 죄를 자백하고 용서를 받았으며, 하나님의 공의와 사랑을 온전히 신뢰하였습니다. 그렇기 때문에 죄의 억압과 무게에 더 이상 눌려 있지 않았던 것입니다.

> "그 바라는 것은 피조물도 썩어짐의 종 노릇 한 데서 해방되어 하나님의 자녀들의 영광의 자유에 이르는 것이니라" 롬 8:21

예수님께서 우리를 대신하여 죽으신 이유는 무엇입니까? 그것은 더 이상 우리가 죄의 종노릇을 하지 않게 하기 위함입니다. 그런데 우리는 언제까지 죄의 억압 아래 눌려 죄책감과 좌절감에 빠져 살아가겠습니까? 다윗이 아이의 죽음을 뒤로하고 '땅에서 일어나' 하나님께 영광을 돌린 것처럼, 우리도 죄의 자리에서 일어나 하나님께 영광을 올려드려야 합니다.

예수님께서는 십자가에서 우리의 모든 죄를 대신 지셨습니다. 그분의 희생을 통해 우리는 죄에서 자유롭게 되었으며, 더 이상 죄의 억눌림 속에 살아갈 필요가 없습니다. 이제 우리는 주님 안에서 참된 자유와 평안을 누리며 새로운 삶을 살아가야 합니다.

C. S. 루이스는 죄책감에 대해 이렇게 말했습니다. "만일 하나님이 우리를 용서하셨다면, 우리도 자신을 용서함이 마땅하다고 생각한다. 그렇지 않다면 이는 마치 우리 자신을 하나님보다 더 높은 재판관인 것처럼 여기는 것과 같다"

하나님께서 이미 우리를 용서하셨음에도 불구하고, 여전히 스스로를 정죄하며 죄책감에 눌려 살고 있지는 않습니까? 예수님께서 우리의 모든 죗값을 치르셨음에도 불구하고, 죄의 무게에 억눌려 살아가는 것은 예수님의 희생을 온전히 받아들이지 못하는 것입니다.

우리는 이제 죄의 자리에서 일어나야 합니다. 더 이상 죄의 종노릇을 하지 말고, 하나님께서 우리에게 주신 자유와 은혜를 누리며 영광의 자리로 나아가야 합니다.

> "예수께서 일어나사 여자 외에 아무도 없는 것을 보시고 이르시되 여자여 너를 고발하던 그들이 어디 있느냐 너를 정죄한 자가 없느냐"
> 요 8:10

예수님께서 간음하다 현장에서 붙잡힌 여인에게 말씀하셨습니다. "너를 고발한 자가 어디에 있느냐? 너를 정죄한 자가 어디에 있느냐?" 그 여인은 대답했습니다. "없나이다, 주여" 예수님께서는 이어 말씀하셨습니다. "나도 너를 정죄하지 아니하노니 가서 다시는 죄를 범하지 말라"

이 장면은 예수님의 은혜와 용서를 극명하게 보여줍니다. 예수님께서 대신 죄의 값을 지불하셨기에, 이제는 그 누구도 우리를 고발하거나 정죄할 수 없습니다. 예수님께서 십자가를 통해 우리의 모든 죄를 짊어지셨기에, 우리는 죄책감에서 벗어나야 합니다.

이제 우리는 죄의 억눌림과 정죄에서 해방되어, 기쁨과 평안을 누리며 살아가야 합니다. 예수님께서 주신 은혜는 우리의 삶을 새롭게 하고, 하나님 앞에서 참된 자유를 누릴 수 있도록 인도합니다.

그러므로 우리는 더 이상 자신을 정죄하거나 과거의 죄에 묶여 살지 말아야 합니다. 하나님께서 허락하신 용서를 믿고, 그 은혜 가운데 담대히 살아가며 하나님의 영광을 드러내야 합니다.

## 내 얼굴을 볼 수 없게 하라

압살롬은 자신의 여동생 다말을 위해 복수의 칼을 들었고, 이복형제 암논을 살해하였습니다. 이 사건 이후, 그는 처벌을 피하기 위해 그술로 망명하였습니다. 압살롬이 그술로 도망친 이유는 그술왕 달매가 그의 외할아버지였기 때문입니다.

압살롬이 외가인 그술로 망명하면서, 다윗은 그에게 어떤 조치도 취할 수 없었습니다. 압살롬을 법적으로 심판할 수도, 그렇다고 완전히 용서할 수도 없는 복잡한 상황에 놓이게 된 것입니다.

"압살롬은 도망하여 그술 왕 암미훌의 아들 달매에게로 갔고 다윗은 날마다 그의 아들로 말미암아 슬퍼하니라 압살롬이 도망하여 그술

로 가서 거기에 산 지 삼 년이라" 삼하 13:37~38

암논이 죽었을 때, 다윗은 깊은 충격과 비통함에 빠졌습니다. 나라는 부강해지고 영토는 확장되었으며, 백성들은 태평성대를 누리고 있었지만, 정작 다윗의 가정 안에서는 죄악과 비극이 끊이지 않았습니다. 형제가 형제를 죽이고, 누이가 형제에게 겁탈당하는 끔찍한 사건들이 연이어 일어났습니다.

이 모든 일이 벌어지는 동안, 다윗의 마음은 얼마나 고통스러웠겠습니까? 그는 암논의 죽음과 다말이 입은 상처를 모두 자신의 탓으로 돌렸습니다. 자신의 죄로 인해 가정에 이러한 비극이 닥쳤다고 여기며, 다윗은 매일 죽은 암논을 떠올리며 탄식 속에 살았습니다. 그러나 시간이 흐르면서 슬픔과 분노는 점차 잦아들고, 다윗의 마음은 죽은 암논보다는 집을 떠나 망명 중인 압살롬에게로 향하게 되었습니다.

"다윗 왕의 마음이 압살롬을 향하여 간절하니 암논은 이미 죽었으므로 왕이 위로를 받았음이더라" 삼하 13:39

죽은 암논도 다윗의 자식이고, 집을 떠난 압살롬도 다윗의 자식입니다. 비록 압살롬이 암논을 죽이는 끔찍한 죄를 저질렀지만, 그는 여전히 다윗의 아들이었습니다. 시간이 흐르면서 다윗의 마음에는 분노보다 그리움이 더 깊이 자리 잡게 되었습니다.

아무리 큰 죄를 저질렀다 하더라도, 아버지로서 아들을 향한 사랑과 그리움은 변하지 않는 법입니다. 그것이 바로 부모의 마음이며, 다윗 역시 이 아버지의 마음으로 압살롬을 그리워한 것입니다.

> "스루야의 아들 요압이 왕의 마음이 압살롬에게로 향하는 줄 알고"
> 삼하 14:1

요압은 다윗의 마음을 잘 읽는 사람이었습니다. 그는 다윗이 떠나 있는 압살롬을 그리워하고 있음을 알아차렸고, 이를 이용해 압살롬을 예루살렘으로 데려오는 계략을 꾸몄습니다. 그러나 요압이 이 일을 한 이유는 단순히 왕의 마음을 위로하거나 압살롬의 상황을 개선하기 위한 것이 아니었습니다.

요압은 철저히 권력과 명예에 집착하는 사람이었습니다. 자신의 야망을 위해서라면 수단과 방법을 가리지 않았던 그는, 다윗이 세운 군대장관조차 죽이는 데 주저하지 않았던 인물이었습니다. 그의 모든 관심은 오직 자신의 권력을 강화하는 데 있었으며, 이를 위해 다윗이나 압살롬을 이용하려는 속셈이 있었습니다.

요압은 나르시시즘(Narcissism)에 빠져 과도한 자기중심적 사고를 가지고 있었습니다. 다윗이나 압살롬을 진정으로 위하거나 그들의 관계를 회복시키려는 마음에서 행동한 것이 아닙니다. 그는 단지 자신의 정치적 입지를 다지기 위해 움직였습니다.

요압의 계산은 명확했습니다. 후계자로 유력했던 암논이 죽은 상황에서, 이제 둘째 아들 압살롬이 자연스럽게 왕위 계승 서열 1순위가 될 것이라고 판단한 것입니다. 요압은 지금 자신이 나서서 압살롬과 다윗 사이를 중재하고, 압살롬을 예루살렘으로 돌아오게 한다면, 압살롬이 왕권을 잡았을 때 자신을 가장 중요한 공신으로 여길 것이라 확신했습니다. 따라서 요압의 행동은 다윗을 위로하기 위한 것도, 압살롬을 격려하기 위한 것도 아니었습니다.

> "드고아에 사람을 보내 거기서 지혜로운 여인 하나를 데려다가 그에게 이르되 청하건대 너는 상주가 된 것처럼 상복을 입고 기름을 바르지 말고 죽은 사람을 위하여 오래 슬퍼하는 여인 같이 하고" 삼하 14:2

요압은 드고아에 사는 한 여인을 불러 다윗 왕 앞에서 연극을 펼치도록 계획했습니다. 이 여인은 말재주가 뛰어나고 연기에 능숙한 간교한 사람이었으며, 요압의 의도를 충실히 따랐습니다. 그는 여인에게 상복을 입고, 아들을 잃은 슬픔에 잠긴 것처럼 연기하며 다윗 왕에게 자신의 억울함을 호소하라고 지시했습니다.

당시 이스라엘 왕은 단순히 국가를 통치하는 정치적 지도자일 뿐만 아니라, 재판장의 역할도 수행했습니다. 백성들이 해결하기 어려운 난해한 문제를 왕에게 가져오면, 왕이 최종적으로 판결을 내리는 관습이 있었습니다.

드고아의 여인은 다윗 왕 앞에 나아가 이렇게 간청했습니다. 그녀는 자신이 과부라고 소개하며 남편이 죽은 뒤 두 아들과 함께 살았다고 말했습니다. 그런데 두 아들이 들판에서 싸우다가 결국 한 아들이 다른 아들을 죽이고 말았다는 것이었습니다. 그녀는 이어서 집안사람들이 찾아와 이렇게 요구했다고 했습니다. "형제를 죽인 자를 우리에게 내놓아라! 우리가 죽은 형제를 대신하여 그를 죽이겠다!"

이 요구는 당시 율법에 철저히 근거한 것이었습니다. 율법에는 살인자는 반드시 죽임을 당해야 한다는 원칙이 명확히 규정되어 있었습니다. 그러나 드고아의 여인은 울부짖으며 자비를 간청했습니다. 이 이야기를 들은 다윗은 깊이 연민을 느끼고, 율법을 초월하는 자비로운 판결을 내렸습니다.

> "왕이 이르되 누구든지 네게 말하는 자를 내게로 데려오라 그가 다시는 너를 건드리지도 못하리라 하니라 여인이 이르되 청하건대 왕은 왕의 하나님 여호와를 기억하사 원수 갚는 자가 더 죽이지 못하게 하옵소서 내 아들을 죽일까 두렵나이다 하니 왕이 이르되 여호와께서 살아 계심을 두고 맹세하노니 네 아들의 머리카락 하나도 땅에 떨어지지 아니하리라 하니라" 삼하 14:10~11

다윗은 드고아의 여인의 간청을 듣고 말했습니다. "네 아들을 그 누구도 건드리지 못하게 하겠다" 그러자 여인은 한 걸음 더 나아가 말했습니다. "왕이시여! 확실하게 보증해 주십시오. 제가 믿을 수 있도록 맹세해 주시기를 원합니다" 다윗은 그녀의 간청에 응하며 여호와의 이름으로 맹세하며 말했습니다. "네 아들에게 결코 해가 미치지 않을 것이다" 그러자 드고아의 여인은 본색을 드러내며 말했습니다.

> "여인이 이르되 청하건대 당신의 여종을 용납하여 한 말씀을 내 주 왕께 여쭙게 하옵소서 하니 그가 이르되 말하라 하니라 여인이 이르되 그러면 어찌하여 왕께서 하나님의 백성에게 대하여 이같은 생각을 하셨나이까 이 말씀을 하심으로 왕께서 죄 있는 사람 같이 되심은 그 내쫓긴 자를 왕께서 집으로 돌아오게 하지 아니하심이니이다" 삼하 14:12~13

"왕이시여! 저에게는 은혜와 자비를 베풀어 주시면서, 정작 왕께서는 왜 다르게 행동하십니까? 왜 왕께서는 쫓겨난 아들을 다시 불러들이지 않으십니까? 용서하지 않으십니까?"

드고아의 여인은 거짓된 연기의 가면을 벗어던지고, 본색을 드러내며 다윗을 정면으로 비판했습니다. 그녀의 말은 다윗의 심장을 찌르는 듯한 질문이었습니다. 자신이 방금 여인에게 보여준 자비와 맹세가 있었기에, 다윗은 여인의 말에 반박할 수 없었습니다.

다윗은 여호와의 이름으로 맹세하며 은혜로운 판결을 내렸던 만큼, 자신이 압살롬을 용서하지 않는 것은 이중적인 태도로 비칠 수밖에 없었습니다.

> "왕이 그 여인에게 대답하여 이르되 바라노니 내가 네게 묻는 것을 내게 숨기지 말라 여인이 이르되 내 주 왕은 말씀하옵소서 왕이 이르되 이 모든 일에 요압이 너와 함께 하였느냐 하니 여인이 대답하여 이르되 내 주 왕의 살아 계심을 두고 맹세하옵나니 내 주 왕의 말씀을 좌로나 우로나 옮길 자가 없으리이다 왕의 종 요압이 내게 명령하였고 그가 이 모든 말을 왕의 여종의 입에 넣어 주었사오니" 삼하 14:18~19

다윗은 드고아 여인의 말을 들으며, 이 모든 계략이 요압의 작품임을 깨달았습니다. 이렇게 간교하고 치밀한 지혜로 이런 일을 꾸밀 사람은 요압 외에 없었기 때문입니다. 다윗은 이 사건의 배후에 요압이 있다는 것을 확신하며, 그를 직접 불러 이야기를 나누기로 했습니다.

> "왕이 요압에게 이르되 내가 이 일을 허락하였으니 가서 청년 압살롬을 데려오라 하니라" 삼하 14:21

결국 다윗은 요압의 요청을 받아들였습니다. 요압은 그술로 가서 압살롬을 데려왔고, 그렇게 집 떠난 아들이 다시 아버지에게로 돌아오게 되었습니다. 이 장면은 성경 속 돌아온 탕자의 이야기를 떠올리게 합니다. 탕자의 비유에서, 아버지를 배신하고 세상으로 떠났던 아들이 돌아왔을 때, 아버지는 어떻게 했습니까?

> "이에 일어나서 아버지께로 돌아가니라 아직도 거리가 먼데 아버지가 그를 보고 측은히 여겨 달려가 목을 안고 입을 맞추니" 눅 15:20

"아직도 거리가 먼데" 아버지는 힘껏 달려가 탕자를 끌어안고 입을 맞추었습니다. 이렇게 감격적인 모습은 우리에게 깊은 인상을 남깁니다. 그러나 압살롬을 만난 다윗의 태도는 달랐습니다.

> "왕이 이르되 그를 그의 집으로 물러가게 하여 내 얼굴을 볼 수 없게 하라 하매 압살롬이 자기 집으로 돌아가고 왕의 얼굴을 보지 못하니라" 삼하 14:24

"내 얼굴을 볼 수 없게 하라" 다윗의 이 명령은 용서도 아니고, 징계도 아니었습니다. 차라리 압살롬이 그술에 머물러 있었을 때가 더 마음이 편했을지도 모릅니다. 다윗은 압살롬을 환영하지도 않았고, 그렇다고 심판하거나 처벌하지도 않았습니다. 그는 단지 압살롬을 무시하며 외면했을 뿐입니다.

차라리 갈등 속에서 싸우는 것이 낫지, 무시와 외면만큼 고통스러운 것은 없습니다. 다윗은 압살롬에게 어떤 분명한 처벌도 내리지 않았고, 그를 진정으로 받아들이지도 않았습니다. 이러한 외면은 압살롬에게 더욱 큰 상처와 분노를 남겼습니다.

사실 다윗의 마음도 이해할 수는 있습니다. 그의 마음속에는 압살롬을 향한 사랑이 있었지만, 동시에 분노와 실망도 있었습니다. 다윗은 여전히 자신을 배신하고 형제를 살해한 압살롬의 죄를 용서하기 어려웠으며, 복잡한 감정 속에서 압살롬을 피할 수밖에 없었습니다.

그러나 다윗의 이 불완전한 용서는 결과적으로 더 큰 화를 불러왔습니다. 외면과 무시는 압살롬의 마음속에 더 깊은 상처를 남기고, 이후 반역이라는 비극의 씨앗을 뿌리게 된 것입니다.

> "압살롬이 이태 동안 예루살렘에 있으되 왕의 얼굴을 보지 못하였으므로" 삼하 14:28

압살롬은 2년 동안 왕의 얼굴을 볼 수 없었습니다. 그 시간 동안, 압살롬은 아버지 다윗을 향한 복수의 칼날을 갈았습니다. 그는 과거 암논을 죽이기 위해 2년간 준비했던 것처럼, 이번에는 다윗에게 반역하기 위해 또다시 2년간 치밀하게 계획을 세웠습니다.

다윗은 압살롬을 집으로 불러들여 용서를 베풀려 했지만, 그것은 완전한 용서가 아니었습니다. 다윗은 미완의 용서로 압살롬을 대했으며, 그를 받아들이지도, 진정으로 회복시키지도 않았습니다. 이러한 불완전한 용서는 오히려 압살롬의 마음에 불을 지르고 말았습니다. 무시당하고 외면당하는 동안, 압살롬의 마음에는 아버지를 향한 원망과 분노가 가득 쌓였습니다.

> "누가 누구에게 불만이 있거든 서로 용납하여 피차 용서하되 주께서 너희를 용서하신 것 같이 너희도 그리하고" 골 3:13

바울은 우리에게 예수님께서 용서하신 것처럼 용서하라고 가르칩니다. 주님께서는 우리에게 완전한 용서를 보여주셨습니다. 그것은 단지 적당히 넘어가는 용서가 아니라, 자신의 생명을 내어주면서까지 이루어진 희생적이고 완전한 용서였습니다. 용서는 이처럼 철저하고, 끝까지 해야 하는 것입니다.

다윗은 하나님께 완전한 용서를 받았습니다. 살인과 간음이라는 중대한 죄에도 불구하고, 하나님은 다윗의 회개를 받아들이시고 그의 영혼을 구원하셨습니다. 그러나 다윗은 자신이 받은 이 완전한 용서를 압살롬에게 그대로 베풀지는 못했습니다. 그의 용서는 불완전했고, 압살롬과의 관계를 온전히 회복하지 못했습니다.

> "이에 주인이 그를 불러다가 말하되 악한 종아 네가 빌기에 내가 네 빚을 전부 탕감하여 주었거늘 내가 너를 불쌍히 여김과 같이 너도 네 동료를 불쌍히 여김이 마땅하지 아니하냐 하고 주인이 노하여 그 빚을 다 갚도록 그를 옥졸들에게 넘기니라" 마 18:32~34

왕에게 1만 달란트의 빚을 진 사람이 있었습니다. 그는 빚을 갚을 능력이 없어 붙잡혀 끌려왔습니다. 왕은 그에게 말했습니다. "네가 돈이 없으면 집과 땅을 팔고, 아내와 자녀도 팔아 갚으면 되지 않느냐?" 그 말에 채무자는 왕 앞에 엎드려 통곡하며 간청했습니다. "한 번만 용서해 주십시오. 제가 꼭 갚겠습니다" 그 모습을 불쌍히 여긴 왕은 그의 모든 빚을 탕감해 주었습니다. 그렇게 그는 1만 달란트를 탕감받는 은혜를 입고 기쁜 마음으로 집으로 돌아갔습니다. 그러나 집으로 가는 길에 그에게 100데나리온 빚을 진 동료를 만났습니다. 그는 동료의 멱살을 잡고 말했습니다. "빚을 당장 갚아라!" 동료는 무릎을 꿇고 간청했습니다. "조금만 참아주십시오. 제가 꼭 갚겠습니다"

그러나 그는 동료의 사정을 들어주지 않고 그를 감옥에 가두었습니다. 이 사실을 알게 된 왕은 크게 화를 내며 말했습니다. "내가 네 빚을 모두 탕감해 주었거늘, 너는 어떻게 100데나리온도 탕감해 주지 못하느냐?" 결국 그는 감옥에 갇히는 신세가 되고 말았습니다.

다윗의 경우도 이와 같습니다. 다윗은 우리아를 죽이고 밧세바를 취한 중대한 죄를 하나님의 은혜로 용서받았습니다. 그러나 그는 자신의 아들 압살롬을 온전히 용서하지 못했습니다. 그로 인해 압살롬의 마음속에는 반역의 싹이 자라났고, 결국 다윗은 아들의 반란을 피해 도망쳐야 하는 비참한 상황에 처하게 되었습니다.

이처럼 불완전한 용서는 문제를 해결하지 못할 뿐 아니라, 오히려 더 큰 갈등과 비극을 초래할 수 있습니다. 그러므로 우리에게 주어진 과제는 하나님의 사랑 안에서 서로를 용납하고, 끝까지 용서하며, 관계를 회복하는 것입니다. 이것이 성경이 우리에게 가르치는 참된 용서의 모습이며, 우리가 살아가며 추구해야 할 삶의 방향입니다.

## 마음을 압살롬이 훔치니라

압살롬은 분노와 증오로 복수의 칼을 갈았습니다. 아버지가 자신을 무시하고 외면하며 업신여기는 모습을 결코 용서할 수 없었습니다. 그 상처와 원망은 그의 마음속에서 점차 반역의 의지로 변해갔습니다.

그래서 압살롬은 2년 동안 치밀하게 반역을 준비했습니다. 그는 군수품을 비축하고, 충성스러운 군사들을 모으며 자신의 세력을 키워갔습니다.

> "그 후에 압살롬이 자기를 위하여 병거와 말들을 준비하고 호위병 오십 명을 그 앞에 세우니라" 삼하 15:1

준비를 마친 압살롬은 호위병 50명을 앞세우고 예루살렘 성문으로 나갔습니다. 그렇다면 성문으로 나가며 호위병 50명을 데리고 간 이유는 무엇일까요? 그것은 암살이나 테러의 위협을 막기 위한 것이 아니었습니다.

압살롬이 용맹한 군사들을 앞세운 것은 자신의 권위와 위엄을 백성들에게 과시하기 위함이었습니다. 그는 이러한 모습을 통해 백성들에게 자신의 영향력을 드러내고, 다윗 왕과 비교되는 지도자로서의 이미지를 심어주려 했던 것입니다. 압살롬의 행위는 백성들의 마음을 사로잡기 위한 철저히 계산된 정치적 행보였습니다.

> "압살롬이 일찍이 일어나 성문 길 곁에 서서 어떤 사람이든지 송사가 있어 왕에게 재판을 청하러 올 때에 그 사람을 불러 이르되 너는 어느 성읍 사람이냐 하니 그 사람의 대답이 종은 이스라엘 아무 지파에 속하였나이다 하면" 삼하 15:2

압살롬이 아침 일찍부터 성문으로 나간 이유는 이곳이 재판과 정치가 이루어지는 장소였기 때문입니다. 당시 성문은 백성들이 왕에게 하소연하거나 원통한 일을 고소, 고발할 수 있는 재판소이자 국회와 같은 역할을 했습니다.

문제는 다윗이 국정에 바쁜 관계로 백성들의 억울함을 직접 해결해

주지 못했다는 점이었습니다. 더구나 다윗은 이러한 문제를 처리할 재판관을 따로 세우지도 않았습니다. 백성들은 먼 길을 걸어 억울함을 호소하러 왔지만, 재판관이 없어 결국 발걸음을 돌려야 하는 일이 반복되었습니다.

이때, 누가 나타났습니까? 호위병을 이끌고 등장한 압살롬이었습니다. 그는 아침 일찍부터 나와 백성들의 억울함을 듣고 문제를 해결해 주기 시작했습니다.

그러나 여기서 주목할 점은, 압살롬이 재판을 시작하기 전 피해자들에게 반드시 그들의 지파를 물었다는 것입니다. 이는 공정한 재판을 위해서가 아니라, 피해자들의 출신지에 따라 그들의 입맛에 맞는 판결을 내려, 자신에 대한 호감을 얻으려는 속셈이었습니다. 압살롬은 또한 이 기회를 이용해 지역감정을 조장하며 자신에게 유리한 판결을 내려 백성들의 마음을 사로잡았습니다.

> "압살롬이 그에게 이르기를 보라 네 일이 옳고 바르다마는 네 송사를 들을 사람을 왕께서 세우지 아니하셨다 하고" 삼하 15:3

이처럼 압살롬은 백성들의 이야기에 공감하며 그들의 억울함을 위로했고, 원하는 판결을 내려주었습니다. 그러나 문제는, 여기에 왕에 대한 이간질을 더했다는 점입니다. 압살롬은 이렇게 말하며 백성들을 부추겼습니다. "네가 참 억울했겠구나! 그런데 지금 왕께서는 너무 바쁘시니 너를 도와줄 수 없을 것이다"

압살롬은 백성들의 이야기를 경청하고 공감하는 척하면서도, 동시에 다윗 왕에 대한 불신과 원망을 심어주었습니다. 그의 험담은 백성들로 하여금 자신들의 억울함이 왕의 무관심과 무능력 때문이라는 착각을 불러일으켰습니다.

결국 백성들은 압살롬의 말에 휘말려 자신들의 억울함에 대한 화살을 다윗 왕에게 돌리기 시작했습니다. '백성들에게 관심이 없는 왕'이라는 인식이 퍼지면서, 다윗에 대한 신뢰와 사랑은 점차 사라졌습니다.

> "또 압살롬이 이르기를 내가 이 땅에서 재판관이 되고 누구든지 송사나 재판할 일이 있어 내게로 오는 자에게 내가 정의 베풀기를 원하노라 하고" 삼하 15:4

백성들이 수군거리며 다윗 왕에 대한 불만을 품기 시작했을 때, 압살롬은 큰 소리로 외쳤습니다. "내가 이 땅의 재판관이 된다면 모든 백성들에게 정의를 베풀 것이다!" 이 말을 들은 백성들은 감동하고 감격하기 시작했습니다. '천한 백성들을 위해 아침 일찍부터 성문에 나와주신 왕자님이시다!'

백성들은 오직 압살롬만이 자신들을 위해 정의와 공의를 실현할 수 있는 지도자라고 착각했습니다. 압살롬의 말과 행동은 백성들의 마음을 완전히 사로잡으며, 그를 이상적인 지도자로 여기게 만들었습니다. 그러나 압살롬의 원맨쇼는 여기서 끝나지 않았습니다.

> "사람이 가까이 와서 그에게 절하려 하면 압살롬이 손을 펴서 그 사람을 붙들고 그에게 입을 맞추니" 삼하 15:5

왕자님을 가까이에서 볼 수 있다는 것만으로도 영광인데, 압살롬은 거기서 멈추지 않았습니다. 그는 백성들의 손을 잡아주고, 안아주며, 입을 맞춰주었습니다. 압살롬은 자신을 백성들의 눈높이까지 낮추어 그들을 따뜻하게 대했습니다.

그런데 압살롬은 어떤 사람입니까? 그는 머리부터 발끝까지 완벽한 외모를 가진 사람이었습니다. 그의 아름다움은 남자임에도 불구하고 소문이 날 정도였으며, 이스라엘에서 그와 견줄 사람이 없었습니다. 멋지고 잘생긴 왕자님이 자신에게 다정하게 대해주고 입을 맞춰준다면, 어느 누가 그 매력에 넘어가지 않겠습니까?

> "이스라엘 무리 중에 왕께 재판을 청하러 오는 자들마다 압살롬의 행함이 이와 같아서 이스라엘 사람의 마음을 압살롬이 훔치니" 삼하 15:6

그렇게 압살롬은 백성들의 마음을 빼앗았습니다. 그는 심리와 화술에 능한 사람이었고, 백성들의 마음을 사로잡는 데 탁월한 재능을 발휘했습니다. 점점 더 많은 백성들이 압살롬을 사랑하고 존경하기 시작했고, 많은 이들은 이미 마음속으로 그를 다윗 왕의 후계자로 여겼습니다.

그러나 백성들이 모르는 것이 있었습니다. 그것은 바로 압살롬의 속마음이었습니다. 그의 겉모습은 겸손하고 온유하며 아름다웠습니다. 그는 백성들과 가까이 다가가며 자신을 낮추는 모습을 보였지만, 그 마음속은 전혀 달랐습니다. 압살롬의 속마음은 분노와 간교, 그리고 교만으로 가득 차 있었습니다.

> "압살롬이 요압을 왕께 보내려 하여 압살롬이 요압에게 사람을 보내 부르되 그에게 오지 아니하고 또 다시 그에게 보내되 오지 아니하는지라 압살롬이 자기의 종들에게 이르되 보라 요압의 밭이 내 밭 근처

> 에 있고 거기 보리가 있으니 가서 불을 지르라 하니라 압살롬의 종들이 그 밭에 불을 질렀더니" 삼하 14:29~30

압살롬은 요압을 통해 다윗 왕과 다시 화해하려고 노력했습니다. 그러나 요압이 그의 요청을 무시하자, 압살롬은 격분하여 요압의 밭에 불을 지르게 됩니다. 이 사건은 압살롬의 불같은 성격을 여실히 드러냅니다.

압살롬은 말보다 행동이 먼저 나가는 다혈질적인 사람이었습니다. 겉보기에는 아름답고 온유한 모습으로 보였지만, 실제로는 조급하고 잔인한 면모를 가지고 있었습니다. 그는 자신의 분노를 통제하지 못하고 극단적인 행동으로 표출하는 사람이었습니다.

그러나 백성들은 압살롬의 화려한 외모와 친근한 태도에 매료되어 그의 내면을 보지 못했습니다.

> "사 년 만에 압살롬이 왕께 아뢰되 내가 여호와께 서원한 것이 있사오니 청하건대 내가 헤브론에 가서 그 서원을 이루게 하소서 당신의 종이 아람 그술에 있을 때에 서원하기를 만일 여호와께서 반드시 나를 예루살렘으로 돌아가게 하시면 내가 여호와를 섬기리이다 하였나이다 왕이 그에게 이르되 평안히 가라 하니 그가 일어나 헤브론으로 가니라" 삼하 15:7~9

그렇게 압살롬은 4년 동안 백성들의 마음을 훔쳤습니다. 그의 인기는 이미 하늘을 찔렀고, 많은 백성들은 압살롬을 다윗 왕의 후계자로 여겼습니다.

모든 준비가 완료되었다고 판단한 압살롬은 다윗 왕에게 찾아갔습니다. 그는 겸손한 태도로 말하며 이렇게 요청했습니다. "그동안 제가 서원한 것을 이루기 위해 헤브론에 가서 제사를 드리기를 원합니다" 다윗은 압살롬의 요청을 듣고 아무런 의심 없이 이를 허락하였습니다.

> "이에 압살롬이 정탐을 이스라엘 모든 지파 가운데에 두루 보내 이르기를 너희는 나팔 소리를 듣거든 곧 말하기를 압살롬이 헤브론에서 왕이 되었다 하라 하니라 그 때 청함을 받은 이백 명이 압살롬과 함께 예루살렘에서부터 헤브론으로 내려갔으니 그들은 압살롬이 꾸민 그 모든 일을 알지 못하고 그저 따라가기만 한 사람들이라" 삼하 15:10~11

압살롬은 자신을 따르는 200명의 백성과 함께 헤브론으로 내려갔습니다. 그러나 이들은 압살롬의 계략을 전혀 알지 못하고, 단순히 압살롬을 좋아해서 따라갔던 것입니다. 헤브론에 도착한 압살롬은 각 지파에 전령을 보내어 자신이 왕이 되었다고 선포하라고 명령했습니다. 이로 인해 전국적으로 반역의 불길이 빠르게 번지기 시작했습니다. 반란은 순식간에 이루어졌고, 다윗은 이를 막을 방도가 없었습니다.

그렇다면, 압살롬은 왜 하필 헤브론에서 반역을 일으켰을까요? 헤브론은 다윗이 왕으로 기름 부음을 받은 장소였습니다. 다윗은 이스라엘 전체의 왕이 되기 전에 7년 동안 헤브론을 다스렸고, 이후 예루살렘에서 온 이스라엘을 통치했습니다. 그러나 시간이 지나면서 헤브론 사람들은 다윗에 대한 서운한 감정을 가지게 되었습니다. 다윗의 관심과 신경이 예전 같지 않다고 느꼈기 때문입니다.

압살롬은 헤브론 사람들의 이러한 서운한 마음을 간파하고 이를 이용했습니다. 그는 그들의 감정 속으로 파고들어 반역의 불씨를 지폈습니다. 헤브론 사람들 역시 압살롬의 현혹에 넘어갔습니다. 그들은 압살롬이 다윗과 다를 것이라 믿었습니다. 압살롬은 자신들을 끝까지 인정해 주고, 외면하지 않을 것이라고 착각했습니다. 그러나 헤브론 사람들은 압살롬의 겉모습만 보고 그의 속마음은 알지 못했습니다.

우리 역시 겉과 속이 다를 때가 있습니다. 겉으로는 거룩해 보이고, 온유하며, 겸손해 보일지라도, 내면은 악행과 분노, 음란으로 가득 차 있을 수 있습니다. 교회에서는 존경받는 장로로 보일지라도, 가정에서는 폭력적이고 강압적인 모습을 보이는 경우도 있습니다. 이것이 바로 위선과 외식입니다. 이스라엘 백성들도 압살롬의 위선과 외식에 속고 있었습니다.

> "주께서 이르시되 너희 바리새인은 지금 잔과 대접의 겉은 깨끗이 하나 너희 속에는 탐욕과 악독이 가득하도다 어리석은 자들아 겉을 만드신 이가 속도 만들지 아니하셨느냐" 눅 11:39~40

어느 날, 한 바리새인이 예수님을 식사 자리에 초대했습니다. 그러나 예수님께서는 식사 전에 손을 씻지 않으신 채 자리에 앉으셨습니다. 이를 본 바리새인은 당황하며 어찌할 바를 몰랐습니다. 당시 유대인들에게 있어 식사 전에 손을 씻는 것은 단순한 위생 습관이 아니라, 장로들의 전통에 따른 의식으로써 마치 율법처럼 엄격히 지켜야 할 행위였습니다. 이 행위는 단순히 청결을 넘어, 거룩한 백성으로서 자신을 구별하는 상징적인 예식이었습니다.

예수님께서 이 전통을 모르실 리 없었지만, 일부러 손을 씻지 않으신 채 식사하셨습니다. 그리고는 당혹감을 감추지 못하는 바리새인에게 이렇게 말씀하셨습니다. "너희 바리새인들은 손은 깨끗이 씻으나, 너희 마음속은 여전히 탐욕과 악으로 가득 차 있구나!" 아무리 손을 씻고 외적으로 정결한 옷을 입는다 한들, 마음속에 온갖 더러운 죄악이 가득하다면, 그는 정결한 사람이 아니라 오히려 더러운 죄인일 뿐이라는 뜻이었습니다.

예수님께서는 바리새인들의 외식과 위선을 드러내고자 의도적으로 전통을 따르지 않으신 것입니다. 이어서 이렇게 말씀하셨습니다. "어리석은 자들아! 겉모습을 만드신 하나님께서 속마음도 만드시지 않으셨겠느냐? 우리의 겉을 지으신 하나님께서 우리의 내면을 모르시겠느냐?"

> "여호와께서 사무엘에게 이르시되 그의 용모와 키를 보지 말라 내가 이미 그를 버렸노라 내가 보는 것은 사람과 같지 아니하니 사람은 외모를 보거니와 나 여호와는 중심을 보느니라 하시더라" 삼상 16:7

압살롬은 머리부터 발끝까지 흠잡을 데 없는 외모를 가진 사람이었습니다. 그러나 하나님께서는 인간의 외적인 모습이 아닌, 마음의 중심을 보시는 분이십니다. 백성들은 압살롬의 뛰어난 용모에 매료되어 그를 선택했지만, 하나님께서는 그의 내면을 아시고 그를 버리셨습니다.

> "그러므로 우리가 낙심하지 아니하노니 우리의 겉사람은 낡아지나 우리의 속사람은 날로 새로워지도다" 고후 4:16

우리는 겉모습을 가꾸는 데 온 신경을 쏟기보다, 우리의 속사람이 하나님 안에서 새롭게 변화되도록 힘써야 합니다. 하나님께서는 외형을 보시는 분이 아니라, 우리의 마음의 중심을 살피시는 분이십니다. 그러므로 외적 치장을 우선시하기 전에, 먼저 우리의 마음을 정결하게 하고 내면을 하나님께로 향해야 합니다.

> "하나님이여 내 속에 정한 마음을 창조하시고 내 안에 정직한 영을 새롭게 하소서" 시 51:10

다윗은 깨끗한 마음을 유지하기 위해 끊임없이 노력했습니다. 그는 정결하고 올바른 마음을 간구하며 기도했고, 죄를 깨달을 때마다 진심으로 회개했습니다. 이처럼 우리도 마음이 정결해지기 위해 애쓰고, 기도하며, 회개의 삶을 살아야 합니다.

회개는 우리의 마음속 죄악을 제거하는 첫걸음입니다. 이를 통해 마음의 어둠을 비워내고, 예배와 기도를 통해 하나님의 은혜로 마음을 채워야 합니다. 또한, 겸손과 헌신을 실천함으로써 우리의 마음에 하나님의 사랑을 가득히 담아야 합니다.

압살롬의 이야기는 우리에게 외적인 화려함과 내적인 진실함의 대조를 보여줍니다. 그는 백성들의 마음을 훔치며 권력을 얻었지만, 그의 내면은 복수심과 교만으로 가득 찼습니다. 결국, 압살롬의 반역은 하나님 앞에서 실패로 끝났고, 그의 삶은 비극적으로 막을 내렸습니다. 이 사건은 겉과 속이 다른 삶이 가져올 결과를 생생히 보여줍니다.

우리의 신앙 여정에서도, 외적 치장을 추구하기보다 내면의 변화를 우선시해야 합니다. 참된 신앙은 우리의 마음이 하나님께로 온전히 향하고, 그분의 뜻에 순종하며 겸손히 살아가는 데 있습니다. 우리의 겉모습이 아닌, 내면의 진실함으로 하나님을 섬기며 살아갈 때, 우리는 하나님의 사랑과 은혜 안에서 온전함을 누릴 수 있습니다.

12장

# 다윗의 사람

DAVID SKETCH

## 사나 죽으나 종도 그곳에 있겠나이다

"다윗이 예루살렘에 함께 있는 그의 모든 신하들에게 이르되 일어나 도망하자 그렇지 아니하면 우리 중 한 사람도 압살롬에게서 피하지 못하리라 빨리 가자 두렵건대 그가 우리를 급히 따라와 우리를 해하고 칼날로 성읍을 칠까 하노라" 삼하 15:14

압살롬의 반역 소식을 들은 다윗은 커다란 충격을 받았지만, 곧 피난을 떠나기로 결단했습니다. 그러나 그의 결심은 단순히 자신의 목숨을 지키기 위한 것이 아니었습니다. 다윗은 "칼날로 성읍을 칠까 하노라"라는 말로 자신의 두려움을 드러냈습니다. 그것은 자신의 안전이 아니라, 사랑하는 백성들이 반란으로 인해 겪게 될 희생과 고통을 염려한 것이었습니다. 예루살렘에서 전투가 벌어진다면 수많은 백성의 생명이 희생될 것을 우려한 다윗은, 백성을 지키기 위해 왕궁과 도시를 포기하기로 결심했던 것입니다. 위기의 순간에도 다윗의 마음은 온전히 백성을 향해 있었습니다.

사실, 다윗이 자신의 생명을 지키고자 했다면 예루살렘을 떠나는 일은 상상도 할 수 없었을 것입니다. 예루살렘은 천혜의 요새로, 수많은 대군이 공격한다 해도 쉽게 함락될 수 없는 도시였습니다. 과거 여부스 족속조차도 이 요새의 방어력을 과신하며, 장애인들만으로도 충분히 방어할 수 있다고 자부했을 정도였습니다. 그럼에도 다윗은 예루살렘을 떠났습니다.

그 이유는 반란군이 같은 민족, 같은 형제였기 때문입니다. 다윗은 자기 백성들과 자식, 형제들 사이에서 피를 흘리는 싸움을 도저히 받아들일 수 없었습니다. 따라서 다윗은 예루살렘을 지킬 수 있는 유리한 조건을 버리고, 백성을 위한 희생의 길을 택한 것입니다.

> "그의 모든 신하들이 그의 곁으로 지나가고 모든 그렛 사람과 모든 블렛 사람과 및 왕을 따라 가드에서 온 모든 가드 사람 육백 명이 왕 앞으로 행진하니라" 삼하 15:18

다윗이 피난길에 오르자, 많은 신하들이 그를 따라나섰습니다. 그 중에서도 특별히 눈에 띄는 사람들이 있었습니다. 바로 가드 사람 600명입니다. 가드는 블레셋 지역으로, 블레셋은 이스라엘의 오랜 적국이었습니다. 그런데 놀랍게도 이 600명의 블레셋 사람들이 다윗과 함께 피난길에 오른 것입니다.

이들은 본래 다윗의 적국 출신이었으나, 다윗을 따르기 위해 자신들의 고향과 민족을 떠나 망명한 이들이었습니다. 이방인이었던 이들은 이제 다윗과 생사를 함께하기로 결단하며, 그의 신하로서 충성을 다하고자 했습니다.

> "그 때에 왕이 가드 사람 잇대에게 이르되 어찌하여 너도 우리와 함께 가느냐 너는 쫓겨난 나그네이니 돌아가서 왕과 함께 네 곳에 있으라 너는 어제 왔고 나는 정처 없이 가니 오늘 어찌 너를 우리와 함께

떠돌아다니게 하리요 너도 돌아가고 네 동포들도 데려가라 은혜와 진리가 너와 함께 있기를 원하노라 하니라" 삼하 15:19~20

다윗은 피난길에 동행한 블레셋 사람들의 대표 잇대를 불러 이렇게 물었습니다. "네가 어찌하여 우리와 함께 가려고 하느냐?" 그는 이 길이 고난과 위험, 심지어 죽음을 피할 수 없는 길임을 말하며, 잇대와 그의 사람들에게 고향으로 돌아가라고 권했습니다.

지금 다윗은 압살롬의 반역으로 인해 생명의 위협을 받고 도망치고 있는 상황입니다. 이러한 위기 속에서는 한 사람이라도 더 많은 동료가 절실히 필요한 순간입니다. 그러나 다윗은 자신의 필요보다, 부하들의 안전과 안위를 먼저 생각했습니다.

"잇대가 왕께 대답하여 이르되 여호와의 살아 계심과 내 주 왕의 살아 계심으로 맹세하옵나니 진실로 내 주 왕께서 어느 곳에 계시든지 사나 죽으나 종도 그 곳에 있겠나이다 하니" 삼하 15:21

잇대의 고백은 우리의 마음에 깊은 감동을 줍니다. "사나 죽으나 끝까지 왕과 함께 하겠습니다" 지금 이 한마디가 절망 가운데 있는 다윗에게 얼마나 큰 위로와 힘이 되었을지 상상할 수 있습니다. 우리는 잇대처럼 누군가에게 위로와 용기를 줄 수 있는 말을 해야 합니다. 특히, 절망과 고난 속에 있는 이들에게 생명을 살리는 말을 전하는 것이 얼마나 중요한지 잇대의 태도가 보여줍니다.

잇대는 본래 블레셋 출신으로, 하나님을 알지 못했던 이방인이었습니다. 다윗과는 혈연으로도, 민족으로도 전혀 관계가 없는 '남'이었습니다. 그러나 그는 다윗을 위해 목숨을 바칠 각오를 했습니다. 지금 다윗은 모든 것을 잃은 상태입니다. 왕좌를 빼앗겼고, 부와 명예도 사라졌습니다. 사람들의 존경과 충성도 떠나가고, 더 이상 가진 것이 없는 빈털터리가 되었습니다. 그런데도 잇대는 다윗의 곁에 남아 있기로 결단합니다.

다윗이 전성기일 때, 곧 부와 권세, 명예로 넘쳤을 때에는 많은 사람들이 그의 곁에 있고 싶어 했을 것입니다. 그러나 이제 다윗은 실패한 지도자로 보입니다. 모든 것을 잃고 도망자의 신세가 된 지금, 누가 그의 곁에 있기를 원하겠습니까?

> "룻이 이르되 내게 어머니를 떠나며 어머니를 따르지 말고 돌아가라 강권하지 마옵소서 어머니께서 가시는 곳에 나도 가고 어머니께서 머무시는 곳에서 나도 머물겠나이다 어머니의 백성이 나의 백성이 되고 어머니의 하나님이 나의 하나님이 되시리니 어머니께서 죽으시는 곳에서 나도 죽어 거기 묻힐 것이라 만일 내가 죽는 일 외에 어머니를 떠나면 여호와께서 내게 벌을 내리시고 더 내리시기를 원하나이다 하는지라" 룻 1:16~17

잇대를 보면 룻이 떠오릅니다. 룻은 나오미의 며느리로, 비슷한 헌신과 충성을 보여준 인물입니다. 나오미는 흉년을 피해 모압으로 이주했지만, 그곳에서 남편과 두 아들을 모두 잃었습니다. 한순간에 집안이 풍비박산 나고, 모든 것을 잃은 빈털터리가 된 상황이었습니다. 나오미는 두 며느리에게 말합니다. "너희 어머니의 집으로 돌아가라" 자신들과 함께하는 길은 희망이 없고 고난뿐이라는 뜻이었습니다.

그러나 그때 룻은 이렇게 대답합니다. "어머니께서 죽으시는 곳에서 나도 죽겠습니다" 룻은 하나님을 알지 못했던 이방인이었고, 남편이 죽은 후에는 시어머니를 모셔야 할 의무조차 없었습니다. 더구나 나오미는 부유하거나 그녀에게 어떤 보상을 줄 수 있는 처지도 아니었습니다. 그럼에도 불구하고, 룻은 끝까지 나오미 곁에 남겠다고 결단했습니다. 그녀는 자신의 이익을 따지지 않고 사랑과 충성으로 나오미와 함께 가난과 고난의 길을 택한 것입니다.

잇대와 룻의 공통점은 분명합니다. 그들은 자신의 이득이나 이익을 기준으로 선택하지 않았습니다. 잇대는 다윗을 따라가는 길이 위험하고, 심지어 죽음의 길임을 알면서도 다윗을 선택했습니다. 룻 역시 나오미를 따라가는 길이 가난과 고난의 길이라는 것을 알았지만, 시어머니를 떠나지 않기로 결심했습니다.

"사울이 교회를 잔멸할새 각 집에 들어가 남녀를 끌어다가 옥에 넘기니라 그 흩어진 사람들이 두루 다니며 복음의 말씀을 전할새" 행 8:3~4

스데반 집사의 순교 이후, 초대교회는 본격적인 핍박과 박해의 소용돌이에 휘말렸습니다. 유대교 지도자들의 압박과 로마 군인들의 탄압은 상상을 초월할 정도로 극심했습니다. 이러한 박해로 인해 초대교회 성도들은 고향과 재산, 그리고 익숙했던 삶의 터전을 모두 버리고, 낯선 땅으로 흩어져야 했습니다. 그들은 목숨을 건 도피를 선택할 수밖에 없었습니다.

그러나 중요한 것은, 초대교회 성도들이 모든 것을 잃었지만 끝까지 믿음을 포기하지 않았다는 사실입니다. 그들은 박해와 고난 속에서도 예수를 부인하지 않았습니다. 가난과 비천한 삶의 현실 속에서도 복음을 붙들며, 그 신앙을 굳게 지켰습니다.

> "이에 예수께서 제자들에게 이르시되 누구든지 나를 따라오려거든 자기를 부인하고 자기 십자가를 지고 나를 따를 것이니라" 마 16:24

십자가를 진다는 것은 축복을 받고, 부유해지며, 모든 일이 순조롭게 풀리라는 약속이 아닙니다. 오히려 그것은 고난, 박해, 가난, 그리고 때로는 불화를 의미합니다. 예수님께서는 분명히 말씀하셨습니다. "누구든지 나를 따라오려거든 자기를 부인하고 자기 십자가를 지고 나를 따르라" 잇대는 자신의 십자가를 지고 다윗을 따랐고, 룻은 자신의 십자가를 지고 나오미를 따랐습니다.

이제 우리는 질문해야 합니다. 우리는 자기 십자가를 지고 예수를 따르고 있습니까? 잇대와 룻의 선택은 이익이나 보상을 기대한 결과가 아니었습니다. 오히려 그들은 따라가는 길이 죽음과 고난으로 이어질 수도 있음을 알았습니다. 그러나 이들은 끝까지 충성과 헌신을 다했습니다. 반면 오늘날 많은 신앙인들은 예수를 따른다고 말하면서도 손익을 따지는 태도를 보입니다. '내가 주일 성수도 하고 십일조도 했는데, 왜 복을 주시지 않으시는가?', '내 기도를 들으셨다면 왜 문제를 해결해 주시지 않는가?', '왜 나의 가난은 여전히 지속되는가?' 이러한 생각들은 믿음이 아니라, 하나님과 거래하려는 자세입니다. 참된 믿음은 손해와 이익을 따지는 것이 아니라, 하나님의 뜻에 순종하는 데 있습니다. 하나님 앞에서 우리는 거룩한 성도입니까, 아니면 이익을 좇는 사기꾼입니까?

신앙은 손익분기점을 따지는 삶이 아닙니다. 언제까지 하나님께 거래하듯 조건을 제시하며 따를 것입니까? 잇대와 룻은 모든 것을 내려놓고, 어떠한 대가를 바라지 않은 채 따랐습니다. 우리 또한 그들처럼 모든 것을 포기하고 오직 예수님만을 위해 살아야 합니다.

> "다윗이 잇대에게 이르되 앞서 건너가라 하매 가드 사람 잇대와 그의 수행자들과 그와 함께 한 아이들이 다 건너가고" 삼하 15:22

잇대의 의지와 결단을 본 다윗은 그에게 먼저 기드론 시내를 건너가라고 명령했습니다. 기드론 시내를 건너면 광야가 나오고, 광야에 들어가면 압살롬의 추적을 어느 정도 따돌릴 수 있었기 때문입니다. 다윗은 특히 잇대에게 여자들과 어린아이들을 데리고 먼저 건너가도록 했습니다. 자신은 뒤에 남아 뒤처진 백성들을 지키겠다는 결심을 했습니다.

이 피난 행렬에서 가장 중요한 인물은 누구입니까? 바로 다윗 자신입니다. 그의 안전이야말로 모든 무리의 생존과 희망에 직결됩니다. 그러나 다윗은 자신의 목숨을 우선하지 않았습니다. 그는 마지막까지 다른 사람들을 먼저 생각했고, 부하들과 백성들을 자신의 생명처럼 사랑했습니다.

이처럼 자신의 안전보다 백성을 우선시하는 왕이 세상에 어디에 있겠습니까? 다윗은 단순히 지도자로서의 권위를 행사한 것이 아니라, 백성들을 위해 자신을 희생하는 참된 목자의 마음을 보여주었습니다.

잇대가 죽음의 위험을 무릅쓰면서까지 다윗을 따르기로 결단한 이유도 바로 여기에 있습니다. 잇대는 다윗의 진심을 꿰뚫어 보았습니다. 다윗의 권위는 그의 지위에서 나온 것이 아니라, 백성을 향한 깊은 사랑과 헌신에서 나왔다는 것을 알고 있었습니다.

> "나오미가 두 며느리에게 이르되 너희는 각기 너희 어머니의 집으로 돌아가라 너희가 죽은 자들과 나를 선대한 것 같이 여호와께서 너희를 선대하시기를 원하며 여호와께서 너희에게 허락하사 각기 남편

의 집에서 위로를 받게 하시기를 원하노라 하고 그들에게 입 맞추매 그들이 소리를 높여 울며" 룻 1:8~9

나오미는 남편과 두 아들을 잃은 깊은 고통 속에서도 며느리들을 향해 축복의 말을 건넸습니다. 그녀는 며느리들에게 고향으로 돌아가 새 삶을 시작하라며 따뜻한 배려를 보였습니다. 만약 그녀가 악독한 시어머니였다면, 자신의 슬픔과 상실감을 며느리들에게 쏟아부으며 "너 때문에 내 아들이 죽었다!"라고 말하며 원망할 수도 있었을 것입니다. 그러나 나오미는 그렇게 하지 않았습니다.

생각해 보십시오. 남편과 두 아들의 죽음이라는 막대한 슬픔 속에서 고운 말을 내뱉는 것이 가능할까요? 이런 고통 속에서조차 나오미는 자신을 위하기보다 며느리들을 배려하고 축복했습니다. 이는 그녀의 성품과 신앙이 얼마나 깊고 아름다웠는지를 보여줍니다.

우리는 어떻습니까? 조금만 힘들거나 괴로운 일이 생겨도 주변 사람들에게 짜증을 내거나 화를 내는 경우가 많지 않습니까? 자신의 고통에 갇혀 다른 사람들을 상처 입히는 일도 일어납니다. 그러나 다윗과 나오미는 그러지 않았습니다. 그들은 본인이 가장 고통스러운 순간에도 타인을 먼저 배려하고 축복하며 돌보았습니다.

다윗은 압살롬의 반역으로 생명의 위협을 받는 위기 속에서도, 자신의 안전보다 백성의 생명을 먼저 생각하며 보호하려 했습니다. 마찬가지로, 나오미는 남편과 두 아들의 죽음이라는 극심한 상실 속에서도 며느리들의 행복을 빌며 축복했습니다. 이처럼 다윗과 나오미는 고통과 어려움 속에서도 자신의 고난에 갇히지 않고, 주변 사람들을 배려하고 사랑으로 돌보는 삶을 선택했습니다.

그 결과, 다윗은 잇대와 같은 헌신적인 충성의 인물을 만날 수 있었고, 나오미는 룻과 같은 변함없는 사랑과 헌신의 사람을 곁에 둘 수 있었습니다. 이들은 단순히 행운으로 그런 사람들을 만난 것이 아니라, 그들의 삶에서 나타난 배려와 사랑이 다른 사람들의 마음을 깊이 움직였기 때문입니다. 이처럼 사랑과 배려의 삶은 언제나 사람들의 마음을 감동시키고, 그 열매는 변치 않는 신뢰와 헌신으로 돌아옵니다.

## 그 전부를 차지하게 하옵소서

다윗은 압살롬의 반역을 피해 급히 피난길에 올라야 했기에 아무것도 준비할 시간이 없었습니다. 그와 함께한 백성들 역시 필요한 물자와 음식을 챙기지 못한 채 황급히 도망쳐야 했습니다. 시간이 흐를수록 그들의 상황은 더욱 악화되었습니다. 당장 먹을 것도 부족했고, 마실 물조차 없는 상황에서 두려움과 배고픔, 피로가 겹쳐 모두가 지쳐가고 있었습니다. 바로 그때, 므비보셋의 종 시바가 다윗 앞에 나타났습니다.

> "다윗이 마루턱을 조금 지나니 므비보셋의 종 시바가 안장 지운 두 나귀에 떡 이백 개와 건포도 백 송이와 여름 과일 백 개와 포도주 한 가죽부대를 싣고 다윗을 맞는지라" 삼하 16:1

시바는 "떡 이백 개와 건포도 백 송이, 여름 과일 백 개와 포도주 한 가죽부대"를 가지고 다윗 앞에 나타났습니다. 그는 다윗이 가장 절박한 순간, 배고픔과 목마름에 허덕이는 때에 꼭 필요한 물자들을 가지고 와 다윗과 그의 일행을 도왔습니다. 너무나 귀한 선물이 아닐 수 없었습니다. 그러나 다윗은 시바의 지나친 호의에 경계를 늦추지 않고 물었습니다. 시바는 누구입니까? 그는 원래 사울 왕가를 섬기던 종으로, 지금은 사울의 손자인 므비보셋을 섬기고 있던 사람입니다.

> "왕이 시바에게 이르되 네가 무슨 뜻으로 이것을 가져왔느냐 하니 시바가 이르되 나귀는 왕의 가족들이 타게 하고 떡과 과일은 청년들이 먹게 하고 포도주는 들에서 피곤한 자들에게 마시게 하려 함이니이다" 삼하 16:2

"너는 무슨 뜻으로 이것을 가져왔느냐?" 다윗은 왕위를 잃고 도망치는 절박한 상황에서, 시바의 예상치 못한 호의에 의심을 품을 수밖에 없었습니다. 대부분의 신하들이 이미 압살롬 편에 붙은 상황에서, 시바의 갑작스러운 선대가 순수한 의도만으로 이루어진 것인지 의문을 가질 만했습니다. 다윗은 이 호의가 단순한 선물이 아니라 불순한 목적이나 숨겨진 의도가 있을 수 있다고 판단한 것입니다.

> "왕이 이르되 네 주인의 아들이 어디 있느냐 하니 시바가 왕께 아뢰되 예루살렘에 있는데 그가 말하기를 이스라엘 족속이 오늘 내 아버지의 나라를 내게 돌리리라 하나이다 하는지라" 삼하 16:3

다윗은 시바에게 물었습니다. "네 주인의 아들은 어디에 있느냐?" 다윗은 왜 므비보셋이 함께하지 않았는지를 추궁했습니다. 이에 시바는 이렇게 대답했습니다. "그가 말하기를, '이스라엘 족속이 오늘 내 아버지의 나라를 내게 돌리리라' 했습니다" 시바는 혼란한 상황을 틈타 므비보셋이 반역을 꿈꾸고 있다며 모함하기 시작했습니다.

시바의 말을 들은 다윗은 크게 분노했습니다. 다윗이 화를 낼 수밖에 없었던 이유는 므비보셋이 다윗에게 엄청난 은혜를 입은 사람이었기 때문입니다. 므비보셋은 사울의 손자로서 원래 죽음을 면치 못할 처지에 있었습니다. 게다가 그는 비천한 장애인이었지만, 다윗은 그를 왕자처럼 대우하며 존중해 주었습니다.

그러나 이것은 거짓과 음해였습니다. 시바의 말은 사실이 아니었고, 그는 자신의 이익을 위해 므비보셋을 모함한 것이었습니다. 악인들은 이처럼 타인을 죽음으로 몰아넣을 수 있는 음해를 아무렇지도 않게 내뱉습니다. 그들에게는 진실보다 자신의 이익이 더 중요하며, 거짓말로 인해 누군가가 파멸하는 모습을 즐겁게 바라봅니다.

> "왕이 시바에게 이르되 므비보셋에게 있는 것이 다 네 것이니라 하니라 시바가 이르되 내가 절하나이다 내 주 왕이여 내가 왕 앞에서 은혜를 입게 하옵소서 하니라" 삼하 16:4

므비보셋의 반역 소식을 들은 다윗은 격분하며, 그의 전 재산을 시바에게 주겠다고 선언했습니다. 이로써 시바는 자신의 모략과 모함으로 인해 므비보셋의 모든 재산을 차지하게 되었습니다. 그렇다면, 지금 므비보셋은 어디에서 무엇을 하고 있었을까요?

> "사울의 손자 므비보셋이 내려와 왕을 맞으니 그는 왕이 떠난 날부터 평안히 돌아오는 날까지 그의 발을 맵시 내지 아니하며 그의 수염을 깎지 아니하며 옷을 빨지 아니하였더라" 삼하 19:24

압살롬의 반역이 실패로 끝난 뒤, 다윗은 마침내 예루살렘으로 돌아올 수 있었습니다. 그때 므비보셋이 초라한 행색으로 다윗 앞에 나왔습니다. 그의 모습은 마치 나그네와 같았습니다. 그는 수염을 깎지 않았고, 옷도 갈아입지 않은 채 다윗을 맞이했습니다. 므비보셋의 이러한 모습은 그가 다윗의 고난에 동참하고 있었음을 보여줍니다.

> "자녀이면 또한 상속자 곧 하나님의 상속자요 그리스도와 함께 한 상속자니 우리가 그와 함께 영광을 받기 위하여 고난도 함께 받아야 할 것이니라" 롬 8:17

므비보셋은 다윗의 피난길에 동행하지는 못했지만, 그의 고난에 깊이 동참하고 있었습니다. 그는 다윗의 영광스러운 시절에는 왕의 식탁에 앉아 상속자와 같은 대우를 받았으며, 다윗의 은혜를 누렸습니다. 그러나 다윗이 고난을 당할 때에도 므비보셋은 여전히 다윗을 사랑하며 그의 곁을 떠나지 않았습니다. 그는 다윗의 영광과 고난을 모두 함께 나눈 신실한 사람이었습니다.

이와 같이, 복을 받을 때만 열심히 신앙생활을 하는 것이 아니라, 가난과 고난 속에서도 하나님과 교회를 지키는 성도가 진정한 성도입니다.

> "예루살렘에서 와서 왕을 맞을 때에 왕이 그에게 물어 이르되 므비보셋이여 네가 어찌하여 나와 함께 가지 아니하였더냐 하니 대답하되 내 주 왕이여 왕의 종인 나는 다리를 절므로 내 나귀에 안장을 지워 그 위에 타고 왕과 함께 가려 하였더니 내 종이 나를 속이고 종인 나를 내 주 왕께 모함하였나이다 내 주 왕께서는 하나님의 사자와 같으

시니 왕의 처분대로 하옵소서" 삼하 19:25~27

므비보셋은 두 다리를 저는 장애인으로, 혼자서는 움직일 수도, 나귀에 오를 수도 없는 연약한 사람이었습니다. 압살롬의 반역 소식을 듣자마자 므비보셋은 다윗에게 가고자 했습니다. 그러나 그때 시바가 므비보셋을 속이고, 그를 버려둔 채 혼자서 다윗을 만나러 갔습니다.

시바는 다윗에게 므비보셋을 모함하며 거짓말을 늘어놓고, 그를 반역자로 몰아세웠습니다. 이러한 시바의 행위로 인해 므비보셋은 억울한 누명을 쓰게 되었고, 자신이 충성을 다했던 왕에게 오해를 받는 고통을 겪어야 했습니다.

"사연을 듣기 전에 대답하는 자는 미련하여 욕을 당하느니라" 잠 18:13

시간이 지나면서 결국 진실은 드러나게 되었습니다. 다윗은 성급하게 시바의 말만 믿고 판단했던 것을 깨닫게 됩니다. 다윗은 두 사람의 주장을 모두 들어보고 판단했어야 했는데, 시바의 일방적인 말에만 의존해 므비보셋을 오해했던 것입니다.

이 사건은 우리의 인간관계에서도 자주 벌어지는 일을 떠올리게 합니다. 한쪽의 말만 듣고 성급하게 판단하여 오해하고, 분노하며, 불필요한 갈등을 일으키는 경우가 얼마나 많습니까? 그리고 시간이 지난 뒤에는 반드시 후회하는 일이 생기곤 합니다. 우리는 양쪽의 이야기를 모두 듣기 전에는 결코 성급히 판단하지 말아야 합니다.

므비보셋의 상황을 생각해 보십시오. 그가 얼마나 억울하고 원통했겠습니까? 그는 혼자 움직일 수도 없는 몸이었습니다. 그런데 믿었던 종인 시바가 자신을 배신하고, 심지어 모함까지 했습니다. 므비보셋은 장애인으로서 이미 삶 속에서 깊은 상처와 피해의식을 지니고 있었을 것입니다. 이러한 상황에서 시바의 배신은 단순한 배신을 넘어, 무시와 모욕으로 느껴졌습니다. 그럼에도 불구하고 므비보셋은 놀라운 대답을 합니다.

> "하나님의 사자와 같으시니 왕의 처분대로 하옵소서" 삼하 19:27

므비보셋은 다윗에게 이렇게 말합니다. "왕의 처분대로 하옵소서" 그는 자신의 억울함을 길게 호소하거나, 시바를 강하게 비난하지 않았습니다. 오히려 왕께 모든 것을 맡기며, 다윗이 무엇을 말씀하시든지 따르겠다는 굳은 의지를 보여주었습니다.

므비보셋이 이런 태도를 보인 이유는 무엇일까요? 그것은 이미 다윗에게 갚을 수 없는 은혜를 받았기 때문입니다. 므비보셋은 본래 사울 왕가의 일원으로, 왕권이 바뀌며 죽음을 면치 못할 처지에 있었습니다. 그러나 다윗은 그를 불러 왕자처럼 대우하고, 모든 것을 베풀어 주었습니다.

므비보셋은 자신이 살아 있는 것 자체가 은혜임을 알고 있었습니다. 지금 다윗 왕 앞에 서서 대화하고 있는 것조차 다윗의 은혜라는 사실을 깊이 깨닫고 있었던 것입니다.

> "내 아버지의 온 집이 내 주 왕 앞에서는 다만 죽을 사람이 되지 아니하였나이까 그러나 종을 왕의 상에서 음식 먹는 자 가운데에 두셨사오니 내게 아직 무슨 공의가 있어서 다시 왕께 부르짖을 수 있사오리이까 하니라" 삼하 19:28

므비보셋은 죽음을 피할 수 없는 운명에 놓인 사람이었습니다. 사울 왕의 손자로서 다윗에게는 정적(政敵)으로 간주될 수 있었고, 숙청 대상 1순위에 해당했기 때문입니다. 그래서 그는 숨어 지내며 조용히 살아가고 있었습니다. 하지만 다윗은 그런 므비보셋을 단순히 살려주는 데 그치지 않고, 왕의 식탁에서 함께 식사할 수 있는 특별한 은혜를 베풀었습니다. 이미 다윗에게 자신으로서는 갚을 수 없는 큰 은혜를 받았기에, 므비보셋은 다윗의 모든 결정을 감사한 마음으로 따르겠다고 했습니다. 그는 받은 은혜를 끝까지 잊지 않는 사람이었습니다.

> "왕이 그에게 이르되 네가 어찌하여 또 네 일을 말하느냐 내가 이르노니 너는 시바와 밭을 나누라 하니" 삼하 19:29

다윗은 므비보셋의 말을 듣고 시바와 밭을 나누라고 지시했습니다. 그러나 이 판결은 사실 공정하지 않았습니다. 시바는 거짓과 누명을 통해 므비보셋의 재산을 빼앗으려 했던 장본인이었기 때문입니다. 더욱이, 다윗은 시바의 주장만 듣고 성급히 판결을 내렸고, 이를 바로잡기 위해 재산을 온전히 므비보셋에게 돌려주는 것이 마땅했지만, 결국 절반만 가지라고 했습니다. 왜 그랬을까요?

당시 다윗의 심경은 너무나 혼란스럽고 괴로웠습니다. 압살롬의 반역이 실패로 끝났다고는 하나, 압살롬에게 동조했던 관리들의 처우 문제가 여전히 남아 있었고, 무엇보다도 압살롬의 죽음은 다윗에게 지울 수 없는 깊은 상처로 남아 있었습니다. 이러한 상황 속에서 다윗은 시바와 므비보셋의 문제를 공정하게 다룰 여유조차 없었습니다. 결국, 심사숙고하지 못한 채 두 사람에게 밭을 반씩 나누라고 한 것입니다. 그렇다면, 이렇게 명백히 불공평한 판결을 들은 므비보셋은 어떻게 대답했을까요?

> "므비보셋이 왕께 아뢰되 내 주 왕께서 평안히 왕궁에 돌아오시게 되었으니 그로 그 전부를 차지하게 하옵소서 하니라" 삼하 19:30

므비보셋은 다윗에게 재산이 필요 없으니 시바가 전부 가지도록 하라고 말했습니다. 이 대답이 얼마나 놀라운 일입니까? 므비보셋은 다윗이 무사히 왕궁으로 돌아오신 것만으로도 충분히 만족한다고 고백했습니다. 그의 이 고백은 듣는 이들에게 깊은 감동과 충격을 줍니다.

므비보셋은 물질을 초월한 사람이었습니다. 다윗에게서 크나큰 은혜와 용서를 받은 그는 더 이상 재산이나 물질에 얽매이지 않았습니다. 이미 넘치는 은혜를 경험했기에, 가난조차도 문제가 되지 않는다고 말한 것입니다.

> "요나단의 아들은 므립바알이라 므립바알은 미가를 낳았고 미가의 아들들은 비돈과 멜렉과 다레아와 아하스이며" 대상 9:40~41

요나단의 아들 므립바알은 곧 므비보셋을 가리킵니다. 므비보셋에게는 미가라는 아들 하나가 있었습니다. 반면, 시바는 15명의 아들을 두었지만, 그 누구도 성경에 이름을 남기지 못했습니다. 그러나 므비보셋은 자신의 아들뿐 아니라 손자들까지 성경에 이름을 남겼습니다.

이는 단순한 기록 이상의 의미를 가집니다. 아무나 성경에 이름을 올리는 영예를 누릴 수는 없습니다. 므비보셋의 자손들은 뛰어난 인물로 성장하여 이스라엘의 지도자들로 우뚝 섰습니다. 이는 하나님께서 므비보셋에게 자손들이 잘되는 특별한 복을 허락하셨음을 보여줍니다.

결과적으로, 므비보셋은 억울한 누명을 쓰고 모든 재산을 잃는 고난을 겪었지만, 돈으로 살 수 없는 하나님의 축복과 은혜를 받았습니다.

> "그들이 내 걸음을 막으려고 그물을 준비하였으니 내 영혼이 억울하도다 그들이 내 앞에 웅덩이를 팠으나 자기들이 그 중에 빠졌도다"
> 시 57:6

하나님께서는 우리의 억울함을 알고 계십니다. 하나님은 우리의 누명을 풀어주시는 분이십니다. 우리가 스스로 힘으로 억울함을 해결하려 한다면, 상황은 더 복잡해지고 또 다른 오해를 부를 가능성이 큽니다. 그러나 하나님께서 개입하신다면 단순히 억울함이 해소되는 것을 넘어, 예상치 못한 놀라운 축복을 경험하게 됩니다.

하나님은 우리의 원수들을 우리 앞의 웅덩이에 빠지게 하시는 분이십니다. 그렇기에 억울한 일을 당할수록 더욱 하나님을 신뢰하고 의지해야 합니다. 우리의 문제를 하나님께 맡길 때, 그분은 가장 완전한 방법으로 해결하실 뿐 아니라, 그 과정 속에서 우리에게 더 큰 은혜를 베푸실 것입니다.

# 그가 저주하게 버려두라

요즘 분노 조절 장애가 심각한 사회적 문제로 부각되고 있습니다. 이는 일상적인 상황에서도 과도하게 화를 내거나 분노를 폭발시키는 행동을 반복적으로 나타내는 정신적 상태를 의미합니다. 이러한 장애를 가진 사람들은 사소한 일에도 큰 분노를 느끼며, 이를 통제하지 못해 충동적인 행동을 초래하곤 합니다. 이는 곧, 우리가 인내와 참을성이 결핍된 시대에 살고 있음을 반영합니다.

이처럼 인내심이 결여된 시대에 리더에게 가장 중요한 덕목은 무엇일까요? 바로 인내와 참을성입니다. 영국의 시인이자 철학자인 존 밀턴(John Milton)은 이렇게 말했습니다. "가장 잘 견딜 수 있는 사람이야말로 무엇이든 가장 잘할 수 있는 사람이다" 리더가 쉽게 변심하거나 목표를 수시로 변경한다면 조직원들은 리더를 신뢰하지 못할 것입니다. 또한, 리더가 일관성을 유지하지 못하고 감정에 휘둘려 행동한다면 조직원들에게 불안감을 심어줄 수밖에 없습니다.

> "다윗 왕이 바후림에 이르매 거기서 사울의 친족 한 사람이 나오니 게라의 아들이요 이름은 시므이라 그가 나오면서 계속하여 저주하고" 삼하 16:5

다윗은 우리에게 인내와 참을성의 모범을 보여주는 인물입니다. 피난길에서 다윗은 시므이를 마주쳤습니다. 시므이는 사울의 친족으로, 다윗이 왕위에 오르면서 왕족으로서의 권위를 상실한 인물이었습니다. 이러한 원한을 품은 시므이는 도망치는 다윗을 따라오며 그를 저주하고 비난하며 모욕했습니다.

> "시므이가 저주하는 가운데 이와 같이 말하니라 피를 흘린 자여 사악한 자여 가거라 가거라 사울의 족속의 모든 피를 여호와께서 네게로 돌리셨도다 그를 이어서 네가 왕이 되었으나 여호와께서 나라를 네 아들 압살롬의 손에 넘기셨도다 보라 너는 피를 흘린 자이므로 화를 자초하였느니라 하는지라" 삼하 16:7~8

아무리 다윗이 피난길에 올랐다고 해도, 그는 여전히 이스라엘의 왕이었습니다. 왕 앞에서는 모든 말과 행동을 조심해야 하며, 단 한 번의 실언으로도 목숨을 잃을 수 있는 것이 당시의 현실이었습니다. 더군다나, 다윗 곁에는 일당백의 용사들이 여전히 함께하고 있었습니다. 하지만 시므이는 어떻게 행동했습니까? 그는 다윗을 향해 왕이라는 존칭조차 사용하지 않으며, "피를 흘린 자여! 사악한 자여!"라고 다윗을 부르며 저주했습니다.

시므이는 거기서 멈추지 않았습니다. 그는 다윗에게 "네가 화를 자초했기에 하나님께서 갚아주시는 것"이라며, 더욱 악독한 말로 다윗의 마음을 후벼 팠습니다. 그러나 사울이 죽은 이유가 과연 다윗 때문입니까? 결코 그렇지 않습니다. 사울의 죽음은 그가 하나님을 무시하고 모욕하며 거역한 결과였습니다. 오히려 다윗은 사울을 두 번이나 죽일 기회를 가졌음에도 불구하고 그를 용서하며 하나님께 맡겼습니다. 그럼에도 불구하고, 시므이는 사울의 죽음의 책임을 다윗에게 덮어씌우며 그를 비난하고 저주하며 모욕을 퍼부었습니다.

지금 다윗의 심정은 어땠을까요? 아들 압살롬이 자신을 죽이려 하는 상황입니다. 아버지로서, 왕으로서, 이 배신만으로도 억장이 무너질 수밖에 없었을 것입니다. 그런데 그 와중에, 시므이라는 자가 이스라엘의 왕을 공개적으로 모욕하고 있는 것입니다. 이미 다윗의 마음은 비탄과 분노로 가득 찼는데, 시므이는 오히려 기름을 부은 격으로 다윗의 화를 돋우고 있었습니다.

> "또 다윗과 다윗 왕의 모든 신하들을 향하여 돌을 던지니 그 때에 모든 백성과 용사들은 다 왕의 좌우에 있었더라" 삼하 16:6

왕의 좌우에는 누가 있었습니까? 바로 일당백의 용사들이 다윗을 호위하고 있었습니다. 그들은 삼손과도 같은 위용을 지닌 자들로, 다윗의 곁을 굳건히 지키며 왕의 권위를 대변하는 존재들이었습니다. 그런데도 어떻게 시므이는 그토록 겁 없이 다윗을 모욕할 수 있었을까요? 그 이유는 시므이가 가진 권력 때문이었습니다.

훗날 시므이가 다윗에게 용서를 구하러 나올 때, 그는 혼자 나오지 않았습니다. 베냐민 지파의 사람 1,000명을 데리고 나왔습니다(삼하 19:17). 이 사실은 시므이가 단순한 개인이 아니라, 그의 뒤에 상당한 세력이 있었음을 보여줍니다. 시므이는 베냐민 지파라는 배경, 즉 사울 왕가의 혈통과 그로부터 비롯된 정치적 영향력을 바탕으로 다윗을 모욕할 수 있었던 것입니다.

> "스루야의 아들 아비새가 왕께 여짜오되 이 죽은 개가 어찌 내 주 왕을 저주하리이까 청하건대 내가 건너가서 그의 머리를 베게 하소서 하니" 삼하 16:9

그때 다윗의 장군 아비새가 나서며 말했습니다. "이 죽은 개 같은 놈이 어찌 내 주 왕을 저주할 수 있겠습니까?" 아비새는 당장이라도 시므이를 죽이겠다고 하였습니다. 그는 전쟁의 영웅으로, 만약 아비새가 나섰다면 어린아이의 손목을 비트는 것처럼 손쉽게 시므이의 목을 비틀었을 것입니다. 이처럼 다윗은 시므이를 죽일 수 있는 충분한 권력과 수단을 가지고 있었습니다. 다윗의 용사들의 위용과 전투력을 생각하면, 시므이는 아비새의 말처럼 죽은 개보다 못한 존재에 불과했습니다.

이와 같은 상황에서 우리라면 어떻게 행동했을까요? "안 그래도 화가 난 상태인데, 마침 분풀이할 적절한 대상을 만났다. 도망은 가더라도 너만큼은 죽이고 가겠다!"라며 격분하지 않았을까요? 그러나 다윗은 달랐습니다. 그는 참고 인내하였습니다.

> "또 다윗이 아비새와 모든 신하들에게 이르되 내 몸에서 난 아들도 내 생명을 해하려 하거든 하물며 이 베냐민 사람이랴 여호와께서 그에게 명령하신 것이니 그가 저주하게 버려두라 혹시 여호와께서 나의 원통함을 감찰하시리니 오늘 그 저주 때문에 여호와께서 선으로 내게 갚아 주시리라 하고" 삼하 16:11~12

우리는 흔히 기회만 찾아온다면 반드시 복수를 하려고 합니다. 마음속에 비수를 품고 다니며, 복수할 순간만을 엿보는 경우가 많습니다. 그러나 다윗은 충분한 힘과 기회를 가졌음에도 불구하고 시므이를 용서했습니다. 다윗은 어떻게 이러한 인내를 가질 수 있었을까요? 그것은 다윗의 마음이 이미 성숙되었기 때문입니다.

> "다윗이 이미 말하기를 내가 이 자의 소유물을 광야에서 지켜 그 모든 것을 하나도 손실이 없게 한 것이 진실로 허사라 그가 악으로 나의 선을 갚는도다 내가 그에게 속한 모든 남자 가운데 한 사람이라도 아침까지 남겨 두면 하나님은 다윗에게 벌을 내리시고 또 내리시기를 원하노라 하였더라" 삼상 25:21~22

다윗은 원래부터 인내심과 참을성을 지닌 인물이 아니었습니다. 그 역시 한때 자신의 분노를 다스리지 못했던 순간들이 있었습니다. 나발의 사례가 대표적입니다. 나발이 양털을 깎는다는 소식을 들은 다윗은 겸손히 먹을 것을 요청했지만, 나발은 다윗을 모욕하고 무시했습니다. 이에 다윗은 격분하여 400명의 부하를 이끌고 나발과 그의 가족들을 모두 죽이려 했습니다. 그러나 그때 하나님께서 아비가일을 보내시어 다윗의 분노를 누그러뜨리셨습니다.

그런 다윗이 시므이 앞에서는 전혀 다른 모습을 보여주었습니다. 나발의 경우에는 분노에 휩싸여 칼을 들었지만, 시므이의 모욕 앞에서는 용서와 인내를 택했습니다. 이 변화의 이유는 다윗의 마음이 성숙했기 때문입니다.

그렇다면 다윗은 어떻게 이러한 마음의 성숙을 이룰 수 있었을까요? 젊은 시절, 다윗은 사울을 피해 도망자로 살아야 했습니다. 그 과정에서 다윗은 굶주림, 두려움, 음해, 그리고 비난과 같은 고난과 역경을 겪어야만 했습니다. 그러나 바로 그 시간이 다윗에게는 영적 성장과 내적 성숙의 시기가 되었던 것입니다.

우리 역시 다윗처럼 마음의 성숙을 이루기 위해서는 현재의 고난을 아름답게 보내는 법을 배워야 합니다. 다윗처럼 어떤 비난과 모욕에도 흔들리지 않는 내면을 가지기 위해서는, 지금 나를 괴롭게 하는 문제들조차 포용하고 견뎌내는 자세가 필요합니다.

> "혹시 여호와께서 나의 원통함을 감찰하시리니 오늘 그 저주 때문에 여호와께서 선으로 내게 갚아 주시리라 하고" 삼하 16:12

또한, 다윗은 하나님을 신뢰했기 때문에 인내와 참을성을 가질 수 있었습니다. 그는 하나님께서 자신을 불쌍히 여기시고, 결국 선으로 갚아주실 것이라는 확신을 가지고 있었습니다. 이러한 믿음이 있었기에, 비록 화가 나고 괴로움이 가득했을지라도 다윗은 끝까지 참고 견딜 수 있었던 것입니다.

> "아무에게도 악을 악으로 갚지 말고 모든 사람 앞에서 선한 일을 도모하라 내 사랑하는 자들아 너희가 친히 원수를 갚지 말고 하나님의 진노하심에 맡기라 기록되었으되 원수 갚는 것이 내게 있으니 내가 갚으리라고 주께서 말씀하시니라" 롬 12:17, 19

다윗은 시므이뿐만 아니라, 압살롬의 문제를 해결할 가장 확실한 방법을 알고 있었습니다. 그것은 바로 선으로 악을 이기는 것이었습니다. 다윗은 악을 악으로 갚지 않았고, 대신 선으로 악을 대항했습니다. 그러자 하나님께서 일하기 시작하셨습니다. 하나님은 다윗의 원통함을 감찰하셨고, 그에게 선으로 갚아주셨습니다.

그렇다면 우리는 왜 문제 앞에서 조급해하고 분주하며 근심하게 될까요? 그 이유는 우리가 하나님을 신뢰하지 않고 자신의 능력을 의지하기 때문입니다. 문제를 스스로 해결하려는 교만한 마음이 우리를 조급하게 만들고, 불필요한 걱정과 근심 속으로 빠지게 만듭니다.

> "인내를 온전히 이루라 이는 너희로 온전하고 구비하여 조금도 부족함이 없게 하려 함이라" 약 1:4

우리는 인내를 온전히 이루어야 합니다. 인내를 통해 우리는 온전하고 부족함이 없는 성도로 세워질 수 있습니다. 하나님께서는 우리를 훈련시키시며 인내를 가르치시고, 이를 통해 우리의 믿음과 내면을 더욱 성숙하게 만드십니다.

다윗이 고난 속에서 마음의 성숙과 온전한 믿음을 이루었듯이, 우리 역시 삶의 어려움 속에서 인내를 완성해야 합니다. 인내는 단순히 고통을 참는 것이 아니라, 하나님을 신뢰하며 그의 뜻을 기다리는 과정입니다. 이를 통해 우리는 성숙한 믿음의 성도가 될 수 있습니다.

## 좋은 계략을 물리치라

아히도벨과 후새는 이스라엘의 대표적인 책사였습니다. 책사란 전쟁에서 전략을 세우거나, 정치적인 계략이 필요할 때 왕이 조언을 구하는 핵심 인물들입니다. 두 사람 모두 지략과 지혜가 뛰어난 조언자였지만, 그 능력을 비교하자면 아히도벨이 후새보다 더 뛰어났습니다. 즉, 아히도벨은 1인자, 후새는 2인자의 위치에 있던 것입니다. 이러한 이유로 다윗은 아히도벨을 모사의 자리에 앉혔고, 후새는 친구로 삼아 그의 곁에 두었습니다.

> "아히도벨은 왕의 모사가 되었고 아렉 사람 후새는 왕의 벗이 되었고" 대상 27:33

그러나 아히도벨이 다윗을 배신하고 압살롬의 편에 붙는 일이 벌어졌습니다. 이스라엘에서 가장 뛰어난 지략가로 손꼽히던 아히도벨이 압살롬을 지지한다는 소식은, 압살롬의 세력을 단숨에 막강한 영향력을 지닌 세력으로 탈바꿈시켰습니다. 이 소식은 단순한 배신을 넘어, 마치 다윗의 시대가 끝났다는 선고와도 같았습니다.

그렇다면, 아히도벨은 왜 다윗을 배신했을까요? 그 이유는 단순히 돈과 권력 때문이 아니었습니다. 아히도벨은 이미 최고의 자리에 있었고, 부와 명예를 충분히 누리고 있었습니다. 그가 다윗을 배신한 이유는 바로 개인적인 원한과 복수심 때문이었습니다.

> "마아가 사람의 손자 아하스배의 아들 엘리벨렛과 길로 사람 아히도벨의 아들 엘리암과" 삼하 23:34
> "다윗이 사람을 보내 그 여인을 알아보게 하였더니 그가 아뢰되 그는 엘리암의 딸이요 헷 사람 우리아의 아내 밧세바가 아니니이까 하니" 삼하 11:3

아히도벨의 아들은 엘리암, 그리고 엘리암의 딸이 바로 밧세바입니다. 다윗은 밧세바를 겁탈하고, 그녀의 남편 우리야를 전쟁터에서 죽게 함으로써 가정을 파탄시켰습니다. 이는 곧 다윗이 아히도벨의 사랑하는 손녀를 짓밟고, 그녀의 가정을 무너뜨린 장본인이라는 뜻입니다.

이 사건 이후로, 아히도벨은 다윗에 대한 깊은 원한과 복수심을 품게 되었습니다. 그러던 중 압살롬이 반역을 일으켰다는 소식을 듣자,

아히도벨은 망설임 없이 압살롬의 편에 섰습니다. 이는 단순한 권력 다툼이 아니라, 밧세바 사건으로 인한 감정적 복수였던 것입니다. 결국, 다윗의 죄악이 아히도벨의 배신으로 이어지게 된 셈입니다.

아히도벨이 압살롬의 편에 섰다는 소식을 들은 다윗은 크게 두려워했습니다. 그는 아히도벨의 지략이 얼마나 뛰어난지 알고 있었기에, 그 배신이 자신의 왕권에 치명적일 수 있음을 깊이 깨달았습니다.

> "어떤 사람이 다윗에게 알리되 압살롬과 함께 모반한 자들 가운데 아히도벨이 있나이다 하니 다윗이 이르되 여호와여 원하옵건대 아히도벨의 모략을 어리석게 하옵소서 하니라" 삼하 15:31

아히도벨은 다윗이 두려워할 정도로 뛰어난 지략과 전략을 가진 인물이었습니다. 그의 지혜는 너무도 탁월하여, 사람들은 그의 조언을 마치 하나님께서 직접 주신 지혜처럼 여겼습니다.

> "그 때에 아히도벨이 베푸는 계략은 사람이 하나님께 물어서 받은 말씀과 같은 것이라 아히도벨의 모든 계략은 다윗에게나 압살롬에게나 그와 같이 여겨졌더라" 삼하 16:23

반면에 후새는 아히도벨의 그림자에 가려져 자신의 역량을 충분히 드러내지 못했습니다. 후새 역시 뛰어난 지략가였지만, 아히도벨의 지혜가 워낙 탁월했기에 그는 항상 2인자의 자리를 지켜야만 했습니다.

그러나 후새는 다윗에게 사랑과 신뢰를 받는 친구였습니다. 그는 단순한 책사를 넘어 다윗의 곁을 지키며, 어려운 순간에도 끝까지 다윗을 섬기는 충성된 동반자로 남았습니다.

> "다윗이 하나님을 경배하는 마루턱에 이를 때에 아렉 사람 후새가 옷을 찢고 흙을 머리에 덮어쓰고 다윗을 맞으러 온지라 다윗이 그에게 이르되 네가 만일 나와 함께 나아가면 내게 누를 끼치리라" 삼하 15:32~33

다윗이 피난길에 올랐다는 소식을 듣자, 후새는 지체하지 않고 급히 다윗에게 찾아왔습니다. 그는 옷을 찢고 흙을 머리에 덮어쓰며, 깊은 애통의 심정으로 다윗을 향해 나아갔습니다. 그런데, 그 순간 다윗은 후새에게 이해하기 힘든 부탁을 합니다.

> "그러나 네가 만일 성읍으로 돌아가서 압살롬에게 말하기를 왕이여 내가 왕의 종이니이다 전에는 내가 왕의 아버지의 종이었더니 이제는 내가 왕의 종이니이다 하면 네가 나를 위하여 아히도벨의 모략을 패하게 하리라" 삼하 15:34

다윗은 후새에게 예루살렘으로 돌아가라고 명했습니다. 이는 곧 후새를 압살롬의 첩자로 보내겠다는 뜻이었습니다. 다윗은 후새에게 "아히도벨의 모략을 패하게 하라"는 막중한 임무를 맡겨 그를 압살롬의 진영으로 보냈습니다.

그렇다면, 그 순간 후새의 마음은 어땠을까요? 후새는 지금껏 단 한 번도 아히도벨을 이겨본 적이 없는 사람이었습니다. 아히도벨은 후새보다 몇 수 앞을 내다보는 전략가였고, 후새로서는 도저히 따라잡을 수 없는 인물이었습니다. 그러나 지금은 핑계를 댈 여유조차 없는 상황이었습니다. 만약 후새가 실패한다면, 다윗은 틀림없이 아히도벨의 계략에 의해 죽게 될 것이었기 때문입니다.

후새는 이 절박한 상황 속에서 기도하는 마음으로 적진에 들어갔습니다. 그는 다윗을 구하겠다는 단 하나의 일념으로 목숨을 걸고 사지(死地)로 뛰어든 것입니다.

> "압살롬과 모든 이스라엘 백성들이 예루살렘에 이르고 아히도벨도 그와 함께 이른지라 다윗의 친구 아렉 사람 후새가 압살롬에게 나갈 때에 그에게 말하기를 왕이여 만세, 왕이여 만세 하니 압살롬이 후새에게 이르되 이것이 네가 친구를 후대하는 것이냐 네가 어찌하여 네 친구와 함께 가지 아니하였느냐 하니" 삼하 16:15~17

후새는 "왕이시여, 만세! 만세!"를 외치며 압살롬에게 나아갔습니다. 이를 본 압살롬은 의아한 듯 물었습니다. "너는 어찌하여 네 친구와 함께 가지 않았느냐?" 이에 후새는 압살롬이 듣기 좋은 말로 그를 현혹했습니다. "여호와께서 당신을 선택하셨고, 모든 백성들이 사랑하는 분이 여기에 계시는데, 제가 누구를 섬기겠습니까?" 후새는 이처럼 달콤한 말로 압살롬의 마음을 사로잡았습니다.

사실 압살롬은 반역을 자신 있게 일으켰지만, 그 내면은 심리적 압박감으로 가득 차 있었습니다. 그는 비록 예루살렘 성에 무혈입성 했지만, 여전히 다윗의 군대는 강력하고 결속된 상태였습니다. 이러한 상황에서 압살롬에게는 한 사람이라도 더 자신의 편으로 끌어들이는 것이 절실했습니다.

그때 후새가 그의 편에 서겠다고 나섰으니, 압살롬의 마음은 크게 흡족해졌습니다. 그는 후새의 행동에 만족하며, 자신이 정말로 이스라엘의 왕이 된 것 같은 착각에 빠졌습니다. 그렇게 후새는 위장 전향에 성공하며 다윗을 위한 첩자의 역할을 시작했던 것입니다.

"아히도벨이 압살롬에게 이르되 왕의 아버지가 남겨 두어 왕궁을 지키게 한 후궁들과 더불어 동침하소서 그리하면 왕께서 왕의 아버지가 미워하는 바 됨을 온 이스라엘이 들으리니 왕과 함께 있는 모든 사람의 힘이 더욱 강하여지리이다 하니라 이에 사람들이 압살롬을 위하여 옥상에 장막을 치니 압살롬이 온 이스라엘 무리의 눈앞에서 그 아버지의 후궁들과 더불어 동침하니라" 삼하 16:21~22

압살롬은 참모진들과 함께 전략회의를 열었습니다. 그 자리에서 아히도벨은 충격적이면서도 강력한 계략을 제안했습니다. 그것은 바로, 다윗이 예루살렘에 남겨둔 후궁들과 동침하라는 것이었습니다. 아히도벨은 이를 통해 머뭇거리고 있는 세력들을 압살롬의 편으로 끌어들일 수 있다고 주장했습니다.

압살롬이 후궁들과 동침한다는 행위는 단순한 패륜이 아니라, 다윗과의 관계를 완전히 단절하고, 왕권을 탈취하려는 자신의 확고한 결단과 의지를 온 이스라엘 앞에 선포하는 상징적인 행동이었습니다. 아버지와 아들의 관계라는 점에서 혹여나 압살롬이 마음이 약해져 갈등하지 않을까 하는 우려가 있었기 때문에, 아히도벨은 이러한 극단적인 방법을 제시한 것입니다.

압살롬은 아히도벨의 계략을 받아들였고, 온 이스라엘이 보는 앞에서 다윗의 후궁들과 동침했습니다. 이는 배수의 진을 치고, 다윗을 반드시 죽이겠다는 그의 확고한 의지를 드러낸 것이었습니다.

"아히도벨이 또 압살롬에게 이르되 이제 내가 사람 만 이천 명을 택하게 하소서 오늘 밤에 내가 일어나서 다윗의 뒤를 추적하여 그가 곤하고 힘이 빠졌을 때에 기습하여 그를 무섭게 하면 그와 함께 있는

모든 백성이 도망하리니 내가 다윗 왕만 쳐죽이고" 삼하 17:1~2

아히도벨은 여기서 멈추지 않고, 지금 당장 다윗을 죽이러 출격해야 한다고 강력히 주장했습니다. 그는 매우 정확하게 다윗의 현재 상황과 전세(戰勢)를 파악하고 있었습니다. 지금 다윗은 피난길에 올라 기진맥진한 상태였고, 병사들도 지친 상태였습니다. 아히도벨은 자신이 직접 1만 2,000명의 병사들을 이끌고 다윗을 공격하겠다고 하며, 이 계략이 반드시 성공할 것이라고 확신했습니다.

아히도벨의 계획은 단순하면서도 치명적이었습니다. 다윗 한 사람만 제거하면 나머지 백성들은 저항 없이 항복할 것이라는 것이었습니다. 그는 이 기회를 절호의 순간으로 보았고, 결단력 있게 행동할 것을 압살롬에게 촉구했습니다. 아히도벨의 지략과 전술은 여전히 놀라운 통찰력을 보여주었습니다. 그런데 그때, 압살롬은 아히도벨의 제안만으로 결정을 내리지 않고, 후새를 불러 그의 의견을 물었습니다.

> "압살롬이 이르되 아렉 사람 후새도 부르라 우리가 이제 그의 말도 듣자 하니라 후새가 압살롬에게 이르매 압살롬이 그에게 말하여 이르되 아히도벨이 이러이러하게 말하니 우리가 그 말대로 행하랴 그렇지 아니하거든 너는 말하라 하니" 삼하 17:5~6

후새는 뛰어난 전략가였기에, 압살롬은 그의 의견을 듣고자 했습니다. 이에 후새는 대답했습니다. "왕이시여, 이번에는 아히도벨의 계략이 별로 좋지 않습니다. 지금까지 아히도벨은 탁월한 책략을 내놓았지만, 이번에는 실수하고 있는 것입니다"

후새는 아히도벨의 전략에 반대하며, 다윗의 용사들을 조심해야 한다고 주장했습니다. 그는 다윗의 용사들을 새끼를 빼앗긴 어미 곰에 비유하며, 잘못 건드리면 큰 피해를 입을 수 있다고 경고했습니다. "그렇게 했다가는 쥐에게 물린 고양이 꼴이 될 수 있습니다" 또한, 후새는 다윗이 광야에서 약 10년 동안 사울을 피해 도피 생활을 했던 경험을 강조하며, 그가 광야 지형에 익숙하고 게릴라전에 능숙하다는 점을 지적했습니다.

후새는 이런 상황에서 압살롬의 군대가 단 한 번이라도 다윗에게 패배한다면, 백성들이 크게 동요할 것이라고 경고했습니다. 따라서 후새는 아히도벨의 "지금 당장 출전하라"는 전략 대신, 전국에서 군인들을 소집하여 압도적인 병력으로 다윗과 그의 부하들을 완전히 섬멸하자는 전략을 제안했습니다.

놀라운 점은, 압살롬이 아히도벨의 뛰어난 계략 대신 후새의 전략을 선택했다는 것입니다. 이를 통해 후새는 아히도벨의 계획을 무산시키는 데 성공했습니다.

그렇다면, 이는 단순히 후새의 지혜 덕분일까요? 아닙니다. 후새가 압살롬을 설득할 수 있었던 것은 하나님께서 후새의 입술에 지혜로운 말을 주셨기 때문입니다.

> "사람이 너희를 회당이나 위정자나 권세 있는 자 앞에 끌고 가거든 어떻게 무엇으로 대답하며 무엇으로 말할까 염려하지 말라 마땅히 할 말을 성령이 곧 그 때에 너희에게 가르치시리라 하시니라" 눅 12:11~12

후새는 단 한 번도 아히도벨을 말로 이겨본 적이 없는 인물이었습니다. 그러나 하나님께서 그에게 지혜를 주셨을 때, 후새는 가장 중요한 순간에 아히도벨의 계략을 무산시키는 데 성공했습니다.

결국, 아히도벨은 자신의 전략이 채택되지 못한 것을 보고, 집으로 돌아가 목매달아 생을 마감했습니다. 이는 단순히 자존심의 문제가 아니었습니다. 아히도벨은 이 전쟁의 결과를 이미 예측하고 있었습니다. 그의 전략이 무산되자, 그는 압살롬이 패배하고 다윗이 승리할 것을 확신했습니다. 이러한 절망 속에서 아히도벨은 자살을 선택했던 것입니다.

> "압살롬과 온 이스라엘 사람들이 이르되 아렉 사람 후새의 계략은 아히도벨의 계략보다 낫다 하니 이는 여호와께서 압살롬에게 화를 내리려 하사 아히도벨의 좋은 계략을 물리치라고 명령하셨음이더라" 삼하 17:14

후새가 아히도벨의 계략을 물리칠 수 있었던 것은 전적으로 하나님께서 하신 일이었습니다. 하나님은 지혜와 권능으로 아히도벨의 계략을 무력화시키셨습니다. 아무리 사람의 지혜가 뛰어나다 해도, 그것은 하나님의 완전한 지혜와 비교할 수 없는 것입니다.

> "하나님의 어리석음이 사람보다 지혜롭고 하나님의 약하심이 사람보다 강하니라" 고전 1:25

우리는 때로 자신의 부족함과 미련함을 보며 좌절하기도 합니다. 삶에서 한계에 부딪혀 모든 것을 포기하고 싶을 때도 있습니다. 나보다 뛰어난 사람을 만나면, 스스로를 한심하게 여기고 자책하기도 하며, 아무리 노력해도 이길 수 없는 상대를 마주할 때는 깊은 절망감에 빠지기도 합니다. 그러나 이제는 자신의 힘과 노력에 의지하지 말고, 하나님을 의지해야 합니다. 하나님의 어리석음조차 사람의 지혜보다 더 뛰어납니다.

> "너희 중에 누구든지 지혜가 부족하거든 모든 사람에게 후히 주시고 꾸짖지 아니하시는 하나님께 구하라 그리하면 주시리라" 약 1:5

하나님께서 후새에게 지혜를 주셔서 아히도벨을 이기게 하신 것처럼, 우리에게도 지혜를 주시면 세상을 이길 수 있습니다. 하나님은 모든 사람에게 지혜를 후히 주시며 꾸짖지 아니하시는 분입니다.

우리가 하나님의 지혜를 구할 때, 그분은 기꺼이 응답하시고, 우리의 연약함을 강하게 하십니다. 하나님의 지혜는 단순히 문제를 해결하는 능력이 아니라, 세상을 이기고 하나님의 뜻을 이루는 비장의 무기입니다. 세상을 이기는 힘은 우리의 능력이 아니라, 하나님의 지혜에서 비롯됨을 기억해야 합니다.

## 시장하고 곤하고 목마르겠다

후새의 계략으로 시간을 벌게 된 다윗은 마하나임에 진을 치며 방어 태세를 갖추었습니다. 마하나임은 요단강 동쪽에 위치한 전략적 요충지로, 이곳에서 다윗은 군사적 안정을 유지하며 압살롬의 군대에 대비할 수 있었습니다. 요단강을 건너는 일은 군사 작전상 중대한 도전으로 여겨졌습니다. 따라서 적군이 강을 건너는 동안 다윗은 병력을 재정비하고 방어 전략을 수립할 여유를 가질 수 있었으며, 이는 군사적으로 유리한 위치를 확보하는 데 기여했습니다.

비록 마하나임에서 군사적 안정은 확보했으나, 다윗이 마음의 평온을 누리기는 어려웠습니다. 그는 다시 한번 도망자의 신세가 되었기 때문입니다. 과거 사울을 피해 도망쳤던 날들이 어제 일처럼 생생한데, 이제는 자신의 아들을 피해 도망쳐야 하는 처지가 된 것입니다. 그때 다윗의 마음은 어땠겠습니까? 삶에 대한 깊은 회의와 좌절감이 밀려들지 않았겠습니까? 지금까지의 모든 수고와 노력이 무의미하게 느껴졌을지도 모릅니다. 그러나 바로 그 순간, 하나님께서는 흔들리는 다윗의 마음을 붙들어 주셨습니다.

> "내가 너희를 고아와 같이 버려두지 아니하고 너희에게로 오리라" 요 14:18

하나님께서는 결코 우리를 홀로 버려두지 않으십니다. 우리가 가장 힘들어하고 낙심하여 마음이 무너질 때, 하나님은 위로의 손길을 내미시며 우리와 함께하십니다. 다윗 역시 그러한 하나님의 위로를 경험했습니다. 그렇다면 하나님의 위로의 방식은 무엇입니까? 하나님은 좋은 사람들을 만나게 하심으로써 우리를 위로하시고 힘을 주십니다.

> "바르실래는 매우 늙어 나이가 팔십 세라 그는 큰 부자이므로 왕이 마하나임에 머물 때에 그가 왕을 공궤하였더라" 삼하 19:32

하나님께서는 바르실래를 통해 다윗에게 위로를 베푸셨습니다. 바르실래는 80세의 노인이자 성경에서 '큰 부자'로 묘사된 인물이었습니다. 여기서 '큰 부자'라는 표현은 단순히 적당히 풍족한 삶을 의미하는 것이 아니라, 나라에서 손꼽힐 정도로 막대한 재산을 소유한 인물임을 뜻합니다. 그러나 바르실래는 단순히 부유함으로만 특별했던 것이 아니었습니다. 그렇다면 바르실래의 특별함은 무엇입니까?

> "침상과 대야와 질그릇과 밀과 보리와 밀가루와 볶은 곡식과 콩과 팥과 볶은 녹두와 꿀과 버터와 양과 치즈를 가져다가 다윗과 그와 함께 한 백성에게 먹게 하였으니 이는 그들 생각에 백성이 들에서 시장하고 곤하고 목마르겠다 함이더라" 삼하 17:28~29

첫째로, 바르실래는 섬김의 사람이었습니다. 당시 다윗에게 가장 절실했던 것은 먹고 마실 것이었습니다. 다윗은 급히 도망치느라 필요한 물품을 준비할 여유가 없었고, 도중에 므비보셋의 종 시바가 음식을 가져오긴 했지만, 그 양은 턱없이 부족했습니다. 이러한 상황에서 바르실래는 다윗뿐 아니라 그의 백성들까지 풍족하게 먹일 수 있을 만큼 많은 양의 식량을 제공했습니다.

그러나 바르실래의 섬김은 단순히 식량 공급에 그치지 않았습니다. 그는 침상, 대야, 질그릇과 같은 물품도 함께 가져왔습니다. 이는 단순한 물품 이상의 의미를 지닙니다. 바르실래는 다윗을 위해 침대를 준비했습니다. "우리 왕께서 어찌 땅바닥에서 노숙을 하실 수 있겠는가?"라는 마음으로, 손이 부족한 상황에서도 침대를 직접 들고 왔습니다. 또한 다윗이 세면할 수 있도록 대야를, 음식을 담을 수 있도록 질그릇까지 세심히 챙겼습니다.

이 모든 것은 바르실래의 섬김이 얼마나 세밀하고 깊이 있었는지를 보여줍니다. 당시 상황은 전쟁 중이었고, 손으로 전투식량을 먹으며 씻지도 못하는 것이 일반적이었습니다. 그러나 바르실래는 이런 열악한 환경 속에서도 작은 부분까지 세심하게 신경 쓰며 다윗을 섬겼습니다.

중요한 것은 이러한 섬김이 단지 바르실래가 부자였기 때문이 아니라는 점입니다. 섬김은 재물에서 나오는 것이 아니라 마음에서 나옵니다. 진정한 섬김은 관심과 사랑에서 비롯됩니다.

둘째로, 바르실래는 한결같은 사람이었습니다. 그는 "매우 늙어 나이가 팔십 세"에 이르렀지만, 다윗을 향한 사랑과 존경은 조금도 변하지 않았습니다. 세월이 흘러도 그의 마음과 태도는 흔들림이 없었으며, 그는 여전히 신실하고 겸손하게 다윗을 섬겼습니다.

이러한 모습은 같은 고령의 인물인 엘리 제사장과 극명한 대조를 이룹니다.

> "엘리가 매우 늙었더니 그의 아들들이 온 이스라엘에게 행한 모든 일과 회막 문에서 수종 드는 여인들과 동침하였음을 듣고" 삼상 2:22

엘리 제사장은 그의 아들 홉니와 비느하스의 죄악을 알면서도 그들을 징계하지 않았습니다. 왜 그랬을까요? 성경은 그가 '매우 늙어' 판단력이 흐려졌음을 말합니다. 나이가 들어감에 따라 그는 점점 고집이 세지고, 죄악에 대해 민감했던 마음이 무뎌졌습니다. 결국, 그는 죄를 올바르게 판단하거나 하나님 앞에서 책임을 다하지 못하는 상태에 이르렀습니다. 나이가 들수록 엘리는 하나님과의 관계에서 점점 더 멀어지고 영적으로 비둔해졌습니다.

그러나 바르실래는 엘리와는 달랐습니다. 그의 나이가 80세에 이르렀음에도 불구하고 그는 끝까지 변함없는 겸손과 신실함을 유지했습니다. 바르실래는 항상 다윗 앞에서 겸손한 태도를 보였으며, 다윗을 향한 사랑과 존경의 마음은 세월이 흘러도 변치 않았습니다. 그는 자신의 부나 재산보다, 나아가 자신의 생명보다도 다윗을 더 소중히 여겼습니다.

바르실래는 고령이었음에도 자신의 나이를 핑계 삼지 않았습니다. 사실 그의 나이와 상황을 고려하면, 다른 사람을 보내 다윗에게 음식을 전달하게 했더라도 다윗은 충분히 이해하고 감사했을 것입니다. 그러나 바르실래는 그렇게 하지 않았습니다. 그는 직접 다윗에게 찾아가 필요한 것들을 준비하고 섬기는 데 힘썼습니다. 이처럼 바르실래는 자신의 한계를 변명하거나 핑계로 삼지 않았습니다. 오히려 끝까지 변함없는 마음과 헌신으로 다윗을 섬겼습니다.

마지막으로, 바르실래는 사명의 사람이었습니다. 하나님께서는 바르실래에게 넘치도록 복을 허락하셨습니다. 그의 가족들과 하인들이 모두 먹고 마셔도 다 쓰지 못할 정도로 풍성한 재산을 주신 것입니다. 그렇다면 하나님께서 바르실래에게 이처럼 넘치는 복을 주신 이유는 무엇입니까? 그것은 바로 바르실래에게 사명이 있었기 때문입니다.

바르실래의 사명은 다윗과 그의 백성들이 피곤하고 굶주리며 지쳐 있을 때, 그들의 필요를 채우고 돕고 위로하는 것이었습니다. 그는 자신의 부를 이 사명을 위해 사용했습니다. 하나님께서는 그의 사명을 이루도록 풍성한 복을 주셨던 것입니다. 이 사실은 우리에게 중요한 질문을 던집니다. "하나님, 왜 저에게는 주시지 않습니까?" 그 답은 간단합니다. 우리는 아직 우리의 사명을 찾지 못했기 때문입니다.

각자가 받은 사명은 무엇입니까? 당신은 왜 물질적인 축복을 받아야 합니까? 우리는 복을 받기 전에, 그 복을 받을 이유와 목적을 먼저 깨달아야 합니다. 목적 없이 쌓아두는 돈처럼 위험한 것은 없습니다. 방향과 의미를 잃은 재물은 결국 사람을 타락시키고 맙니다. 하지만 분명한 목적과 사명을 가진 재물은 허망한 데 사용되지 않습니다.

바르실래는 분명한 목적의식과 사명을 지닌 사람이었습니다. 그의 목적은 왕과 그의 백성을 공궤하는 것이었습니다. '공궤한다'는 것은 단순히 음식을 제공한다는 뜻이 아니라, 다윗의 필요를 깊이 이해하고 그것을 채워주는 행위를 의미합니다. 바르실래는 자신의 부를 하나님의 뜻에 맞게 사용하며, 이를 통해 사명을 온전히 감당했던 것입니다.

> "왕이 바르실래에게 이르되 너는 나와 함께 건너가자 예루살렘에서 내가 너를 공궤하리라 바르실래가 왕께 아뢰되 내 생명의 날이 얼마나 있사옵겠기에 어찌 왕과 함께 예루살렘으로 올라가리이까 청하건대 당신의 종을 돌려보내옵소서 내가 내 고향 부모의 묘 곁에서 죽으려 하나이다 그러나 왕의 종 김함이 여기 있사오니 청하건대 그가 내 주 왕과 함께 건너가게 하시옵고 왕이 처분대로 그에게 베푸소서 하니라" 삼하 19:33~34, 37

압살롬의 반란군을 격파하고 예루살렘으로 돌아간 다윗은 바르실래를 예루살렘 궁으로 초대했습니다. 다윗은 바르실래로부터 받은 은혜를 결코 잊을 수 없었고, 그에게 최고의 대우를 해주며 일등 공신으로 세우고자 했습니다. 그러나 바르실래는 다윗의 요청을 정중히 거절했습니다. 그는 자신이 나이가 많아 왕과 함께 예루살렘으로 가는 것이 오히려 민폐가 될 수 있다고 말하며, 고향으로 돌아가겠다고 했습니다. 대신 그는 자신의 아들 '김함'을 데려가 달라고 요청했습니다.

바르실래의 이 행동은 종종 오해를 받기도 합니다. 어떤 이들은 이것을 바르실래가 아들의 출세를 위해 왕에게 영향력을 행사하려 했던 것으로 해석합니다. 그러나 이는 바르실래의 진심을 간과한 해석입니다. 그의 요청은 자식을 위한 세속적 부탁이 아니었습니다.

바르실래가 다윗에게 김함을 맡긴 이유는 단 하나, 사명을 계승하기 위해서였습니다. 그는 자신이 왕을 섬기는 사명을 이제 아들에게 물려주고자 했던 것입니다. 다윗을 섬기고 그를 돕는 일은 단순한 의무나 특권이 아니라, 하나님이 맡기신 소명으로 여겼기에, 김함이 이 귀한 사명을 이어가기를 바랐던 것입니다.

> "마땅히 길르앗 바르실래의 아들들에게 은총을 베풀어 그들이 네 상에서 먹는 자 중에 참여하게 하라 내가 네 형 압살롬의 낯을 피하여 도망할 때에 그들이 내게 나왔느니라" 왕상 2:7

다윗은 마지막 유언을 남길 때 바르실래를 특별히 언급했습니다. 그는 바르실래의 아들들을 왕의 식탁에 참여하게 하며 그들에게 특별한 영예를 베풀었습니다. 이는 다윗이 죽음을 앞두고도 바르실래로부터 받은 은혜를 결코 잊지 않았다는 증거입니다.

바르실래는 단순히 부유한 사람이거나 다윗을 도운 사람이 아니었습니다. 그는 사명의 사람이었습니다. 자신의 부와 삶을 하나님께서 맡기신 사명을 위해 사용했고, 그 사명을 자녀에게까지 계승하려 했습니다. 이러한 신실한 삶은 다윗뿐 아니라 하나님께도 잊히지 않았습니다.

13장

# 다윗의 절규

DAVID SKETCH

## 압살롬이 상수리나무에 달렸더이다

바르실래를 통해 큰 용기와 깊은 위로를 얻은 다윗은 다시 힘을 내어 일어섰습니다. 그는 가장 먼저 군대를 재편성하며 새로운 결의를 다졌습니다. 요압, 아비새, 그리고 잇대를 중심으로 군을 세 부대로 나누어 정비하였습니다.

> "다윗이 그의 백성을 내보낼새 삼분의 일은 요압의 휘하에, 삼분의 일은 스루야의 아들 요압의 동생 아비새의 휘하에 넘기고 삼분의 일은 가드 사람 잇대의 휘하에 넘기고 왕이 백성에게 이르되 나도 반드시 너희와 함께 나가리라 하니" 삼하 18:2

요압은 오래전부터 다윗의 군대장관으로서 탁월한 전략과 용맹함을 갖춘 뛰어난 무장이었습니다. 아비새는 요압의 동생으로, 블레셋의 거인을 쓰러뜨릴 만큼 전투에 능한 장수였습니다. 한편, 잇대는 블레셋에서 망명한 장군으로, 600명의 블레셋 병사를 이끌고 다윗을 따랐습니다. 다윗은 군대를 새롭게 편성한 뒤 백성들 앞에 나아가 이렇게 선언했습니다. "나도 반드시 너희와 함께 나가리라" 그러나 백성들은 다윗을 만류하며 그를 막아 세웠습니다.

> "백성들이 이르되 왕은 나가지 마소서 우리가 도망할지라도 그들은 우리에게 마음을 쓰지 아니할 터이요 우리가 절반이나 죽을지라도 우리에게 마음을 쓰지 아니할 터이라 왕은 우리 만 명보다 중하시오니 왕은 성읍에 계시다가 우리를 도우심이 좋으니이다 하니라" 삼하 18:3

"왕이시여, 무슨 말씀을 하십니까? 우리 모두가 목숨을 잃더라도 왕께서 살아 계시기만 하면, 그것이 곧 전쟁의 승리입니다" 반란군의 궁극적인 목적은 무엇이겠습니까? 다윗의 군대를 전멸시키는 것이 아니라, 오직 다윗 한 사람의 생명을 노리는 것입니다. 다윗만 제거한다면 반란군은 승리를 확신할 수 있습니다. 그러나 아무리 많은 병사를 희생시켰다 하더라도 다윗을 제거하지 못한다면, 반란군의 승리는 무의미해집니다. 다윗이 살아 있는 한, 그는 언제든지 군대를 재건해 압살롬과 다시 싸울 수 있기 때문입니다. 이러한 이유로 다윗의 부하들은 왕의 참전을 단호히 거부했던 것입니다.

그러나 문제는 다윗이 이 순간 분별력을 잃고 개인적인 감정에 휘둘렸다는 점이었습니다. 그가 직접 군대를 이끌겠다고 한 이유는 솔선수범의 의지 때문이 아니라, 자식을 염려하고 아끼는 마음에서 비롯된 것이었습니다.

> "왕이 요압과 아비새와 잇대에게 명령하여 이르되 나를 위하여 젊은 압살롬을 너그러이 대우하라 하니 왕이 압살롬을 위하여 모든 군지휘관에게 명령할 때에 백성들이 다 들으니라" 삼하 18:5

이제 출전을 앞둔 병사들 앞에서 다윗이 출정식을 거행하고 있습니다. 이때, 병사들의 사기를 고취시키기 위해 다윗은 용맹하고 결연한 태도를 보여야 마땅하지 않겠습니까? 압살롬의 군대와 맞서는 것은 목숨을 건 싸움이었습니다. 압살롬의 군대는 병력과 무기에서 훨씬 우세했기에, 이는 객관적으로 승산이 낮은 전투였습니다. 이러한 상황에서 다윗은 병사들에게 용기를 불어넣어 사기를 높여야 했습니다. 그러나 그는 도리어 병사들의 사기를 꺾는 말을 했습니다. "나를 위하여 젊은 압살롬을 너그러이 대우하라"

압살롬이 아무리 사랑하는 아들이라 해도, 그는 반란군의 수장입니다. 어떻게 병사들에게 적장의 안위를 걱정하라는 지시를 내릴 수 있겠습니까? 목숨을 걸고 싸우러 나가는 이들에게 적장을 불쌍히 여기라는 요청은 병사들의 사기를 무너뜨리는 말이 아닐 수 없습니다.

지혜롭고 용맹했던 다윗조차 시간이 지나며 점차 쇠약해지고, 결단력과 용맹함을 잃고 소극적이고 나약한 태도를 보이기 시작했습니다. 이와 같이 우리도 때로는 이기적이고 비겁하며, 자기중심적으로 변할 수 있습니다.

> "이에 백성이 이스라엘을 치러 들로 나가서 에브라임 수풀에서 싸우더니" 삼하 18:6

다윗의 군대와 압살롬의 군대가 본격적으로 충돌하자, 다윗의 군대는 숲속에서 게릴라전을 펼치며 싸움의 주도권을 잡으려 했습니다. 병력에서 열세였던 다윗의 군대는 정면 승부를 피하고, 기습 공격과 빠른 후퇴, 그리고 적의 약점을 파고드는 전술로 전투를 전개했습니다.

미군이 베트남 전쟁에서 패배한 주요 원인 중 하나는 베트콩이 펼친 게릴라전술이었습니다. 당시 미군은 세계 최강의 군사력을 자랑하며 베트남에 투입되었지만, 베트콩의 비정규전에 효과적으로 대응하지 못하고 고전했습니다. 베트콩은 유연한 전술을 활용해 전투 방식을 끊임없이 변화시켰고, 지형적 이점을 최대한 활용하여 미군을 괴롭혔습니다. 미군이 패배한 이유는 단순히 군사력이 부족해서가 아니라, 베트콩이 구사한 독창적이고 유연한 전술에 효과적으로 대응하지 못했기 때문이었습니다.

다윗의 군대 역시 이와 같은 접근법을 택했습니다. 병력의 열세를 전술의 우위로 극복하고자 했던 다윗의 군대는, 전장 환경과 상대의 약점을 철저히 분석하며 싸움을 풀어나갔습니다.

> "거기서 이스라엘 백성이 다윗의 부하들에게 패하매 그 날 그 곳에서 전사자가 많아 이만 명에 이르렀고 그 땅에서 사면으로 퍼져 싸웠으므로 그 날에 수풀에서 죽은 자가 칼에 죽은 자보다 많았더라" 삼하 18:7~8

결국 압살롬의 군대는 치명적인 패배를 맞이했습니다. 그날 전사한 사람만 2만 명이 넘었고, 더 많은 이들이 패배를 직감하고 흩어졌습니다. 이로 인해 반란군은 회복 불가능한 타격을 입었고, 재기의 가능성조차 사라졌습니다.

놀라운 점은 칼에 쓰러진 자보다 숲에서 목숨을 잃은 자가 훨씬 많았다는 사실입니다. 이는 전투의 승리가 인간의 능력이나 전략에 달린 것이 아니라, 전적으로 하나님의 권능에 의해 이루어졌음을 보여줍니다. 하나님께서는 움직이거나 말조차 할 수 없는 식물들을 통해 다윗에게 압도적인 승리를 허락하셨습니다. 그렇다면 어떻게 식물이 사람을 죽일 수 있었을까요?

> "압살롬이 다윗의 부하들과 마주치니라 압살롬이 노새를 탔는데 그 노새가 큰 상수리나무 번성한 가지 아래로 지날 때에 압살롬의 머리가 그 상수리나무에 걸리매 그가 공중과 그 땅 사이에 달리고 그가 탔던 노새는 그 아래로 빠져나간지라" 삼하 18:9

압살롬은 전투에 익숙한 자가 아니었습니다. 실제 전투를 경험한 것도 이번이 처음이었습니다. 전쟁터에서 말을 탄다는 것은 일상적인 승마와는 비교할 수 없을 정도로 어려운 일입니다. 말은 전투 중에 흘러내리는 피 냄새와 혼란스러운 분위기에 겁을 먹거나 흥분하기 마련입니다.

이처럼 혼란스러운 상황 속에서 압살롬은 숲속을 달리며 정신을 차릴 틈도 없었습니다. 결국 그는 급히 도망치다 상수리나무 가지에 머리카락이 걸리고 말았습니다.

> "그 시체를 나무 위에 밤새도록 두지 말고 그 날에 장사하여 네 하나님 여호와께서 네게 기업으로 주시는 땅을 더럽히지 말라 나무에 달린 자는 하나님께 저주를 받았음이니라" 신 21:23

압살롬이 나뭇가지에 걸린 것은 단순한 우연이 아니었습니다. 성경에서 나무에 매달린 자는 하나님의 저주를 받은 자로 여겨졌습니다. 하나님께서는 압살롬을 나무에 매달림으로써 그의 죄악과 패배를 상징적으로 드러내셨고, 그가 저주받은 자임을 만천하에 분명히 하셨습니다. 이 사건은 다윗의 승리가 단순히 전략적 우위나 군사의 역량 때문이 아니라, 전적으로 하나님의 권능에 의해 이루어진 것임을 강조합니다.

그렇다면 왜 하필 머리카락이 걸렸을까요? 옷자락이나 무기의 끈과 같은 다른 부분이 걸릴 수도 있었지만, 하나님께서는 압살롬의 머리카락을 선택하셨습니다.

> "온 이스라엘 가운데에서 압살롬 같이 아름다움으로 크게 칭찬 받는 자가 없었으니 그는 발바닥부터 정수리까지 흠이 없음이라 그의 머리털이 무거우므로 연말마다 깎았으며 그의 머리 털을 깎을 때에 그 것을 달아본즉 그의 머리털이 왕의 저울로 이백 세겔이었더라" 삼하 14:25~26

압살롬은 머리부터 발끝까지 흠이 없는 완벽한 외모를 가진 인물이었습니다. 그의 머리카락은 특히 건강하고 풍성하여 매년 잘라낸 머리카락의 무게가 약 6킬로그램에 달할 정도였습니다. 압살롬의 머리카락은 그의 자부심이자, 모든 이들의 부러움을 사는 상징이었습니다.

압살롬은 오늘날의 표현으로 '금수저'라 할 만한 삶을 살았습니다. 그는 왕의 아들로 태어났고, 아름다운 외모와 탁월한 리더십을 갖추었으며, 사람들의 마음을 사로잡을 줄 아는 매력적인 인물이었습니다. 이러한 이유로 그는 당대의 선망과 흠모의 대상이 되었으며, 많은 이들의 찬사를 받았습니다. 그로 인해 압살롬은 자신을 향한 사람들의 시선을 즐기며 교만한 마음에 빠져들었습니다. 결국 하나님께서는 압살롬이 가장 자랑스러워했던 머리카락을 통해 그를 치셨습니다. 그의 교만은 결국 그의 멸망의 원인이 된 것입니다.

압살롬의 반역은 본래 다말의 복수에서 시작되었습니다. 그는 암논을 살해하며 복수를 행했지만, 거기서 멈추지 않았습니다. 다말의 억울함을 명분으로 삼아 점점 더 자신의 욕망을 키워갔고, 결국 왕권에 대한 야망으로 이어졌습니다. 압살롬의 교만은 한계를 모르고 퍼져 나가, 마침내 아버지 다윗의 왕좌를 넘보는 반역으로까지 치달았습니다.

> "그러나 더욱 큰 은혜를 주시나니 그러므로 일렀으되 하나님이 교만한 자를 물리치시고 겸손한 자에게 은혜를 주신다 하였느니라" 약 4:6

하나님께서는 교만한 자를 물리치시고, 겸손한 자에게 은혜를 베푸십니다. 교만은 패망의 선봉이며, 자랑의 끝은 몰락에 이릅니다(잠 16:18). 압살롬이 그토록 자랑스러워했던 머리카락이 그의 생명을 앗아갔던 것처럼, 우리가 자랑하는 돈, 건강, 자식조차도 우리의 삶을 망칠 수 있습니다.

그러므로 우리는 스스로를 자랑하기보다 오직 하나님을 자랑해야 합니다. 미련은 자신을 높이는 것이지만, 참된 지혜는 자신을 낮추고 하나님을 높이는 데 있습니다. 겸손히 하나님 앞에 서는 삶이야말로 복되고 흔들리지 않는 인생의 기초입니다. 우리의 자랑은 하나님께만 두며, 그분의 은혜를 의지하는 삶을 살아야 할 것입니다.

## 차라리 내가 너를 대신하여 죽었더면

요압은 상수리나무 가지에 걸려 무방비 상태로 매달린 압살롬을 가차 없이 죽였습니다. 다윗이 압살롬을 너그럽게 대우하라는 분명한 지시를 내렸음에도 불구하고, 요압은 이를 무시하고 직접 압살롬의 심장을 찔렀습니다. 그러나 그것으로도 분이 풀리지 않은 그는 부하들과 함께 압살롬을 둘러싸고 그의 몸을 난타하며 무참히 짓밟았습니다.

> "요압의 무기를 든 청년 열 명이 압살롬을 에워싸고 쳐죽이니라" 삼하 18:15

10명의 군인들에게 에워싸여 무차별적인 매질을 당하는 압살롬의 모습은 얼마나 비참하고 처참했겠습니까? 머리카락이 상수리나무 가지에 걸려 매달린 채로 아무런 저항도 하지 못한 그의 모습은 그야말로 처절한 최후를 보여줍니다. 그렇게 압살롬의 시신은 심하게 훼손되었고, 그의 인격마저 무참히 짓밟혔습니다.

그러나 여기서 끝이 아니었습니다. 요압은 압살롬의 시신을 가져다가 큰 구덩이에 던져버린 뒤, 그 위에 돌무더기를 쌓아 올렸습니다.

> "그들이 압살롬을 옮겨다가 수풀 가운데 큰 구멍에 그를 던지고 그 위에 매우 큰 돌무더기를 쌓으니라 온 이스라엘 무리가 각기 장막으로 도망하니라" 삼하 18:17

그렇게 압살롬은 조상의 묘에 묻히지도 못한 채, 제대로 된 장례조차 치르지 못하고 비참하게 매장되었습니다. 그의 죄는 국가전복과 반역이라는 중대한 범죄였기에, 장례 없이 처리된 것은 당시의 관습에 비추어 보면 당연한 일이었습니다.

그러나 아버지로서 다윗의 마음은 달랐습니다. 아무리 압살롬이 반역을 저질렀다 해도, 그의 죽음은 다윗에게 말할 수 없는 슬픔과 고통을 안겨주었습니다.

> "왕의 마음이 심히 아파 문 위층으로 올라가서 우니라 그가 올라갈 때에 말하기를 내 아들 압살롬아 내 아들 내 아들 압살롬아 차라리 내가 너를 대신하여 죽었더면, 압살롬 내 아들아 내 아들아 하였더라" 삼하 18:33

압살롬의 사망 소식을 들은 다윗은 참을 수 없는 고통에 사로잡혀 골방으로 올라가 통곡하며 울부짖었습니다. 특히 압살롬이 나무에 매달려 비참하게 죽었다는 소식은 그의 마음에 더 깊은 상처를 남겼습니다. 다윗의 울음소리는 너무나 커서 백성들 모두에게 들릴 정도였습니다. 그는 외쳤습니다. "내 아들 압살롬아! 차라리 내가 너를 대신하여 죽었더라면 좋았을 것을!"

이것이 바로 아버지의 마음입니다. 자식이 아무리 큰 죄를 지었다 할지라도, 그를 대신해 죽고 싶은 것이 부모의 심정입니다. 심지어 그 자식이 자신을 죽이려 했더라도, 끝까지 사랑할 수 있는 것이 아버지의 사랑입니다.

그러나 다윗의 이러한 통곡은 백성들의 마음을 무겁게 했습니다. 이들은 목숨을 걸고 싸워 마침내 승리를 거두었지만, 다윗의 슬픔이 너무나 커서 전쟁에서 얻은 승리를 기뻐할 수 없게 되었습니다.

> "왕이 그 아들을 위하여 슬퍼한다 함이 그 날에 백성들에게 들리매 그 날의 승리가 모든 백성에게 슬픔이 된지라" 삼하 19:2

왕이 깊은 슬픔에 잠겨 있기에, 백성들 또한 슬퍼할 수밖에 없었습니다. 아무리 기적적인 승리로 전쟁에서 이겼다 하더라도, 왕이 애통해하고 있는 상황에서 누가 감히 승리를 자축할 수 있겠습니까? 백성들은 다윗의 슬픔을 보며 기쁨을 억누르고 함께 애통해했습니다. 그러나 그때 요압이 다윗을 찾아와 큰 소리로 말했습니다.

> "이는 왕께서 미워하는 자는 사랑하시며 사랑하는 자는 미워하시고 오늘 지휘관들과 부하들을 멸시하심을 나타내심이라 오늘 내가 깨달으니 만일 압살롬이 살고 오늘 우리가 다 죽었더면 왕이 마땅히 여기실 뻔하였나이다" 삼하 19:6

"왕이시여! 지금 왕께서는 우리를 괴롭게 하고 계십니다. 우리는 목숨을 걸고 싸워 왕과 나라를 지켰건만, 왕께서는 오히려 우리를 미워하시고 반역한 자를 사랑하고 계십니다. 차라리 우리가 패배하고 압살롬이 살아 있었더라면, 왕께서 더 기뻐하셨을 것입니다!"

요압의 말은 다윗의 깊은 슬픔과 아버지로서의 고통을 이해하지 못한 채, 차갑고 가혹한 비난으로 다그치는 내용이었습니다. 그는 다윗의 슬픔에 공감하기는커녕, 오히려 분노하며 질책했습니다. 요압이 이렇게 분노한 이유는 단순히 나라를 위한 충정 때문이 아니었습니다. 그는 다윗의 지나친 슬픔이 자신의 전공(戰功)을 무색하게 만들고, 자신이 쌓아 올린 명예가 가려질 것을 염려했기 때문입니다. 요압의 관심은 백성이나 다윗의 마음에 있지 않았습니다. 그의 관심은 오직 자신의 상급과 명예에만 쏠려 있었습니다.

> "이제 곧 일어나 나가 왕의 부하들의 마음을 위로하여 말씀하옵소서 내가 여호와를 두고 맹세하옵나니 왕이 만일 나가지 아니하시면 오

늘 밤에 한 사람도 왕과 함께 머물지 아니할지라 그리하면 그 화가 왕이 젊었을 때부터 지금까지 당하신 모든 화보다 더욱 심하리이다 하니" 삼하 19:7

요압은 다윗에게 단호히 말합니다. "지금 당장 일어나 백성들에게 승리를 선포하지 않으신다면, 모두가 왕을 떠나버릴 것입니다. 그렇게 되면 왕께서 지금까지 당하신 그 모든 재앙보다 더 큰 재앙이 들이닥칠 것입니다"

이 말의 본질은 무엇입니까? 바로 협박입니다. 요압은 현재 왕을 협박하고 있는 것입니다. 그리고 그의 협박은 단순한 허세나 과장이 아닙니다. 요압은 군대의 장관으로서 병사들을 움직일 수 있는 실질적인 권력을 가지고 있었습니다. 당시 장군의 지위는 단순한 군사적 역할을 넘어, 왕권을 위협하거나 심지어 쿠데타를 통해 스스로 왕이 될 수 있을 만큼 강력한 영향력을 상징했습니다. 이러한 역사적 사례 중 대표적인 인물이 바로 예후입니다.

예후는 북이스라엘의 장군으로, 자신의 군사적 권력을 기반으로 쿠데타를 일으켜 왕위를 차지한 인물입니다. 그는 요람 왕을 살해하고 아합 왕가의 세력을 철저히 제거한 뒤, 북이스라엘에 자신의 왕조를 세웠습니다.

따라서 요압의 협박은 단순히 말실수로 치부할 수 없는 매우 심각한 위협이었습니다. 그렇다면, 요압은 어떻게 이토록 대담하게 왕을 협박할 수 있었을까요?

"아침이 되매 다윗이 편지를 써서 우리아의 손에 들려 요압에게 보내니 그 편지에 써서 이르기를 너희가 우리아를 맹렬한 싸움에 앞세

워 두고 너희는 뒤로 물러가서 그로 맞아 죽게 하라 하였더라" 삼하 11:14~15

요압은 다윗의 치부를 알고 있었습니다. 다윗이 충성스러운 우리아를 은밀히 죽였던 일을 누구도 알지 못한다고 생각했지만, 요압은 그 사실을 알고 있었습니다. 이는 요압이 다윗을 협박하고 무시하며 심지어 비아냥거릴 수 있는 배경이 되었습니다.

요압이 다윗에게 말한 내용은 겉보기에는 '맞는 말'처럼 보일 수 있습니다. 왕은 어려운 전쟁에서 목숨을 걸고 싸운 병사들의 노고를 치하하고 그들에게 승리를 선포해야 합니다. 이것은 왕으로서 당연히 해야 할 책무이자 역할입니다. 그러나 다윗은 사랑하는 아들을 잃은 아픔에 사로잡혀 자신의 책무를 다하지 못하고 있었습니다. 요압은 이를 비판하며 왕이 자신의 역할을 빨리 수행하고, 또한 자신의 공로를 인정하고 포상하라고 요구한 것입니다.

그러나 지금 다윗에게 진정으로 필요한 것은 무엇입니까? 그것은 '맞는 말'이 아니라 따뜻한 위로의 한마디였습니다. 다윗은 사랑하는 아들을 잃었습니다. 그 아들이 반역자이고 죄인이라 하더라도, 아버지로서 다윗의 상처와 고통은 이루 말할 수 없는 것이었습니다. 왕으로서의 책무를 다윗이 몰라서 하지 않은 것이 아닙니다. 너무나 큰 슬픔과 고통으로 인해 행동할 힘조차 없었던 것입니다.

이러한 상황에서, 요압이 왕의 측근이라면 가장 먼저 무엇을 해야 했겠습니까? 그것은 비판이나 판단이 아니라, 공감과 위로였습니다. 다윗의 마음을 이해하고 그의 아픔을 진심으로 보듬는 말이 필요했습니다. 그러나 요압은 '아버지의 마음'으로 다윗에게 접근하지 않았습니다. 대신, 그는 '비판자의 마음'으로 다가가 냉혹한 말과 태도로 다윗을 몰아세웠습니다.

지금 다윗에게 필요한 것은 그의 슬픔과 고통을 이해해 주는 공감, 그리고 따뜻한 위로였습니다. 이는 단순히 왕을 위로하는 것이 아니라, 다윗을 한 인간으로서 존중하는 태도이기도 했습니다.

우리도 생각해 보아야 합니다. 통곡하고 애통해하는 사람에게 우리는 어떤 태도로 다가가고 있습니까? 아버지의 마음으로 그들을 보듬고 위로하고 있습니까? 아니면 비판자의 마음으로 판단하고 분석하며 그들의 아픔을 외면하고 있습니까?

> "이르되 우리가 너희를 향하여 피리를 불어도 너희가 춤추지 않고 우리가 슬피 울어도 너희가 가슴을 치지 아니하였다 함과 같도다" 마 11:17

> "즐거워하는 자들과 함께 즐거워하고 우는 자들과 함께 울라" 롬 12:15

우리는 슬퍼하는 이들과 함께 울며, 그들의 아픔에 동참해야 합니다. 그들과 함께 가슴을 치며 애통하는 것이야말로 진정한 위로와 공감입니다. 그러나 일부 사람들은 요압처럼 '맞는 말'을 하려고 하거나, 팩트를 따지고, 상황을 분석하며 비판적으로 판단하려는 태도를 보입니다.

> "내가 다시 해 아래에서 행하는 모든 학대를 살펴 보았도다 보라 학대 받는 자들의 눈물이로다 그들에게 위로자가 없도다 그들을 학대하는 자들의 손에는 권세가 있으나 그들에게는 위로자가 없도다" 전 4:1

학대를 당하는 자는 많지만, 그들을 진정으로 위로하는 이는 드뭅니다. 우리는 과연 위로자입니까, 아니면 비판자입니까? 하나님께서는 우리의 아픔과 슬픔을 깊이 공감하시며, 어머니가 자식을 위로하듯 따뜻하게 우리를 위로해 주십니다.

> "어머니가 자식을 위로함 같이 내가 너희를 위로할 것인즉 너희가 예루살렘에서 위로를 받으리니" 사 66:13

그러므로 우리도 위로자가 되어야 합니다. 하나님께서 우리를 위로하시듯, 지금 울고 있는 자들에게 찾아가 어머니의 마음으로 따뜻하게 위로해야 합니다.

그러나 위로가 절실히 필요한 이 시대에, 우리는 비판적인 시선만을 가지고 있지는 않습니까? 다윗은 위로가 절실했습니다. 그의 아들은 나무에 매달려 비참하게 죽임을 당했고, 개처럼 버려져 모욕적으로 매장되었습니다. 이런 상황에서 아버지로서의 그의 마음이 얼마나 찢어지는 듯한 고통을 느꼈겠습니까?

그럼에도 불구하고, 요압은 다윗을 위로하려 하지 않았습니다. 오히려 협박하고 강압적으로 다윗을 끌어내려 했습니다. 그러나 우리에게 필요한 것은 슬퍼하는 이들을 억지로 끌어내는 것이 아닙니다. 지금 골방에서 홀로 슬퍼하는 사람에게 찾아가, 그곳에 함께 들어가 함께 울고, 진심으로 위로해 주는 것이 바로 우리의 역할이어야 합니다.

## 죽어야 마땅하지 아니하니이까

반란군을 진압한 다윗은 예루살렘 성으로 귀환하기 시작했습니다. 그 길에서 다윗은 죽어 마땅한 존재로 여겨졌던 시므이를 만나게 되었습니다.

> "왕의 가족을 건너가게 하며 왕이 좋게 여기는 대로 쓰게 하려 하여 나룻배로 건너가니 왕이 요단을 건너가게 할 때에 게라의 아들 시므이가 왕 앞에 엎드려" 삼하 19:18

다윗은 백성들과 함께 요단강을 건너고자 했습니다. 그런데 그때, 시므이가 나룻배를 가지고 다윗 앞에 나타났습니다. 이 시대에 나룻배는 아무나 소유할 수 있는 교통수단이 아니었습니다. 시므이는 마치 오늘날 고급 외제차를 타고 다윗에게 온 것과 같았습니다. 그것도 혼자 온 것이 아니라, 자신의 친족인 베냐민 사람 1,000명을 이끌고 다윗을 맞이하러 왔습니다.

시므이는 다윗이 피난길에 올랐을 때 돌을 던지며 모욕하고 저주했던 인물입니다. 다윗이 가장 고통스럽고 힘들어하던 순간, 그는 상처에 소금을 뿌리듯 독설과 저주를 퍼부었습니다. 그런 시므이가 이제 1,000명의 베냐민 사람들과 함께 다윗을 영접하러 온 것입니다.

> "왕의 종 내가 범죄한 줄 아옵기에 오늘 요셉의 온 족속 중 내가 먼저 내려와서 내 주 왕을 영접하나이다 하니" 삼하 19:20

시므이의 모습은 얼마나 치사하고 졸렬합니까? 불과 얼마 전만 해도 그는 다윗에게 돌을 던지고 모욕하며 저주를 퍼붓던 자였습니다. 그러나 이제 다윗이 왕권을 되찾자, 그는 태도를 돌변하여 다윗 앞에 아부하며 머리를 조아리고 있습니다.

이 모습을 본 아비새는 분노를 참지 못하며 즉시 시므이를 처형해야 한다고 강하게 주장했습니다.

> "스루야의 아들 아비새가 대답하여 이르되 시므이가 여호와의 기름 부으신 자를 저주하였으니 그로 말미암아 죽어야 마땅하지 아니하니이까 하니라" 삼하 19:21

아비새는 처음 시므이가 다윗을 저주했을 때도 그를 죽여야 한다고 주장했으며(삼하 16:9), 시므이가 용서를 구하러 온 지금도 여전히 죽여야 한다고 주장하고 있습니다. 반면, 다윗은 그때도 시므이를 죽이지 말라고 하였고, 지금도 같은 결정을 내립니다. 이처럼 사람은 쉽게 변하지 않습니다.

다윗이 시므이를 살려주는 이유는 단순히 관용 때문이 아닙니다. 지금 이스라엘에는 회복이 절실히 필요했기 때문입니다. 다윗은 하나님의 은혜로 빼앗겼던 왕권을 되찾았습니다. 지금은 복수나 처벌의 시간이 아니라, 은혜와 회복의 시간이었습니다. 만약 시므이를 죽인다면, 죽어야 할 사람이 너무나 많았을 것입니다. 반란군에 속한 자들만 2만 명이 넘었고, 압살롬의 편에 섰던 귀족들과 위정자들 또한 많았습니다. 그들을 모두 처형한다면 이스라엘은 내분과 혼란에 빠지며, 더 큰 환란을 겪게 될 것이 자명했습니다.

다윗은 시므이를 용서함으로써, 또한 반역에 가담했던 자들을 용서함으로써 이스라엘 내정을 빠르게 안정시키고 회복으로 나아갈 길을 열었습니다. 이는 다윗이 하나님의 은혜를 기억하며 그 은혜를 실천하려 한 결과였습니다.

결국, 시므이가 용서를 받은 것은 오직 다윗의 은혜 덕분이었습니다. 그것은 시므이가 가져온 나룻배 때문도 아니며, 그가 이끌고 온 베냐민 지파 사람들 때문도 아니었습니다. 다윗은 아무런 조건 없이 시므이를 살려주었습니다. 그러나 시므이는 이렇게 큰 은혜를 받았음에도 불구하고, 끝내 변화되지 않았습니다.

> "바후림 베냐민 사람 게라의 아들 시므이가 너와 함께 있나니 그는 내가 마하나임으로 갈 때에 악독한 말로 나를 저주하였느니라 그러나 그가 요단에 내려와서 나를 영접하므로 내가 여호와를 두고 맹세하여 이르기를 내가 칼로 너를 죽이지 아니하리라 하였노라 그러나 그를 무죄한 자로 여기지 말지어다 너는 지혜 있는 사람이므로 그에게 행할 일을 알지니 그의 백발이 피 가운데 스올에 내려가게 하라"
> 왕상 2:8~9

다윗은 죽음이 임박한 순간까지도 시므이를 잊지 않았습니다. 그는 마지막 유언에서 시므이에 대해 언급하며, 그가 언젠가 해악을 끼칠 가능성이 있음을 경고했습니다. 다윗은 회복의 시기였기에 시므이를 어쩔 수 없이 살려주었지만, 그가 장차 솔로몬에게 위협이 될 수 있음을 염두에 둔 것이었습니다.

다윗의 경고를 받은 솔로몬은 즉시 시므이에게 명령을 내렸습니다. "무슨 일이 있어도 예루살렘을 떠나지 말라. 만약 예루살렘을 떠나는 날에는 반드시 죽게 될 것이다" 그러나 3년 후, 시므이는 도망친 노예를 찾기 위해 블레셋으로 향했고, 이로 인해 솔로몬의 명령을 어겼습니다. 그 사실을 알게 된 솔로몬은 시므이를 처형하였습니다.

그렇다면, 시므이는 죽을 것을 알면서도 왜 예루살렘을 떠났을까요? 사람은 쉽게 변하지 않기 때문입니다. 시므이는 다윗에게서 큰 은혜와 용서를 받았음에도 불구하고, 교만한 본성과 자기중심적인 태도를 버리지 못했습니다. 그는 왕명을 알고도 이를 무시하며 자신의 욕망과 판단대로 행동했습니다.

시므이는 처음부터 죽어 마땅한 사람이었습니다. 그러나 다윗의 은혜로 목숨을 건질 수 있었습니다. 그렇다면 그는 죽는 순간까지 겸손하고 신중하게 살아야 했습니다. 하지만 시므이는 다시 교만하게 행동하며, 자신의 치부를 드러냈습니다. 이처럼 사람은 쉽게 변하지 않습니다.

> "구스인이 그의 피부를, 표범이 그의 반점을 변하게 할 수 있느냐 할 수 있을진대 악에 익숙한 너희도 선을 행할 수 있으리라" 렘 13:23

구스인은 아프리카 흑인을 의미합니다. 성경은 흑인이 자신의 피부색을 바꿀 수 없고, 표범이 그 반점을 바꿀 수 없듯이, 사람도 스스로 쉽게 변할 수 없음을 말합니다. 그러나 우리는 변해야만 합니다. 변하지 않으면 결국 멸망할 수밖에 없습니다.

> "내가 내 몸을 쳐 복종하게 함은 내가 남에게 전파한 후에 자신이 도리어 버림을 당할까 두려워함이로다" 고전 9:27

사도 바울은 변화되기 위해 자신의 몸을 치며 복종시켰습니다. 바울은 다혈질적이고 교만한 성향을 가진 사람이었으며, 본성적으로는 우리와 다르지 않은 죄인 중의 괴수였습니다. 그러나 그는 자신의 본성과 죄악된 성향을 극복하기 위해 치열하게 싸웠고, 변화되기 위해 자신을 철저히 다스렸습니다.

사람은 본래 쉽게 변하지 않습니다. 그러나 변하지 않으면 결국 버림받게 됩니다. 바울이 변화를 이루어 낸 것처럼, 우리 역시 내 몸을 치며 죄악과 싸우고, 악한 본성을 극복해야 합니다. 변하지 않으면, 시므이처럼 큰 은혜를 받았음에도 불구하고 결국 비참한 죽음을 맞이할 수밖에 없습니다.

"사람이 변하지 않는다"는 말은 변명을 위한 핑계에 불과합니다. "세 살 버릇 여든까지 간다"는 속담이 우리를 정당화할 수 없습니다. 바울은 자신의 본성과 싸우며 스스로를 철저히 훈련했고, 하나님 앞에서 변화된 삶을 살았습니다. 우리도 바울처럼 죄악과 싸우고, 변화를 이루기 위해 부단히 노력해야 합니다. 변하지 않으면 결국 하나님의 은혜에서 멀어지고, 도리어 버림을 받을 수밖에 없음을 기억해야 합니다.

## 내 형은 평안하냐

압살롬의 반란은 진압되었지만, 이스라엘은 여전히 혼란과 분열의 여파에 시달렸습니다. 아들이 아버지에게 칼을 겨누고, 형제가 형제에게 화살을 쏘는 참혹한 내전이 벌어진 이후, 이스라엘에는 분열의 불씨가 점차 타오르기 시작했습니다.

다윗이 예루살렘으로 귀환했을 때, 그를 가장 먼저 환영한 지파는 유다 지파였습니다. 유다 지파는 다윗이 속한 지파이자 그의 친족이었기에, 다윗의 귀환을 적극적으로 환영하며 환대했습니다. 그러나 다른 지파들은 반란 당시 압살롬에게 마음이 기울어 있었던 만큼, 다윗의 눈치를 보지 않을 수 없었습니다.

> "온 이스라엘 사람이 왕께 나아와 왕께 아뢰되 우리 형제 유다 사람들이 어찌 왕을 도둑하여 왕과 왕의 집안과 왕을 따르는 모든 사람을 인도하여 요단을 건너가게 하였나이까 하매" 삼하 19:41

유다 지파 외의 다른 지파의 장로들이 다윗에게 찾아와 따지기 시작했습니다. "어찌하여 유다 사람들은 우리와 상의도 없이, 마치 도둑처럼 임금님을 몰래 빼돌려 요단을 건너게 하였습니까?"

이에 유다 지파는 발끈하며 반박했습니다. "우리가 그렇게 한 것은 왕이 우리와 가장 가까운 친족이기 때문이다"라고 말하며 혈연관계를 내세웠습니다. 그러나 이 발언은 오히려 다른 지파들의 분노를 더욱 키웠습니다.

이처럼 이스라엘은 점차 분열되기 시작했습니다. 압살롬의 반역이 겉으로는 진압되었지만, 그로 인한 상처와 불신은 여전히 남아 있었고, 이는 또 다른 반란의 불씨가 되어 은밀히 타오르고 있었습니다.

> "마침 거기에 불량배 하나가 있으니 그의 이름은 세바인데 베냐민 사람 비그리의 아들이었더라 그가 나팔을 불며 이르되 우리는 다윗과 나눌 분깃이 없으며 이새의 아들에게서 받을 유산이 우리에게 없도

다 이스라엘아 각각 장막으로 돌아가라 하매" 삼하 20:1

각 지파들 사이의 기류가 혼란스럽게 흐르고 있을 때, 그 틈을 타 불량배 하나가 큰 소리로 백성들을 선동하기 시작했습니다. 그는 베냐민 지파 출신의 세바였습니다. 베냐민 지파는 사울 왕과 그의 가문이 속한 지파로, 압살롬의 반역을 가장 통쾌해하며 즐겼던 지파이기도 합니다. 시므이가 다윗을 조롱하고 저주했던 것처럼, 세바도 다윗에 대한 불만과 반감을 드러내며 나팔을 불고 외쳤습니다. "우리는 다윗과 나눌 것이 없다! 다윗에게 받을 유산도 없다!"

세바의 외침은 다른 지파 장로들 사이에 이미 자리 잡은 시기와 질투를 더욱 강하게 자극했습니다. 사실, 다른 지파 사람들은 유다 지파의 영향력이 커지는 것을 부러워하고 시기해 왔습니다. 이제 그 부러움은 분노로 바뀌어 또 다른 반란의 불씨가 되었습니다.

"이에 온 이스라엘 사람들이 다윗 따르기를 그치고 올라가 비그리의 아들 세바를 따르나 유다 사람들은 그들의 왕과 합하여 요단에서 예루살렘까지 따르니라" 삼하 20:2

세바를 중심으로 또다시 반란군이 형성되었습니다. 압살롬의 반란을 진압한 지 얼마 되지도 않아, 새로운 반란이 일어난 것입니다. 이번에도 많은 사람들이 세바에게 가담했습니다.

그들은 이미 압살롬의 반란에 가담했던 전력이 있어 다윗의 신임을 잃었다고 느꼈고, 어차피 왕의 눈 밖에 난 상황에서 자포자기한 심정으로 세바의 편에 서게 된 것입니다.

> "왕이 아마사에게 이르되 너는 나를 위하여 삼 일 내로 유다 사람을 큰 소리로 불러 모으고 너도 여기 있으라 하니라" 삼하 20:4

세바의 반란군이 일어났다는 소식을 들은 다윗은 아마사 장군을 불러 군대를 소집하라고 명령했습니다. 여기서 중요한 점은 다윗이 요압이 아닌 아마사를 선택했다는 것입니다.

다윗은 더 이상 요압을 신뢰할 수 없었습니다. 요압은 다윗의 명령을 어기고 압살롬을 죽였을 뿐 아니라, 다윗을 협박하기까지 했습니다. 이런 부하를 어떻게 계속 신뢰할 수 있겠습니까?

따라서 다윗은 아마사를 통해 세바의 반란군을 진압하려 했습니다. 동시에 그는 아마사를 요압의 경쟁자로 세우고, 요압의 권력을 견제하려는 의도를 가지고 있었습니다.

> "아마사가 유다 사람을 모으러 가더니 왕이 정한 기일에 지체된지라" 삼하 20:5

문제는 아마사가 요압만큼의 카리스마와 지도력을 갖추지 못했다는 점이었습니다. 다윗은 아마사에게 3일 안에 군대를 소집하라는 명령을 내렸습니다. 이는 다윗이 세바의 반란군을 빠르게 추격하지 않으면 공성전을 치르게 될 위험이 있었기 때문입니다. 공성전은 시간을 끌 수밖에 없고, 이 경우 외적의 침입에 대비해야 하는 이스라엘의 상황을 더 어렵게 만들 가능성이 컸습니다. 따라서 다윗에게는 일분일초가 아쉬운 상황이었습니다.

그러나 아마사는 모병을 지체했고, 결국 군대를 소집하는 데 실패하고 있었습니다. 상황이 급박해지자, 다윗은 어쩔 수 없이 요압의 동생인 아비새 장군에게 지금 준비된 병력만이라도 데리고 세바를 추격하라는 명령을 내렸습니다.

아비새가 출발하자, 요압은 이를 기회로 삼아 그의 동생 아비새와 함께 세바를 뒤쫓았습니다. 뒤늦게 아마사는 신병들을 이끌고 기브온에서 이들과 합류했지만, 이미 상황은 요압의 주도권 아래로 넘어가고 있었습니다.

"요압이 아마사에게 이르되 내 형은 평안하냐 하며 오른손으로 아마사의 수염을 잡고 그와 입을 맞추려는 체하매" 삼하 20:9

아마사 장군이 합류했다는 소식을 들은 요압 장군은 겉으로는 환대하는 태도로 아마사를 맞이했습니다. 그는 "내 형제여, 잘 있었느냐?"라며 친근하고 따뜻한 어조로 말을 건넸고, 아마사를 끌어안았습니다.

"아마사가 요압의 손에 있는 칼은 주의하지 아니한지라 요압이 칼로 그의 배를 찌르매 그의 창자가 땅에 쏟아지니 그를 다시 치지 아니하여도 죽으니라 요압과 그의 동생 아비새가 비그리의 아들 세바를 뒤쫓을새" 삼하 20:10

아마사 장군은 요압의 환대에 아무런 의심 없이 그를 끌어안았습니다. 그러나 그 순간, 요압은 몰래 숨겨둔 칼을 꺼내어 아마사의 배를 찔렀고, 아마사는 그 자리에서 허무하게 죽음을 맞이했습니다. 이렇게 아마사 장군은 같은 편에 의해, 그것도 너무나 비열한 방식으로 살해당한 것입니다.

요압의 행동은 잔인하고 비겁했습니다. 당시 상황은 전시(戰時)로,

반란군을 진압해야 하는 중대한 시점이었습니다. 그럼에도 불구하고, 요압은 같은 편의 장군을 죽이는 치명적인 배신을 저질렀습니다. 게다가 아마사는 왕의 명령을 수행하던 중이었습니다. 요압의 행위는 단순히 동료를 제거한 것을 넘어, 다윗의 권위에 대한 거역이자 사실상 반역에 가까운 행위였습니다.

요압이 아마사를 죽인 이유는 명백합니다. 그는 다윗의 계획을 간파하고 있었습니다. 다윗이 아마사를 통해 요압을 견제하고, 궁극적으로 그의 군권을 박탈하려 한다는 것을 알고 있었기 때문입니다. 결국, 그는 아마사를 자신의 라이벌이자 정적(政敵)으로 보고 제거한 것입니다. 이로써 요압은 다윗의 머리 꼭대기에 올라앉은 셈이 되었습니다.

> "이에 그들이 벧마아가 아벨로 가서 세바를 에우고 그 성읍을 향한 지역 언덕 위에 토성을 쌓고 요압과 함께 한 모든 백성이 성벽을 쳐서 헐고자 하더니" 삼하 20:15

요압이 아마사를 죽이고 있는 사이, 세바는 이미 아벨성으로 들어가 방비태세를 갖추고 있었습니다. 당시 공성무기가 발달하지 않았던 상황에서 성을 함락시키는 것은 매우 어려운 일이었습니다. 성을 방어하는 병사들은 높은 성벽 위에서 활을 쏘고, 돌을 던지며, 뜨거운 기름을 부어 공격을 막아낼 수 있었습니다. 성벽을 타고 올라가는 일은 극히 위험했고, 성공 가능성도 희박했습니다.

이러한 이유로, 보통 성안의 병력보다 최소 일곱 배 이상의 병력이 있어야 성을 함락시킬 수 있었습니다. 요압은 세바가 성안에 틀어박힌 상황에서 강제로 성을 점령하기 위해, 성벽보다 높은 토성을 쌓아 올리는 전술을 선택했습니다.

이 전술은 고구려의 안시성 전투에서도 사용된 바 있습니다. 당시 당나라 군대는 토산을 쌓아 성벽보다 높은 위치에서 성을 공격하려 했습니다. 요압 역시 이러한 전략을 사용하여 아벨성을 공격하려 했습니다. 그런데 그때, 성안에서 갑자기 한 여성의 목소리가 들려왔습니다.

> "여인이 말하여 이르되 옛 사람들이 흔히 말하기를 아벨에게 가서 물을 것이라 하고 그 일을 끝내었나이다" 삼하 20:18

한 여인이 성벽 위에서 요압 장군을 찾았습니다. 그녀는 지혜로운 여인이었고, 대화를 통해 문제를 해결하려 했습니다. 그녀는 요압에게 옛 속담을 인용하며 말했습니다. "옛말에 '궁금한 것이 있으면 아벨로 가서 물을 것이라'고 했습니다"

이는 아벨 사람들이 지혜롭고 이성적인 해결책을 찾는 데 능하다는 평판을 나타낸 말이었습니다. 그녀는 이렇게 속담을 언급하며, "우리는 대화가 통하는 사람들입니다. 그러니 토성을 쌓아 전쟁을 벌이지 말고, 대화를 통해 해결하자"고 제안했습니다.

요압은 그녀의 제안을 받아들이며 칼을 내려놓고 대화를 시작했습니다. 그는 이 전투의 목적이 아벨성을 멸망시키는 것이 아니라, 반란의 주동자인 세바 한 사람만 처단하면 될 일이라고 설명했습니다. 이 말을 들은 여인은 다시 성안으로 돌아가 지혜로운 말로 아벨성 주민들을 설득했습니다.

> "이에 여인이 그의 지혜를 가지고 모든 백성에게 나아가매 그들이 비그리의 아들 세바의 머리를 베어 요압에게 던진지라 이에 요압이 나

> 팔을 불매 무리가 흩어져 성읍에서 물러나 각기 장막으로 돌아가고 요압은 예루살렘으로 돌아와 왕에게 나아가니라" 삼하 20:22

그렇게 이 여인은 세바의 머리를 베어 요압에게 던져 주었습니다. 요압은 세바의 처단으로 반란이 진압되자, 군대를 이끌고 다시 예루살렘으로 돌아갔습니다. 만약 이 여인의 지혜로운 대처가 없었다면, 아벨성 주민들은 반역자를 도왔다는 이유로 모두 처형당하고 성은 초토화되었을 것입니다.

우리는 여기서 아벨성의 여인과 요압 장군을 대조하여 생각해 볼 수 있습니다. 아벨성의 여인은 세바를 죽임으로써 많은 사람들의 목숨을 구했습니다. 반면, 요압은 자신의 권력을 지키기 위해 아무런 죄가 없는 아마사를 잔혹하게 살해했습니다.

또한, 아벨성의 여인은 지혜로운 말로 성 주민들을 설득하여 공동체를 구했지만, 요압은 간교한 말로 아마사를 속이고 배신하며 그를 죽였습니다.

이들의 상반된 모습은 성경에서도 뚜렷하게 평가됩니다. 아벨성의 여인은 지혜와 이타적인 행동으로 많은 사람을 살렸지만, 요압은 자기중심적이고 폭력적인 행동으로 인해 다윗 왕조의 내적 불안과 혼란을 키운 인물로 기록되었습니다.

> "왕이 이르되 그의 말과 같이 하여 그를 죽여 묻으라 요압이 까닭 없이 흘린 피를 나와 내 아버지의 집에서 네가 제하리라" 왕상 2:31

성경은 아벨성의 여인을 지혜롭고 충성스러운 여인으로 평가합니다. 그녀는 지혜로운 대처로 성읍을 구하고 많은 사람의 생명을 살렸습니다. 반면, 요압은 교만하고 거역하며 잔인한 인물로 평가됩니다. 그는 자신의 권력과 지위를 지키기 위해 비겁한 방법으로 아마사를 죽였고, 다윗의 통치에 큰 상처를 남겼습니다.

우리는 성경에서 어떤 평가를 받기를 원합니까? 아벨성의 여인은 하나님의 지혜를 통해 공동체를 구하고 평화를 이루는 도구가 되었습니다. 그러나 요압은 자신의 욕심과 야망을 위해 잔혹한 행동을 서슴지 않으며 분열과 혼란을 초래했습니다.

이들의 행동은 우리에게 중요한 교훈을 줍니다. 오늘날에도 세바와 요압과 같은 반란과 거역의 영이 활동하고 있습니다. 분열과 혼란을 일으키는 세력들 속에서 우리는 아벨성의 여인처럼 하나님의 지혜와 뜻을 따라야 합니다. 평화와 구원의 도구로서, 분열이 아닌 화합을 이루고, 욕심이 아닌 사랑으로 하나님의 일을 감당해야 합니다.

14장

# 다윗의
# 회복

DAVID SKETCH

## 내가 너희를 위하여 어떻게 하랴

사무엘서의 내용은 반드시 시간 순서대로 기록된 것이 아니라, 주제에 따라 배열된 경우도 있습니다. 사무엘하 21장에 나오는 기근 사건과 사울의 자손들에 대한 이야기도 이러한 특징을 보여줍니다. 시간적 순서로 본다면, 이 사건들은 사무엘하 9장이나 10장 이후에 위치하는 것이 더 자연스러울 수 있습니다. 따라서 우리는 사무엘하 21장의 사건들을 이해할 때, 이러한 문맥과 배열 방식을 먼저 염두에 두어야 합니다.

> "다윗의 시대에 해를 거듭하여 삼 년 기근이 있으므로 다윗이 여호와 앞에 간구하매 여호와께서 이르시되 이는 사울과 피를 흘린 그의 집으로 말미암음이니 그가 기브온 사람을 죽였음이니라 하시니라" 삼하 21:1

다윗 시대에 3년 동안 기근이 발생했습니다. 당시 유대인들은 기근이나 가뭄과 같은 자연재해를 단순한 자연현상으로 보지 않았습니다. 그들은 이를 하나님의 심판과 징벌로 이해하며, 분명한 이유와 목적이 있는 사건으로 여겼습니다.

이에 다윗은 여호와 앞에 엎드려 기도하며 그 원인을 물었습니다. 하나님께서는 기근의 이유를 다윗에게 알려주셨습니다. 그것은 사울이 기브온 사람들을 죽인 죄악 때문이라는 것이었습니다.

> "기브온 주민들이 여호수아가 여리고와 아이에 행한 일을 듣고 꾀를 내어 사신의 모양을 꾸미되 해어진 전대와 해어지고 찢어져서 기운 가죽 포도주 부대를 나귀에 싣고" 수 9:3~4

먼저, 기브온 사람들에 대해 이해할 필요가 있습니다. 기브온 사람들은 가나안 정복 당시 여호수아를 속여 평화조약을 맺은 사람들입니다. 본래 기브온 주민들은 가나안 족속에 속했기 때문에, 진멸해야 할 대상이었습니다. 그러나 기브온의 사신들은 여호수아와 이스라엘을 속이기 위해 낡은 자루와 닳은 신발, 해어진 옷을 걸치고 찾아왔습니다. 그들은 곰팡이 핀 빵과 오래된 포도주를 가지고 와, 먼 나라에서 온 것처럼 꾸몄습니다.

그들의 모습만 보면, 여호수아는 속을 수밖에 없었습니다. 이에 그는 하나님께 묻지 않은 채, 그들과 화친을 맺고 평화조약을 체결했습니다. 이후 그들이 가나안 주민임이 밝혀졌지만, 이미 조약을 맺은 상태였기 때문에 그들을 진멸할 수 없었습니다. 결국, 여호수아는 기브온 주민들을 살려주는 조건으로 그들을 나무를 패고 물을 긷는 허드렛일을 하는 자로 삼았습니다.

문제는 시간이 흘러 사울이 왕이 되었을 때 발생했습니다. 사울은 정치적인 목적을 위해 기브온 사람들을 학살했습니다. 이는 여호수아 시대에 맺었던 조약을 어기는 행위였으며, 하나님 앞에서 심각한 죄악으로 여겨졌습니다.

> "그들이 왕께 아뢰되 우리를 학살하였고 또 우리를 멸하여 이스라엘 영토 내에 머물지 못하게 하려고 모해한 사람의" 삼하 21:5

히틀러가 나치 정권의 기반을 강화하기 위해 유대인을 내부의 적으로 설정했던 것처럼, 사울도 정치적 입지를 강화하고 민심을 수습하기 위해 기브온 사람들을 희생양으로 삼았습니다. 히틀러가 유대인을 독일 경제 문제와 정치적 불안정, 그리고 사회적 혼란의 원흉으로 몰아갔듯이, 사울은 이스라엘 백성들이 배척하던 기브온 사람들을 공격함으로써 자신을 지지하는 여론을 얻으려 했습니다.

당시 사울은 내정에 관심을 두지 않고 오직 다윗을 제거하는 데만 몰두하고 있었습니다. 이로 인해 국가 경제는 쇠퇴하고 외적의 침략이 늘어나면서 민심은 흔들리기 시작했습니다. 이러한 상황에서 사울은 기브온 사람들에게 비난의 화살을 돌려, 그들을 학살하는 만행을 저질렀습니다.

기브온 주민들은 얼마나 억울했겠습니까? 그들은 이미 오래전에 이스라엘과 평화조약을 맺었고, 아무리 하찮고 힘든 일이라 해도 그 약속을 지키며 이스라엘 안에서 조용히 살아가고 있었습니다. 그런데 사울은 이유도 없이 그들을 공격하여 죽였습니다.

그러나 기브온 사람들은 사울이 왕이었기 때문에 누구에게도 항의하거나 항소할 수 없었습니다. 그들은 억울함과 고통을 안고, 하나님께 자신의 상황을 호소할 수밖에 없었습니다. 하나님은 그들의 억울함을 들으셨고, 그 결과로 하늘 문을 닫아 3년 동안 기근이 이스라엘을 덮치게 하셨습니다. 다윗은 이 기근의 원인이 무엇인지 깨닫고, 직접 기브온 사람들을 찾아가 그들의 억울함과 요구를 물었습니다.

> "다윗이 그들에게 묻되 내가 너희를 위하여 어떻게 하랴 내가 어떻게 속죄하여야 너희가 여호와의 기업을 위하여 복을 빌겠느냐 하니 기브온 사람이 그에게 대답하되 사울과 그의 집과 우리 사이의 문제는 은금에 있지 아니하오며 이스라엘 가운데에서 사람을 죽이는 문제도 우리에게 있지 아니하니이다 하니라 왕이 이르되 너희가 말하는 대로 시행하리라" 삼하 21:3~4

다윗은 기브온 주민들을 위로하며 물었습니다. "어떻게 하면 당신들의 마음이 풀리겠습니까? 무엇을 해야 당신들의 억울함을 씻어낼 수 있겠습니까?"

이에 기브온 사람들은 대답했습니다. "우리의 억울함은 은과 금으로 풀릴 수 없습니다. 그 어떤 물질적 보상도 우리의 고통을 치유하지 못합니다" 기브온 사람들의 원한은 단순히 돈으로 해결할 수 있는 문제가 아니었습니다. 그들은 사울이 저지른 학살에 대해 똑같이 사울의 자손의 피를 봐야만 자신들의 억울함이 풀릴 것이라고 요구했습니다

> "자손 일곱 사람을 우리에게 내주소서 여호와께서 택하신 사울의 고을 기브아에서 우리가 그들을 여호와 앞에서 목 매어 달겠나이다 하니 왕이 이르되 내가 내주리라 하니라" 삼하 21:6

다윗은 기브온 주민들의 요청에 응하며, 너무나 쉽게 사울의 자손을 내어주었습니다. 그는 깊은 고민이나 대안을 찾으려는 시도 없이, 기브온의 요구를 받아들여 사울의 자손들을 죽이는 결정을 내렸습니다. 물론 기브온 주민들이 억울함을 강하게 호소하고, 사울의 자손들의

피를 요구했다 하더라도, 다윗은 그들의 감정을 끝까지 설득하며 다른 해결책을 모색했어야 했습니다. 그는 기브온 사람들에게, 사울의 자손들을 죽이는 것이 하나님께서 원하시는 방식이 아님을 이해시키려 노력했어야 했습니다.

> "그 때에 그들이 말하기를 다시는 아버지가 신 포도를 먹었으므로 아들들의 이가 시다 하지 아니하겠고 신 포도를 먹는 자마다 그의 이가 신 것 같이 누구나 자기의 죄악으로 말미암아 죽으리라" 렘 31:29~30

성경은 분명히 연좌제를 거부합니다. 부모의 죄로 자식을 처벌하는 것은 하나님의 정의에 어긋납니다. "아버지가 신포도를 먹었다고 해서 아들의 이가 시지 않을 것"이라는 말씀처럼, 각자는 자신의 죄에 대해 책임을 져야 합니다.

그러나 다윗은 이러한 원칙을 무시하고, 아무런 고민 없이 사울의 자손들을 죽였습니다. 그 이유는 무엇입니까? 그것은 사울의 자손들이 다윗에게 정치적으로 불필요한 존재였기 때문입니다. 오히려 그들의 죽음은 다윗에게 유리한 결과를 가져올 수 있었습니다.

사울의 후손들은 베냐민 지파 내에서 여전히 영향력을 행사하며, 다윗의 정치적 라이벌이 될 가능성이 있던 사람들이었습니다. 따라서 다윗은 기브온 주민들을 설득하고 더 어려운 길을 택하기보다는, 사울의 후손들을 내어주는 쉬운 길을 선택했습니다.

> "그러나 다윗과 사울의 아들 요나단 사이에 서로 여호와를 두고 맹세한 것이 있으므로 왕이 사울의 손자 요나단의 아들 므비보셋은 아끼

고" 삼하 21:7

다윗은 요나단과의 언약을 지키기 위해 요나단의 아들 므비보셋은 제외하고 다른 사울의 후손들을 기브온 사람들에게 내주었습니다. 이것이 의미하는 바는 무엇입니까? 이는 므비보셋이 아닌 다른 후손들은 죽어도 상관없다는 다윗의 태도를 보여줍니다. 다윗의 이러한 결정은 그의 이기심과 안일함을 드러내며, 결국 죄 없는 사울의 후손들이 억울하게 희생당하게 만들었습니다. 그런데 중요한 점은, 사울의 후손들이 죽었다고 해서 기근이 즉시 끝난 것은 아니라는 것입니다. 비는 여전히 내리지 않았습니다.

> "아야의 딸 리스바가 굵은 베를 가져다가 자기를 위하여 바위 위에 펴고 곡식 베기 시작할 때부터 하늘에서 비가 시체에 쏟아지기까지 그 시체에 낮에는 공중의 새가 앉지 못하게 하고 밤에는 들짐승이 범하지 못하게 한지라" 삼하 21:10

아야의 딸 리스바는 사울의 첩으로, 그녀에게는 사울에게서 낳은 두 아들이 있었습니다. 다윗은 이 두 아들을 기브온 사람들에게 내주었고, 기브온 사람들은 사울의 딸 메랍의 다섯 아들과 함께 그들을 목매달아 죽였습니다.

그러자 리스바는 처참한 현실 앞에서 가만히 있지 않았습니다. 그녀는 매달린 두 아들의 시신을 밤낮으로 지키며 들짐승과 까마귀들을 쫓아냈습니다. '혹여나 들짐승이 와서 아들의 시신을 훼손하지 않을까?' 하는 마음으로, 그녀는 단 하루도 편히 잠들지 못하고, 뜬눈으로 밤을 지새우며, 깊은 어둠 속에서 두 아들을 지켰습니다. 이 어머니의 마음은 어떠했겠습니까?

　자기 아들들은 아무런 죄도 짓지 않았습니다. 단지 사울의 핏줄이라는 이유만으로 억울하게 죽임을 당했습니다. 그것도 처참하게 매달린 채 죽었고, 매장조차 허락되지 않았습니다.

　리스바는 점점 썩어가는 자식들의 시신을 지켜보며 비통함과 무력감에 사로잡혔을 것입니다. 그러나 그녀는 그 슬픔 속에서도 포기하지 않았습니다. 언제, 어디서 사나운 짐승이나 강도가 나타날지 모르는 두려운 상황 속에서도, 이미 죽은 아들들의 시신을 끝까지 지켰습니다.

　리스바는 아들들의 시신을 "하늘에서 비가 시체에 쏟아지기까지", 즉 비가 내릴 때까지 지켰습니다. 그러나 사울의 후손들이 죽은 후 곧바로 비가 내린 것이 아니었습니다. 무려 6개월이나 지나고 나서야 비가 내리기 시작했습니다.

　이것이 얼마나 잔인한 상황입니까? 만약 자식이 죽자마자 비가 내렸다면, 인정하기는 어렵지만 하나님께서 자식들의 목숨을 받아들이시고 비를 내려주셨다고 생각할 수 있을 것입니다. 그러나 시간이 지나도 아무런 변화가 없으니, 리스바의 입장에서는 아들들의 죽음이 너무나 무의미하고 허무한 희생처럼 느껴졌을 것입니다.

　그럼에도 불구하고, 리스바는 아무런 말 없이 그 자리를 지켰습니다. 들짐승과 까마귀를 쫓아내며, 아들들의 시신을 끝까지 보호했습니다.

　　　"이에 아야의 딸 사울의 첩 리스바가 행한 일이 다윗에게 알려지매"
　　　삼하 21:11

리스바의 헌신적인 모습은 다윗에게 깊은 감명을 주었습니다. 반년이 지나도록 아들들의 시신을 지키고 있다는 소식은 다윗의 마음을 울렸고, 그의 마음속 깊이 묻혀 있던 앙금과 원한이 풀리기 시작했습니다.

사실, 다윗 역시 억울함과 원통함을 품고 있었습니다. 사울은 이미 죽었지만, 다윗은 사울에게 당했던 고난의 세월을 쉽게 잊을 수 없었습니다. 그런 이유로, 그는 사울과 요나단의 시신을 베냐민 땅, 조상들의 묘지에 묻지 않고 있었습니다. 유대인의 전통에 따르면, 죽은 자는 반드시 고향 땅이나 조상의 묘지에 묻혀야 했습니다. 그러나 다윗은 이 전통을 따르지 않았습니다.

조상의 묘지에 묻히지 못한 죽음은 당시 매우 비참한 죽음을 의미했습니다. 다윗이 이를 모를 리 없었지만, 그는 여전히 사울과의 지난 세월을 떠올리며 분노와 상처를 가슴에 품고 있었습니다. 자신을 죽이려 했던 사울의 행위들이 머릿속에 생생히 남아 있었고, 그때를 생각할 때마다 치가 떨리고 분노가 치밀어 올랐습니다.

그러나 리스바의 모습을 보며, 다윗의 마음은 변하기 시작했습니다. 이미 썩어 문드러진 아들의 시신을 끝까지 지키고 있는 어머니의 모습은 다윗에게 큰 감동과 깨달음을 주었습니다.

> "사울과 그의 아들 요나단의 뼈와 함께 베냐민 땅 셀라에서 그의 아버지 기스의 묘에 장사하되 모두 왕의 명령을 따라 행하니라 그 후에야 하나님이 그 땅을 위한 기도를 들으시니라" 삼하 21:14

그래서 다윗은 사울과 요나단의 뼈를 가져다가 베냐민 땅에 있는 조상들의 묘지에 정성스럽게 안장하였습니다. "모두 왕의 명령을 따라" 아름답고 경건하게 장례를 치렀습니다. 그리고 성경은 기록합니다. "하나님이 그 땅을 위한 기도를 들으시니라" 그제야 하늘의 문이 열리고 비가 내리기 시작했습니다.

비는 언제 내렸습니까? 사울의 후손들이 죽었을 때 내린 것이 아닙니다. 다윗의 마음에 억울함과 원통함의 앙금이 풀렸을 때 내렸습니다.

우리도 다윗처럼 억울하고 원통한 일을 겪을 때가 있습니다. 그러나 문제는 그러한 앙금이 우리의 마음을 병들게 하고, 우리의 기도와 하나님의 응답을 방해할 수 있다는 점입니다.

다윗은 리스바의 헌신과 사랑을 보고 마음의 문을 열었습니다. 그는 사울과 요나단의 뼈를 고향 땅에 정성스럽게 묻으며 모든 원한을 내려놓았습니다. 그때 비로소 하나님께서 그 땅을 회복시키셨고, 하늘의 문을 열어 비를 내리셨습니다.

이 사건은 우리에게 중요한 교훈을 줍니다. 억울함과 원한을 내려놓고 화해와 용서를 선택할 때, 하나님께서 우리의 삶에 응답하시고 새로운 길을 열어주신다는 사실입니다.

## 그의 부하들의 손에 다 넘어졌더라

다윗과 사울의 가장 두드러진 차이는 바로 인복에서 드러납니다. 사울은 언제나 강하고 유능한 자를 추구했지만, 진정으로 신뢰할 수 있는 사람을 곁에 두지 못했습니다. 반면, 다윗은 강한 자를 찾는 데 몰두하지 않았으며, 오히려 자신에게 다가온 약자들을 믿음의 용사로 키워냈습니다. 이들은 다윗을 위해 자신의 생명을 아끼지 않았고, 다윗이 위기에 처했을 때 선봉에 서서 그를 지켰습니다. 다윗이 누린 인복은 단숨에 이루어진 것이 아니라, 사람을 향한 따뜻한 마음과 깊은 긍휼로 맺어진 귀한 열매였습니다.

> "사울이 사는 날 동안에 블레셋 사람과 큰 싸움이 있었으므로 사울이 힘 센 사람이나 용감한 사람을 보면 그들을 불러모았더라" 삼상 14:52

사울은 평생을 강력한 용사를 찾는 데 몰두했지만, 그 곁에는 이름난 용사가 없었습니다. 온 나라를 뒤져도 그는 진정한 용사를 발견하지 못했습니다. 그러나 다윗은 달랐습니다. 그는 스스로 용사를 찾아다니지 않았고, 오히려 환난을 당한 자들, 빚진 자들, 마음이 원통한 자들을 품고 그들을 회복시켜 믿음의 용사로 성장시켰습니다.

> "거인족의 아들 중에 무게가 삼백 세겔 되는 놋 창을 들고 새 칼을 찬 이스비브놉이 다윗을 죽이려 하므로" 삼하 21:16

블레셋과의 전쟁 중, 다윗은 절체절명의 위기를 맞이했습니다. 거인족의 후손인 이스비브놉이 무게가 300세겔에 달하는 놋창을 들고 다윗을 죽이려 했기 때문입니다. 이스비브놉은 골리앗과 같은 집안 출신으로, 초인적인 힘을 지닌 자였습니다. 그는 4킬로그램에 달하는 무거운 창을 자유자재로 휘두르며 이스라엘 병사들을 연이어 쓰러뜨렸고, 이로 인해 다윗은 목숨이 위태로운 상황에 처하게 되었습니다.

> "스루야의 아들 아비새가 다윗을 도와 그 블레셋 사람들을 쳐죽이니 그 때에 다윗의 추종자들이 그에게 맹세하여 이르되 왕은 다시 우리와 함께 전장에 나가지 마옵소서 이스라엘의 등불이 꺼지지 말게 하옵소서 하니라" 삼하 21:17

그러나 그때 스루야의 아들 아비새가 나타나 다윗을 위기에서 구해냈습니다. 그는 다윗에게 간청하듯 말했습니다. "왕이시여, 앞으로는 전쟁에 나서지 마시고 왕궁에 머무르시옵소서. 왕께서 만약 이 일을 당하신다면, 이스라엘의 등불이 꺼지게 될 것입니다" 이러한 강력한 설득에서 우리는 이스비브놉과의 대치가 얼마나 치명적이고 절박한 상황이었는지를 짐작할 수 있습니다. 결국 다윗은 이 사건 이후로 전쟁에 직접 나서는 것을 멈추게 되었습니다.

> "그 후에 다시 블레셋 사람과 곱에서 전쟁할 때에 후사 사람 십브개는 거인족의 아들 중의 삽을 쳐죽였고" 삼하 21:18

블레셋은 거인족의 후손인 삽 장군을 앞세워 다시금 이스라엘을 침공했습니다. 이에 다윗은 후사 출신의 십브개를 보내 맞섰습니다. 십브개는 다윗의 30인 용사 중 한 사람으로, 단숨에 거인족의 아들 삽을 격파하고 처치했습니다. 그러나 블레셋은 이에 굴하지 않고, 또다시 이스라엘을 침공하며 끈질기게 공격을 이어갔습니다.

> "또 다시 블레셋 사람과 곱에서 전쟁할 때에 베들레헴 사람 야레오르김의 아들 엘하난은 가드 골리앗의 아우 라흐미를 죽였는데 그 자의 창 자루는 베틀 채 같았더라" 삼하 21:19

"또 다시"라는 표현은 깊은 의미를 담고 있습니다. 블레셋이 반복적이고 집요하게 이스라엘을 공격했던 것처럼, 마귀 또한 우리의 영혼을 끈질기게 붙잡고 놓아주지 않으려 합니다. 블레셋은 수차례 이스라엘에게 패배를 경험했음에도 불구하고 포기하지 않고 다시 공격해 왔습니다. 이처럼 마귀도 우리가 승리를 거두고 굳건히 서 있을 때조차 쉬이 물러서지 않고 계속해서 우리를 시험하고 공격하려 합니다. 이러한 집요한 도전에 맞서기 위해 우리는 늘 깨어 있고, 영적으로 무장해야 합니다.

> "근신하라 깨어라 너희 대적 마귀가 우는 사자 같이 두루 다니며 삼킬 자를 찾나니" 벧전 5:8

따라서 우리는 항상 근신하며 깨어 있어야 합니다. 오늘 예수의 이름으로 마귀를 물리쳤다 할지라도, 내일 마귀의 유혹에 넘어질 위험은 언제나 존재합니다.

블레셋은 골리앗의 동생 라흐미를 앞세워 다시금 이스라엘을 공격했습니다. 라흐미는 골리앗에 못지않은 거대한 체구와 강력한 힘을 자랑했으며, 그의 창은 '베틀 채'처럼 길고 위협적이었다고 기록되어 있습니다. 그러나 라흐미 역시 다윗의 30인 용사 중 한 사람인 엘하난에 의해 쓰러졌습니다.

> "또 가드에서 전쟁할 때에 그 곳에 키가 큰 자 하나는 손가락과 발가락이 각기 여섯 개씩 모두 스물 네 개가 있는데 그도 거인족의 소생이라" 삼하 21:20

블레셋은 유능한 장군들을 하나둘씩 잃으면서 군사력이 점차 쇠퇴해 갔습니다. 이에 따라 블레셋의 세력은 크게 약화되었고, 결국 그들은 수도인 가드에서 전투를 벌이게 되었습니다. 이를 통해 블레셋의 위세가 얼마나 크게 약화되었는지를 알 수 있습니다.

이번에도 블레셋은 거인족의 후손을 앞세워 이스라엘과 맞섰습니다. 이 거인족의 소생은 이름이 기록되어 있지 않지만, 그의 손가락과 발가락이 각각 6개씩, 총 24개였다고 전해집니다. 이는 그가 엄청난 힘과 민첩성을 지녔으며, 무기를 다루는 능력이 탁월했음을 상징적으로 보여줍니다. 그러나 이 강력한 거인족의 후손 역시 다윗의 용사 요나단에 의해 쓰러지고 말았습니다. 요나단은 다윗의 형 삼마의 아들, 즉 다윗의 조카로서, 자신의 용맹과 충성을 통해 이스라엘의 승리에 기여한 또 하나의 위대한 인물이었습니다.

"이 네 사람 가드의 거인족의 소생이 다윗의 손과 그의 부하들의 손에 다 넘어졌더라" 삼하 21:22

블레셋의 핵심 장수 네 사람은 모두 거인족 출신으로, 골리앗과 같은 막강한 전사들이었습니다. 골리앗 한 사람만으로도 이스라엘이 큰 두려움에 떨었는데, 이번에는 골리앗이 네 배로 늘어난 것과 같았습니다. 그러나 더욱 중요한 점은 다윗도 홀로 싸우지 않았다는 것입니다. 다윗과 그의 부하들, 특히 30인의 용사들은 골리앗과 같은 적들에 맞서 압도적인 힘을 발휘하며 승리를 거두었습니다.

"다윗의 용사들의 이름은 이러하니라 다그몬 사람 요셉밧세벳이라고도 하고 에센 사람 아디노라고도 하는 자는 군지휘관의 두목이라 그

가 단번에 팔백 명을 쳐죽였더라" 삼하 23:8

다윗의 용사들은 혼자서 800명을 쓰러뜨리거나, 300명을 죽이는 전무후무한 전투력을 가진 영웅들이었습니다. 블레셋은 거인족의 소생들을 내세웠지만, 그들은 다윗과 대적하기는커녕 그의 용사들에게도 상대가 되지 못했습니다. 다윗이 직접 나서지 않아도, 그의 곁에는 적을 무찌를 수 있는 강력한 용사들이 30명이나 있었습니다. 이러한 위대한 용사들이 있었기에 다윗은 언제나 승리를 거머쥘 수 있었습니다. 그렇다면, 다윗은 어떻게 이처럼 뛰어난 용사들을 곁에 둘 수 있었을까요?

"그러므로 다윗이 그 곳을 떠나 아둘람 굴로 도망하매 그의 형제와 아버지의 온 집이 듣고 그리로 내려가서 그에게 이르렀고 환난 당한 모든 자와 빚진 모든 자와 마음이 원통한 자가 다 그에게로 모였고 그는 그들의 우두머리가 되었는데 그와 함께 한 자가 사백 명 가량이었더라" 삼상 22:1~2

다윗을 찾아온 이들은 모두 사회적 약자였습니다. 그들은 세상에서 외면받고, 배척당하며, 무시당하고 버림받은 사람들이었습니다. 그러나 다윗은 그들을 외면하지 않았습니다. 스스로도 생존이 어려운 고난의 상황에 처해 있었지만, 다윗은 그들에게 도움의 손길을 거두지 않았습니다. 그는 400명에 달하는 약자들을 품고, 그들의 필요를 채우며, 그들을 일으켜 세웠습니다. 결국, 이들 중에서 다윗의 위대한 용사들이 나올 수 있었습니다.

다윗은 강한 용사를 찾아다닌 것이 아니라, 자신의 곁으로 다가온 사회적 약자들을 회복시키고 성장시켜 용사로 변화시켰습니다. 이것이 바로 다윗과 사울의 인재관에서 가장 큰 차이점입니다.

세상은 약자들을 외면하고 강자들을 끌어들여 자신의 세력을 확장하며, 결국 강자들만의 리그를 형성하려 합니다. 부유한 사람들끼리 모임을 형성하고, 권력 있는 자들끼리 연합해 힘을 강화하려는 것이 세상의 성공 방식입니다.

> "그러나 하나님께서 세상의 미련한 것들을 택하사 지혜 있는 자들을 부끄럽게 하려 하시고 세상의 약한 것들을 택하사 강한 것들을 부끄럽게 하려 하시며" 고전 1:27

그러나 진정한 성공은 강한 것에 의존하는 데 있지 않습니다. 하나님께서는 오히려 세상의 약한 것들을 택하시어 강한 것들을 부끄럽게 하십니다. 이 진리를 깨달을 때, 우리의 인재관은 사울의 방식과 달라질 수 있습니다. 우리는 강하고 능력 있는 사람을 찾는 것이 아니라, 약하지만 하나님께 사랑받는 사람, 가난하지만 신실한 사람, 배우지 못했어도 거룩함을 추구하는 사람을 선택해야 합니다. 하나님께서는 이러한 사람들을 통해 자신의 영광을 드러내시고, 참된 성공의 본질이 무엇인지를 보여주십니다.

성공은 강한 사람이나 능력 있는 사람을 끌어모으는 데 있는 것이 아니라, 약하고 소외된 자들을 세우고 그들과 함께 성장하는 데 있습니다. 하나님의 나라는 세상의 성공 방식과는 다릅니다. 약한 자를 통해 강한 자를 부끄럽게 하시는 하나님의 역사 안에서, 우리는 진정한 인복과 성공의 의미를 발견할 수 있습니다.

## 하나님을 높일지로다

승전가는 전쟁에서의 승리를 기념하며 용기와 희생을 기리고, 나라의 자부심과 영광을 드높이는 노래입니다. 하지만 다윗의 승전가는 사람의 승리를 찬양하는 것이 아니라, 오직 하나님께 모든 영광을 돌리고 있습니다.

다윗은 모든 정복 사업을 마치고 이스라엘의 국가적 기틀을 확고히 한 후, 하나님께 감사의 노래를 불렀습니다. 특히 말년에 자신의 삶을 돌아보며 승전가를 불렀는데, 그의 인생을 보면 오히려 애곡이 더 어울릴 법한 삶이었습니다. 다윗은 가족들에게 외면당했고, 사울의 박해를 피해 도망자로 살아야 했습니다. 두 번의 결혼이 실패로 끝났으며, 아들의 반역과 죽음이라는 비극도 겪어야 했습니다. 그의 인생은 슬픔과 아픔, 고난으로 가득 차 있었습니다. 그러나 다윗은 자신의 인생의 마지막을 승전가로 완성했습니다. 그렇다면 다윗이 승전가를 부를 수 있었던 이유는 무엇일까요?

> "내가 환난 중에서 여호와께 아뢰며 나의 하나님께 아뢰었더니 그가 그의 성전에서 내 소리를 들으심이여 나의 부르짖음이 그의 귀에 들렸도다" 삼하 22:7

첫째로, 다윗이 승전가를 부를 수 있었던 이유는 그가 기도의 사람이었기 때문입니다. 다윗은 환난과 고통 속에서 언제나 여호와께 부르짖으며 기도했습니다. 많은 사람이 기도의 중요성을 머리로는 알지만, 막상 위기의 순간이 닥치면 기도를 뒤로 미루고, 더 시급하고 실질적인 해결책을 찾으려 합니다. 하나님께 나아가 도움을 구하기보다는, 즉각적으로 도움을 줄 수 있을 것 같은 사람이나 방법에 의지하게 됩니다.

> "내가 산을 향하여 눈을 들리라 나의 도움이 어디서 올까 나의 도움은 천지를 지으신 여호와에게서로다" 시 121:1~2

그러나 진정한 도움은 사람에게서 오는 것이 아니라, 천지를 지으신 여호와께 있습니다. 사람의 도움에는 한계가 있습니다. 그 이유는 사람은 유한한 존재이기 때문입니다. 그러나 천지를 창조하신 여호와께는 아무런 한계가 없습니다. 전지전능하신 하나님께서 우리를 도우시기에, 우리는 어떤 상황에서도 승전가를 부를 수 있는 것입니다.

> "이는 내가 여호와의 도를 지키고 악을 행함으로 내 하나님을 떠나지 아니하였으며 그의 모든 법도를 내 앞에 두고 그의 규례를 버리지 아니하였음이로다" 삼하 22:22~23

둘째로, 다윗이 승전가를 부를 수 있었던 이유는 그가 하나님의 모든 법도를 지켰기 때문입니다. 왕정시대는 왕의 말이 곧 법으로 여겨지던 시대였습니다. 모든 권력이 왕에게 집중되어 있었고, 왕은 절대적인 권위를 행사하며 나라의 모든 중요한 결정을 내렸습니다. 그러나 다윗은 권력에 취하지 않고, 자기 뜻대로 살지 않았습니다. 그는 항상 하나님의 법도를 자신 앞에 두고 하나님의 규례를 온전히 지키며 행했습니다. 다윗은 자신의 왕권 위에 하나님을 왕으로 모시고, 하나님의 말씀에 순종하며 살았습니다.

라틴어 "코람 데오(Coram Deo)"는 "하나님 앞에서"라는 뜻으로, 하나님께서 항상 우리와 함께하신다는 사실을 인식하며 살아가는 삶의 자세를 나타냅니다. 코람 데오의 삶은 우리가 매 순간 하나님 앞에 서 있음을 기억하고, 모든 생각과 행동을 하나님께서 보고 계신다는 의식 속에서 살아가는 것입니다.

다윗이 고백한 "그의 모든 법도를 내 앞에 두고"라는 말은 바로 이러한 코람 데오의 삶을 잘 보여줍니다. 다윗은 모든 일에 하나님을 인정하며 겸손히 행했고, 두렵고 떨리는 마음으로 죄를 멀리하며 말씀을 따랐습니다. 이러한 그의 신실함과 겸손함 때문에, 하나님께서는 다윗에게 승전가를 허락하셨습니다.

> "여호와의 사심을 두고 나의 반석을 찬송하며 내 구원의 반석이신 하나님을 높일지로다 이러므로 여호와여 내가 모든 민족 중에서 주께 감사하며 주의 이름을 찬양하리이다" 삼하 22:47, 50

마지막으로, 다윗이 승전가를 부를 수 있었던 이유는 그가 찬송의 사람이었기 때문입니다. 다윗은 빈들에서 양 떼를 돌보던 고요한 시간에도 하나님께 찬송을 불렀습니다. 사울의 추격을 피해 동굴에 몸을 숨기던 고난의 순간에도 그는 찬송을 멈추지 않았습니다. 심지어 자신의 아들 압살롬의 반역으로 인해 도망치며 눈물과 고통 속에 있을 때에도 다윗의 입술에는 찬송이 있었습니다. 그의 삶은 어떤 상황에서도 하나님을 찬양하는 삶이었습니다. 이처럼 늘 찬송을 부르는 사람만이 중요한 순간에 승전가를 부를 수 있습니다.

이라 D. 생키(Ira D. Sankey)는 세계적인 부흥사 무디 목사와 함께 찬양을 인도하며 수많은 사람들에게 깊은 감동을 준 인물입니다. 그의 삶에서 찬송은 단순한 음악이 아니라, 하나님의 은혜와 임재를 경험하는 도구였습니다.

어느 날, 부흥회 참석을 위해 영국으로 향하는 여객선에 탑승한 생키는 승객들의 요청에 따라 바다를 바라보며 〈선한 목자 되신 주〉를 큰 소리로 찬양했습니다. 그의 목소리는 여객선 전체에 울려 퍼졌고, 많은 이들의 마음을 울렸습니다. 찬송이 끝난 후, 한 남자가 생키에게 다가와 물었습니다.

"혹시 남북전쟁 당시 북군으로 참전한 적이 있으신가요?" 생키는 놀라며 대답했습니다. "네, 북군으로 참전한 적이 있습니다. 그런데 어떻게 아셨습니까?"

그러자 그 남자는 과거의 이야기를 꺼냈습니다. "저는 남군 병사였습니다. 어느 날, 보름달이 환히 비추던 밤, 저는 당신을 발견했습니다. 당신은 북군의 파란색 군복을 입고 있었고, 제 사정거리 안에 있었습니다. 방아쇠를 당기려던 순간, 당신이 찬송을 부르기 시작했습니다. 그 찬송은 제 어머니가 늘 부르시던 곡이었습니다. 그 순간 당신이 예수님을 믿는 사람이라는 것을 알게 되었고, 방아쇠를 당길 수가 없었습니다"

이 이야기를 들은 생키는 그 남자를 따뜻하게 끌어안으며, 하나님의 은혜에 감격했습니다. 생키가 전쟁터와 같은 절박한 상황에서도 찬송을 부를 수 있었던 이유는 그가 찬송의 사람이었기 때문입니다.

우리도 언제 어디서나 자연스럽게 찬송이 입술에서 흘러나올 수 있어야 합니다. 찬송이 삶의 일부분이 되어 무의식적으로 나올 수 있는 사람은, 의식하지 못한 순간에도 하나님의 은혜와 도우심을 경험할 수 있습니다.

우리는 삶의 모든 순간을 코람 데오의 자세로 살아가며, 우리의 입술에서 찬송이 끊이지 않아야 합니다. 하나님께서는 우리의 기도를 들으시고, 우리의 순종을 기뻐하시며, 우리의 찬양을 통해 영광을 받으실 것입니다. 그리고 그분의 크신 은혜로 우리는 삶의 모든 도전 속에서 승리의 길을 걸어가게 될 것입니다.

15장

# 다윗의 만년

DAVID SKETCH

## 그의 말씀이 내 혀에 있도다

"여호와의 영이 나를 통하여 말씀하심이여 그의 말씀이 내 혀에 있도다" 삼하 23:2

다윗은 하나님의 음성을 듣는 사람이었습니다. 그의 입술을 통해 하나님의 말씀을 선포하게 하신 이는 성령이셨습니다. 다윗은 하나님의 도구로서 쓰임을 받았고, 그의 입을 통해 하나님의 뜻이 나타났습니다. 그렇다면, 다윗은 어떻게 하나님의 음성을 들을 수 있었을까요?

"여호와여 내가 주를 불렀사오니 속히 내게 오시옵소서 내가 주께 부르짖을 때에 내 음성에 귀를 기울이소서" 시 141:1

다윗이 하나님의 음성을 들을 수 있었던 첫 번째 이유는 그가 고난의 시험을 겪었기 때문입니다.

다윗은 의지할 사람이 없었습니다. 사울의 추격을 받으며 생명의 위협 속에서 살아야 했고, 그의 주변에는 다윗을 모함하거나 고발하며 음해하려는 자들뿐이었습니다. 이 절박한 상황 속에서, 다윗은 오직 하나님께만 매달릴 수밖에 없었습니다. 그는 인간적인 도움이나 위로를 기대할 수 없었기에, 사람의 목소리보다 하나님의 음성에 더욱 귀를 기울였습니다.

고난과 외로움은 다윗으로 하여금 하나님께 더욱 가까이 나아가게 했습니다. 의지할 대상이 없는 상황에서 그는 오직 하나님만을 신뢰하며, 주님의 뜻을 구했습니다. 방황과 외로움의 순간에도 다윗은 하나님의 임재를 간구하며, 하나님의 음성을 듣는 데 자신의 모든 마음을 쏟았습니다.

> "네 하나님 여호와께서 이 사십 년 동안에 네게 광야 길을 걷게 하신 것을 기억하라 이는 너를 낮추시며 너를 시험하사 네 마음이 어떠한지 그 명령을 지키는지 지키지 않는지 알려 하심이라 너를 낮추시며 너를 주리게 하시며 또 너도 알지 못하며 네 조상들도 알지 못하던 만나를 네게 먹이신 것은 사람이 떡으로만 사는 것이 아니요 여호와의 입에서 나오는 모든 말씀으로 사는 줄을 네가 알게 하려 하심이니라" 신 8:2~3

하나님께서 이스라엘 백성들에게 40년간 광야 생활을 허락하신 이유는 무엇입니까? 그것은 바로 '오직 여호와의 입에서 나오는 모든 말씀으로 사는 방법'을 깨닫게 하기 위함이었습니다.

광야는 단순한 고난의 장소가 아니라, 하나님께서 자신의 백성을 훈련시키고 다듬으시는 장(場)이었습니다. 광야의 시간을 통해 이스라엘 백성은 자신들의 연약함을 깨닫고, 하나님만이 유일한 공급자이자 인도자이심을 경험하게 되었습니다. 그들은 하나님의 말씀을 통해 생명을 얻고, 그분의 명령을 따르는 법을 배웠습니다.

다윗 또한 광야의 길을 걸으며 동일한 깨달음을 얻었습니다. 그는 블레셋으로 도망쳐 보기도 하고, 자신의 힘으로 문제를 해결해 보려 애썼지만, 그러한 노력들은 오히려 더 큰 문제를 불러왔을 뿐이었습니다. 다윗은 결국 자신의 힘으로는 아무것도 할 수 없음을 인정하고, 오직 여호와의 말씀과 인도하심만이 생명의 길임을 깨닫게 되었습니다.

광야의 시간은 다윗으로 하여금 하나님의 음성에 매달리게 했고, 그 음성에 의지하며 살게 만들었습니다. 고난과 외로움은 다윗을 단련시켰고, 그로 하여금 하나님께 가까이 나아가도록 이끌었습니다. 이처럼 다윗은 광야의 시간을 통해 하나님께 완전히 의존하는 법을 배웠기 때문에 하나님의 음성을 들을 수 있었던 것입니다.

"너는 내게 부르짖으라 내가 네게 응답하겠고 네가 알지 못하는 크고 은밀한 일을 네게 보이리라" 렘 33:3

둘째로, 다윗이 하나님의 음성을 들을 수 있었던 이유는 그가 하나님께 물었기 때문입니다. 이 답은 너무나 간단해 보이지만, 실제로 많은 사람이 이를 실천하지 못합니다.

하나님께서는 반드시 응답하시겠다고 약속하셨습니다. 그러나 문제는 우리가 하나님께 묻지 않는 데 있습니다. 스스로 방법을 찾으려 하거나, 다른 이에게 의지하며 하나님의 음성을 구하는 것을 잊어버리곤 합니다.

어떤 이들은 이렇게 반문할지도 모릅니다. "하나님께 아무리 기도해도 응답이 없습니다" 왜 응답이 없습니까? 응답을 받기 전에 포기했기 때문입니다. 우리는 응답을 받을 때까지 기도해야 합니다.

하나님의 위격은 인간이 감히 범접할 수 없는 거룩함으로 충만합니다. 거룩하신 하나님의 음성을 죄로 가득한 우리가 알아듣는 것은 결코 쉬운 일이 아닙니다. 아무리 소귀에 경을 읽어도 소가 그것을 이해하지 못하듯이, 하나님께서 지속적으로 말씀하셔도 우리가 깨닫지 못할 때가 많습니다.

그렇다면 우리는 어떻게 해야 합니까? 답은 반복적으로 듣는 훈련을 하는 것입니다. 일반적으로 아기가 말을 배우기 위해서는 긴 시간 동안 언어에 노출되는 과정이 필요합니다. 연구에 따르면, 아기가 첫 단어를 말하고 기본적인 언어를 이해하기 위해서는 최소 3~5천 시간 이상 언어에 노출되어야 한다고 합니다. 그래서 생후 4~6개월경부터 옹알이를 시작하며 언어를 익히는 기초를 닦습니다.

하물며 인간의 언어조차 이러한 노력이 필요하다면, 거룩한 영적인 언어를 한두 번의 시도로 들을 수 있으리라 기대하는 것은 무리입니다. 우리는 하나님께 반복해서 묻고, 그분의 음성에 익숙해지는 훈련을 거쳐야 합니다. 영적인 감각은 훈련을 통해 예민해지고, 점점 하나님의 말씀을 알아듣는 능력을 갖추게 됩니다.

그렇다면 우리는 언제까지 하나님께 물어야 합니까? 답은 명확합니다. 알아들을 수 있을 때까지 묻고, 또 물어야 합니다.

> "내가 나의 침상에서 주를 기억하며 새벽에 주의 말씀을 작은 소리로 읊조릴 때에 하오리니" 시 63:6

마지막으로, 다윗이 하나님의 음성을 들을 수 있었던 이유는 그가 주의 말씀을 가까이했기 때문입니다.

다윗은 잠자는 시간까지도 아껴가며 하나님의 말씀을 묵상했습니다. 그는 말씀을 단순히 읽는 데 그치지 않고, 깊이 묵상하고 암송하며 자신의 삶에 새기고자 했습니다. 다윗이 하나님의 음성을 들을 수 있었던 것은 그가 말씀을 가까이하고, 그 안에서 하나님의 뜻을 발견했기 때문입니다.

> "모든 성경은 하나님의 감동으로 된 것으로 교훈과 책망과 바르게 함과 의로 교육하기에 유익하니" 딤후 3:16

성경은 하나님의 감동으로 기록된 책입니다. 그렇기 때문에 우리가 성경을 묵상하고 깊이 마음에 새길 때, 우리는 하나님의 감동과 연결되고 하나님의 뜻에 더욱 가까워질 수 있습니다.

죄악과 무지로 가득한 인간이 하나님과 깊이 소통하려면, 하나님의 감동에 더 많이 노출되어야 합니다. 하나님의 음성을 듣는 가장 확실한 방법은 바로 하나님의 감동으로 쓰여진 성경을 가까이하는 것입니다. 성경은 우리의 영적 감각을 깨우고, 하나님의 음성을 분별할 수 있는 귀를 열어줍니다.

다윗이 하나님의 음성을 들을 수 있었던 이유는 그가 고난 속에서 하나님을 더욱 의지하며 기도했고, 끊임없이 하나님께 묻기를 멈추지 않았으며, 하나님의 말씀을 가까이하여 묵상하는 삶을 살았기 때문입니다. 그의 삶은 고난과 외로움 속에서 단련되었고, 이러한 경험은 그로 하여금 하나님의 음성을 분별할 수 있는 영적인 귀를 가지게 했습니다.

하나님께서는 언제나 우리에게 말씀하시지만, 우리의 영적 귀가 닫혀 있거나 세상의 소음에 묻혀 그분의 음성을 듣지 못할 때가 많습니다. 그러나 다윗처럼 고난 속에서도 하나님께 매달리고, 말씀을 통해 하나님의 뜻을 구하며, 끊임없이 하나님께 묻는 훈련을 한다면, 우리도 하나님의 음성을 듣고 그분의 뜻에 순종하는 삶을 살아갈 수 있을 것입니다.

## 내가 심히 미련하게 행하였나이다

군대에서는 흔히 "말년에는 떨어지는 낙엽에도 조심하라"는 말을 사용합니다. 이는 제대를 앞둔 병사들에게 마지막 순간까지 주의와 경계를 늦추지 말라는 경고의 메시지입니다. 아무리 제대 전까지 큰 문제 없이 잘 지내왔더라도, 방심하거나 긴장을 놓치는 순간 작은 실수가 예상치 못한 큰 문제로 이어질 수 있기 때문입니다. 이는 사소한 일이라도 신중히 행동하라는 중요한 교훈을 담고 있습니다. 누구든지 마음이 편안해지거나 긴장을 풀게 되면 실수를 하기가 쉽습니다.

이 교훈은 다윗의 삶에도 그대로 적용됩니다. 다윗은 그의 인생의 말년에 큰 실수와 범죄를 저질렀습니다. 그 결과, 이스라엘 백성 중 7만 명이 사망하는 끔찍한 재앙이 발생했습니다. 다윗의 왕정은 아름답게 마무리되지 못하고 재앙으로 끝나고 말았습니다. 이처럼 하나님께 특별한 사랑과 은혜를 받았던 다윗도 한순간의 실수로 인해 큰 재앙을 초래했습니다.

> "여호와께서 다시 이스라엘을 향하여 진노하사 그들을 치시려고 다윗을 격동시키사 가서 이스라엘과 유다의 인구를 조사하라 하신지라" 삼하 24:1

이 구절을 읽고 오해를 하는 사람도 있습니다. 겉보기에는 마치 하나님께서 다윗이 죄를 짓도록 직접 부추기신 것처럼 보이기 때문입니다. 이런 해석은 다윗이 어쩔 수 없이 죄를 지은 것처럼 보이게 만듭니다. 그러나 이 구절을 올바르게 이해하기 위해서는 '격동시키다'라는 표현이 지닌 의미를 주의 깊게 살펴보아야 합니다.

여기서 '격동시키다'는 하나님께서 다윗이 죄를 짓도록 적극적으로 부추기셨다는 뜻이 아니라, 다윗이 자신의 자유 의지로 죄를 선택하도록 허용하셨다는 의미로 보는 것이 적절합니다. 이는 하나님께서 다윗의 마음속 깊은 교만이나 잘못된 동기를 드러내기 위해 허용하신 행동으로 이해할 수 있습니다.

> "사탄이 일어나 이스라엘을 대적하고 다윗을 충동하여 이스라엘을 계수하게 하니라" 대상 21:1

사탄이 다윗을 충동한 사건은 욥의 상황과 유사한 면이 많습니다. 욥기에서 사탄이 하나님께 허락을 구하며 욥을 시험했던 것처럼, 다윗의 경우에도 하나님께서 다윗이 자신의 뜻대로 행동하도록 허용하셨습니다. 이는 다윗 개인의 죄를 넘어, 이스라엘 전체의 영적 상태와 깊은 관련이 있습니다. 이스라엘 백성은 태평성대와 풍요로운 삶 속에서 점차 하나님께 대한 경외심을 잃고 죄악에 물들기 시작했습니다.

> "이에 왕이 그 곁에 있는 군사령관 요압에게 이르되 너는 이스라엘 모든 지파 가운데로 다니며 이제 단에서부터 브엘세바까지 인구를 조사하여 백성의 수를 내게 보고하라 하니" 삼하 24:2

다윗은 요압에게 인구조사를 명령하였습니다. 이 조사를 완료하는 데만 총 9개월 20일이 걸릴 정도로, 당시 이스라엘은 거대한 나라로 성장했고, 인구도 크게 늘어난 상태였습니다. 그러나 이 인구조사는 하나님 보시기에 죄가 되었습니다. 사실 인구조사 자체는 본질적으로 문제가 되는 행위가 아닙니다.

> "이스라엘 중 이십 세 이상으로 싸움에 나갈 만한 모든 자를 너와 아론은 그 진영별로 계수하되" 민 1:3

하나님께서는 모세에게 전쟁에 나갈 만한 자를 계수하라고 명령하셨습니다. 이 계수, 즉 인구조사는 정당한 목적을 가진 행위였습니다. 그러나 다윗의 인구조사는 하나님 보시기에 죄가 되었습니다. 그 이유는 목적이 잘못되었기 때문입니다.

> "요압이 왕께 아뢰되 이 백성이 얼마든지 왕의 하나님 여호와께서 백 배나 더하게 하사 내 주 왕의 눈으로 보게 하시기를 원하나이다 그런데 내 주 왕은 어찌하여 이런 일을 기뻐하시나이까 하되" 삼하 24:3

오히려 요압은 다윗을 말리며 이렇게 말했습니다. "왕이시여! 저는 이스라엘이 지금보다 백 배나 더 늘어나길 원합니다. 그런데 어찌하여 이런 일을 벌이십니까?" 요압은 자신을 위해서라면 동료까지도 죽이는 이기적인 사람이었습니다. 그는 신앙도, 양심도 없는 사람이었습니다. 그런 요압이 다윗을 막아서고 있다는 사실은 다윗의 인구조사가 얼마나 문제가 많았는지를 보여줍니다.

그렇다면 다윗의 인구조사 문제는 무엇이었습니까? 첫째, 다윗은 교만한 마음으로 인구조사를 실시했습니다. 그의 나라는 중동 지역에서 가장 위대한 나라가 되었고, 심지어 애굽조차도 다윗 앞에서 머리를 조아릴 수밖에 없었습니다. 이러한 상황에서 다윗은 점차 교만에 빠졌습니다. 그는 지금까지의 자신의 성과와 업적을 확인하고 싶어 했고, 자신의 세력과 규모를 자랑하고 싶어 했습니다. 결국, 이러한 교만한 마음이 그를 인구조사를 명령하게 만든 것입니다. 다윗은 최고 자리에 오른 후 하나님이 아닌 자신을 자랑하고 싶어 했던 것입니다.

> "어떤 사람은 병거, 어떤 사람은 말을 의지하나 우리는 여호와 우리 하나님의 이름을 자랑하리로다" 시 20:7

다윗은 하나님의 이름을 자랑해야 했으나, 오히려 자신의 병거와 마병, 그리고 병력을 자랑하였습니다. 이러한 교만한 태도 때문에 다윗의 인구조사는 잘못되었다고 할 수 있습니다.

> "수 만군의 여호와의 말씀이니라 교만한 자여 보라 내가 너를 대적하나니 너의 날 곧 내가 너를 벌할 때가 이르렀음이라" 렘 50:31

하나님께 그토록 사랑을 받았던 다윗이라 할지라도, 하나님 앞에서 교만하기 시작하면 하나님께서는 그를 대적하십니다. 성경은 "교만은 패망의 선봉이며, 거만한 마음은 넘어짐의 앞잡이니라"라고 경고합니다(잠 16:18). 결국 다윗은 교만한 마음으로 인구조사를 명령했고, 이는 큰 재앙을 불러오게 되었습니다.

> "요압이 백성의 수를 왕께 보고하니 곧 이스라엘에서 칼을 빼는 담대한 자가 팔십만 명이요 유다 사람이 오십만 명이었더라" 삼하 24:9

두 번째로, 다윗은 사람을 의지하는 마음으로 인구조사를 실시했습니다. 요압은 인구조사를 마친 후 다윗에게 보고했습니다. 이스라엘에서 전쟁에 나갈 수 있는 사람은 80만 명, 유다 지파에서 50만 명으로, 총 130만 명의 군사가 준비되어 있었습니다.

현재 우리나라 육군이 약 36만 명, 중국이 약 95만 명, 미국이 약 100만 명이라는 점을 고려할 때, 다윗의 군대 규모가 얼마나 거대한지 짐작할 수 있습니다.

다윗은 요압의 보고를 듣고 뿌듯함을 느꼈습니다. 그 이유는 무엇입니까? 다윗은 하나님으로 만족하기보다, 자신의 군사력으로 만족했기 때문입니다. 그는 하나님을 의지하지 않고, 자신의 병력과 세력을 의지하고 있었습니다.

> "다윗이 블레셋 사람에게 이르되 너는 칼과 창과 단창으로 내게 나아오거니와 나는 만군의 여호와의 이름 곧 네가 모욕하는 이스라엘 군대의 하나님의 이름으로 네게 나아가노라" 삼상 17:45

다윗이 골리앗과 싸울 때, 그는 무엇을 의지했습니까? 오직 하나님의 이름을 의지했습니다. 그는 칼과 창과 단창을 의지하지 않았고, 병사와 마병과 병거를 의지하지 않았습니다. 오직 하나님만을 의지하며 나아갔습니다. 그러나 지금의 다윗은 하나님이 아니라 군사력을 의지하고 있었습니다. 이러한 변화는 결국 큰 재앙을 초래하게 된 원인이 되었습니다.

마지막으로, 다윗은 탐욕으로 인구조사를 실시했습니다. 보통 인구조사의 목적은 두 가지로 나뉩니다. 하나는 군사적인 목적, 즉 전쟁에 나갈 병사의 숫자를 확인하기 위함이고, 다른 하나는 경제적인 목적, 즉 세금을 걷기 위한 것입니다. 다윗이 인구조사를 한 후 무엇을 하려 했는지는 구체적으로 명시되어 있지 않지만, 그것이 침략을 위한 것이든, 세수 확대를 위한 것이든, 탐욕이 그 근저에 있었다는 점은 분명합니다. 결국 이러한 탐욕은 다윗의 인구조사를 하나님 앞에 죄악으로 만들었습니다.

> "탐욕이 지혜자를 우매하게 하고 뇌물이 사람의 명철을 망하게 하느니라" 전 7:7

하나님의 음성을 듣고 항상 지혜롭게 행동했던 다윗이지만, 그의 마음에 탐욕이 싹트게 되자 우매한 결정을 내리고 말았습니다. 심지어 신앙도 양심도 없었던 세속적인 요압조차도 당황하며 이를 만류할 정도로, 다윗은 명철을 잃어버린 상태였습니다. 그러나 다윗에게 희망이 있었던 이유는 그가 곧 자신의 미련함을 깨닫고 회개했다는 점입니다.

> "다윗이 백성을 조사한 후에 그의 마음에 자책하고 다윗이 여호와께 아뢰되 내가 이 일을 행함으로 큰 죄를 범하였나이다 여호와여 이제 간구하옵나니 종의 죄를 사하여 주옵소서 내가 심히 미련하게 행하였나이다 하니라" 삼하 24:10

인구조사를 마친 뒤, 다윗은 양심의 가책을 느끼기 시작했습니다.

보통 사람이라면 양심의 가책을 무시하거나 외면하기 쉽습니다. 죄악과 타협하며 스스로에게 면죄부를 주기도 합니다. '나는 왕이니, 인구조사 정도는 당연히 할 수 있어! 이 모든 것은 나라를 잘 다스리기 위한 일이야'라며 변명과 핑계로 죄책감을 회피하려 할 것입니다.

그러나 다윗은 그렇게 하지 않았습니다. 그는 양심의 가책을 받아들이고, 하나님 앞에서 자신의 죄를 자복하였습니다. 다윗은 하나님 앞에 엎드려 간절히 용서를 구했습니다. 이것이 바로 다윗과 사울의 본질적인 차이점입니다.

결국 다윗의 삶은 완벽하지 않았습니다. 그러나 그의 진심 어린 회개는 하나님과의 관계를 회복시켰으며, 우리에게도 동일한 은혜의 가능성을 보여줍니다. 이것은 인간의 약함을 넘어설 수 있는 유일한 길은 하나님께로 돌아가는 것임을 강력히 증언합니다.

우리 역시 다윗처럼 잘못된 선택을 할 수 있습니다. 교만과 탐욕에 빠질 수도 있고, 하나님이 아닌 다른 것을 의지할 수도 있습니다. 그러나 그 순간 중요한 것은 자신의 죄를 인정하고, 고백하며, 회개하는 것입니다.

## 재앙이 그쳤더라

"이에 여호와께서 그 아침부터 정하신 때까지 전염병을 이스라엘에게 내리시니 단에서부터 브엘세바까지 백성의 죽은 자가 칠만 명이라" 삼하 24:15

하나님께서는 전염병으로 이스라엘을 치셨고, 그로 인해 단 3일 만에 7만 명이 목숨을 잃었습니다. 이 재앙은 도저히 인간의 힘으로 감당할 수 없는 것이었습니다. 우리가 코로나19 팬데믹을 겪으면서 전염병의 무서움을 깊이 경험했듯이, 이스라엘 백성에게도 그 고통은 극심했을 것입니다. 전염병이 무서운 이유는 눈에 보이지 않기 때문에 사람을 만나는 것도, 음식을 먹는 것도 두렵기 때문입니다.

우리나라에서 코로나19로 인해 사망자가 가장 많이 발생한 날은 2022년 3월 23일로, 하루에 470명이 목숨을 잃었습니다. 2023년 8월 30일 기준으로, 코로나19로 인한 누적 사망자는 35,605명에 이르렀습니다. 그러나 이스라엘에서는 단 3일 만에 7만 명이 죽는 재앙이 발생했습니다. 이는 이스라엘 백성에게 엄청난 충격과 공포를 안겨 주었을 것입니다.

그런데 이 끔찍한 재앙을 막을 사람이 있었습니다. 그 사람은 바로 다윗이었습니다. 다윗이 재앙을 멈추기 위해 취한 행동은 단순히 자신의 죄를 회개하는 것에 그치지 않았습니다. 그의 행동은 예수님의 구원 사역을 이해하는 중요한 교훈을 우리에게 제공합니다. 그렇다면, 다윗은 어떻게 이 재앙을 멈출 수 있었을까요?

> "다윗이 백성을 치는 천사를 보고 곧 여호와께 아뢰어 이르되 나는 범죄하였고 악을 행하였거니와 이 양 무리는 무엇을 행하였나이까 청하건대 주의 손으로 나와 내 아버지의 집을 치소서 하니라" 삼하 24:17

첫째, 다윗은 희생을 통해 재앙을 멈췄습니다. 이미 7만 명을 죽인 천사가 예루살렘 앞으로 다가왔고, 한 걸음만 더 나아가면 예루살렘도 멸망할 위기에 처해 있었습니다. 그때 다윗은 "백성을 치는 천사를 보고" 그 앞에 엎드렸습니다.

그 순간의 천사는 어떤 모습이었겠습니까? 그것은 아름답거나 자비로운 모습이 아니었을 것입니다. 사람을 망설임 없이 죽이는, 두려움과 공포를 불러일으키는 모습이었을 것입니다. 다윗은 두렵고 떨리는 마음으로 천사 앞에 엎드렸습니다. 그리고 이렇게 말했습니다. "하나님! 제가 지은 죄입니다. 이 백성들은 죄 없는 양일 뿐입니다. 저와 제 집을 치십시오"

이 말은 가식적이거나 위선적인 표현이 아니었습니다. 지금 다윗 앞에 있는 천사는 농담이나 타협, 설득이 통하지 않는 존재였습니다. 그런 존재 앞에서 "나와 내 가족을 치라"고 말하는 것은 자신의 목숨을 건 진정한 희생이었습니다. 다윗은 백성들을 살리기 위해 자신의 목숨과 가족의 안전까지도 내놓을 수 있는 희생의 마음을 가졌습니다.

> "그리스도께서 너희를 사랑하신 것 같이 너희도 사랑 가운데서 행하라 그는 우리를 위하여 자신을 버리사 향기로운 제물과 희생제물로 하나님께 드리셨느니라" 엡 5:2

예수님은 우리를 살리시기 위해 자신을 내어주어 희생제물이 되셨습니다. 예수님께서 십자가를 지시고 목숨을 버리셨기에, 우리는 그 은혜로 생명을 얻게 되었습니다. 우리는 본래 재앙으로 죽어 마땅한 죄인들이었습니다. 그러나 예수님께서는 그 죄인을 구원하시기 위해 자신의 생명을 기꺼이 희생하셨습니다.

> "왕이 아라우나에게 이르되 그렇지 아니하다 내가 값을 주고 네게서 사리라 값 없이는 내 하나님 여호와께 번제를 드리지 아니하리라 하고 다윗이 은 오십 세겔로 타작 마당과 소를 사고" 삼하 24:24

두 번째로, 다윗은 값을 지불함으로써 재앙을 멈췄습니다. 다윗이 자신의 죄를 회개하자, 갓 선지자가 그에게 말했습니다. "아라우나의 타작마당에서 여호와께 제단을 쌓으십시오!" 다윗은 즉시 아라우나의 타작마당으로 올라갔습니다. 그때 아라우나는 멀리서 다윗이 오는 것을 보고 달려 나와 왕을 맞이했습니다.

> "이르되 어찌하여 내 주 왕께서 종에게 임하시나이까 하니 다윗이 이르되 네게서 타작 마당을 사서 여호와께 제단을 쌓아 백성에게 내리는 재앙을 그치게 하려 함이라 하는지라" 삼하 24:21

다윗은 재앙을 멈추기 위해 타작마당을 사겠다고 하였습니다. 그러자 아라우나는 소와 땔감도 있으니 원하시는 대로 사용하시라고 하며, 이 모든 것을 기쁨으로 드리겠다고 말했습니다.

> "왕이 아라우나에게 이르되 그렇지 아니하다 내가 값을 주고 네게서

> 사리라 값 없이는 내 하나님 여호와께 번제를 드리지 아니하리라 하고 다윗이 은 오십 세겔로 타작 마당과 소를 사고" 삼하 24:24

그러나 다윗은 분명히 값을 지불하고 타작마당과 소를 구입하였습니다. 사무엘하에서는 그 금액이 은 50세겔이라고 기록되어 있으며, 동일한 내용을 담은 역대상에서는 금 600세겔이라고 언급하고 있습니다(대상 21:25). 이는 재물만 계산했을 때는 은 50세겔이고, 타작마당 전체를 포함했을 때는 금 600세겔로 이해할 수 있습니다. 이처럼 다윗은 재앙을 멈추기 위해 값에 대해 철저히 책임지고 지불하였습니다.

> "너희 몸은 너희가 하나님께로부터 받은 바 너희 가운데 계신 성령의 전인 줄을 알지 못하느냐 너희는 너희 자신의 것이 아니라 값으로 산 것이 되었으니 그런즉 너희 몸으로 하나님께 영광을 돌리라" 고전 6:19~20

예수님께서는 값을 지불하여 우리를 구원하셨습니다. 그 값은 예수님의 보혈, 즉 생명의 피였습니다. 예수님께서는 자신의 피로 우리를 사셨기에, 우리의 생명과 영혼은 예수님의 것입니다.

다윗은 재앙을 피하기 위해 값을 지불했지만, 우리의 재앙을 피하기 위한 값은 이미 예수님께서 대신 지불하셨습니다. 예수님은 우리의 죄를 대신하여 십자가에서 죽으시고, 그 보혈로 우리를 구속하셨습니다. 그렇기에 우리는 예수님의 보혈을 믿기만 하면, 그 어떤 재앙도 피할 수 있습니다.

> "그 곳에서 여호와를 위하여 제단을 쌓고 번제와 화목제를 드렸더니

> 이에 여호와께서 그 땅을 위한 기도를 들으시매 이스라엘에게 내리는 재앙이 그쳤더라" 삼하 24:25

세 번째, 다윗은 예배로 재앙을 멈췄습니다. 타작마당을 구입한 다윗은 그곳에 제단을 쌓고 하나님께 예배를 드렸습니다. 하나님께서는 다윗의 예배를 받으셨고, 그 결과 재앙이 멈췄습니다. 만약 다윗이 회개하지 않았더라면, 타작마당을 사지 않았더라면, 그리고 제단을 쌓아 예배드리지 않았더라면, 예루살렘은 전염병으로 인해 더 큰 재앙을 겪었을 것입니다.

> "엘리야가 모든 백성을 향하여 이르되 내게로 가까이 오라 백성이 다 그에게 가까이 가매 그가 무너진 여호와의 제단을 수축하되" 왕상 18:30

이스라엘에 3년 동안 비가 내리지 않았습니다. 저수지와 담수화 기술이 발달한 현대에서도 1년만 비가 내리지 않아도 모든 농작물은 말라 죽고, 마실 물조차 구하기 어려운 상황이 될 것입니다. 그런데 엘리야 시대에는 무려 3년이나 비가 오지 않았습니다. 이는 모두가 죽음에 이를 수밖에 없는 엄청난 재앙이었습니다.

그러나 엘리야는 이 재앙을 끝내고 이스라엘에 비가 내리게 했습니다. 엘리야가 제단을 수축하고 하나님께 예배를 드렸을 때, 재앙이 멈추고 비가 내렸습니다. 그렇다면 우리의 인생에 닥친 재앙을 멈추는 방법은 무엇입니까? 그것은 신앙의 제단을 수축하고 예배를 회복하는 것입니다.

다윗 한 사람의 희생과 결단으로 큰 재앙이 멈췄던 것처럼, 한 사람의 신앙과 헌신으로도 재앙이 멈출 수 있습니다. 우리 각자가 신앙의 제단을 회복하고 예배를 드릴 때, 하나님께서는 우리의 삶에 은혜를 베푸시고 재앙을 거두실 것입니다.

2020년, 순천-완주고속도로의 천마터널에서 대형 트레일러 차량이 주행 중 엔진룸에서 연기가 피어오르며 화재가 발생했습니다. 대형 사고로 이어질 수 있는 위험한 상황이었지만, 운전자는 즉시 갓길에 차량을 세우고 신속히 대피했습니다. 그러나 차량은 터널 내부에 그대로 남아 있어 폭발과 대규모 피해가 우려되는 위급한 상황이었습니다.

그때, 외출 후 귀가하던 한 현직 소방관이 이를 목격했습니다. 그는 위험을 무릅쓰고 소화전을 열어 호스를 꺼내 들고 화재를 진압하기 시작했습니다. 걱정스러운 마음에 그의 아내는 "가지 말라"고 외쳤습니다. 이미 터널 내부는 유독가스로 가득 찬 상태였고, 엔진룸에서 타오르던 불길은 점점 더 거세졌으며 폭발의 위험도 있었습니다.

안전 장비 없이 터널 안에서 화재를 진압하는 일은 결코 쉬운 일이 아닙니다. 조금만 실수해도 질식하거나 폭발로 인해 큰 부상을 입을 수 있습니다. 그럼에도 불구하고, 이 소방관은 자신의 안전을 뒤로한 채 희생을 각오하고 불길 속으로 들어갔습니다. 결국, 그의 용기 있는 초기 대응 덕분에 화재는 인명 피해 없이 진압될 수 있었습니다.

우리의 인생에도 재앙이 닥칠 때 초기 대응이 필요합니다. 다윗이 자신의 목숨을 걸고 천사 앞에 섰던 것처럼, 우리도 십자가 앞에 서야 합니다. 단 한 사람의 희생과 용기가 가정의 재앙을, 교회의 재앙을, 일터의 재앙을 막을 수 있습니다. 하나님께 나아가 기도하고 회개하며 믿음으로 반응하는 우리의 결단이 재앙을 멈추는 길이 될 수 있습니다.

# 다윗은 알지 못하시나이다

"다윗 왕이 나이가 많아 늙으니 이불을 덮어도 따뜻하지 아니한지라"
왕상 1:1

다윗에게 죽을 날이 다가오고 있었습니다. '이불을 덮어도 따뜻하지 않았다'는 표현은 그의 몸이 이미 차갑게 식어가고 있었음을 의미합니다. 이는 다윗의 생명이 끝을 향해 가고 있음을 보여주는 상징적인 표현이며, 싸늘한 주검을 떠올리게 합니다. 이때 다윗의 신하들은 어떻게 했습니까?

"그의 시종들이 왕께 아뢰되 우리 주 왕을 위하여 젊은 처녀 하나를 구하여 그로 왕을 받들어 모시게 하고 왕의 품에 누워 우리 주 왕으로 따뜻하시게 하리이다 하고" 왕상 1:2

신하들은 젊은 처녀를 구하여 다윗과 함께 누워 그의 몸을 따뜻하게 하려 했습니다. 이는 인위적인 방법으로 다윗의 생명을 연장시키고자 했던 시도였습니다. 이들은 사람의 방식과 세상의 방법으로 다윗의 건강과 생명을 유지하려 했던 것입니다. 젊은 사람에게는 특유의 에너지와 활력이 있다고 생각하여, 다윗이 젊은 여인을 가까이한다면 생기를 되찾을 수 있을 것이라고 믿었습니다.

그래서 신하들은 수넴이라는 지역에서 젊고 아름다운 여인, 아비삭을 데리고 왔습니다. 그녀는 다윗과 함께하며 그의 첩으로 삼아졌습니다.

> "이 처녀는 심히 아름다워 그가 왕을 받들어 시중들었으나 왕이 잠자리는 같이 하지 아니하였더라" 왕상 1:4

그러나 다윗은 아비삭과 잠자리를 하지 않았습니다. 어떤 이들은 이를 다윗의 경건함으로 해석하기도 합니다. 하지만 그렇지 않습니다. 다윗에게는 이미 많은 첩과 그들에게서 난 아들들이 있었습니다 (대상 3:9). 따라서 다윗이 잠자리를 갖지 않았다는 것은 그의 체력과 정력이 온전치 않았음을 나타냅니다.

성경에서 '나이가 많다'는 표현은 때로 지혜로움을 상징하기도 하지만, 일반적으로 쇠약과 둔함, 완고함을 나타내기도 합니다. 이삭은 눈이 어두워져 야곱과 에서를 구분하지 못했고, 엘리 제사장은 몸이 둔하여 의자에서 넘어져 죽었습니다. 이와 같이 다윗도 나이가 들어 생기를 잃고 상황 판단력이 흐려졌습니다.

> "그 때에 학깃의 아들 아도니야가 스스로 높여서 이르기를 내가 왕이 되리라 하고 자기를 위하여 병거와 기병과 호위병 오십 명을 준비하니" 왕상 1:5

아도니야는 다윗의 마음에 이미 솔로몬이 왕으로 확정되어 있다는 사실을 알면서도, 스스로 왕이 되려 하였습니다. 이는 단순한 야망이 아니라, 왕권을 탈취하려는 쿠데타였습니다. 아도니야가 이러한 행동을 할 수 있었던 이유는, 다윗이 이미 쇠약해져 힘과 지혜를 잃었기 때문입니다.

아도니야는 다윗의 넷째 아들이었습니다. 첫째 아들 암논은 셋째 아들 압살롬에 의해 죽임을 당했고, 둘째 아들 길르압은 어렸을 때 병으로 사망했습니다. 셋째 아들 압살롬 역시 반역을 일으켰다가 처형되었습니다. 따라서 넷째 아들인 아도니야는 자연스럽게 첫 번째 상속권자로 간주될 수 있었습니다. 이런 이유로 아도니야는 10번째 아들인 솔로몬보다 왕이 될 명분을 더 강하게 주장할 수 있었습니다.

> "그는 압살롬 다음에 태어난 자요 용모가 심히 준수한 자라 그의 아버지가 네가 어찌하여 그리 하였느냐고 하는 말로 한 번도 그를 섭섭하게 한 일이 없었더라" 왕상 1:6

또한, 아도니야는 압살롬 다음으로 용모가 심히 준수한 자였습니다. 외모로만 보아도 그는 다윗의 아들들 중 가장 뛰어난 존재로 여겨졌습니다. 뿐만 아니라, 아도니야는 한 번도 아버지 다윗에게 꾸중을 들은 적이 없었습니다. 이는 그가 눈치 빠르고 똑똑하며, 자신을 잘 관리했던 완벽한 아들이었음을 보여줍니다.

반면에, 솔로몬은 밧세바의 아들이었습니다. 솔로몬의 출생은 다윗과 밧세바의 간음과 살인의 결과로 인식될 수 있었습니다. 밧세바의 첫 번째 아이는 태어난 지 얼마 되지 않아 죽었지만, 솔로몬 역시 간음과 살인의 꼬리표를 안고 살아야 했습니다. 이러한 배경은 솔로몬의 입지를 더욱 약하게 만들었습니다. 이로 인해 다윗의 신하들 중에서도 솔로몬보다 아도니야를 지지하고 합세하는 이들이 많았습니다.

> "아도니야가 스루야의 아들 요압과 제사장 아비아달과 모의하니 그들이 따르고 도우나" 왕상 1:7

그래서 요압과 아비아달이 아도니야 편에 붙었습니다. 요압은 누구입니까? 그는 이스라엘의 군대장관으로, 다윗과 함께 생사를 같이했던 대장군입니다. 아비아달은 누구입니까? 다윗이 처음 사울 왕을 피해 광야로 도망쳤을 때부터 다윗과 함께했던 제사장입니다. 이 둘이 아도니야를 지지했다는 것은 당시의 정세가 이미 아도니야에게 크게 기울어졌음을 보여줍니다.

아도니야가 얼마나 똑똑하고 대단한 인물인가를 보여주는 점은, 군부와 종교를 동시에 자기편으로 만들었다는 것입니다. 어느 나라든 그 나라의 수장이 되기 위해서는 군부와 종교를 장악해야 합니다. 다윗의 시력이 흐려지고 판단력이 약해진 틈을 타, 아도니야는 수면 밑에서 군부와 종교를 장악하는 데 성공했습니다.

그렇게 모든 준비를 마친 아도니야는 자신이 왕이 될 날을 확정 짓고, 자신의 지지자들을 모아놓고 스스로 왕의 임명식을 거행하려 했습니다.

> "나단이 솔로몬의 어머니 밧세바에게 말하여 이르되 학깃의 아들 아도니야가 왕이 되었음을 듣지 못하였나이까 우리 주 다윗은 알지 못하시나이다" 왕상 1:11

그런데 이 소식을 나단 선지자가 듣게 되었습니다. 나단 선지자는 사태의 심각성을 깨닫고 급히 밧세바에게 찾아가 말했습니다. "아도니야가 왕이 되려 하고 있습니다. 그런데 다윗 왕께서는 이 사실을 전혀 알지 못하고 계십니다"

이는 다윗이 이미 판단력과 실행력을 잃은 상태임을 보여줍니다. 나단은 밧세바에게 조언하며 말했습니다. "지금 바로 다윗 왕께 가서 이렇게 말씀드리십시오"

> "당신은 다윗 왕 앞에 들어가서 아뢰기를 내 주 왕이여 전에 왕이 여종에게 맹세하여 이르시기를 네 아들 솔로몬이 반드시 나를 이어 왕이 되어 내 왕위에 앉으리라 하지 아니하셨나이까 그런데 아도니야가 무슨 이유로 왕이 되었나이까 하소서" 왕상 1:13

나단 선지자는 밧세바에게 "지금 당장 다윗 왕께 가라"고 말했습니다. 그러나 이것은 단순한 요청이 아니라, 목숨을 걸고 감행해야 하는 일이었습니다.

에스더의 예에서 보듯, 당시 왕궁의 법은 매우 엄격했습니다. 왕이 부르지 않았는데 왕을 찾아가는 것은 죽음으로 이어질 수도 있는 중죄였습니다. 이는 암살의 위험을 사전에 차단하기 위해 왕이 허락하지 않은 면담을 철저히 금지했기 때문입니다. 에스더도 왕이 자신을 부르지 않은 지 이미 30일이 지났음에도, 민족을 구하기 위해 "죽으면 죽으리다"라는 결단을 하고 왕에게 나아갔습니다.

밧세바도 같은 상황에 있었습니다. 그녀가 왕비이긴 했으나, 마음대로 다윗을 찾아갈 수는 없었습니다. 그럼에도 밧세바는 나단 선지자의 말씀에 순종하여 다윗에게 나아갔습니다. 밧세바는 자신이 해야 할 일을 알았고, 하나님의 뜻이 이루어지기 위해 목숨을 걸고 행동한 것입니다.

> "그가 왕께 대답하되 내 주여 왕이 전에 왕의 하나님 여호와를 가리켜 여종에게 맹세하시기를 네 아들 솔로몬이 반드시 나를 이어 왕이 되어 내 왕위에 앉으리라 하셨거늘 이제 아도니야가 왕이 되었어도 내 주 왕은 알지 못하시나이다" 왕상 1:17~18

솔로몬이 왕이 되는 것은 하나님의 언약이자 다윗의 맹세였습니다. 그러나 지금 아도니야가 왕이 되려 하는데도 "내 주 왕은 알지 못하시나이다" 성경은 이처럼 반복적으로 다윗의 영적 상태가 약화되었음을 지적하고 있습니다.

나이가 드는 것은 자연스러운 일이며, 우리의 육신이 노쇠해지는 것도 피할 수 없는 일입니다. 그러나 우리의 영적 상태는 항상 젊음과 건강을 유지해야 합니다. 육체는 쇠약해질 수 있지만, 영은 날마다 새로워져야 한다는 성경의 가르침(고후 4:16)을 우리는 기억해야 합니다.

> "하나님이 말씀하시기를 말세에 내가 내 영을 모든 육체에 부어 주리니 너희의 자녀들은 예언할 것이요 너희의 젊은이들은 환상을 보고 너희의 늙은이들은 꿈을 꾸리라" 행 2:17

"너희 늙은이들은 꿈을 꾸리라" 꿈을 꾸고 미래를 기대하는 것은 흔히 젊은이들의 몫이라고 생각합니다. 그러나 성령님이 임하시면 늙은이들도 꿈을 꿀 수 있게 됩니다.

그 이유는 무엇입니까? 우리의 영혼은 늙지 않기 때문입니다. 비록 우리의 몸은 병약해지고 노쇠해질 수 있지만, 영혼은 성령님의 임재로 새롭게 되고 활력을 얻을 수 있습니다.

우리는 육체의 연약함 속에서도 항상 성령 충만한 영적 상태를 유지해야 합니다. 성령님의 능력은 우리의 나이나 환경을 초월하여, 매일 새롭고 생기 있는 믿음의 삶을 살게 합니다.

> "또 아셀 지파 바누엘의 딸 안나라 하는 선지자가 있어 나이가 매우 많았더라 그가 결혼한 후 일곱 해 동안 남편과 함께 살다가 과부가

> 되고 팔십사 세가 되었더라 이 사람이 성전을 떠나지 아니하고 주야로 금식하며 기도함으로 섬기더니" 눅 2:36~37

예수님께서 정결 예식을 위해 예루살렘으로 올라가실 때, 성전에는 안나라는 여선지자가 있었습니다. 그녀는 나이가 많아 84세였지만, 성전을 떠나지 않고 주야로 금식하며 기도하는 열정적인 영적 상태를 유지하고 있었습니다. 그러던 중, 성전에서 예수님을 만나는 은혜를 누리게 되었습니다.

안나 선지자는 나이가 많았음에도 불구하고 깨어 있는 신앙과 열정적인 영적 상태를 유지하였습니다. 이러한 영적 건강이 그녀로 하여금 주야로 금식하며 성전을 지키게 했던 것입니다.

반면, 다윗은 영적 상태를 건강하게 유지하지 못했습니다. 그 결과, 아도니야의 쿠데타를 미처 알아차리지 못하는 상황에 이르게 되었습니다.

그러나 하나님께서는 나단 선지자를 통해 다윗을 깨닫게 하셨고, 솔로몬의 왕위 계승 문제를 해결해 주셨습니다. 하나님은 여전히 다윗의 삶 속에서 일하시며, 자신의 뜻을 이루셨던 것입니다.

> "내가 이전에 이스라엘의 하나님 여호와를 가리켜 네게 맹세하여 이르기를 네 아들 솔로몬이 반드시 나를 이어 왕이 되고 나를 대신하여 내 왕위에 앉으리라 하였으니 내가 오늘 그대로 행하리라" 왕상 1:30

다윗은 다시 하나님의 언약과 자신의 맹세를 기억하며 솔로몬에게 왕위를 계승하였습니다. 그는 솔로몬을 기혼으로 보내어 나단 선지자에게 기름 부음을 받게 하였고, 온 나라에 솔로몬이 새로운 왕이 되었음을 공포하였습니다.

우리가 나이가 들고 병약해지며 노쇠해지는 것은 자연스러운 일입니다. 그러나 우리의 영혼은 다시 젊어질 수 있습니다. 성령의 충만함을 받으면 다시 열정을 회복할 수 있습니다. 성령님은 우리의 영혼을 새롭게 하시고, 늙은이도 꿈을 꾸며 하나님의 비전을 품게 하십니다.

다윗이 쇠약해질수록 그의 결함과 연약함은 더욱 분명해졌지만, 하나님의 계획은 그 모든 것을 초월하여 이루어졌습니다. 솔로몬의 왕위 계승은 단순히 왕가의 계승이 아니라, 하나님께서 다윗의 가문을 통해 이루실 영원한 언약, 곧 메시아의 계보를 이어가는 중요한 사건이었습니다.

다윗은 결국 하나님의 약속을 기억하며 솔로몬에게 왕위를 넘겼고, 하나님의 섭리는 다윗의 연약함 속에서도 완전하게 이루어졌습니다. 우리는 다윗의 이야기를 통해, 나이가 들고 환경이 어려워질지라도 하나님의 섭리를 신뢰하며 영적으로 깨어 있는 삶을 살아야 한다는 교훈을 얻습니다. 다윗의 마지막 결단은 그의 인생 전체를 하나님의 언약과 은혜로 마무리 짓는 귀중한 장면으로 남아 있습니다.

**부록**

# 이매진텔링과 설교

### 이매진텔링(Imagine-Telling)이란 무엇인가?

이매진텔링(Imagine-Telling)은 'Imagine(상상하다)'과 'Telling(말하다)'을 합친 말로, 상상력을 자극하는 메시지와 이야기를 전달하는 과정을 결합한 스토리텔링 기법입니다. 이 기법은 단순히 정보를 전달하는 것을 넘어, 독자나 청중이 상상하면서 이야기에 몰입하고, 그 과정에서 스스로 참여하도록 이끌어 줍니다.

이야기는 단순히 정보를 전달하는 수단이 아닙니다. 이야기는 우리의 감정을 울리고, 생각을 자극하며, 삶의 변화를 이끌어 내는 강력한 힘을 가지고 있습니다. 특히, 이매진텔링은 청중의 상상력을 적극적으로 자극하여 이야기에 깊게 빠져들게 만듭니다. 이를 통해 청중은 단순히 이야기를 듣는 데서 그치지 않고, 마치 이야기 속 주인공이 된 듯한 강렬한 공감과 생생한 체험을 느낄 수 있습니다.

이매진텔링의 가장 큰 특징 중 하나는 청중의 능동적인 참여를 유도한다는 점입니다. 일반적인 스토리텔링이 정보를 일방적으로 전달하는 데 그친다면, 이매진텔링은 청중에게 "상상하라"는 강력한 메시지를 통해 그들이 적극적으로 상상의 세계에 참여하도록 이끕니다. 이 기법은 단순히 이야기를 듣는 수준을 넘어, 청중이 직접 이야기의 주체가 되도록 만듭니다.

예를 들어, "당신이 용변을 보고 있는 사울 뒤에 숨어 있다면 어떤 선택을 하시겠습니까?" 또는 "예수님께서 당신의 눈에 침 뱉은 진흙을 바르신다면 어떤 기분이 들겠습니까?"와 같은 질문은 단순히 이야기를 전달하는 데 그치지 않습니다. 이러한 질문은 청중을 그 상황 속으로 자연스럽게 끌어들여, 자신만의 선택과 감정을 상상하게 만듭니다. 이 과정을 통해 청중은 이야기 속에서 단순한 청취자가 아닌 실제 참여자가 되며, 이야기는 정보의 전달을 넘어 청중의 감정과 경험을 통합한 생생한 체험으로 전환됩니다.

이매진텔링은 생생하고 구체적인 묘사를 통해 청중의 상상력을 자극하고, 이야기 속 환경을 감각적으로 체험할 수 있도록 돕는 기법입니다. 시각, 청각, 촉각은 물론 미각과 후각까지 활용하여 이야기를 머릿속에서 현실처럼 그릴 수 있게 합니다.

이러한 감각적 접근은 특히 성경 이야기를 더욱 현실감 있게 느끼도록 하며, 몰입감을 극대화합니다. 단순히 흥미로운 경험으로 끝나는 것이 아니라, 상상 속 이야기를 현실과 연결하여 청중이 자신의 삶에 적용할 수 있는 계기를 제공합니다. 이로써 이야기는 개인의 현실에서 변화를 일으키는 중요한 도구로 작용합니다.

또한, 이매진텔링의 강점 중 하나는 등장인물의 내면을 깊이 탐구하고 이를 섬세하게 묘사함으로써 청중이 정서적으로 공감할 수 있도록 돕는다는 점입니다. 이야기가 단순히 사건의 나열로 끝나는 것이 아니라, 등장인물의 감정과 고민을 공유할 수 있을 때, 청중은 이야기를 통해 자신의 감정과 대면하게 됩니다.

예를 들어, "다윗은 시므이의 저주를 듣고 치밀어 오르는 분노를 느꼈지만, 자신의 고난과 수모를 하나님의 뜻으로 받아들였습니다"라는 묘사는 다윗의 내적 갈등과 믿음을 동시에 보여줍니다. 이러한 묘사를 통해 청중은 다윗의 상황을 단순히 관찰하는 데 그치지 않고, 그의 마음속으로 들어가 그의 결단과 신앙을 함께 느낄 수 있습니다.

### 이매진텔링(Imagine-Telling)과 기존 스토리텔링과의 차이점

기존의 스토리텔링이 이야기의 전달과 구조에 초점을 맞췄다면, 이매진텔링은 이야기를 체험하고 상상력을 통해 몰입하도록 유도하는 데 초점을 둡니다. 두 기법 모두 공통점이 있지만, 본질과 접근 방식에서 분명한 차이가 있습니다.

기존 스토리텔링은 정보 전달에 초점을 둡니다. 이야기의 기승전결과 같은 전통적인 서사 구조를 통해 청중에게 메시지를 전달하고 사건을 이해시키는 것이 주된 목적입니다. 이 과정에서 청중은 스토리텔러가 제공하는 이야기를 수동적으로 듣거나 읽으며 메시지를 받아들이게 됩니다.

반면, 이매진텔링은 단순한 정보 전달을 넘어 청중의 상상력과 능동적인 참여를 이끌어 냅니다. 이야기의 구조도 중요하지만, 무엇보다 청중이 이야기의 일부가 되어 느끼고 경험하는 것이 핵심입니다. 여기서 이야기는 단순히 전달되는 메시지가 아니라, 청중이 직접 상상 속에서 주인공으로서 상황을 체험하는 장이 됩니다.

또한, 기존 스토리텔링에서 청중은 수동적입니다. 스토리텔러는 이야기를 전달하고, 청중은 이를 외부 관찰자의 입장에서 듣거나 읽으며 메시지를 이해합니다. 반면, 이매진텔링에서 청중은 능동적으로 이야기 속에 참여합니다. 스토리텔러는 청중에게 질문하거나 상상력을 자극해, 그들이 직접 이야기 속 사건을 체험하고 결정을 내리도록 유도합니다. 이 과정에서 청중은 단순한 청취자가 아닌, 이야기의 주인공으로 변화하며, 상상을 통해 사건과 감정을 실감 나게 경험하게 됩니다.

기존 스토리텔링은 이야기를 통해 청중에게 교훈을 전달하고, 주로 지적인 이해를 목표로 합니다. 감정적 연결이 형성되기도 하지만, 그것이 주된 초점은 아닙니다. 반면, 이매진텔링은 등장인물의 내면과 감정을 섬세하게 묘사하여 청중이 정서적으로 공감할 수 있도록 돕는 데 중점을 둡니다. 이를 통해 청중은 단순히 이야기를 듣는 데 그치지 않고, 그 속에서 자신의 감정과 마주하게 됩니다.

결국, 이매진텔링은 이야기를 단순히 들려주는 것에서 벗어나, 청중이 이야기 속에서 주체적으로 자신만의 경험과 교훈을 만들어 가도록 돕는 새로운 스토리텔링 방식이라 할 수 있습니다. 이러한 점이 기존 스토리텔링과의 가장 큰 차별점이라고 할 수 있습니다.

### 이매진텔링(Imagine-Telling)의 주의점

이매진텔링은 청중의 상상력을 자극하고 몰입을 유도하는 강력한 스토리텔링 기법입니다. 그러나 이 기법이 항상 효과적인 것은 아닙니다. 과도하게 사용하거나 적절하지 않게 활용할 경우, 이야기가 복잡해지거나 핵심 주제가 흐려질 위험이 있습니다.

이매진텔링의 가장 큰 장점은 이야기를 생생하게 만들고, 청중이 스스로 참여하는 느낌을 줄 수 있다는 것입니다. 하지만 모든 장면에서 이 기법을 지나치게 사용하면 오히려 집중력이 떨어질 수 있습니다. 예를 들어, 구체적인 묘사는 이야기의 몰입감을 높여주지만, 중요하지 않은 부분에서 너무 상세히 묘사하면 이야기가 산만해질 수 있습니다. 상상력을 자극하는 요소가 많아지면, 청중은 이야기의 흐름을 따라가기보다 불필요한 디테일에 지칠 수 있습니다.

따라서 이매진텔링은 중요한 장면에서만 적절히 사용하는 것이 좋습니다. 이야기의 목적은 청중에게 의미 있는 메시지를 전달하는 데 있습니다. 이매진텔링은 메시지를 더 강렬하고 감동적으로 전달하기 위한 도구로 활용해야 하며, 불필요한 세부 사항으로 이야기의 흐름을 방해하지 않도록 주의해야 합니다.

따라서 스토리텔러는 청중이 어디에 주목해야 할지를 명확히 파악하고, 이매진텔링을 선택적으로 사용해야 합니다. 핵심 장면에만 집중하여 적절히 활용할 때, 이매진텔링은 청중에게 강한 인상을 남기고 깊은 감동을 줄 수 있습니다.

### 이매진텔링(Imagine-Telling)의 가능성과 미래

인간에게 주어진 오감(시각, 청각, 촉각, 후각, 미각)은 하나님의 놀라운 창조물 중 하나로, 단순히 세상을 경험하는 도구에 그치지 않고 우리의 삶을 풍요롭게 하며 하나님과 세상을 더 깊이 이해하도록 돕는 중요한 수단입니다.

특히, 이야기를 전달하고 상상력을 자극하는 과정에서 오감은 강력한 역할을 합니다. 이매진텔링은 이 오감을 적극적으로 활용하여 이야기를 더욱 생생하고 몰입감 있게 전달하는 혁신적인 기법입니다. 예를 들어, 우리가 레몬을 직접 먹지 않아도, 레몬의 신맛에 대한 생생한 묘사를 들으면 자연스럽게 입안에 침이 고이는 경험을 할 수 있습니다. 이것이 바로 오감을 자극하는 이매진텔링의 힘입니다.

하나님께서도 성경 속에서 오감을 활용하여 인간에게 메시지를 전달하셨습니다. 모세가 불타는 떨기나무를 본 장면(시각)은 그의 소명을 명확히 깨닫는 순간이었습니다. 성전 건축을 결단했을 때, 다윗이 들은 하나님의 음성(청각)은 감격과 사랑의 표현이었습니다. 예수님께서 제자들에게 떡과 포도주(미각)를 나누시며 영원히 우리와 함께하겠다는 약속을 상기시키셨습니다. 이처럼 하나님은 오감을 통해 인간과 소통하시며, 우리가 그분의 메시지를 더욱 깊이 이해하도록 도우셨습니다.

이매진텔링은 이러한 오감을 자극하는 기법으로, 이야기를 단순히 듣는 것을 넘어, 그 속에 '살아가는' 경험을 가능하게 합니다. 직접 맛보지 않아도 그 맛을 느낄 수 있고, 직접 보지 않아도 그 장면을 머릿속에 그릴 수 있는 이매진텔링은 이야기의 몰입도를 극대화하며, 단순한 정보 전달을 넘어 청중의 삶과 연결될 수 있는 강력한 가능성을 보여줍니다.

이처럼 이매진텔링은 오감을 풍성하게 활용함으로써 하나님과의 깊은 교감을 이끌어 낼 뿐만 아니라, 우리의 삶을 변화시키는 새로운 이야기의 장을 열어가는 효과적인 기법이라 할 수 있습니다.

# 다윗 스케치
DAVID SKETCH

초판 1쇄 발행 2025. 1. 20.

**지은이** 박영주
**펴낸이** 김병호
**펴낸곳** 주식회사 바른북스

**편집진행** 박하연
**디자인** 김민지

**등록** 2019년 4월 3일 제2019-000040호
**주소** 서울시 성동구 연무장5길 9-16, 301호 (성수동2가, 블루스톤타워)
**대표전화** 070-7857-9719 | **경영지원** 02-3409-9719 | **팩스** 070-7610-9820

•바른북스는 여러분의 다양한 아이디어와 원고 투고를 설레는 마음으로 기다리고 있습니다.

**이메일** barunbooks21@naver.com | **원고투고** barunbooks21@naver.com
**홈페이지** www.barunbooks.com | **공식 블로그** blog.naver.com/barunbooks7
**공식 포스트** post.naver.com/barunbooks7 | **페이스북** facebook.com/barunbooks7

ⓒ 박영주, 2025
**ISBN** 979-11-7263-938-9 03230

•파본이나 잘못된 책은 구입하신 곳에서 교환해드립니다.
•이 책은 저작권법에 따라 보호를 받는 저작물이므로 무단전재 및 복제를 금지하며,
이 책 내용의 전부 및 일부를 이용하려면 반드시 저작권자와 도서출판 바른북스의 서면동의를 받아야 합니다.